U0856727

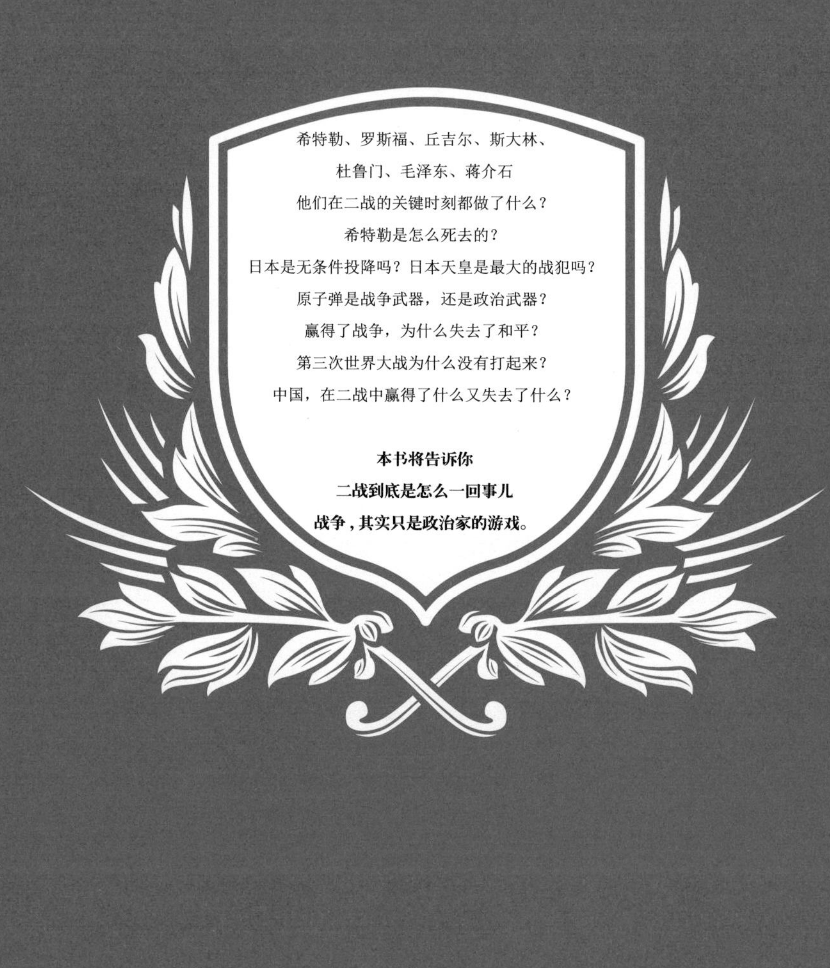
希特勒、罗斯福、丘吉尔、斯大林、
杜鲁门、毛泽东、蒋介石
他们在二战的关键时刻都做了什么？
希特勒是怎么死去的？
日本是无条件投降吗？日本天皇是最大的战犯吗？
原子弹是战争武器，还是政治武器？
赢得了战争，为什么失去了和平？
第三次世界大战为什么没有打起来？
中国，在二战中赢得了什么又失去了什么？
本书将告诉你
二战到底是怎么一回事儿
战争，其实只是政治家的游戏。

大国博弈

另一半二战史 1945

丁晓平 著

中国出版集团公司
China Publishing Group Corp.
華文出版社

▲ 1938年9月，张伯伦、达拉第、希特勒和墨索里尼在慕尼黑举行英、法、德、意四国首脑会议，签署了《慕尼黑协定》

▲ 1939年，希特勒和他的将军们在大本营指挥所

▲ 1939年8月，斯大林、莫洛托夫和里宾特罗甫签署《苏德互不侵犯条约》

▲ 1941年12月7日，日军偷袭珍珠港美国海军舰队

▲ 1942年，德军空袭斯大林格勒

▲ 1943年11月25日，蒋介石、罗斯福、丘吉尔、宋美龄在开罗会议上

▲ 1943年，开罗会议纪念照

▲ 1943年11月，斯大林、罗斯福和丘吉尔在德黑兰会议上

▲ 1943年，德黑兰会议“三巨头”斯大林、罗斯福和丘吉尔的纪念照

▲ 1943年，德黑兰会议期间，斯大林和罗斯福参加丘吉尔的生日宴会

▲ 1944年，丘吉尔与莫洛托夫在莫斯科

▲1945年2月，丘吉尔、罗斯福和斯大林“三巨头”的雅尔塔会议纪念照

▲1945年2月，丘吉尔、罗斯福和斯大林在雅尔塔会议上

▲1945年2月，斯大林和莫洛托夫在雅尔塔会议上

斯大林和他著名的烟斗 ▶

▲ 1945年4月，苏、英、美三国外交部长莫洛托夫、艾登和贝尔纳斯在旧金山会议上

▲ 1945年5月，朱可夫与蒙哥马利参加攻克柏林胜利大游行

▲ 1945年5月，德军参谋长约德尔在法国兰斯签署投降书

▲ 1945年7月，斯大林与杜鲁门在波茨坦会议上

▲ 1945年7月，在柏林召开的波茨坦会议

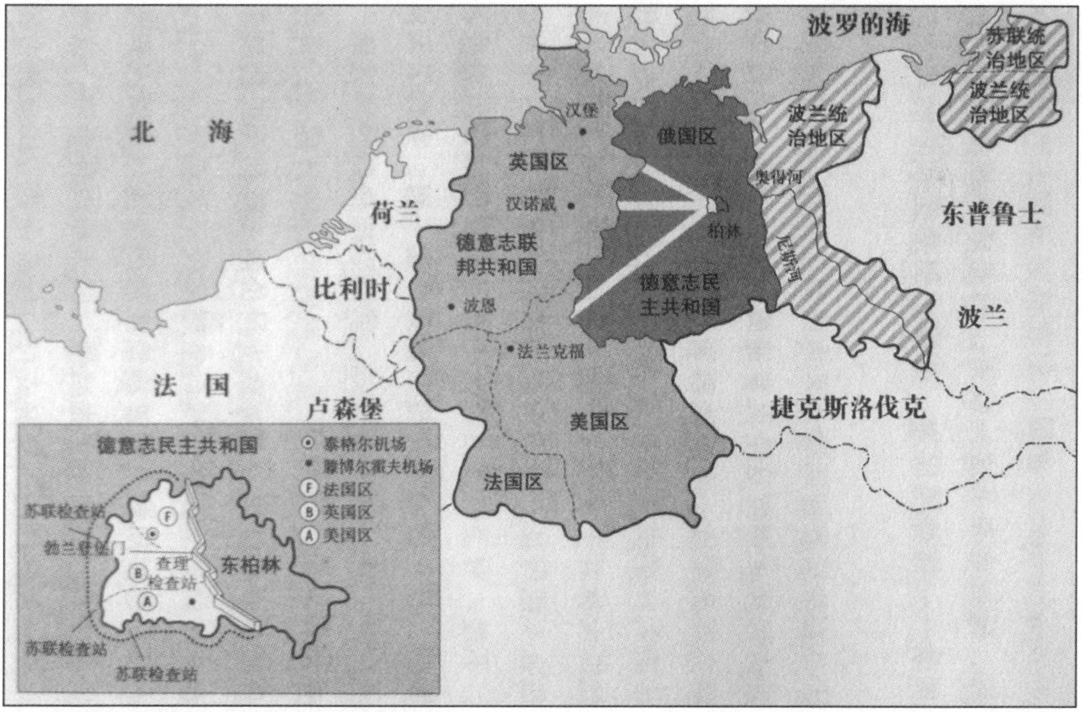

▲ 1945年，波茨坦会议上决定的德国战后区域划分

▲ 1944年10月，毛泽东、朱德等出席美军中缅印战区统帅部授予美军观察组组长包瑞德勋章的仪式

▲ 1945年，毛泽东在延安

▲ 1945年，毛泽东在延安迎接美国驻中国大使赫尔利和张治中

▲ 1945年9月2日，日本外相重光葵在“密苏里号”舰上签署日本无条件投降书

作者的话

中国人民抗日战争暨世界反法西斯战争胜利70年了，那场战争留给我们的屈辱和苦难是历史送给我们的一份礼物。我们必须时时怀抱敬畏之心、虔诚之爱、报国之志，缅怀先烈，祈祷和平。

摆在我们面前的是，我们今天该如何纪念这场战争？70年过去了，如果我们的思维方法和文化意志依然踌躇于复述战场和重述牺牲，或者徘徊于国共两党正面战场与敌后战场贡献大小的争议，我们的文艺作品和历史研究依然停留在还原战争细节情节和揭示战争残酷血腥，那么我们还缺乏大国眼光、缺失世界胸怀，我们就还没有理解那场战争，还没有理解中国与世界的关系。不能理解二战，我们就无法深刻理解冷战以来的当今国际政治格局大势和世界军事变革转型脉络。

战争是政治的继续，是政治的一种手段。以史为鉴，鉴古知今。我希望，我的这部作品，告诉你第二次世界大战到底是怎么回事儿，懂得这场已经远离我们70年的战争背后看得见或者看不见的政治较量，也就懂得了今天的中国与世界大国如何架构和发展未来的关系，从而掌握大国崛起、实现民族复兴的奥秘。

丁晓平

2014年5月28日

目 录 / Contents

作者的话 __ 1

上卷 领袖们：政治的战争与战争的政治 __ 1

序 章 毛泽东：中必胜，日必败；
苏必胜，德必败（1941 年 6 月）__ 3
第一章 罗斯福：为和平而团结正如为战争而团结 __ 11
第二章 希特勒："假如我命中注定要完蛋，那就让德国人民也完蛋，因为他们辜负了我！"__ 33
第三章 斯大林："我们必须记住，我们的盟友会尽力拯救德国人"__ 47
第四章 丘吉尔："勋章可能也有反面"，
要跟斯大林"算算账"__ 59
第五章 杜鲁门：拿着罗斯福的旧船票，
登上开往波茨坦的客船 __ 76
第六章 蒋介石：被出卖的"大国"
缺少一个真正的"巨头"__ 89

下卷　波茨坦：赢得的胜利与失去的和平 __ 109

第 七 章　“三巨头”前往波茨坦：风景不与四时同 __ 111
第 八 章　1945 年 7 月 17 日：波茨坦会议开幕 __ 127
第 九 章　政治家在台前，外交家在幕后 __ 141
第 十 章　《波茨坦公告》的“莫库萨次”·倒霉的丘吉尔 __ 158
第十一章　改变世界的 16 天：交易终于做成了 __ 178
第十二章　原子弹：武器的政治或政治的武器 __ 213
第十三章　日本无条件投降了吗？__ 247
第十四章　香港做证：中国，被胜利忽略的盟国 __ 276
并非尾声　“冷战”：不是战争没有发生，而是战争的样式发生了改变 __ 297

后记·胜利日启示录 __ 356
感言与致敬 __ 375

上　卷

领袖们

政治的战争与战争的政治

序　章

毛泽东：中必胜，日必败；苏必胜，德必败（1941 年 6 月）

1941 年的初夏。延安，枣园。枝繁叶茂，绿树成荫。

黄土高原的西北风却丝毫没有止步的意思，早晚总是给人些许凉意。

6 月 22 日，德国纳粹希特勒撕毁 1939 年 8 月签订的《苏德互不侵犯条约》，突然向苏联开火，苏德战争爆发，世界震惊。此前的 6 月 16 日，周恩来就将由中共地下秘密情报员阎宝航获得的德国将于 6 月 21 日进攻苏联的秘密情报告知毛泽东。中共中央立即将这一情报电告斯大林。可苏联政府却把它当作耳边风，还和德国政府一起为此说法辟谣。中共中央告诉斯大林的情报与德国实际进攻苏联的时间只差一天！

世界是一盘棋。曾和美国一样坐山观虎斗的苏联终于卷入了战争。在中国，国民政府的委员长蒋介石也仍然处于一种观望态度；延安边区的毛泽东却深知苏德战争的爆发必将直接影响中国内政的发展变化，非常紧张，十分着急。毛泽东经常开会讨论这一事件的国际形势，最为担心的就是美国和日本可能达成妥协，制造牺牲中国反对苏联的“东方慕尼黑”阴谋。而且德国的一举一动常常影响国民党抗战的态度，直接影响国共两党之间的关系。因为此前的皖南事变已经是一个教训：蒋介石就是在英、美与德、意、日两大军事同盟关系发生微妙变化的时候，向新四军开枪的。再说，在珍珠港事件发生之前，英、美是支持日本的，出售军火并卖钢铁给日本制造武器，美国没有真心想帮助中国抵抗日本。而太平洋战争爆发后，蒋介石甚至有一段时间认为英、美也要完蛋，准备向日本靠拢。

苏德战争爆发之所以让中共中央、毛泽东如此焦虑，是因为日本的战争动向直接关系到中国的未来命运。日本是南下还是北上？当时，日苏战争爆发的可能性极大，极紧迫，也极危险。而斯大林十分担心日本趁机在东线向其发动进攻，使之处于两线作战的困境，因此再三要求中共出兵东北，拖住日本。如果日苏战争爆发则正中蒋介石下怀，他从中渔翁得利，借机反共、灭共。面对来自国内外两方面的压力，毛泽东心急如焚。

苏德战争的爆发令中共中央高度关注，毛泽东反应迅速。第二天，中央政治局召开紧急会议，通过了毛泽东起草的《关于反法西斯的国际统一战线》。该指示说：

德国法西斯统治者已于6月22日进攻苏联。此种背信弃义的侵略罪行，不仅是反对苏联的，而且也是反对一切民族的自由和独立的。苏联抵抗法西斯侵略的神圣战争，不仅是保卫苏联的，而且也是保卫正在进行反法西斯奴役的解放斗争的一切民族的。

目前，共产党人在全世界的任务是动员各国人民组织国际统一战线，为着反法西斯而斗争，为着保卫苏联、保卫中国、保卫一切民族的自由和独立而斗争。在目前时期，一切力量须集中于反对法西斯奴役。

中国共产党的任务是：

（一）坚持抗日民族统一战线，坚持国共合作，驱逐日本帝国主义出中国，即用此以援助苏联。

（二）对于大资产阶级中的反动分子的任何反苏反共的活动，必须坚决反抗。

（三）在外交上，同英美及其他国家一切反对德意日法西斯统治的人们联合起来，反对共同的敌人。

显然，这是一个对国际国内形势高瞻远瞩的精确判断。

6月26日，《解放日报》发表了经过毛泽东亲自修改的社论《世界政治的新时期》，开宗明义地提出“苏德战争是世界政治新的转折点”。

作为世界反法西斯斗争的中心，苏联的命运前途到底怎样，尤其是在战争初期，苏联的失利更加引起人们的极大忧虑。当世界都在观望和焦虑之时，坐在窑洞中的毛泽东也在密切关注苏德战争的发展态势，静默观察。

6月27日，在深思熟虑之后，毛泽东把秘书胡乔木叫到办公室，谈起了自己对苏德战争的思考，说：“乔木，你给《解放日报》写一篇社论，题目就叫《苏必胜，德必败》。我先说说我的想法，供你参考。”毛泽东习惯性地点起一支烟，深深地吸了一口，接着说：“要说明苏胜德败的问题，必须抓住四点来写：第一，德国师出无名，无法进行精神动员，苏联是为保卫祖国而战，士气民气旺盛；第二，德国资源短缺，生产能力已扩至极限，而且其战略战术长短优劣经过两年的战争已多大白于天下，容易引起被侵略者的注意与防御，苏联的情况则恰恰与此相反；第三，德国法西斯四面出击，形式上是外线作战，实际却是内线作战，处于被包围被攻击之中，随着战线拉长战区扩大，供给和联络就有可能被切断，这些困难都是苏联所没有的；第四，德国内不稳而外孤立，苏联内坚强而外多助。”

毛泽东又说，苏联的胜利并非唾手可得，重大的牺牲与一时一地的挫折也还不可避免，但全人类和全中国的战斗信念是：中必胜，日必败；苏必胜，德必败。一说完，毛泽东就告诉胡乔木：“乔木，你现在就动笔，把它写出来，写完给我看看，明天见报。”

按照毛泽东的要求，胡乔木立即回到自己的窑洞动笔写作。毛泽东在那里等着。胡乔木真是一个“快枪手”，只用了一个小时就把稿子赶出来了。毛泽东看了看，只稍作修改，就同意立即送到《解放日报》，第二天就发表了。这是胡乔木第一次领受毛泽东下达的写作任务。不仅时间紧，而且题材重大，完全是一个命题作文。毛泽东对文字的要求之高是众所周知的。看到毛泽东对自己写的文章没有提出什么意见，胡乔木长长地舒了一口气。他知道，毛泽东不会轻易表扬秘书的，没有批评，就是一种奖励了。

胡乔木执笔的《苏必胜，德必败》开篇就提出：“苏德战争到今天才一星期，其将来发展有种种可能，但无论从哪一种可能推想，都必须达到一种结论：苏必胜，德必败。”而在这篇文章的结尾，胡乔木紧接着毛泽东的思路进行了延伸：“我们中国人民为了保卫自己，为了援助苏联，都必须竭尽我们最大的努力，我们怎样援助苏联？这就是加紧我们的团结抗战，反对我们的敌人日本帝国主义，这个敌人是和苏联的敌人互相勾结的。战胜法西斯日本和法西斯德国，是中国的利益，是苏联的利益，也是一切爱自由的民族和全人类的利益。全人类和全中国的战斗口号是反对法西斯奴役，而全人类和全中国的战斗信念是：中必胜，日必败；苏必胜，德必败。”

苏必胜？德必败？社论发表后，反响强烈。这是毛泽东深谋远虑的预见，还是鼓舞士气人心的号角？抑或是表达某种希望和期待？当时，或许有很多人难以相信毛泽东的这个论断。

7 月 7 日，中共中央发表抗战四周年纪念宣言，毛泽东提出宣言的主旨是“拉英美蒋反德意日”。

7 月 12 日，毛泽东又专门写了指示，用不同寻常的口气直截了当地说：“在目前条件下，不管是否帝国主义国家，或是否资产阶级，凡属反对法西斯德意日援助苏联与中国者，都是好的，有益的，正义的；凡属援助德意日反对苏联与中国者，都是坏的，有害的，非正义的。”

7月中旬，毛泽东在一份电报中指出“乘机取利，制日制共，是蒋的方针”。为了揭露蒋介石的阴谋，打击国民党顽固派的反共亲德活动，毛泽东一连写了三篇评论《何应钦的反共新阴谋》《何应钦一手主持反苏反共》和《何应钦认敌为友》，以新华社电讯的形式分别在7月23日、24日和26日发表。同时，中共在军事上加强防范，最终使蒋介石枉费心机，一个目的也没有达到。而对来自苏联的连续几次要求中共走出根据地、出兵东北的电报，毛泽东审时度势，衡量利弊，最终决定坚持原定的以游击战为主、长期配合的方针。这自然引起斯大林的不悦，认为中共是民族主义而不是“国际主义”。历史已经证明毛泽东的决策是英明、伟大而正确的。

1941年9月上旬，希特勒尽管没有实现其闪电战的美梦，但却把他的法西斯军队逼近莫斯科。作为毛泽东秘书和中央政治局的秘书，胡乔木除了个别政治局会议不能参加外，他几乎与毛泽东形影不离。对毛泽东的焦虑，胡乔木感同身受。他记得，在中央的一次会议上，领导同志坐在一起分析苏德战争形势。毛泽东要警卫员去取地图，警卫员没弄清楚就把中国地图拿来了。毛泽东为此发了脾气，厉声说：“我要的是世界地图！”到毛泽东身边工作，胡乔木还没有看见过他发这么大的脾气。直到德军从莫斯科外围撤退，毛泽东焦虑的心情才缓和下来。

到了1942年10月，斯大林格勒战役的胜利让毛泽东终于笑逐颜开，兴奋之中，他又一口气写了三篇评论《第二次世界大战的转折点》《历史的教训》和《评柏林声明》，在《解放日报》以社论的名义分别于10月12日、14日、16日发表。他以惊人的洞察力、预见性和鞭辟入里的分析告诉人们：“不论怎么样，世界形势已起了根本的变化，一切法西斯国家实际上都已丧失了主动地位，不管德国或日本，都是如此……法西斯的命运决定了，只有十分懦弱的人们才害怕法西斯。”

我们知道，1945年4月23日至6月11日，中国共产党第七次代表大会在与六大相隔17年之后，终于召开了。这次会议整整开了50天。就在中共在延安召开七大的时候，国民党在重庆召开了六大，一南一北唱起了“对台戏”。蒋介石在1943年10月出版了由他的笔杆子陶希圣捉刀的《中国之命运》一书，毛泽东针锋相对以《两个中国之命运》为题，作为中共七大的开幕词，公开向世界宣告：

我们这个大会有什么重要意义呢？我们应该讲，我们这次大会是关系全中国四亿五千万人民命运的一次大会。中国之命运有两种：一种是有人已经写了书的；我们这个大会是代表另一种中国之命运，我们也要写一本书出来。我们这个大会要打倒日本帝国主义，把全中国人民解放出来。这个大会是一个打败日本侵略者、建设新中国的大会，是一个团结全中国人民、团结全世界人民、争取最后胜利的大会。

现在的时机很好。在欧洲，希特勒快要被打倒了。世界反法西斯战争的主要的一部分是在西方，那里的战争很快就要胜利了，这是苏联红军努力的结果。现在柏林已经听到红军的炮声，大概在不久就会打下来。在东方，打倒日本帝国主义的战争也接近着胜利的时节。我们的大会是处在反法西斯战争最后胜利的前夜。

在中国人民面前摆着两条路，光明的路和黑暗的路。有两种中国之命运，光明的中国之命运和黑暗的中国之命运。现在日本帝国主义还没有被打败。即使把日本帝国主义打败了，也还是有这样两个前途。或者是一个独立、自由、民主、统一、富强的中国，就是说，光明的中国，中国人民得到解放的新中国；或者是另一个中国，半殖民地半封建的、分裂的、贫弱的中国，就是说，一个老中国。一个新中国还是一个老中国，两个前途，仍然存在于中国人民的面前，存在于中国共产党的面前，存在于我们这次代表大会的面前。

既然日本现在还没有被打败，既然打败日本之后，还是存在着两个前途，那末，我们的工作应当怎样做呢？我们的任务是什么呢？我们的任务不是别的，就是放手发动群众，壮大人民力量，团结全国一切可能团结的力量，在我们党领导之下，为着打败日本侵略者，建设一个光明的新中国，建设一个独立的、自由的、民主的、统一的、富强的新中国而奋斗。我们应当用全力去争取光明的前途和光明的命运，反对另外一种黑暗的前途和黑暗的命运。我们的任务就是这一个！这就是我们大会的任务，这就是我们全党的任务，这就是全中国人民的任务。

毛泽东说“我们也要写一本书”，他写下的这部书名叫《论联合政府》，正是他为七大所作的书面政治报告。4 月 24 日，与众不同的是，毛泽东并没有在大会上照本宣科地念这份报告，而是把这份用延安本地生产的十分粗糙的马兰纸印刷的《论联合政府》，人手一册地发给了与会 755 名代表，自己却口若悬河地另外作了一个口头“政治报告”。

毛泽东在中共七大的书面政治报告《论联合政府》中，对 1945 年的国际形势作了进一步的分析。他说：

目前的国际形势是怎样的呢？

目前的军事形势是苏军已经攻击柏林，英美法联军也正在配合打击希特勒残军，意大利人民又已经发动了起义。这一切，将最后地消灭希特勒。希特勒被消灭以后，打败日本侵略者就为时不远了。和中外反动派的预料相反，法西斯侵略势力是一定要被打倒的，人民民主势力是一定要胜利的。世界将走向进步，决不是走向反动。当然应该提起充分的警觉，估计到历史的若干暂时的甚至是严重的曲折，可能还会发生；许多国家中不愿看见本国人民和外国人民获得团结、进步和解放的反动势力，还是强大的。谁要是忽视了这些，谁就将在政治上犯错误。但是，历史的总趋向已经确定，不能改变了。这种情况，仅仅不利于法西斯和实际上帮助法西斯的各国反动派，而对于一切国家的人民及其有组织的民主势力，则都是福音。人民，只有人民，才是创造世界历史的动力。苏联人民创造了强大力量，充当了打倒法西斯的主力军。苏联人民加上其他反法西斯同盟国的人民的努力，使打倒法西斯成为可能。战争教育了人民，人民将赢得战争，赢得和平，又赢得进步。

这一新形势，和第一次世界大战时代的形势大不相同。在那时，还没有苏联，也没有现在许多国家的人民的觉悟程度。两次世界大战是两个完全不同的时代。

法西斯侵略国家被打败、第二次世界大战结束、国际和平实现以后，并不是说就没有了斗争。广泛地散布着的法西斯残余势力，一定还要捣乱；反法西斯侵略战争的阵营中存在着反民主的和压迫其他民族的势力，他们仍然要压迫各国人民和各殖民地半殖民地。所以，国际和平实现以后，反法西斯的人民大众和法西斯残余势力之争、民主和反民主之争、民族解放和民族压迫之争仍将充满世界的大部分地方。只有经过长期的努力，克服了法西斯残余势力、反民主势力和一切帝国主义势力，才能有最广泛的人民的胜利。到达这一天，决不是很快和很容易的，但是必然要到达这一天。反法西斯的第二次世界大战的胜利，给这个战后人民斗争的胜利开辟了道路。也只有这后一种斗争胜利了，巩固的和持久的和平才有保障。

穿越历史，伟人的声音在时空回响。

穿越时空，历史的先声如黄钟大吕。

在这里，我有一个小小的请求，希望读者朋友在看完本书之后，再回过头来重新阅读一遍毛泽东在《论联合政府》中的这段话，然后静坐，细琢磨，我想，历史就会变得深刻起来……

“中必胜，日必败；苏必胜，德必败。”这是毛泽东1941年6月说的。

四年后的1945年5月，德国无条件投降。

四年后的1945年8月，日本无条件投降。

一个窑洞里的伟大预言，变成了一个世界的逼真现实。

第一章

罗斯福：为和平而团结正如为战争而团结

1945 年，无论是欧洲还是亚洲，无论是东半球还是西半球，无论是政治版图还是战争地图，无论是胜利还是失败，无论是喜剧还是悲剧，在这一年发生的诸多重大事件，历史性地将这一年定义为 20 世纪的转折之年。荷兰作家伊恩·布鲁玛把 1945 年称为“零年”，面对战争废墟，人们绝望的同时又满怀希望。

4 月 12 日，对正在遭遇第二次世界大战的盟国来说，传来一个非常不吉利的消息——美国历史上唯一连续担任四届总统的富兰克林·德拉诺·罗斯福，在东海岸最美的州之一的佐治亚州的温泉镇，突发脑溢血离开了这个世界。

60 天前，这位唯一连续 12 年在白宫生活的美国人和英国首相温斯顿·丘吉尔、苏联最高领导人约瑟夫·斯大林在雅尔塔举行了“三巨头”的第二次会晤。

这三个名垂史册的人物的第一次会晤，是在更早的 1943 年 11 月 28 日至 12 月 1 日，地点是伊朗德黑兰苏联大使馆。或许，在那个时候，世界上再也难以找到比他们三个人物相互间差别更大的人了。三位领导人各有对人类历史和未来的看法，各有自己的理想信念。但，对共同敌人的斗争合乎逻辑地使得他们在德黑兰聚到了一起。

其实，选择会议地点似乎总是一个难题。这次也不例外，“三巨头”就此进行了长时间的书信磋商。斯大林希望会议在离苏联较近的地方举行，理由是苏德战场激战正酣。罗斯福的理由是美国宪法不允许总统长期不在华盛顿。1943 年 9 月 6 日，罗斯福在给斯大林的信中表示他“可以到诸如北非那样远的地方进行会晤”。事实确实如此，11 月 22 日至 26 日，罗斯福和丘吉尔在前往德黑兰的途中，与蒋介石在北非的埃及首都开罗举行了美、英、中三国政府首脑会议，讨论了三国在缅甸配合作战和战后处置日本的问题。丘吉尔则希望最好在塞浦路斯或喀土穆进行会晤。然而斯大林却在 9 月 8 日提出伊朗德黑兰作为“三巨头”会晤的最合适地点。两天后，丘吉尔同意了。但罗斯福仍然坚持在开罗或者在巴格达举行，后来又提出到巴士拉。但斯大林仍然始终以每天都要亲自与前线通过电报或电话指挥作战为由，一次次地予以拒绝，并建议以政府第一副主席维・莫洛托夫代替他出席相威胁。最后，罗斯福拗不过斯大林，只能答应前往德黑兰。

举世皆知，罗斯福没有人帮助是不能自由行走的。因为他曾经患过脊髓灰质炎，虽然幸运地活下来，但已经是终身残疾。在他 39 岁生日的时候，病毒侵入他的脊髓，两天之内，他就瘫痪了，软骨和下肢肌肉强直痉挛，从此戴上了固定脊柱的金属支架，用轻合金制成的假器包住了双腿。1921 年，他初入政界并战胜了病魔，并于 1932 年就任美国总统。1936 年、1940 年和 1944 年 11 月 7 日，他三次连任。斯大林选定的德黑兰，山高路远，对体弱多病的罗斯福来说，真是一次艰难的旅行。他甚至在信中坦诚地告诉斯大林“我可不敢冒这个险”，但并没有获得苏联领导人的一丝同情。最终，他还是勇敢地来了，他不愿意失掉与苏联首脑亲自接触的机会。

苏联驻伊朗德黑兰大使馆与英国使馆紧挨在一起，而美国使馆却地处城郊。有情报证实，希特勒情报机关有上百名间谍闻风而动，制订了“远跃”行动计划，准备谋害“三巨头”。当然，苏联人对美国总统的安全考虑也是非常周全的。经协商，特意把罗斯福安排在苏联大使馆居住，通常用作使馆办公厅的主楼，现在改作美国总统的“官邸”。时任斯大林翻译的别列日柯夫说：“恐怕很难找到比苏联驻德黑兰使馆这个庄园更为合适的地方，举行战时三国首脑秘密会晤了。这里没有任何干扰，也听不到东方城市的喧嚣声。宽敞的庭院，四周都是石砌的围墙。几幢浅色砖房稀疏地坐落在庭院的绿荫深处。”他们用几块高高的挡板截断苏联和英国两个使馆之间的街道，再在中间开辟一个通道，使得两个使馆连成一体。

关于德黑兰会议的传说很多，有的说德国人阴谋暗杀“三巨头”，有的说苏联人暗地里监视罗斯福和丘吉尔，有的说英国使馆的间谍把整个会议记录的副本提供给了希特勒。但真正最重要的是，三国作出了在战时和战后的和平时期都将进行合作的决定，三国参谋部代表商定了消灭德国武装力量的计划，就从东、西、南三方面将发动的军事行动的规模和时间达成了完全一致的协议。也就是说，三大国在德黑兰组成了真正的反希特勒同盟。这份由“三巨头”在 1943 年 12 月 1 日签署的《三国宣言》宣告世界：

我们在这里达成的相互谅解，保证胜利必将属于我们。

关于和平，我们确信，我们之间现存的协同一致，必将保证持久和平。我们充分认识我们及所有联合国家对实现这种和平负有崇高的责任，这种和平将获得全球绝大多数人民的拥护，并在未来许多世代中，消除战争的祸患和恐怖。

我们和我们的外交顾问一起研究了未来的问题。所有和我们三国一样专心致力消灭暴政与奴役、压迫与苦难的大小国家，我们都将努力谋求他们的合作与积极参加。我们欢迎它们在它们愿意的时候加入全世界民主国家的大家庭。

世界上没有任何力量能阻止我们在陆地上消灭德国的军队，在海上消灭德国的潜艇和从空中消灭德国的军工厂。

我们将无情地、日益猛烈地进攻。

我们结束了我们友好的会议，满怀信心，期待着那样一天的到来，那时世界各国人民将不受暴政的压迫，按照各自不同的意愿和自己的良心自由地生活。

我们满怀希望和决心而来，我们作为志同道合的真正朋友而离去。

这样的宣言，直白简洁，没有了神秘气味，且文字优美，富有感情，不可避免地带有某种神圣，它的结尾甚至像一首诗歌，读起来多么动听，它对未来岁月、对数百万人的生命即将造成决定性的影响。在那个时刻，深受前所未有的战争折磨的世界都密切关注着“三巨头”的每一个行动，倾听着他们的每一句话。不仅受蹂躏的欧洲各国期待着“三巨头”第一次会晤时作出的决定，轴心国也惴惴不安地等待着三国会议的结果。

在五天的时间里，在苏联驻德黑兰大使馆共计进行了九次大大小小的谈话或者会议，其中苏、美、英三国首脑会议共举行了四次。

罗斯福在德黑兰的第一场会谈是在第一天，即11月28日，和斯大林举行的。这也是罗斯福第一次与斯大林会面，地点是在靠近主会议厅的一个房间。为了使会谈充满一种相互信任的气氛，罗斯福事先就提出他一个人参加，就连他通常的翻译查尔斯·波伦也不带。

那天下午，斯大林身着元帅服，一边抽烟，一边来回踱步，等待着罗斯福的到来。

“哈罗，斯大林元帅。”一个菲律宾仆役推着轮椅走了进来，罗斯福笑容满面地坐在轮椅上，精神抖擞地向斯大林打着招呼，一边伸出了手，一边说，“我好像来晚了点，请原谅。”

“不，总统先生，您来得很准时，”斯大林说，“是我来得早了点，我做主人应该这样。不管怎样，您是到我们这儿，可以说是到苏联领土上来做客的。”

“我表示抗议，”罗斯福大声笑起来，“我们不是规定得很明确，在中立国会见吗？况且这里是我的官邸，您才是我的客人呢。”

"咱们别争了，总统先生，您最好还是谈谈，给您安排得还好吗？您是否还需要什么？"

"不，谢谢，一切都很好，我觉得像在自己家里一样。"

"这就是说，您喜欢这里。"

"非常感谢您给我提供了这所房子。"罗斯福说。菲律宾仆役将轮椅推到指定位置，把椅子转了过来，拉紧轮椅的闸，退了出去。

斯大林拿起烟盒，请罗斯福抽烟，罗斯福谢绝了。斯大林自己从烟盒中掏出一支香烟，插在一个精致的烟嘴上，抽了起来。

"抽惯了自己的，"罗斯福笑了笑，耸耸肩，像是在表达歉意似的。"您那个赫赫有名的烟斗哪里去了？斯大林元帅，据说您就是靠这个烟斗来熏跑自己的敌人的？"罗斯福真是一个懂幽默有情趣的人。

斯大林狡黠地笑了笑，眯缝着眼睛，从容不迫地说："看来，我几乎把他们全部都熏跑了。不过严格说起来医生是要我尽量少抽烟斗的。可我还是把它带来了。为了使您愉快，我下次一定带着它。"

"应该听医生的，"罗斯福认真地说道，"我也得这么做。"

会谈一开始，罗斯福就给这位苏联伟大的独裁者带来了一个好消息：他将打算把30－40个师的敌人从苏德战场上引开。斯大林对罗斯福送来的礼物表示感激，并对美国在给远离美洲3000英里之外的200万军队提供支持时面临的后勤困难表示同情。随后，罗斯福告诉斯大林打算跟他谈谈战后问题，包括与苏联的贸易问题。斯大林表示同意，并说苏联将成为美国的一个大市场。罗斯福表示同意，并指出美国需要大量的原材料，希望由苏联提供。随后，他们还交谈了有关法国和印度的问题，当然也不可避免地谈及了中国问题。他们都认为，尽管中国人是优秀的战士，但像蒋介石这种人对他们的领导很拙劣，所以蒋介石的军队仗打得很糟糕。

罗斯福与斯大林的个人会晤是从当天下午15点开始的，持续了一个小时。会谈结束后，两人随即于下午16点转至隔壁正式会议厅，与丘吉尔一起举行了三大国首脑的第一次全体会议。

罗斯福主持会议。他说："作为在座的政府首脑中最年轻的一个，我冒昧地第一个发言。我愿意向我们这个新家庭的成员们——聚集在会议桌周围的全体与会者保证：我们到这里来是为了一个目的，这个目的就是尽快赢得战争的胜利。关于会议如何进行，我还想说几句。这里谈了的任何东西我们都不打算发表，但我们彼此要像朋友一般开诚布公。"

随后，在罗斯福的邀请下，丘吉尔和斯大林分别就这次会议的重要性及其对人类的意义作了自己的开场白。

丘吉尔说："这是人类历史上空前的世界力量的最伟大的集会。我们手中掌握着缩短战争、赢得战争和决定人类未来命运的钥匙。我愿为我们要无愧于上帝赐给我们造福于人类的良机而祈祷。"

斯大林说："我想，我们是历史的宠儿，历史赋予我们极大的力量和极好的机会。我希望在这次会议上，我们要竭尽全力为了共同合作而很好地利用我们的人民授予我们的力量和权力，现在我们开始工作吧！"

这次会议讨论的主题是，英美军队横渡英吉利海峡登陆法国北部的计划。罗斯福和斯大林保持了他们之间已经达成的默契，联手对付了丘吉尔。他们坚持认为，以"霸王行动"（Overlord）为代号的这个军事计划，绝对是 1944 年的头等军事大事。"霸王行动"与丘吉尔的围绕意大利和巴尔干展开军事行动的地中海战略存在着矛盾，但在讨论中斯大林站在了罗斯福一边，丘吉尔只能原则上表示同意。斯大林之所以支持"霸王行动"，正是因为"霸王行动"与他一贯主张在法国开辟第二战场的目标达成了一致。当然，斯大林也给罗斯福送来了一个礼物，那就是他当面作出了重大声明——在德国投降之后，苏联将承诺加入远东的对日战争。而这个军事承诺，正是罗斯福在珍珠港事件之后一直想从苏联人那里得到的。

在 11 月 29 日下午 14 点 45 分，罗斯福再次会晤斯大林。在递交给斯大林有关铁托游击队和建议苏联向美军提供沿海空军基地的两份机密报告后，罗斯福提出想与苏联领导人谈一谈将来的“世界体制”问题。

罗斯福说：“我认为，应该建立一个能够真正保证战后持久和平的组织，在莫斯科会议期间我就曾建议签订一项包括中国在内的四大国宣言，因为中国对未来的世界有重要意义。当然，我并不急于讨论这类组织的问题，但如果在我们离开德黑兰之前能做到这一点，我将感到非常高兴。”

斯大林说：“没有什么东西会妨碍这种讨论，可以讨论这个问题。”

罗斯福说：“战争结束后，应该成立一个世界性的组织，这个组织将建立在联合国家的原则基础上，而且，它将处理的不是军事问题。它不应像国联那样。这个组织将由 35 个或者 50 个联合国家组成，它将提出各种建议。除此之外，这个组织不应有别的权力。这个组织应在不同的地点而不应固定在一个地点开会。这样做会产生很大影响。我们 21 个美洲国家从来不在同一个地方开会。”

“那么这个组织的执行机构由谁组成呢?”斯大林问道。

罗斯福说：“这是一个世界性组织，包括三个独立的机构。第一，成立一个由苏联、英国、中国和美国四个国家组成的警察委员会，负责维护世界和平；第二，成立一个除处理军事问题以外的所有问题的执行委员会；第三，成立一个总的机构，在这个机构中每个国家都可以畅所欲言，小国也能发表自己的意见。”

斯大林说：“总统提出的格局是好的，但欧洲的许多小国或许不满意，是否还是不要成立一个组织，而是建立两个组织，一个是欧洲组织，另一个是远东组织或者世界组织。”

罗斯福说：“元帅的建议跟丘吉尔首相的建议差不多，他建议成立一个欧洲组织、一个远东组织、一个美洲组织。但是，如果不是日本在 1941 年进攻美国，我无论如何也无法迫使国会同意派美国军队来到欧洲。”

斯大林问道："如果建立了一个世界性组织，特别是四个警察，美国会不会把军队派到欧洲来?"

"这倒不一定。"罗斯福真诚地说，"不过，如有必要使用武力反对可能的侵略，美国可以提供自己的飞机和船只，而往欧洲派兵可以由英国和俄国来负责。"同时，罗斯福指出，使用武力制止侵略的方法有两种。如果出现革命或侵略的危险，或其他类型的破坏和平的危险，那么当事国将被隔离，使那里的战火不致蔓延到别国的领土。第二个方法就是组成委员会的四个国家可以向该国发出最后通牒要求停止危及和平的行动，并指出，否则它将遭到轰炸，甚至被占领。

说到这里，斯大林转换了一个话题，说起前一天午餐时，在罗斯福走后，他和丘吉尔谈到了维护未来的和平问题。丘吉尔说德国在战后不能很快恢复它的实力。但斯大林不同意这一点，他认为，德国只需要15－20年的时间就能够东山再起，然后发动新的侵略战争。斯大林还举例说："德国在1870年发动的第一场大规模的战争是在1871年结束的。这次战争之后仅仅过了42年，也就是1914年，德国又发动了一场新的战争。21年之后，即1939年，德国再一次发动了战争。看来，德国恢复实力所需要的时间正在缩短。为了防止侵略，只靠建立几个拟议中的机构是不够的。必须占领最重要的战略据点，不让它们落在德国手里。不仅要在欧洲，而且在远东也应该占领这样的据点，使日本也不能重新发动侵略。即将成立的这个机构应该有权占领重要战略据点。"

听了斯大林提出的这些意见，罗斯福高兴地点点头，说："我百分之百同意斯大林元帅的看法。"

因为斯大林要出席英国国王乔治六世向斯大林格勒赠送宝剑的仪式，罗斯福与斯大林的谈话不得不终止。"斯大林格勒之剑"是乔治六世为纪念这座英雄城市和它英勇的人民赠送的礼物。在《国际歌》和《天佑吾王》乐声中，斯大林从丘吉尔手中接过英国国王的礼物，并亲吻了宝剑，随后转身交给伏罗希洛夫元帅。因为伏罗希洛夫没有接好，一不小心将宝剑掉在了地上，成了这次赠送仪式的一个尴尬的插曲。

从11月29日下午4时开始，“三巨头”举行了第二次全体会议。这次会议主要就这天上午召开的军事代表会议的结果进行讨论。由于军事代表会议没有达成协议，“三巨头”不得不亲自作出决定。针对美英关于“霸王行动”的分歧，斯大林果断地站在了罗斯福一边，向丘吉尔施压。

当丘吉尔长篇大论地述说英国的观点时，斯大林甚至有些厌烦地问道：“我们打算在德黑兰待多久？”

丘吉尔毫不客气地回敬了一句：“这些指示不拟定好，我就不准备吃饭。”

斯大林说：“我是说我们打算什么时候结束我们的会议。”

罗斯福笑着说：“斯大林元帅在德黑兰待多久，我就准备待多久。”

丘吉尔接着说：“如果有必要，我准备永远留在德黑兰。”

真是唇枪舌剑，针尖对麦芒啊！从这样十分克制的玩笑话中，谁都能读得出“三巨头”内心的较量。

由于在实施“霸王行动”的时间、行动和指挥员人选任命的问题上，丘吉尔与罗斯福依然有不同意见，斯大林再次不耐烦地说道：“如果可以提一个冒昧的问题，那么我想问问英国人，你们对‘霸王’战役究竟有没有信心？还是只不过是为了安慰俄国人说说而已。”由此可见，在讨论中，大国首脑之间的交锋尖锐到何种程度。

在德黑兰会议上，“三巨头”讨论的最后一个问题是德国问题。时间是12月1日16时开始至19时40分结束的圆桌会议上。

问题是由罗斯福提出来的。

斯大林问：“关于这个问题有什么建议？”

罗斯福说：“分割德国。”

斯大林回答说：“我们赞成。”

丘吉尔说：“我赞成分裂德国。不过，我想要仔细考虑一下分解普鲁士的问题。我也主张把巴伐利亚和另一些省从德国划出去。”

丘吉尔的建议使人感到有些突然。大厅内一片沉寂。

然后，罗斯福再次发言。他说：“为了便于我们讨论，我想阐述一下我本人两个月前拟定的把德国分为五个国家的方案。”

“我想强调一下，”丘吉尔打断了罗斯福的话，“德国的祸根是普鲁士。”

罗斯福赞许地点了点头，继续说道：“我想，我们首先要有一个总的轮廓，然后再谈细节问题。我的意见是，应该尽可能削弱普鲁士和缩小它的领土。普鲁士应该是德国第一个独立的部分。第二个独立的部分应包括汉诺威和德国西北部一些地区。第三部分是萨克森和莱比锡地区。第四部分是黑森省、达姆斯达特、卡塞尔以及莱茵河以南地区和威斯特伐利亚的各旧城。第五部分是巴伐利亚、巴登和符腾堡。这五部分中每一部分都将成为一个独立的国家。此外，还应把基尔运河区和汉堡地区从德国分割出来。这些地区将由联合国家或四大国来管辖。鲁尔省和萨尔省应置于联合国家或整个欧洲的托管机构的监督之下。这就是我的建议。我事先声明，这个建议不过是抛砖引玉……”

当时，几乎整个欧洲尚处在法西斯压迫之下。在这种形势下，罗斯福关于分割德国的建议听起来有些不切实际。而且，立即使人产生了疑问——在20世纪中叶能迫使德国人民重新接受像过去封建小国割据时期的那种局面吗？美国总统决定重新划分德国版图是否过于大胆了呢？

但是丘吉尔这个老练狡黠的政治家似乎支持罗斯福的想法。

“你是全部都端出来了，”丘吉尔对罗斯福说，“我认为这里存在着两个问题，一个是破坏性的，另一个是建设性的。我有两个想法：第一是把普鲁士从德国其余部分孤立出来，第二是把德国南部诸省——巴伐利亚、巴登，符腾堡、帕拉蒂纳特等从萨尔到萨克森都分割开。我将置普鲁士于十分苛刻的条件之下。我认为，很容易使南部各省脱离普鲁士而并入一个多瑙河联邦。生活在多瑙河流域的人不是战争的起因。无论如何，我对普鲁士人可要比对其他德国人严厉得多。南部的德国人不会发动新的战争。”

时任俄方翻译的别列日科夫认为：“丘吉尔的这番议论使得德国的未来命运问题又有了新的内容。他主张分割德国和压制普鲁士，同时策划建立某种新的类似布头哈布斯堡王国（指奥匈帝国，“布头帝国”是对其讽刺的绰号——引者注）那样的实体。只有这样，才能理解他关于多瑙河联邦的这番议论的含义。毫无疑问，按英国首相的设想，这种联邦必须置于西方大国的控制之下，而把苏联同西欧隔离开来。这个计划显然同丘吉尔本人关于英美部队在巴尔干登陆，以便在东南欧‘赶在俄国人的前面’的主张是前后呼应的。”

斯大林坚决反对这个计划。

“我不喜欢成立新的联邦国家的计划，”他十分冷淡地说，“既然决定分解德国，就不应该成立新的联邦。罗斯福总统建议将德国分成五个或六个国家和两个地区，这个方案可以研究。至于谈到英国方面的建议，那么应当注意以下情况。丘吉尔首相很快就要像我们现在一样，要和大批德国人打交道。那时他就会发现在德国军队里作战的不只是普鲁士人，还有其他省份的德国人。只有奥地利人在快要当俘虏时才叫喊：‘我是奥地利人！’于是我们的战士就接受他们的投降。至于其他省份的德国人，他们打起仗来都一样残酷。不论我们怎样处理分割德国的问题，都无须建立什么新的毫无生命力的多瑙河联邦。匈牙利和奥地利应各自单独存在。奥地利未被希特勒侵占以前一直是个独立的国家。”

罗斯福同意斯大林的看法。他说，出生于德国各个省份的德国人没有什么区别。50 年前曾有过区别，但现在所有的德国兵都一样。

接着，丘吉尔再次发言。“我不希望人们把我的意思理解为我不赞成分割德国，”他声明说，“但我想指出，如果仅限于把德国分成几个部分，而不进行联合，那么，就像斯大林元帅说过的那样，有朝一日，德国人要统一起来的。”

“没有任何办法能排除德国统一的可能性。”斯大林反驳说。

“斯大林元帅喜欢一个四分五裂的欧洲吗？”丘吉尔恶意地问道。

“这和欧洲有什么关系？”斯大林驳斥说，“我只不过不知道是否需要成立四个、五个或六个独立的日耳曼国家。这个问题需要讨论……”

见斯大林和丘吉尔争执起来，罗斯福赶紧“灭火”。他问道：“是否需要成立研究德国问题的专门委员会？还是把这个问题交由三国代表组成的伦敦委员会研究。”

斯大林表示同意将此问题提交伦敦委员会。

革命不是请客吃饭，但请客吃饭往往也是一种政治，并充满着政治家的强大智慧。德黑兰会议用餐都是在苏联大使馆，几次重要的午宴也都是斯大林做东。宴会厅与会议厅紧挨着，小巧精致的三国国旗在洁白的台布上耀眼夺目，餐具周围自然地摆放着红色石竹盆景。菜单是用英文和俄文两种文字书写的，菜肴都是在这种场合比较常见的：各式冷盘、肉汤、煎牛排、雪花冰糕、咖啡，饮料有高加索葡萄酒、矿泉水、柠檬水和苏联香槟，当然还有伏特加酒、白兰地和维尔木特酒。罗斯福喜欢高加索葡萄酒，丘吉尔喜欢白兰地，斯大林则是他喜欢的伏特加。

午宴吃起来无拘无束，但作为东家却是颇费心机。大家的注意力都放在美味佳肴上，当罗斯福想知道高加索饭菜的独特之处时，斯大林当然地表现出行家里手的风度。这时，斯大林提起了早饭时罗斯福十分喜欢吃的鲑鱼，然后对他说：“我已吩咐让人送来一条小鱼，想现在赠送给您，总统先生。”

“这太好了，”罗斯福惊叹地说道，“您的关心使我十分感动。我夸奖了鲑鱼菜，没想到给您添了麻烦，这使我很不安……”

“没有什么麻烦，”斯大林说，“相反，能为您效劳，我感到很高兴。”说完，斯大林马上吩咐把这条今天早上专门用飞机运来的“小鱼”送给罗斯福。

过了一会儿，餐厅的门开了，只见四名身材魁梧的军人站在那里，他们手中托着一条两米多长、半米多宽的鲑鱼。这个队伍的后面站着两名菲律宾厨师和一名美国安保人员。这实在是一条惊人的庞然大物。当它被送到罗斯福身边后，总统足足欣赏了好几分钟。送鱼的队伍离开的时候，餐桌上人们的眼神依然盯着斯大林的这条“小鱼”，只见那条大鲑鱼的尾巴还合着抬着它的士兵脚步的节拍上下摆动，好像是在跟大家挥手道别。

而就在斯大林的“小鱼”还没有送来的时候，罗斯福内心里对斯大林准备的这份礼物已经非常感动，主动讲到战后将有广泛的机会发展美苏两国经济。他说：“诚然，战争使俄国遭受了巨大的破坏。斯大林元帅，在您面前摆着大量的恢复工作要做。在这方面美国拥有经济潜力可以给您的国家以重要的援助。我想，在我们共同战胜轴心国之后，我们也许可以向苏联提供数十亿美元的贷款。当然，这还仅仅是初步设想，还需要在适当的范围进行讨论，但大体上我认为是完全可能实现的。”斯大林表示感谢。罗斯福说：“无论如何，我本人将过问此事。”

对于德黑兰会议的记忆，“三巨头”都是十分难忘的。而对丘吉尔来说，因为在这里度过了他 69 岁的生日，自然更加记忆深刻。他比罗斯福和斯大林都要大五岁左右，所以当他公开 11 月 30 日是自己生日，希望在英国大使馆安排第三顿午餐的时候，大家都没有什么异议。他后来回忆说：“这是我一生中值得纪念的日子，坐在我右边的是美国总统，坐在我左边的是俄国的主宰者。我们几个人实际上控制着世界上的所有舰队和四分之三的空军，统率着参加人类历史上最残酷战争的、大约 2000 万人的大军。罗斯福送给我的礼物是一只精美的波斯陶瓷花瓶；这只花瓶在我回国的途中被打碎，但又被奇迹般地修复，现在还被我作为珍品保存着。”

丘吉尔在回忆录里没有说俄国的主宰者送给他什么礼物，实际上斯大林还是给他带来了惊喜。此前，丘吉尔在喝咖啡闲聊时曾顺口说他非常喜欢苏联歌唱家瓦季姆·科津演唱的俄罗斯抒情歌曲。说者无意，听者有心。斯大林记住了这件事。很快，这位歌唱家被请来了。不难想象，在生日宴会上，科津本人的出现以及他的现场演唱对丘吉尔来说，该是一个什么样的意外惊喜?！斯大林善于制造令人感到意外而又高兴的礼物，善于营造融洽的气氛。对于政治家来说，除了说明他是一个善于把握细节的人之外，或许也是一种政治的智慧，或者说，是一种政治家的情商。是的，情商，对于政治对于外交，具有历史想象不到的魅力。斯大林就是这样一个很善于跟与他谈话的人形成一种亲密关系的人。因此，在私人层面上，罗斯福和斯大林通过第一次会晤建立了良好的工作关系。显然，把斯大林与罗斯福、丘吉尔隔开的当然是意识形态的鸿沟。

据气象预报说，12 月 2 日德黑兰地区将降大雪。天气骤然变坏，身体条件不允许的罗斯福需要尽快飞离德黑兰。“三巨头”原本决定在这天将举行全天会议，由于老天爷不给力，不得不取消。12 月 1 日晚间，“三巨头”紧急集合，仓促通过了会议的最后宣言。因为时间紧张，宣言的俄文和英文文本都没来得及重新打印干净，甚至连象征性的隆重仪式也没有举行，只采取类似“询问”的形式分头收集这一重要文件的签字。

12 月 2 日早晨，天色阴沉，阵阵寒风吹卷着庭院里缤纷的落叶。罗斯福身披他那一件标志性的黑色斗篷，头戴一顶泛着皱褶的老式帽子，戴着夹鼻眼镜，露出的牙齿衔着一个长烟嘴，坐在轮椅上满面笑容地出现在门前的台阶上。这位身患重病的总统坚忍不拔的意志和无坚不摧的毅力，让每一个为他送行的人为之动容。两名健壮的美军中士把总统的轮椅推到军用“维利斯”汽车旁，然后将他抱到靠前的座位上，并在他的腿上盖上一条羊毛毯。斯大林和丘吉尔站在送行的队伍中。隔着车窗，斯大林、丘吉尔和罗斯福紧紧握手，祝他一路平安。罗斯福说：“我认为，我们在这里出色地完成了一件工作，各项协议必将保证我们获胜……”

和德黑兰会议一样，“三巨头”的第二次会晤可谓是在紧张的时代举行的紧张的会晤。这次会晤是在黑海之滨的疗养胜地克里米亚的一座罗可可风格的宫殿里举行的。在美国和英国的档案里，这次会晤名为雅尔塔会议，而苏联人的档案里则叫克里米亚会议。

雅尔塔会议是罗斯福从 1944 年的夏天就提议召开的，他原本希望 1944 年 9 月在苏格兰举行，但由于斯大林军务缠身没有同意。后来，他又建议把地点定在黑海的某一个港口，这样一来，讨厌坐飞机的斯大林就可以坐火车直达黑海海滨。然而，这个时候，美国又进行总统选举，所以就决定把会议延迟到 1945 年 1 月罗斯福第四任总统就职仪式之后。为此，罗斯福和斯大林在会议的地点上讨价还价达七个月之久，最后他不得不听从斯大林的意见，选择了这座末代沙皇尼古拉二世的夏宫。

这座名叫利瓦吉亚宫的漂亮宫殿，是用金黄色的石头砌成的，像一个三层的大蛋糕，坐落在林木繁茂的花园之中，环境确实漂亮极了。皇宫一共有 50 个房间。在德国占领克里米亚期间，曾经遭受严重破坏。为了这次会议，俄国人对它作了尽可能的修缮。细心的斯大林考虑到罗斯福身体的原因，就安排他住在这个海岸边最漂亮的宫殿的一层，以减少他痛苦地移动，每天一次的全体会议也因此在这里举行。

总的来说，雅尔塔会议要比德黑兰会议更加隆重，与会代表团更加庞大，而且有许多关键人员，英美代表团共有 700 人。陪同罗斯福参加会议的有国务卿斯退丁纽斯、莱西海军上将、马歇尔陆军上将、金海军上将、库特少将、迪安少将、麦克法兰将军和驻苏联大使哈里曼，以及翻译波伦。英国代表团除了丘吉尔首相之外，包括外交大臣艾登、布鲁克陆军元帅、波特尔空军元帅、坎宁汉海军上将、亚历山大陆军元帅、伊斯梅将军和伯尔斯少校。斯大林带领的苏联代表团，阵容也非常强大，陪同成员包括外交人民委员莫洛托夫、副总参谋长安东诺夫陆军大将、楚贾科夫空军元帅、库兹涅佐夫海军上将和副外交人民委员维辛斯基、葛罗米科、古谢夫、马伊斯基。

罗斯福是乘坐“昆西号”巡洋舰到达马耳他的，然后他在这里等待丘吉尔一道乘飞机前往雅尔塔。1945 年 2 月 3 日，当美国总统带着他的近 400 名随从，外交官、军人、顾问、贴身的打字员、个人仆役在萨基机场降落的时候，苏联人的会务工作都已经准备就绪。利瓦吉亚宫的桃花心木护壁板和改作会议室的舞厅的地板，都打上了蜡。房间里的家具古董而结实，还有镶在涂成金色的粗笨画框中的巨幅油画，高大的铜灯、橘黄色的丝灯罩、布卡拉地毯，以及三车皮共计 16 吨鱼子酱，还有战时俄国能生产的最好的菜肴和最丰富的烧酒，等等，据说都是苏军总后勤部从莫斯科运来的。

斯大林住在离这里两公里以外的科列兹别墅，他让丘吉尔住在稍为远一点的沃隆佐夫别墅。因此，有新闻记者评述，斯大林这样的安排是限制了英国人与美国人私下的会晤，因为丘吉尔要去见罗斯福就必须从斯大林的眼皮底下经过。

此时此刻的罗斯福确实衰老了，丘吉尔曾跟他身边的人抱怨说：“他已经没有权力所需要的体力了。”但无论在政治上还是日常生活上，罗斯福都是一个巨人，现实，坚毅，不断向顶峰攀登，并给美国人民以激励，直到忘了来自自身的灾难。他在美国 1939 年陷入严重经济危机的时候提出了拯救美国经济和社会改革运动的“新政”，1941 年他重新武装了软弱无力的美国，随后又制定了《大西洋条约》，在最后的两个任期中他把精力用在了反对纳粹主义德国和日本军国主义的斗争。一些西方的评论家认为，此时的罗斯福神志模糊，“多年的梦想缠绕着他，而且改变了性质成为一种挥之不去的烦恼：成为和平的缔造者，以这样的名义被载入史册，比凯撒更伟大，比苏格拉底更明智”。这些年，罗斯福反复强调，达到长久和平的唯一途径是建立联合国组织。联合国是他的前任威尔逊总统在第一次世界大战后的1919年就提出来的。但在西方观察家看来，罗斯福的“这一行动的宽宏却被一种仇视所破坏——必须要做到两点：‘粉碎结成联盟的德国和日本，阻止斯大林对希特勒可能向他提出单方面媾和的诱惑让步’”。他“那时在对外政治方面已经没有看法了，只有几条模糊的建立在幻觉之上的行动原则”，他“为了这种幻觉所付出的代价是沉重的”。

皮埃尔·阿考斯和皮埃尔·朗契尼克在他们合著的《病夫治国》一书中，评价罗斯福与苏联实行结盟实在是一种神志模糊的病夫表现。他们说：“这种对于政治和战略现实的错误判断使许多历史学家感到吃惊。因为，如果说希特勒希望在1944年有这样一种停战的话，他也将从西方盟国方面得到，以便将他的全部精力投入与红军的战斗中去。从1941年起，他就不隐瞒这一点了。他将真正的敌人放在东部。神志模糊的第二种表现是，罗斯福加重了判断对手的错误，特别是斯大林，克里姆林宫主人的人格令他着迷。他欣赏斯大林，认为对方也一样爱他。他甚至说人们完全可以相信他：‘我相信，如果我给他我能给予的一切，而不向他提出任何要求的话，出于礼貌，他将不会试图吞并任何东西，而接受与我一道为一个民主和和平的世界而奋斗’。”

此时此刻的罗斯福对世界的版图是如何划分的呢？我们可以看看他当年对纽约大主教斯佩尔曼是怎么说的。罗斯福告诉斯佩尔曼：“世界的瓜分将是很简单的。远东归蒋介石，他在我们的帮助下统治中国。太平洋嘛？归美国。非洲？归英国，因为有通往印度的航道。欧洲？归苏联。我希望斯大林进入欧洲时不要显得太粗暴。他肯定会要求巴尔干国家——芬兰、比萨拉比亚、波兰的一部分。我跟他比跟丘吉尔合得来，丘吉尔是理想主义者，斯大林是现实主义者，跟我一样。这样，在我们之间基于现实主义的彼此赞同就是自然而然的了。”

就像在德黑兰会议一样，在雅尔塔，“三巨头”除了召开三方全体会议之外，也有双边会谈。从1945年2月4日至11日，在8天的时间里，罗斯福和丘吉尔、斯大林先后开了八次全体会议，最后发表了一个公报、签订了一份议定书。“三巨头”打乱国界，准备好吞并某些领土，就将来的势力范围讨价还价。对美国、英国和苏联来说，赌注是巨大的：瓜分世界。

2月4日，在第一次会议召开之前，“三巨头”进行了礼节性的双边会晤。斯大林再次作为东道主，先是跟丘吉尔举行了会谈，两国领导人就欧洲战场上的战事简短地交换了意见。接着，斯大林与罗斯福进行了广泛的交谈，就像在德黑兰一样，两人继续挑了法国领导人戴高乐的毛病。当天下午5时，第一次全体会议开始了。斯大林总是能讨得罗斯福的欢心，他请罗斯福宣布会议开始。或许，这正是罗斯福心理上所需要的，认为这是极大的荣誉。罗斯福说：“三国首脑彼此已十分了解，而且我们之间的相互谅解还在增进。我们希望尽快结束战争，建立持久和平，所以我们的交谈是开诚布公的。经验证明，谈判中的坦率态度有助于尽快达成圆满的决议。”

第一次会谈主要是“三巨头”听取苏德战场形势与前景、军务和战斗行动的报告。东线由苏联红军副总参谋长安东诺夫大将作报告，西线由美军马歇尔将军作报告。这次会议进行了两个小时零四十分钟，斯大林在他面前的白纸上画狼，丘吉尔抽了大量雪茄。由于汇报的冗长，罗斯福身体渐渐不支，直到晚上与两位大人物一起吃饭时才又活跃起来。大勺大勺的鱼子酱、新奥尔良烤鸡、肉末、通心粉、罐头水果，“三巨头”吃得津津有味，他们前前后后共干了12次杯。罗斯福祝愿“尊重小国的权利”，丘吉尔举杯祝愿“百年的和平”，斯大林祝愿“伟大的同盟获得胜利”。

2月5日，第二次会议才真正的涉及最为敏感和重要的问题——德国的未来。“三巨头”秘密协定了德国无条件投降和盟国中任何一国不与其单独媾和的问题，决定将德国分成几个占领区以及柏林分几块管理，但“在德国尚未被彻底击溃之前，这些条件不予发表”。

随后，“三巨头”就战争赔偿问题进行了磋商。

斯大林开列了一个巨大的赔偿计划和赔偿方式，认为德国给苏联造成的损失简直是一个天文数字（有资料说大约为 26000 亿卢布）。因此，苏联要求德国的赔偿不应该像第一次世界大战后那样用货币支付，而应用实物支付，期限为 10 年，且通过没收资产和逐年接受产品所得的对于自己直接物资损失的赔偿，应不少于 100 亿美元。

“俄国的牺牲无疑要比其他国家的大！”丘吉尔听后立即给予反驳，并列举英国遭受的破坏，大声说：“德国能怎么样？我们面对的是闹饥荒的德国幽灵及其 8000 万人！归根结底不还是得由盟国来养活德国人吗？要骑马，就得喂它干草和燕麦。”

“马不应该扑向我们！”斯大林厉声说。

“我的隐喻不恰当，我们用汽车来代替马，汽车是需要汽油的。”

“这同样不能类比——德国人不是汽车，是人。”斯大林不依不饶，“应当考虑到的是，战后的德国将摆脱军备开支。而它战前每年用于军备的开支数额达 60 亿美元！”

斯大林和丘吉尔爆发的激烈争吵，像往常一样，罗斯福成为谈判天平上的砝码。这次，罗斯福把天平再一次倾斜给斯大林。斯大林还是达到了他的目的——那些在这场战争中蒙受损失最重的国家将首先得到战争赔偿，战争赔偿委员会设在莫斯科。为此，丘吉尔无奈地开玩笑说：“我在讨论战争赔偿问题上太好说话了，要知道，英国议会有可能不赞成这么做，他们有可能要赶我下台。”

斯大林笑着说：“这可不那么容易，胜利者不会被赶下台的！”

丘吉尔说：“我喜欢这样的原则：各国各取所需，而德国尽其所能。这应该是赔偿计划的基础。”

“我更喜欢另外一个原则，”斯大林说，“按功取偿。”

在随后的会议上，“三巨头”讨论了建立维护和平安全的联合国组织问题、建立自由独立的波兰问题、南斯拉夫和东南欧国家的边界问题、肢解德国的问题、战争赔偿问题、关于海峡和世界上其他水道的协议问题，以及对罗斯福来说极其关心的苏联参加远东战争对日宣战的问题。今天的人们已经知道雅尔塔会议的内容是多么重要，对世界的影响是多么巨大。关于会议的有关细节，本书在后面还将陆续提到。在这里，最为值得一提的还是第五天会议上有关苏联同意对日宣战的讨论。

罗斯福想爱惜美国人的生命，坚持加强对日本列岛的轰炸。他希望美国飞机的起飞基地设在西伯利亚的堪察加，并希望苏联军队能够保证对日本列岛的清理。2 月 8 日，罗斯福与斯大林进行了私人会晤。他们之间达成的协议有：苏联将废除 1941 年 4 月的《苏日中立条约》，并在打败德国两到三个月后加入远东战争。苏联得到的回报是：收回俄罗斯帝国在 1904 – 1905 年的俄日战争中因战败而输给日本的领土和特许权；归还南萨哈林岛，把千岛群岛移交给苏联。外蒙古维持现状；把中国的旅顺港作为海军基地租借给苏联，把大连港国际化，并保障苏联在该港的权益；成立中苏联合公司，保障莫斯科横贯满洲的铁路运输权利。在这一个秘密协定中，唯一限制的条款是：与中国有关的特许权还必须跟中国人谈判，并征得他们的同意。但是，还有一条，就是美国总统承诺“将采取步骤以取得该项同意”。而且“三巨头”同意“苏联的这些要求应在战败日本后毫无条件地予以满足”。显然，“三巨头”在不告知中国的情况下，在背后出卖了中国。

这一天会议结束后，斯大林向罗斯福和丘吉尔两个代表团的主要成员打开了科列兹别墅。斯大林的厨师乌其科夫使出浑身解数，前前后后上了 20 道菜，桌子上摆满了汤和肉，腌鱼、熏鱼、水果和大量的鱼子酱，以及伏特加、白兰地和又甜又酸的香槟。干杯达 45 次。直到凌晨一点钟，罗斯福面色苍白、筋疲力尽地请求告辞时，才结束了这次惊人的晚宴。

2 月 11 日，是星期天，“三巨头”在这天中午举行了最后一次会谈，并同意在会后发表联合公报。会前，罗斯福乘坐特别的吉普车在利瓦吉亚宫前面的花园中兜风。中午 12 点 50 分，“三巨头”走到桌前，秘书们已经给他们打印好了公报，等待他们签字。公报宣布了

“三巨头”在击败德国、德国的占领与管制、德国的赔偿、联合国会议、关于被解放的欧洲的宣言、波兰、南斯拉夫、外长会议等九个方面问题的政策。在《关于被解放的欧洲的宣言》中，“三巨头”要求英苏美摧毁纳粹主义和法西斯主义，并在自由选举的基础上建立一个民主的欧洲。最后，“三巨头”发表声明，承诺“为和平而团结正如为战争而团结”——

我们在克里米亚的会晤重申了我们的共同决心，即我们在未来的和平时期将保持和加强联合国家在目标和行动上的团结一致，正是这一点使我们在这次战争中能确定无疑地取得胜利。我们相信，这是我们的政府对本国人民以及对全世界各国人民应负的神圣义务。

只有我们三国之间以及一切爱好和平的各国之间继续增进合作与相互了解，才能实现人类最崇高的意愿——巩固的和持久的和平，这种和平，正如《大西洋宪章》中所说的，应能“确保所有国家的一切人，都能无所恐惧、不虞匮乏地度过一生”。

这次战争的胜利，以及拟议中的国际组织的建立，提供了有史以来最大的可能，在最近几年内为这种和平创造最重要的条件。

在20世纪，同等重要的日子为数不多。当然，除了2月11日公开发表的这份政策声明的《雅尔塔会议公报》之外，“三巨头”还签订了一份秘密的《雅尔塔议定书》，其中包括更加保密的《盟国关于处理战俘和平民问题的协议》和涉及出卖中国的《三大国关于远东问题的协定》。在后面，我们还会插叙有关这一次会晤的情况，尤其是有关中国问题的协定。

三个小时之后，“三巨头”道别。斯大林为客人们准备了礼物，比如鱼子酱、香槟酒、伏特加、熏鲑鱼、鲱鱼、黄油、柑子、橘子等。罗斯福送给斯大林黄香烟、巧克力、电动刮胡刀和罐头果汁等，还有给红军英雄的一大把美国勋章。

雅尔塔会议结束了。警卫人员把罗斯福抱上车，然后他们抵达港口登上了旗舰“凯考克丁号”。会议期间，美国代表团就是靠这艘旗舰与白宫保持联系。舰长使出浑身解数，全身披挂准备了丰富的美国式晚宴，让总统体会到一种回家的感觉。就在这天晚上，黑海舰队的乐队接到了斯大林的命令，要为罗斯福演出一场特别音乐会。罗斯福像一只瘦鸟一样，摇摇头，他害怕喧闹，就让夫人和女儿代表他出席，他则躲进一间专门为他准备的舱房中睡觉。

无论身体和精神，为了美国和美国人民，还有自己的政治梦想，疾病缠身的罗斯福已经疲惫不堪。他的军舰在漂洋过海，把他送回自己的家乡。他太累了，静静地躺下了，或许他已经预感到自己听不到希特勒第三帝国最后的堡垒崩溃的声音了。

60 天后的 4 月 12 日，在美国东海岸佐治亚州的温泉镇，罗斯福的脑血管突然破裂，迎来了生命的最后时刻。世界，因此失去了平衡。

第二章

希特勒："假如我命中注定要完蛋，那就让德国人民也完蛋，因为他们辜负了我！"

德意志第三帝国元首、总理，纳粹党党魁阿道夫·希特勒，是在首都柏林帝国国会大厦的地堡中得到罗斯福逝世的消息的。

"我的元首！我祝贺您。奇迹发生了！罗斯福总统去世了！"向希特勒报告这个消息的人，是他最得力最亲近的干将保罗·约瑟夫·戈培尔。这位以"宣传的天才""纳粹喉舌"，并以铁腕捍卫希特勒政权和维持第三帝国体制的纳粹国民教育与宣传部部长，此时已被任命担任对帝都柏林防御负主要责任的最高委员。

完全可以想象，希特勒听到罗斯福死去的消息是多么的兴高采烈。

但是，丧钟为谁而鸣？

1945年新年之后，人们就很少看到希特勒有过笑脸。如今，看到元首笑逐颜开，大本营里终于像迎来了一个重大的节日，大家喝着香槟，祝贺元首料事如神。因为大家都认为，罗斯福之死就是希特勒不止一次说过的转折点。现在，转折点真的出现了。在热烈欢喜的氛围中，希特勒给各集团军司令和所有高级官员打电话，将这一鼓舞人心的消息及时告诉大家，以长士气。

无论怎么说，作为政治家、军事家，希特勒的确是一个了不起的组织者，说他是一个有能力的战略家也不过分——他从 1933 年至 1939 年，在短短 6 年的时间里就组建了一支强大的军队，几乎攫取了欧洲。其实，对苏作战，占领俄罗斯，这是他的政治生涯的梦想计划。1939 年 11 月 23 日，希特勒对他的将军们说：

也许会有人指责我说：除了斗争还是斗争。但我认为斗争是整个生物界的本质。谁都不能回避斗争，如果他不想灭亡的话。人口数量不断增长，而这需要扩大生存空间。我的目的就是建立人口数量与生存空间的合理比例。为此必须进行战争。任何一个民族都不能回避这个课题，否则它就会灭亡。这是历史的教训……

我犹豫了很久，不知从何下手——从西方还是东方。然而我建立军队的目的不是让它不实施突击，我的内心始终在准备打仗。结果我们首先成功地对东方发动了突击。迅速结束对波战争的原因在于我国军队的优势，这是我国历史上光荣的一页。我们在人员和装备方面的损失出奇的少。现在我们在东方战线只需保持几个师的兵力。现在形成了我们原先认为不可能的局面：在西方的敌人缩在工事后面，无法对他们进行攻击。

现在起决定作用的是：我们能维持这种局面多久。俄国目前没有危害，它由于国内一系列事件而遭到削弱，而除此之外，我们同它订有条约。但条约只有在合适遵守的情况下才会遵守……我们只有在西方腾出手之后才能进攻俄国。

1940 年 6 月 22 日，法国宣布投降。希特勒一点儿也不想浪费时间，在同一天亲自指示总参谋部的将军们开始制订侵略苏联的计划，经过高层认真讨论之后，形成最后的训令，以便军队据此行动。像制订入侵捷克斯洛伐克、波兰和法国的计划分别以“格律恩”“韦斯”和“格尔布”为代号一样，希特勒选择用腓特烈一世的名字“巴巴罗萨”作为代号来命名对苏作战的计划。12 月 18 日，希特勒签署了制订完毕的“巴巴罗萨计划”。1941 年 6 月 22 日，苏德战争爆发，300 万德军在希特勒的授意下入侵苏联，妄图在 6－8 周内打败苏联。战争伊始，德军一路势如破竹，12 月 2 日即抵近苏联首都莫斯科，最近距离仅 24 公里。斯大林带领苏联人民发动了莫斯科保卫战，彻底粉碎了希特勒的闪击战术，之后苏军将德军击退 320 多公里。12 月 7 日，珍珠港事件爆发，美国对日宣战。四天后希特勒向美国宣战。对于这一段历史，历史学家和诸国亲历战争的将帅们的回忆录已经写得十分详尽，读者在图书馆里就能查阅到。

现在，也就是美国总统罗斯福逝世的时刻，第二次世界大战欧洲战场在经过四个春秋之后，已经到了交战双方——准确地说是德军与苏军双方——都在准备进行决定性的最后一战的关键时刻。希特勒统帅部已经放弃西线的抵抗，将一切可以调动的兵力全部部署在东线的柏林方向，对付苏军。我们不妨看一看，希特勒的兵力是如何部署的：48 个步兵师、4 个坦克师、10 个摩托化师、37 个独立步兵团、98 个独立步兵营及其他部队。这些部队被编成两个集团军群——“维斯瓦”集团军群（包括坦克第三集团军和第九集团军）和“中央”集团军群（包括坦克第四集团军和野战第十七集团军），兵力统计数字共有 100 多万人、1500 辆坦克和强击炮、3300 架飞机。雷曼中将被任命为防御柏林的卫戍司令。

面对希特勒的大兵压境，斯大林成竹在胸。在他获悉希特勒放弃西线战场抵抗而投入东线对付苏军的时候，他迅速作出决定，以两个方面军——朱可夫的白俄罗斯第一方面军和科涅夫的乌克兰第一方面军——的兵力迅速实施柏林进攻战役。

为了阻止苏军的进攻，戈培尔极富干劲地组织了国民突击队，甚至效仿俄国人在莫斯科保卫战中的经验着手建立妇女营。对此，希特勒极为称赞，说：“我们现在的任务应当是在所有情况下都必须坚持住。尽管敌人阵营的危机已有相当大的增长，但问题依然是在我们尚能防御之前未必会发生爆炸。而这正是胜利结束战争的前提条件。要让危机在我们被击溃之前炸毁敌人的阵营。”

事实上，戈培尔已经十分明白处境异常困难，这些日子他一直在竭力试图为斗志日益低落的希特勒鼓劲加油。为此，这位被人们誉为“创造希特勒的人”，还不厌其烦地给元首讲述其热爱的历史人物腓特烈大帝的人生故事，绘声绘色地描述了腓特烈大帝一生中最危急的时刻——由于屡遭战败，腓特烈准备自杀，这时身边的一位亲信对腓特烈说：“稍等一等，你苦难的日子就将过去，你幸福的阳光被乌云遮住了，但很快就会照耀到你的身上。”预言真的应验了。俄国女皇伊丽莎白突然去世，这才使腓特烈没有在七年战争中被彻底毁灭。戈培尔给希特勒讲述这段历史，其实也是在梦想着某种奇迹的出现，这个奇迹就是希特勒本人也正在臆想的奇迹——期待盟国很快失和，德国因此拯救。

无巧不成书。当戈培尔讲述的腓特烈的故事还在耳畔回响的时候，没几天就果真发生了这样的“历史奇迹”——罗斯福在 4 月 12 日突然逝世了。

罗斯福之死让希特勒兴奋莫名。他之所以如此兴奋，并非仅仅是出于某种迷信色彩的唯心论，而是有着切切实实的现实根据。他和他的智囊们认真研究过美国的政治，接替罗斯福出任美国总统的杜鲁门的政策将预示着向他期望的较好的方向转变。那时，在德国流传着杜鲁门早在 1941 年 6 月讲过的话：“如果我们发现德国获胜，我们就应当帮助俄国，而如果俄国获胜，我们就应当帮助德国，这样可以让他们厮杀得更厉害……”

在罗斯福葬礼的第二天，杜鲁门召开了军事领导人和金融巨头出席的会议。在会上，杜鲁门说，为了保住德国，必须改变罗斯福的政策并寻求某种妥协。他非常担心，苏联胜利结束战争将使欧洲变成共产主义的大陆。杜鲁门宣称：“要很快让俄国人头脑清醒起来，美国将领导世界沿着该走的路运动。”然而，杜鲁门的方针不可能立即就能实施，这位刚刚上任的总统，对第二次世界大战甚至对美国的许多国内事务似乎还比较陌生，他还需要慢慢熟悉并进入情况。因为这个时候，美国绝大多数民众是支持罗斯福的与俄国友好政策的。还有更为重要的原因，在亚洲，在太平洋，美国还要尽早地结束对日战争。而按照在雅尔塔达成的协议，斯大林承诺将在击溃希特勒德国之后对日宣战。因此，他的这些对苏联的不友好的想法也只能埋在肚子里了。

这真的是负隅顽抗。尽管苏军在朱可夫元帅的指挥下，很快就突破了德军的第一、第二防御阵地，但在4月16日进攻德军泽劳佛地区时遭遇了困难，被迫暂停攻击，重新调兵遣将。见苏军的进攻遇阻，德军统帅部十分高兴。希特勒兴奋地说："我们击退了这次突击。俄军在柏林城下将遭到最惨痛的失败！"为此，他根据反击苏军进攻第一天所取得的战绩，发表了致部队的特别呼吁书，认为这是未来胜利的征兆，这场战争的决定性转折正在到来。

与此同时，希特勒和他的亲密战友们在外交战线上也没有闲着，不遗余力地挑起盟国之间的争执，设法与英美联军单独媾和。4月18日，驻意大利德军副总指挥卡尔·沃尔夫来到大本营，汇报了他同驻瑞士的美国情报处（O. S. S）处长艾伦·杜勒斯会面和达成初步协议的情况。这场被冠以代号为"日出行动"的谈判，得到了希特勒的高度评价，当即任命他为党卫军的大队长，并指示他继续接触并尽快同英美统帅部达成协议。

在这样你死我活的战争年代，保密其实是非常困难的一件事情。间谍与反间谍的斗争无处不在。沃尔夫与杜勒斯的会晤，很快就被苏联统帅部获悉，并立即发表声明表示抗议。美国政府不得不指示杜勒斯停止单独媾和的谈判，尽管他个人无视这一指示，继续与德国保持接触。艾伦·杜勒斯是美国历史上任职最长、影响最大的中央情报局局长，有"第一号间谍"之称。至今，在美国中情局总部大门的进出口还有一块他的浮雕像，上面的题词是："纪念他——和我们周围的一切。"

外交战线的坏消息和战场上的坏消息不期而至。尽管希特勒这位战争狂人在西线与英美联军停止了战斗行动，而且也知道丘吉尔和杜鲁门都竭力敦促各自的军事统帅蒙哥马利和艾森豪威尔尽快向东挺进抢占更大的地盘，他甚至设法使英美联军先于苏军进入柏林，可他却无法挽回东线泽劳佛高地的失守。艰苦的血战格外惨烈。4 月 18 日，德军的抵抗被朱可夫的部队摧毁。19 日，德军环形防线全线崩溃，主力在野外被全部歼灭。而外面发生的这一切，躲在地堡中的希特勒似乎还蒙在鼓中。

4 月 20 日，是希特勒 56 岁生日。按照惯例，这一天是纳粹党盛大的节日，柏林的街头旌旗招展，将浓墨重彩地举行盛大的游行和阅兵式。不仅是柏林，整个德国的城市和乡村都将披上节日的盛装，广播节目里响彻对元首丰功伟绩的赞颂。然而，1945 年的今天，元首的生日是在国会大厦地下的暗堡里度过的。

在这间狭小的房间里，希特勒接受他亲密的战友“帝国大元帅”赫尔曼·威廉·戈林，“盖世太保”首脑、内政部部长海因里希·希姆莱，纳粹党党务总管、总理府主任马丁·博尔曼，戈培尔和外交部部长约阿希姆·冯·里宾特洛普的生日祝福。他们都以传统的方式向元首表达了自己的祝贺。显然，谁都明白这样的生日祝福能够给希特勒带来多少快乐。已经患病的他精神衰弱不堪，手脚和脑袋都在颤抖。面对这些长期朝夕相处的战友的祝贺，希特勒双眼低垂，低声答谢，无精打采，对生日庆典已经毫无兴趣。

其实，这位打着种族旗帜播种死亡的暴君，血脓不仅侵蚀着他的血管，也侵蚀着他的精神。他的私人医生莫雷尔博士的医疗卡片作证，1940 年以前，希特勒的身体各项指标非常正常。但到了 1941 年之后，他的血压有时高达 200/140 毫米汞柱，并患了轻微的心脏机能不全，浮肿出现在脚腕上。到了 1942 年他真的患了高血压，结果引起接连不断的头痛，记忆力丧失，同时出现了帕金森病的迹象，其第一个特征就是特殊的颤抖，特别是表现在手指上；第二就是肌肉的不灵活，行动特别僵硬，双腿微弯，身躯前曲，手臂半张半合。当他面前没有公众的时候，他开始依靠一根拐杖行走。显然，希特勒的这些症状的产生似乎与他在东线战场与苏军的战斗中所遭受的严重挫折有关，他为他的士兵在俄国土地上的失败感到痛苦。

56岁的生日，唯一让希特勒的脸上挤出一丝笑容的是，元首按照惯例检阅希特勒青年团的时候。该团独臂领导人阿克斯曼慷慨激昂地向元首表达了生日祝贺，并信心百倍地报告说，希特勒青年团在元首生日之际要献给他一份礼物。然后，阿克斯曼邀请希特勒走出地下暗堡，只见两排扛着长柄反坦克火箭弹的十五六岁的男孩列队站在那里，等待元首的检阅。

这是希特勒最后一次走出地下防空洞。他耷拉着肩膀，步履蹒跚地检阅着队伍。他和蔼地拍拍孩子们的肩，又抚摸一下孩子们的面颊，俨然一位慈祥的父亲。亲眼见到元首的少年们脸上洋溢着幸福，陶醉在元首接见的巨大的荣耀之中，他们挺着瘦骨嶙峋的胸部，肃穆地向元首整齐划一地行注目礼。

除此之外，希特勒这个生日的其他礼物都让他高兴不起来了。海因里希将军报告说，奥德河的泽劳佛高地防线已经被全部攻破，苏军正在向柏林挺近；总参谋长雷布斯报告说，白俄罗斯第二方面军正在柏林东北方向迂回；约德尔将军的报告更是让元首心灰意冷，苏军的坦克部队已经占领总参谋部所在地佐森地域。为了不让元首彻底丧气，约德尔隐瞒了德军高级领导人全部仓皇逃窜，甚至连总参谋部的办公楼和防空洞都没有来得及炸毁。

在生日庆典之后，统帅部还是一丝不苟地举办了香槟酒招待会，希特勒强带欢颜地参加了。除了大家与元首礼节性地碰杯致敬之外，招待会很快就结束了。但希特勒并没有放弃，还在做最后的挣扎。他立即召集高级领导人会议。现在的人们都知道了，这是希特勒和他的纳粹党徒们召开的最后一次高级会议。会议的议题只有一个——下一步怎么办？

显然，纳粹党徒中的许多人都已经明白，柏林的命运将以失败而告终，应该在首都之外设立军队指挥机关。只有帝国首都城防委员戈培尔十分固执，他依然相信与英美统帅部的接触有望发生元首所期望的转折，坚持认为要坚守到最后一个人。会议进行了长时间的争论。这个时候，希特勒的健康已经出现了恶劣的征候。纳粹德国装备部部长、后来在纽伦堡审判中被定为一级战犯的阿尔伯特·斯佩尔在回忆录中写道："他表现智力僵化的迹象，痛苦的优柔寡断，咄咄逼人和经常发火是他的过度疲劳和与世隔绝状态的特点。过去，他无须费力便可作出决定，如今他要大伤脑筋了。"最后，希特勒不得不做出了一种罕见的决定，将军政指挥机构一分为三——希特勒、戈培尔、博尔曼率领作战指挥部和陆军总参谋部的部分军官留在柏林；第二个指挥部设在巴伐利亚和奥地利，代号为"阿尔卑斯山城堡"，任命空军元帅阿尔贝特·凯塞林为最高领导人，目的是协助沃尔夫继续与英美进行媾和；第三个指挥部设在德国北部的弗伦斯堡，由海军元帅卡尔·邓尼茨领导。

会后，参加生日庆典的人们兵分两路，坚持不走的坚守原地，应该离开的都尽快乘坐自己的汽车离开了柏林。

当然，在希特勒56岁生日这一天，斯大林也给他送来了一份重要的礼物。这份最后的"礼物"，分量比所有的生日礼物都要重——这一天，苏军的炮兵第一次轰击了帝国办公厅地域。希特勒给他的空军参谋长科勒尔打电话，要求用航空兵打击炮轰暗堡区域的苏军远射程炮兵队。但是，科勒尔没敢向元首报告，现在炮轰帝国国会大厦的已经不是用空军打击的远射程炮兵队，而是苏军从柏林郊区打来的普通野战炮了。

4月21日，苏军如洪水般涌入柏林。

这天清晨，希特勒在大本营召见中央集团军群司令费迪南德·舍内尔，命令他带领他的集团军冲破重围来救柏林。士兵们给这位对下属严酷无情的将军取了一个绰号叫"屠夫"。接到元首的命令，这位已经53岁的大将鞋跟一碰，声嘶力竭地回答说："元首的命令将一丝不苟地得到执行。"面对这样忠心耿耿的将军，希特勒立即给予奖赏和鼓励，宣布将舍内尔的军衔晋升为元帅，并召集暗堡里的所有将领和工作人员举行了新元帅的晋升仪式，为舍内尔祝贺。

舍内尔的晋升仪式一结束，陆军总参谋长汉斯·克雷布斯和作战局局长阿尔弗雷德·约德尔分别报告了战场态势，并谈及了党卫军施泰纳战斗集团。为了不让希特勒伤心，他们的汇报尽量简短，而且试图详细地叙述部队在萨克森和意大利取得的局部战绩。听了汇报，希特勒终于忍不住打断了他们的汇报，说："你们为什么用这些鸡毛蒜皮来讨好我！施泰纳到底在哪里？"

在短暂的一段沉默之后，将军们不得不告诉元首真相：施泰纳集团已经被苏军歼灭。

听到这里，希特勒终于忍不住歇斯底里地嚷了起来："德国人民不理解我的目标！他们在认识和实现我的目标上表现得非常浅薄！假如我命中注定要完蛋，那就让德国人民也完蛋，因为他们辜负了我！"

在场的人们发现，元首的身体颤抖得更加厉害了。他已经不能再使精神集中，所有的问题都必须重复两遍，他被不时发作的癫痫一样的抖动所动摇。56岁的他，完全失去了当年颐指气使、斗志昂扬的奋斗者的色彩和风度，几乎是拖着双脚迈着小步走路，经常要坐着。有时，他的嘴里分泌大量唾液，直流到嘴角。急剧的衰弱对这位野心勃勃的狂人毫不留情，许多人对元首的疾病恶化得如此之快感到十分震惊，甚至有人怀疑是党卫队和盖世太保以及集中营的组织者亨利·希莱姆搞的鬼。元首的这位最早的战友想要尽快秘密地搞掉元首达到取而代之的目的，其办法就是指挥几名医生帮助他使用毒药。怀疑的人列举的证据是：对医学和药物畏之如虎的希特勒竟大量地服药了。

希特勒命令将柏林卫戍司令鲁道夫·雷曼叫来，并命令他："请你集合所有兵力，绝不让敌人突入市中心，保证对政府驻地的掩护！"随后，雷曼立即将32000名警察投入战斗，并将监狱中的刑事犯也释放出来投入战斗，同时将溃败部队的8万名士兵和几个营的国民突击队以及预备力量集合起来，“组建”了一个达30万人的集团。

对元首忠心耿耿的戈培尔更是精力充沛，他要让柏林的每一个居民都投入战斗。为此，大本营紧急印刷了几万份传单，赋予每一个居民“保卫自己的房屋、自己的住宅”的责任。凡是希特勒青年团团员，不论年龄大小，都即刻应征入伍；长柄反坦克火箭弹也配备到了12岁男孩的手上，可谓是全城皆兵。而且，所有这些指示和传单中都有一句话：“对不执行命令者将处以枪决。”

就在这一天，希特勒转移到旁边刚刚专门为他修建的一个更新更深的防空洞里。这个“元首暗堡”上面有8米厚的水泥层，比以前的那一个低40个台阶。希特勒还请戈培尔一家也搬进新的暗堡。因为通信经常中断，在这样的暗堡里，希特勒的指挥越来越困难，也越来越混乱。

4月22日，希特勒发布了一道命令，说：“请你们牢记：凡宣传甚或只是赞同动摇我们坚定立场命令者，均为叛徒！应立即处以枪决或绞刑！本命令对以区长、部长、戈培尔博士以至元首名义发布的命令同样有效。”

希特勒不会想到这是他发布的最后一道能够生效的命令。而广播也不断地宣传：元首仍在首都。而且说，元首在哪里，哪里就会有胜利！

4月23日，更让希特勒没有想到的是，他钦定的法定接班人、空军司令戈林，在听说如果战败希特勒将自杀的内部消息后，就给他发来了一封电报，说：“我的元首！鉴于您已决定留守柏林，您是否同意，我根据您1941年6月29日的法令作为您的接班人，马上接管帝国全部领导权，在国内外充分自由地采取行动？我如果在今晚10时还没有收到回电，将认为您已经失去为了我国和人民利益采取行动的自由。您知道我在一生中这严峻时刻对您的感情难以言表。愿上帝保佑您，使您能克服一切困难迅速来此。”

就是在这样你死我活的危机时刻，纳粹党内部竟然出现了权力的斗争。博尔曼对戈林早就切齿痛恨并寻机要干掉他，现在终于来了机会。他暗示希特勒戈林的行为是背叛，应处以枪决。希特勒尽管怒火中烧，但认为这样的处罚有点过分。同时，他命令保安头目弗兰克尼和冲锋队大队长弗兰克立即逮捕了戈林。

丧钟终于敲响了！4 月 25 日，白俄罗斯第一方面军切断了所有从柏林通向西面的道路，并在波茨坦西北同乌克兰第一方面军胜利会合，完成了对柏林的全面包围。同一天，乌克兰第一方面军的部队在易北河与盟军的部队会师。

4 月 28 日，德军总参谋长克雷布斯转发了帝国统帅部最后一道绝望的命令，要求所有在易北河和奥德河之间作战的部队采取一切措施来拯救柏林。但，无人响应。

这天晚间，柏林城防司令奥托·路德维希·魏德林向希特勒报告说，柏林的卫戍部队已经走投无路，唯一的希望就是尝试突围，并详细地阐述了自己制订的计划。

听完汇报，希特勒沉默了很久。最后，他低微地说道："就算是突围本身能够获得成功，那我们也是从这个包围圈陷入另一个包围圈。我将在野地里栖身，或者在农舍或哪家的地下室里等死。我最好还是留在帝国办公厅吧。"

说完，希特勒陷入了巨大的沉默。之后，他最后一次暴跳如雷。他唾沫四溅地大喊大叫，简直像一个疯子。他认为所有的人都背叛了他，德国人民全是废物，并说这不是普通的背叛，就让大家一起完蛋吧！

此时此刻，希特勒正式宣布已作出的一个决绝的残酷决定：留在柏林并自杀。同时，他任命戈培尔为德国总理。

走出会议室，走进自己的卧室，希特勒的情人爱娃·布劳恩向他提出了一个非同寻常的要求。她对他说："我不想以情妇的身份去天国。我是你的妻子，我想以这个身份与你一道去天国。"

我相信，这样生死不渝、不离不弃的爱情，如果不是发生在希特勒这个法西斯恶魔身上，世界上没有人不会把感动和敬佩的泪水送给他们。

希特勒毫不犹豫地答应了爱娃的请求。事后有医学专家研究认为，希特勒身上似乎存在的潜在同性恋倾向还没有表现出来，但他的正常的性要求很少。这种性欲不振，更多的是心理上的原因，并非因为他的隐睾，即他的阴囊里缺少一个睾丸。这种并不严重的畸形只能使一名少年感到自卑。希特勒和爱娃·布劳恩所保持的近于柏拉图式的关系外表看来对他很合适。于是，在帝国办公厅最坚固的地堡中，一个或许有人觉得十分荒唐的婚礼就这样在战火纷飞中举行了。苏联军队隆隆的炮声，变成了这位曾经不可一世的法西斯魔王婚礼的礼炮。

希特勒宣布他与爱娃正式结婚，而且立即在这里举行婚礼。在这种悲惨的时刻，元首的决定，显然是一种象征。大家赶忙去找主持婚礼的神父。然而，兵荒马乱的柏林，到哪里能找到神父呢？还是戈培尔有办法，迅速找来他的下属、宗教事务员瓦尔特·瓦格纳。因为没有神职人员的圣衣，瓦格纳穿着戴有国民突击队臂章的军服，在地堡中为元首主持了婚礼。因为手颤抖得厉害，希特勒十分费劲地在结婚证上签了字。爱娃·布劳恩紧跟着在结婚证上签上自己的名字，不知是因为享受巨大的幸福还是一种紧张的悲伤，她一不小心习惯性地签了原名“爱娃·B.”，迅速发现错误后又将其划掉，签上了她新的姓名——爱娃·希特勒。

婚礼结束后，在希特勒的住房举行了婚宴。戈培尔夫妇、希特勒的两个女秘书、博尔曼、克雷布斯等人都参加了晚宴。他们有的在晚宴上喝得酩酊大醉，有的在炮声中沉沉入睡。希特勒本人则正向他的秘书口授遗嘱。遗嘱共有两份：一份是“政治”遗嘱，一份是“私人”遗嘱。后来有学者指出，希特勒的遗嘱和指定的“继承人”海军大将邓尼茨，都是博尔曼在争权夺利中耍的一个大骗局。

4 月 29 日，希特勒接到防守暗堡的指挥官蒙克的报告：苏军攻下了柏林安哈尔特火车站，正沿着威廉大街冲向帝国办公厅大楼，而且最近的距离只有 500 米。中午 12 点，希特勒召集博尔曼、戈培尔、克雷布斯和他的副官们来到他的办公室开会。此时，身处地下的他们，已经完全失去了与外面的联系，完全不知道地面上发生的事情了。希特勒依然尝试着向外面发布一些命令，但一切都是徒劳的。

4 月 30 日，克雷布斯向希特勒报告说：苏军已经占领了动物园和波茨坦广场，进入帝国办公厅对面的伏斯大街。此时此刻，没有人能够想象出元首的心情，也没有人能够准确地描绘他内心世界的波澜。但是，他终于知道自己已经是无路可逃了，他终于明白他有可能会被苏军活捉成为战俘。他已经别无选择，只能做出人生最后的决定，向死亡迈出生命最后一步。

在这最后的时刻，这位独裁者或许心静如水，他没有做垂死挣扎。希特勒先是给自己的爱犬勃隆狄和它的小崽们喂了毒药，并眼睁睁地看着毒药在它们身上发生着作用，狗和它的孩子们很快就死了。门外站着他亲密的战友博尔曼、戈培尔、阿克斯曼、根舍和侍从林格。此时，林格已经奉命去弄来 200 升汽油，准备火化尸体。大家都在等待着。下午 3 时半，他们悄悄地推开了希特勒卧室的门，看到了这样的场景：元首仰面靠在沙发上，爱娃脸色惨白地坐在另一角。他们已经一命呜呼。

为了最后一次给他们的元首戴上骑士般的光环，纳粹帝国统帅部在媒体上宣布：希特勒开枪自杀了。实际上，这位曾经指挥千军万马的军人，根本没有勇气向自己开枪，他的脚下扔的是装毒药的小瓶子，而不是子弹壳。他吃的毒药，正是他毒死自己心爱的宠物狗的毒药。随后，他们的尸体被侍从林格和医生施图姆费格用军被包裹着，在办公厅警卫队的帮助下从紧急出口抬到帝国办公厅的花园里。在苏军隆隆的炮声和炮弹掀起的尘土中，希特勒的私人司机埃里希·肯普卡接过戈培尔递过来的火柴，点燃根舍递给他的一块浸满汽油的破布，高高地抛向了此前已经浇满汽油的两具尸体上，熊熊的火焰即刻冲天而起，一缕缕黑烟飘向天空，在战火燃烧的帝国首都映衬下，黑烟柱构成了一幅骇人的图景。5 月 1 日，戈培尔在毒杀自己的 6 个孩子后，当晚 8 时与妻子在帝国总理府的地下室自杀。

4 月 30 日 21 时 50 分，苏军突击第三集团军 150 师所属部队在苏联英雄津琴科团长率领下完成了强攻国会大厦的战斗任务，叶戈罗夫中士和坎塔里亚下士将红旗插到了国会大厦的圆顶上。关于这个细节，英国皇家历史学会会士、科克大学（UUC）历史教授杰弗里·罗伯茨在他的著作《斯大林的战争》中却是这样讲述的："在帝国大厦顶上插上红旗的三名红军士兵一个是格鲁吉亚人，一个是俄罗斯人，一个是乌克兰人。后来，苏联摄影师叶甫根尼·卡尔德（Yevgeni Chaldei）用另外两名士兵补拍了这一场景，目的是制造一幅红军占领柏林的圣像一般的照片，就跟美军士兵几个月前在硫磺岛的山顶上扶住星条旗一样的英雄画面。"

胜利来之不易。红军遭受伤亡的数字达到了 30 万，其中包括在最后强攻柏林时牺牲的近 8 万人。库兹涅佐夫将军向朱可夫报告说："红旗已经在国会大厦上飘扬！乌拉！朱可夫同志！"

朱可夫动情地说："亲爱的瓦西里·伊万诺维奇，衷心祝贺您和全体战士们取得的辉煌胜利。苏联人民任何时候都不会忘记这一历史功勋！"

第三章

斯大林："我们必须记住，我们的盟友会尽力拯救德国人"

现在是 1945 年 5 月 1 日凌晨 3 时 50 分，斯大林别墅的电话响了。

电话是朱可夫元帅从柏林前线打来的。值班员接了电话，说："斯大林同志刚刚躺下睡觉。"

"我请求叫醒他。事情十分紧要，不能等到早上了。"

斯大林起床接了电话。朱可夫向斯大林汇报了希特勒自杀的消息和戈培尔委派陆军总参谋长克雷布斯送来的停战建议。

"这个无耻之徒，终于折腾死了！可惜没能抓到活的。"斯大林深深地吸了一口气，又吐了出来，又急忙问道，"希特勒的尸体呢？"

"据克雷布斯将军说，已经火化。"

斯大林斩钉截铁地说："只能是无条件投降，不进行任何谈判，不同克雷布斯谈，也不同其他希特勒匪徒谈。如果没有特殊情况，天亮前就别给我打电话了。我想休息一会儿。"

现实和历史往往总是遭遇这样奇妙的巧合。四年前的 1941 年 6 月 22 日的那个夜晚，当德军向苏军发起进攻的时候，斯大林也正在睡觉，也是朱可夫打来电话请求值班员把最高统帅叫醒的。如今，战争即将结束了，德国人乞求媾和，朱可夫又在深夜把斯大林从床上叫起来。

希特勒死了，战争结束了吗？斯大林，这位强硬且狡黠的斯拉夫人并没有因为希特勒的死去而露出笑容，他知道战争还没有结束，或者说战争的危险依然在继续。一个月前，他在接见来访的捷克斯洛伐克代表团时，就毫不掩饰地表达了他对战后德国的担心。他说：

现在我们在痛揍德国人，而许多人都认为德国人永远没有能力再对我们构成威胁了。事情不是这样的。我憎恨德国人。但这不应当蒙蔽一个人对德国人的判断。德国人是一个伟大的民族。他们拥有非常优秀的技术人员和管理人员。当然还包括优秀而勇敢的士兵。要消灭德国人是不可能的，他们还会存在下去。我们在跟德国人战斗，并且要战斗到底。但是我们也必须记住，我们的盟友会尽力拯救德国人，会跟他们达成协议。我们对德国人不会心慈手软，但我们的盟友会的。所以我们斯拉夫人必须做好准备，防止德国人再次起来侵略我们。

斯大林的担心不是多余的。斯大林从一开始就把与希特勒法西斯的这场战争不仅仅看作军事斗争，也看作政治斗争和外交斗争。他深知：战争较量之后的胜负以及随之而来的和平，不仅仅取决于战场，还取决于各方结成的政治同盟。因此，与英美结成“伟大的同盟”既是军事同盟，也是政治同盟。早在 1941 年 11 月，他就详细分析了德国人的意图——利用英国人和美国人对共产主义和革命的恐惧心理拉拢他们加入反苏同盟。在 1942 年 10 月，他仍然担心，要是希特勒在斯大林格勒战役中胜出，那英国人就会打算与德国媾和。直到 1943 年 6 月，斯大林在“伟大的同盟”范围内的外交工作重点，一直都集中在确保希特勒与英美国内的反共分子分裂苏联与西方同盟的阴谋不能得逞。正是因为这样的担心，斯大林拼命以各种手段向英国和美国施压，要求在法国开辟第二战场，让西方盟友把他们的军队投入血腥的战斗中去，从而保证他们在对德战争中战斗到底。即使是在遭遇失败的最阴暗的日子里，斯大林依然认为，只要苏联挺过德国人一开始的军事打击，只要保住与英美的同盟关系，这场战争迟早是会打赢的。

在1945年2月召开的雅尔塔会议前夕，1月9日，斯大林与铁托的南斯拉夫民族解放委员会代表团谈话时，斯大林对该团团长安德里亚·赫布兰说："对于资产阶级，你们必须得小心。他们是……非常容易因为小事就怀恨在心的，得罪不起。你们必须控制好自己的情绪；如果听任情绪的支配，那你们就输了。列宁在他那个时候做梦也没有想到，我们在这次战争中会把各种力量都联合起来。列宁认为所有人都会攻击我们……而结果证明，一个资产阶级集团反对我们，就会有另一个资产阶级集团跟我们站在一边。列宁认为，不可能通过与资产阶级的一派结盟来与另一派斗争。但我们做到了；我们不是被情绪牵着走，而是遵从理性、分析和计算。"

1月28日，斯大林与赫布兰进一步交谈时，再次深刻地解释了他对资本主义阵营和社会主义阵营的一些意见。这次会谈是在斯大林的别墅进行的，在季米特洛夫的日记里是这么记载的：

德国被打垮，但是德国人是个坚强的民族，有大量的骨干；他们会再次站起来的。各个斯拉夫民族在下次他们企图攻击我们的时候，不应该再措手不及了。而在将来，这种攻击是很有可能发生的，甚至是肯定发生的。旧的斯拉夫主义（Slavophilism）表达的是沙俄征服其他民族这个目的。我们的斯拉夫主义完全不同，它是要把各个斯拉夫民族平等地联合起来，共同保卫自己的生存与未来……资本主义的危机本身表明，资本主义国家分成了两派，一派是法西斯，另一派是民主派。我们之所以与民主派结成同盟，是因为阻止希特勒的统治跟后者也有利害关系，因为那个野蛮的国家会迫使工人阶级走投无路，从而去推翻资本主义本身。我们目前与一派结盟反对另一派，但是在将来，我们也可能结盟来反对前面一派的资本主义国家。

在我们假定苏维埃形式是唯一可以导向社会主义的形式的时候，我们也许是错的。实际上，事实证明，苏维埃形式是最好的形式，但绝对不是唯一的形式。也许还有其他形式，比如说民主共和国，甚至在某些条件下立宪君主制也可以。

生于忧患。斯大林的担心不仅是战争的现实，更是政治的现实。显然，这是一个政治家、军事家、战略家和革命家为自己的民族和祖国的生死存亡而表现出来的危机感，有高瞻，有远瞩。尽管战争已经取得了胜利，对斯大林来说，这无疑是他个人取得伟大成功的时候，但他并不满足。因此，当美国大使哈里曼祝贺红军攻占柏林时，他并非开玩笑地提醒这位大使："沙皇亚历山大到过巴黎。"

5 月 7 日，德国人终于投降了。

这一天，斯大林给朱可夫打电话，非常严肃地说："今天，德国人在兰斯市签署了无条件投降书。在这场战争中担负了主要重担的是苏联人民，而不是同盟国。因此，投降书应该在反希特勒联盟所有国家的最高统帅部面前签署，而不能只是在盟军最高统帅部面前签署。我不同意不在柏林这个法西斯侵略中心签署投降书。我们已与各同盟国商定，把在兰斯签署投降书一事只当作投降仪式的预演。明天，德国最高统帅部的代表和盟军最高统帅部的代表将赴柏林。苏军最高统帅部的代表由你担任。维辛斯基明天将去您处。在投降书签署后，他将留在柏林担任你的政治助理。"

兰斯——兰斯是一个"谜"！

斯大林为什么宣布在兰斯签署的投降书无效呢？这里面有德国邓尼茨政府和丘吉尔耍的"花招"，甚至可以说是一场阴谋。从原则上讲，投降书不应产生任何问题，一切问题都早早在几个大的盟国之间解决了。"无条件投降"的概念也是罗斯福最早提出来的，在 1943 年 2 月的卡萨布兰卡会议上，丘吉尔也并非没有保留地接受了，斯大林随后也毫无困难地予以赞同。而关于德国投降协议的文件，是由欧洲咨询委员会起草的，该委员会设在伦敦，是为德国战败后准备对德和约而设立的一个同盟国机构。根据文件的条款，德国的投降应当是无条件投降，在各条战线上，在东、西两条战线上同时进行。德国军队应该原地待命，并向他们各自阵线的敌手交枪。

但随着胜利的日益迫近，无条件投降的原则不但受到了英国人的非议，也受到了美国人的非议。他们认为，这样做会迫使德国人抵抗到底，因而延长战争。但是，这一表面上看来合乎逻辑的观点，却掩盖着他们在政治方面不可告人的秘密。显然，正因为战争即将结束，英国人、美国人，包括德国人在内，他们想得更多的却是战后。在使盟国“减少人的生命损失”的借口下，英国和美国把战后德国当作实现“欧洲平衡”的一个因素。也就是说，胜利愈迫近，伦敦、华盛顿宽容德国人、保护德国的工业和军事潜力的倾向就愈加强烈。为什么？战后的德国，将成为西方防御共产主义苏联的一道屏障，甚至盟友。

是的，这真是一场不受欢迎的投降！丘吉尔为此真是费尽了脑筋。此前，他就积极地与希特勒的“继承人”邓尼茨政府勾勾搭搭，在兰斯签订的投降书就是这个阴谋的一部分。要知道，邓尼茨的所谓政府驻在基尔运河北边的弗伦斯堡，英军在战斗中前进时故意没有去占领这片土地。这位默默无闻的德国海军司令，尽管希特勒临死之前将他提拔为北方军总司令，但一直到他撰写回忆录时，他自己也还不明白希特勒怎么会任命他当接班人。其实，在希特勒继承权事件中，真正的幕后导演是博尔曼。他为了自己能够掌控战后德国，在希特勒和戈培尔相继自杀之后，连续借希特勒和戈培尔的名义发电报，把毫不相关的局外人邓尼茨作为傀儡推上宝座。然而，在费尽九牛二虎之力确保阴谋成功后，自己却被毫不领情的邓尼茨踢出政府内阁，到头来竹篮打水一场空，闹了一个历史的笑话。

粉墨登场的邓尼茨不愧是希特勒真正的“继承人”。为了赢得英、美的青睐，他一上台就解散了纳粹党，这是他最起码的也是最讲政治的聪明之举。但是他骨子里对希特勒的忠诚是坚定不移的，丝毫没有触动帝国的行政机构，元首和其他纳粹头目的照片始终装点着行政机关办公室的墙壁，希特勒的半身雕像也始终放在他的办公桌上。但更受到英、美欢迎的，是他继承了希特勒的反共路线，他想依靠这张王牌投入西方的怀抱，在结束战争时在各个方面来维护德国的最大利益。于是，他向英、美提出了一个共同奋斗的战略计划，以制止“布尔什维克敌人”向西方推进。显然，这正是丘吉尔所需要的。

邓尼茨真正地接过了希特勒的接力棒。他第一次与同僚们简短讲话的录音保存下来了，我们可以听一听：

朋友们，我们大家都应该清楚，我们完全处在敌人的掌握之中。我们今后的命运是悲惨的。我们不知道他们会怎样对付我们，可是我们非常清楚我们自己应该怎样做。我们应当遵循的政治路线很简单，很明显，我们应当和西方诸强国走在一起，在被占领的西部地区同他们合作，因为只有借助他们的合作，我们日后才能指望从俄国人手里夺回我们的土地。

5 月 3 日，邓尼茨在派遣海军大将冯·弗里德堡赴英军蒙哥马利司令部商议西北战场德军投降问题的同时，又派遣西线德军总司令凯塞林等人前往法国兰斯城艾森豪威尔司令部，谈判凯塞林属下全体德军的投降问题。对于德国人试图搞两次地区性的部分投降的阴谋，艾森豪威尔与蒙哥马利不同，截然相反地立即识破了德国人的阴谋，拒绝玩这种“危险的游戏”。后来，邓尼茨在回忆录中说：艾森豪威尔“不考虑世界政治局势的变化”，“他不明白，美国军队一旦越过莱茵河，美国的战略目的就达到了”，“代替军事目标出现的是政治目标：尤其是由英国人和美国人来解放德国的领土，以使它们不要被俄国人所占领”；“世界局势的变化，将长期朝着这一方向发展”。他和丘吉尔一样，认为艾森豪威尔信守与俄国人达成的协议是大错特错。邓尼茨就是这样捡起了“意识形态”武库中的破烂，停止反对英、美，向英、美讨好，以实现整个西线向英、美实施部分单独投降，却继续同俄国人打下去，直至“伟大的同盟”（英、美与苏联）之间发生分裂成为事实，实现“倒转联盟”，从而达到避免全面投降的目的。但艾森豪威尔依然坚持认为邓尼茨的狡猾建议，只不过是一个旨在分裂西方和苏联的纳粹的“臭名昭著的伎俩”。

斯大林之所以反对在兰斯签订投降书，除了这个历史和政治的背景之外，更重要的是，在兰斯签订投降书的前夕，老谋深算的丘吉尔再次耍了花招。5 月 5 日，在欧洲咨询委员会开会时，他把英国代表威廉·斯特朗爵士叫到办公室，导致兰斯关于谈判投降的会议改变了原来的程序。现在，历史已经揭开了这个谜底——在谈话中，丘吉尔决定以兰斯总司令部就地起草的一份文件，来代替欧洲咨询委员会的文件，用一份苏联人一无所知的新的文件偷梁换柱，代替“三大国”所批准的文件。

在这里，非常有必要跟读者说说这两份不同的文件。

欧洲咨询委员会起草的德国投降议定书，是一份明确包括 14 项条款的文件，性质基本上是政治性的，它有一个十分明确且含义深长的标题——《德国无条件投降书》。在它的序言中，明明白白地写道："德国政府和国防军最高统帅部”承认“德国”的无条件投降。最后，这个文件由德国政府和国防军代表签字。

相反，兰斯投降书的文件文本仅仅包括五个十分简短的条款，文件的性质是纯军事性的，标题是《军事投降书》，所涉及的仅仅是德国军队在战场上的投降问题，没有一处提到甚至暗示那些根本性的政治问题。文本中提到“德国”的地方仅一处，但在任何地方都没有出现“德国政府”的字样。而且文件最后签字的也仅仅是德国军方代表约德尔将军，没有任何德国政府代表。这份文件是 5 月 7 日凌晨 2 时 45 分签署的。几小时后，汉堡电台就率先发布了这一消息，随后合众社也广播了这条消息。

为什么丘吉尔坚持要这样明目张胆地篡改在兰斯签订的投降书呢？显然，问题已经表明英、美战后对德和对苏——昨天的敌人和盟友——政策的新趋势了。伦敦的这种做法当然激起了莫斯科的强烈抗议和反对，随后美国驻英国大使怀南特从中斡旋，总算把俄国人要求的第四条加进了兰斯文本。这一条明确无误地说："军事投降的文书丝毫也不妨碍以后用一项适用于整个德国和德国武装力量的全面投降协议来取代此文本。"这为斯大林后来用新的文件来取代它找到了依据。

是的，战争结束了。政治和外交的斗争又开始了。斯大林对丘吉尔在兰斯玩的这个"花招"十分生气，立即作出反应。

就在5月7日这一天，斯大林还给美国新任总统杜鲁门发出了一封私人密信。他在信中说："5月7日关于宣布德国投降的来电收悉。红军最高统帅部并不确信，东战场的德军部队会执行德军统帅部关于无条件投降的命令。因此我们担心，如果苏联政府在今天宣布德国投降，我们将陷入窘境，误导苏联的舆论。应当指出，德军在东战场的抵抗不但没有减弱，而且根据截获的无线电消息判断，很大一批德军明目张胆地宣称，他们将继续抵抗和不服从邓尼茨关于投降的命令。因此苏军统帅部希望等到德军的投降生效，把三国政府宣布投降的时间推迟到莫斯科时间5月9日晚7时。"

在这封信中，斯大林建议推迟三国政府宣布德国投降的时间，目的是为了朱可夫和他的司令部在柏林为德军统帅部签署一份投降书作必要的准备。其实，从5月5日起，杜鲁门、丘吉尔和斯大林就一致商定华盛顿、伦敦和莫斯科同时宣布德国投降的日期和时间，即：5月8日，星期二，当地时间上午9时。其目的显然就是以此强调，这次投降行动确实是德国向所有的盟国在各条战线上同时投降。至于斯大林推迟的原因，也已经在信中解释得十分清楚，主要目的是他反对德国在兰斯单独向英美局部投降，而要求德国必须在柏林重新签订全面无条件投降书。

对于斯大林的建议，美国方面并没有反对意见。西线的德军已经向英、美投降，东线的德军却仍然在向苏军开枪。美军司令艾森豪威尔曾就这个问题迫不得已地向弗伦斯堡的邓尼茨政府发出抱怨。5 月 6 日，他在给国防部的电报中，也提醒华盛顿注意宣布德国投降的日期，建议“各盟国政府星期二（5 月 8 日）发表声明，宣布 5 月 9 日为欧洲胜利日，宣布在几乎所有的战线上战斗都已经停止，按照协议（即在兰斯待签的协议），正式停火将在 5 月 8 日至 9 日的夜里 12 点钟后一分钟开始实行”。

但也就是在 5 月 7 日，丘吉尔再次插上一手，与斯大林唱起了对台戏。他在凌晨就致信杜鲁门，明确建议把宣布德国投降的时间提前到当日 18 时，比三国政府商定的时间提前了 12 个小时。丘吉尔希望英、美两国政府首脑作出单方面的行动，但这样的举动实在太出乎意料了，杜鲁门表面上没有接受，认为“没有斯大林的同意，他不能采取行动”，拒绝了他的建议。但丘吉尔没有善罢甘休，甚至谎称英国女王已经等不及了，攻击俄国人“实行专政，对新闻进行绝对控制，在我们自由国家里新闻是自由的”等，先后两次打电话到华盛顿进行施压。接电话的是总统首席顾问李海海军上将，在两次均超过一个小时的通话中，李海拒绝了他的讹诈。就在这时，丘吉尔也收到了斯大林的电报，建议把正式宣布德国投降的时间推迟到 5 月 9 日。在这种情况下，丘吉尔不得不迅速转变策略，放弃了自己的建议，转而维护原来的协议，竟然继续用他劝说杜鲁门同意提前宣布投降的那些论据来劝说斯大林。不仅如此，他甚至致电莫斯科，佯装讨好斯大林，“宽宏大量”地主动改变自己的建议，将德国投降的时间推迟到 5 月 8 日下午 3 时，而不是上午 9 时。因为没有达到他提前 12 个小时的目的，再推迟几个小时也就无所谓了。

这是值得纪念的一天。历史将会铭记。“24 时整，我们走进了大厅。1945 年 5 月 9 日开始了。”朱可夫元帅在其自传《回忆与思考》中这么写道。20 多分钟后，以凯特尔元帅、冯 · 弗里德堡海军上将和施图姆普弗空军上将为代表的德国最高统帅部，不得不按照斯大林的意见在柏林向俄国人投降。受降代表分别是苏联红军最高统帅部代表朱可夫元帅和盟军远征军最高统帅部代表、空军元帅特德，美军斯巴兹上将以见证人的身份出席，代表法军的是法军总司令德拉特尔·德·塔西尼。

在这里，人们可能要问，作为同盟国，本应该参加柏林受降仪式的英军总司令蒙哥马利和美军司令艾森豪威尔这两位一把手，为什么缺席呢？显然，这又是一场政治的较量。从盟军出席者的次要身份和姓名，就可以看出英、美对柏林签署投降书的态度，毫无疑问这是一种鄙视的作风，目的是有意贬低苏联人主导的这次受降仪式。读到这里，人们不禁还要问：在这样的情况下，斯大林怎么就将就了这一切呢？更奇怪的是，斯大林甚至都没有要求现在代表德国的邓尼茨政府的代表出席柏林仪式。

大政治家除了有战略之外，还需要有胸怀。斯大林知道，这还没有到最后摊牌的时候。在当时的苏、美、英三角关系中，如果稍有差错，都会酿成一场危机。尽管英、美只承认德国投降的“最后和正式的”行动是兰斯仪式，认为柏林举行的仪式只是在形式上“正式批准”在兰斯签署的文件。当然，苏联也只认为兰斯文件只不过是在一次投降的“临时仪式”上签署的“预备性文件”而已。再者，斯大林对兰斯文件的第四款也基本满意，他甚至原封不动的在柏林文件《德国武装力量军事投降书》的第四条上也写上了这一条款：“这一军事投降书，不妨碍用联合国或以它的名义签署的适用于德国和全体德国武装力量的总的投降文件来取代。”有了这第四条，无论是“兰斯文件”还是“柏林文件”，实际上都成了“预备性文件”。

一个月以后，机会来了，斯大林通过一个新的文件进行了“报复”。6 月 5 日，四个盟国的驻德军队司令在胜利后第一次会晤之际，他们以各自的政府名义声明，美、英、苏、法四国政府共同行使驻德国的最高权力，并在声明的序言中重申德国的中央政府已经不复存在。此间，斯大林已经着手清除掉了邓尼茨的伪政权，而英国人和美国人正是把他们战后的政策寄托在这个伪政权身上。这个声明强调了德国投降的政治性质："德国无条件投降了，因为它的武装力量已无条件投降，因为德国人民已经不可能同战胜国的意志对抗了。"而这个声明文件，显然是俄国人的作品，实际上完全取代了兰斯文件和柏林文件。就这样，丘吉尔围绕着德国投降问题所施展的政治阴谋，最终遭受了彻底的破产。

斯大林赢得了另一个战场上的胜利。

5 月 9 日，苏联的胜利日。在历尽长达四年的苦难之后，斯大林在莫斯科向红军和海军部队发布了第二次世界大战最后一道军事命令："苏联人民对德国法西斯侵略者进行的伟大卫国战争胜利结束了。德国被完全击败了。"为了庆祝这次彻底的胜利，斯大林下令在莫斯科以祖国的名义用 1000 门火炮齐鸣礼炮 30 响的形式，向获得这次辉煌胜利的英勇的红军部队、海军舰艇和部队致敬。

6 月 24 日，为招待胜利阅兵式参加者，苏联人在莫斯科克里姆林宫举办盛大招待会，出席者除了军人之外还有党政要员、学者、艺术家、英雄和劳动模范，共计 2500 人。举办宴会的格奥尔吉大厅从来没有这么辉煌灿烂，巨大的枝形吊灯把大厅照得如同白昼，客人们制服上的勋章、奖章熠熠生辉。莫洛托夫主持了宴会，号召人们为"斯大林同志的健康干杯"，全体起立欢呼。斯大林在如雷一样的掌声中举杯祝酒，发表了这样一段演说：

你们别以为我要讲一些什么不平凡的话。我的祝词是最普通的，最平常的。我想为那些头衔小、名位不足称道的人的健康干杯。为那些被认为是伟大国家机器的"螺丝钉"的人干杯，因为没有他们，我们大家，元帅们和方面军、集团军的司令员们，说得粗俗点，就一文不值。只要有一个"螺丝钉"坏了，就都完了。我举杯祝贺那些普通的、平凡的、质朴的人们，祝贺那些使我们的伟大国家机器在科学、经济和军事各个部门都能积极活动起来的“螺丝钉”。他们的人数非常多，他们的名字数不胜数，因为这是几千万人。这是些质朴的人。关于他们谁也没有写过什么，他们没有名位，头衔很小，但是，他们就像基础支持着顶端那样支持着我们。我为这些人，我们的可敬的同志们的健康干杯！

聆听这样温情脉脉、闪烁着人性光辉的演说，谁能说斯大林这位苏联的独裁者不是20世纪的伟人呢？

就连丘吉尔在回忆录中已不得不承认：“……这个阴沉的、令人忐忑不安的布尔什维克国家……当初我曾经固执地想把它扼杀在襁褓之中……认为它是文明自由的死敌。”他对战争年代的斯大林更是尊敬，说：“对于俄罗斯万幸的是，在它经受艰难考验的年代里领导它的是天才而且坚忍不拔的统帅约·维·斯大林。他是一位杰出的人物，赢得了他所生活的我们这个残酷时代的敬仰。”

2012年，在20世纪80年代曾任苏联作家协会第一书记的弗拉基米尔·卡尔波夫，在二战中曾担任红军某步兵团侦察排中尉，他在其著作《大元帅斯大林》一书的结尾这么写道：“他是非常英明而坚强的人。是的，有过个人崇拜，可是他毕竟是一个人物啊！唉，我们灾难深重的俄罗斯母亲今天恰恰就缺少这样一个人物！”

第四章

丘吉尔："勋章可能也有反面"，要跟斯大林"算算账"

5 月 7 日，就在德国在兰斯向英美联军签署《军事投降书》的同一天，丘吉尔向斯大林发了一封非同寻常的电报。为了赋予这份电报更高的庄严性、更大的热情，或者说想进一步感动"约瑟夫大叔"，丘吉尔选择当时正在莫斯科访问的丘吉尔夫人作为"中间人"（丘吉尔的话）亲自转呈斯大林。

电报以英国人民的名义向斯大林元帅、红军和俄国人民"取得了把侵略者赶出国土之外并且击溃纳粹暴君的辉煌胜利"表示热烈祝贺。丘吉尔说："我深深地相信，人类的前途取决于俄国人民和英国人民之间的友谊和良好的谅解。"接着，他以十分动情的笔触写道："今天，在我们这个岛国之上，我们时时在想念你们大家，从内心深处祝愿你们幸福和繁荣。我们希望，在我们一起走过了充满各种牺牲和苦难的黑暗的山谷之后，我们能够生活在诚实的同志情谊和互相同情之中，生活在和平胜利的灿烂阳光之下……"

面对丘吉尔言不由衷的激情，斯大林无动于衷。在复电中，斯大林礼节性地向英国政府首脑、"向英勇的大不列颠武装部队和大不列颠全国人民"致敬，为击败"共同的敌人德国帝国主义"所取得的最伟大的胜利向丘吉尔表示"衷心"祝贺。然后，他写道："这个历史性的胜利是由苏联、英国和美国军队协同作战所取得的，它们是为欧洲的自由而斗争。”在结束时，他应景式地说：“我相信，我们两国在战争期间所结成和发展起来的友好关系将在战后的时期里获得顺利的和富有成果的发展。”

丘吉尔的文笔实在很美，不可谓不文采飞扬，但如此口是心非的抒情，需要他多么巨大的努力来伪装啊！后来，他的《第二次世界大战回忆录》获得了诺贝尔文学奖，也是赚了个盆满钵满。在这部回忆录最后一卷中，丘吉尔以《深渊裂开了》为题，专门以一个章节雄辩地描绘了他看见一道“深渊”在他面前裂开的悲剧。

到底是什么深渊呢？是谁制造了这个深渊呢？

这实在是一个大问题。

这个问题，其实也是斯大林所担心的问题。

胜利难道真的来得太快太早吗？对于普通的战争亲历者来说，希特勒以自杀的方式结束生命、德国宣布无条件投降，历经四年的战争就这样结束了，真的有点叫人不敢相信。

经过长时间的困难的期待，经历过长时间的苦难的等待，胜利像久别的亲人一下子扑到自己的怀里，有些措手不及的喜悦。那一个瞬间，胜利仿佛来得太早，又仿佛来得太快。

卡尔波夫在《大元帅斯大林》一书中坦诚地说：“在一段时间里，潜意识里依然有像电荷一样脉动着暗自的戒备心、危险的担心和投入战斗的决心。接踵而来的就是欢乐。一种无边无际、轻松自在、美滋滋的欢乐，可是心灵深处仍然隐藏着一丝疑虑：真的一切都结束了吗?！然而从历史和国家而言，风云激荡的20世纪开始了一个新阶段。啊，我们遭遇的也是一个严酷的世纪！仅仅在20世纪的上半叶里就发生了两场最惨绝人寰的世界大战。”

在英国同样也是如此。当丘吉尔穿过“伦敦人群时，人们欢呼雀跃，他们在饱尝忧患之后，理应高兴万分”。对于这些人群来说，“希特勒的灾祸……似乎已经消失在光荣的烈焰之中”，“可怕的敌人刚刚投降了”；“三大战胜国还必须缔造一种公正的、持久的和平，并由一个世界机构来保障；把士兵送回到他们的亲人中间，以及创建一个繁荣与进步的黄金时代”……但是，此时此刻的丘吉尔心里想的却不是这些，他的心中“充满着对未来的忧虑”——这幅田园诗一般的画面背后的世界令他昼夜不安，这个“公正的、持久的和平”也不是他所想象的和平。这个和平不是丘吉尔要的和平，这个和平甚至同胜利毫不相干。

为什么呢?

因为，这个和平，他控制不了。因为，这个和平，将不再受西方国家所操纵，更不用说由它们决定了。

“勋章可能也有反面……”丘吉尔说，“构成三大盟国之间主要纽带的共同危险，已于一夜之间消失殆尽。”在他看来，“苏联的威胁已经取代了纳粹敌人”。丘吉尔甚至明目张胆地指出：“新敌人就是昨天的光荣的盟国”，必须发扬反对纳粹敌人的那种劲头，去对付今天的敌人——共产主义的红色苏联，因为这两个敌人是半斤八两。战争以胜利的方式结束了，却彻底地改变了丘吉尔所设想的和平的样子，而且一场新的斗争又要开始了，这场斗争也是为了保卫“民主”而进行的，并且具备了一次“十字军”讨伐的性质。

——这就是在丘吉尔面前裂开的一道“深渊”。

面对着“苏联的威胁”，丘吉尔不能不“忧心忡忡地看到，民主国家的胜利的军队即将解散，而真正的最严峻的考验还有待去战胜”。因为英国和美国的士兵急于返回他们自己的家园，他更加急不可待地要根据自己的意愿来炮制另一种和平了。因此，他坚定地表达了自己的政策：必须强行决定保持英、美在欧洲的军队数量。如果他们从欧洲撤走，一切都落空。

丘吉尔清晰明白地估量他称之为“苏联威胁”的严重性，确实出乎笔者的意料，却又是情理之中的事情。这不正是世界近代史以来以“意识形态”作为斗争王牌的西方领导人的典型吗！

丘吉尔确实碰到了一个大难题。前面已经说过，关于德国的投降方式，无论是汉斯仪式还是柏林仪式，都不合他的心意。他甚至把他一手策划的偷梁换柱的投降方式也看成是自己的失败，搅乱了他的计划。历史已经让人们看到，在第二次世界大战的最后阶段，德国军队已经早早地在西线主动放下了武器，不再与英美军队对抗，在东线与苏联军队的战斗却依然硝烟弥漫，这不仅加强了西方国家的地位，而且让它们获得了其中的好处。丘吉尔所期望的正是这样的一个结果——西线停止战斗，东线继续打仗，战争一分为二。相反，东、西两线的全面停战却造成了一种根本不同的局面，德国国防军的消失，完全改变了盟国阵线内部即英、美同苏联之间的力量对比。如今，战争胜利了，形势对苏联越来越有利，丘吉尔的“难题”就在这里。

怎么办?

为了扭转乾坤，丘吉尔殚精竭虑。在德国投降前夕，他始终在考虑一个问题——要在战后把德国变成盟国。他深知，德国人是愿意重新充当西方反对红色东方“急先锋”的角色的。而实际上，在弗伦斯堡建立的邓尼茨政府就是这么做的。邓尼茨在 5 月 1 日向德国人民发表的声明中，就已经重申了他的反共路线，说：“所有的西方人，德国人包括在内，除了阻止欧洲的布尔什维克化以外，不应再有其他的目的。”他感谢英国人在德国投降后给他保留弗伦斯堡的电台，他甚至还通过电台鼓动大批德国人逃到西线以摆脱俄国人。

投怀送抱的邓尼茨，立即受到了西方反共政治人物的偏爱，当然令丘吉尔十分兴奋。因此，在德国投降前夕，丘吉尔就在考虑重新武装刚刚向英国投降的德国国防军的某些部队了。为此，他还专门给蒙哥马利发了一封电报，要这位元帅“注意收集德国武器”，以便“如果俄国人继续向前推进”，就把这些武器发给那些西方国家“被迫与之合作的士兵使用”。这是 9 年后的 1954 年 11 月 23 日，他在伍德福发表竞选演说时透露的，当时整个英国新闻界都作了报道。也就在这一年，德国转身成了西方国家盟国的时候，丘吉尔在一次演讲中又说道："当德国人无条件投降时，如果有人预言他们以后会成为我们的盟国，那不会有多少人相信，在英国尤其如此。"不久，他还洋洋自得地吹嘘说自己是"同德国人反对共产主义俄国侵略的"英国人中"第一个多少有点名望的人"。丘吉尔似乎一辈子都在为自己的这个"预见"或"远见"而沾沾自喜！事实上，他就是这么做的，一直在尽心尽力、尽职尽责地致力于"联盟倒转"的事业。

德国宣布投降后，丘吉尔在给蒙哥马利发电报的同时，获悉德国人"将被迫就地摧毁所有飞机"的消息，他在1945年5月9日致电美军司令艾森豪威尔，对此表示了"忧虑"，希望在处理"武器和其他的军事物资"时，不要采用"这种办法"，其理由是："有朝一日西方盟国可能会非常需要这些东西"。此前的5月7日，他就电令英国航空国务秘书和皇家空军参谋长伊斯梅将军："目前，意大利的空军一丝一毫也不能减少，更不能毁掉。"在同一天，他再次电令伊斯梅，说："如不事先取得内阁的许可，无论德国人也好，我们方面也好，都不能摧毁前敌人的、处于英国控制下并尚能为战争服务的飞机，其中包括替换零件。"

丘吉尔给自己出的这些"难题"和为欧洲前途所表现出来的"担忧"，绝对不是他的心血来潮，而是他始终如一的既定目标，是一种有组织有预谋有步骤的大计划。后来，他在他的回忆录中也毫不隐讳地这样写道："从最初的时刻（德国投降的次日）开始，我就采取了属于我职权范围内的一切措施，以便坚守全部阵地，并且阻止解散西方的军队。"

当然，丘吉尔的行动也不是孤立的，美国人在背后也悄悄地这么做，只是没有像丘吉尔先生这么露骨并且亲自指挥而已。德国投降后，美国对德国空军特别感兴趣，曾派将军级别的角色多次与德国空军参谋长卡尔·科勒尔进行私下联系，除了搜集情报之外，其目的还有试图改组德国空军最高司令部。有了美国人撑腰，这位德国空军的参谋长成功地收罗了昔日的老部下，并制定了"行为准则"。5月18

日，他在德国图梅斯巴赫镇聚会时信心满满地说：“德国单靠自己无法从这场灾难中恢复过来。它位居欧洲心脏，这种形势不允许我们主张它采取中立。”它“应该决定自己站在这一个阵营或者那一个阵营”，但是德国“属于欧洲”，因为“没有德国，欧洲就无法生存，这正如一个人切除掉心脏无法活下去一样……”只不过，德国人和美国人这种私下的“调情”取暖，后来因为苏联的干预并在除掉邓尼茨政府之后，也很快收场了。

丘吉尔确实是一个玩政治的高手。前面已经说过，他在5月9日致斯大林祝贺胜利的电报的抒情只不过是一种外交辞令而已，不管是友谊还是谅解，从胜利即将露出曙光的那一刻起就已经化为乌有，他内心里看见或者想象的并非是“和平胜利的灿烂阳光”，而是另一场战争的雾霾，是一道深渊。

胜利的阳光已经照耀了欧洲的大地，和平却像雾霾笼罩着英国首相丘吉尔的天空。胜利的果实该怎么摘？胜利的果实该怎么瓜分？说白了，这就是一个“和平之战”的问题。这个问题，对丘吉尔来说也是一个老问题，这便是：本着他在第一次世界大战后提出的“防疫线”政策的精神，“解放”东欧国家。也就是说，现在迫在眉睫的“和平之战”正在东欧和东南欧国家（主要是波兰、南斯拉夫、匈牙利、保加利亚和希腊）周围展开。如果这些国家进入苏联的“势力范围”，“欧洲的平衡”就不再是英国多少世纪以来所确保的那种平衡了。

在这里，我们有必要回顾一下1944年10月丘吉尔的第二次莫斯科之行，以及他提出的臭名昭著的“百分比协定”。10月9日，他抵达莫斯科后直奔克里姆林宫，与斯大林共进晚餐。他后来在回忆录的最后一卷中这么写道：

当时机会不错，所以我就说：“让我们把巴尔干地区的事情定了吧。你们的军队在罗马尼亚和保加利亚，我们在那里也有自己的利益和各种派遣团体以及代理机构。我们不要为了一些枝节问题而互相误解。就英国和俄国而言，如果你们在罗马尼亚占90%的优势，我们在希腊也有90%的发言权，而在南斯拉夫则一半对一半，怎么样？”我乘着正在翻译这段话的时间，在半张纸上写下了：

罗马尼亚	俄国 90%	其他国家	10%
希腊	英国 90%（与美国一致）	俄国	10%
南斯拉夫	50%－50%		
匈牙利	50%－50%		
保加利亚	俄国 75%	其他国家	25%

我把字条递给斯大林，他当时正在听翻译。稍停片刻，他拿起他的蓝色铅笔在纸上打了一个大大的钩，然后把字条递回给我们。一切就这样解决了，比把它写下来还要快……在这之后沉默了好长一阵子。铅笔划过的纸条放在桌子中央。最后我说：“在处理这些与千百万人命运攸关的问题上，我们用这种似乎很草率的态度，不至于被人说是玩世不恭吧？让咱们把字条烧掉算了。”

“不，你保存着。”斯大林说。

斯大林的回答实在是意味深长。历史可以作证。

丘吉尔的回忆录充满戏剧性。而英国大使当时的报告则充满喜剧色彩——丘吉尔“写了一份他所说的‘淘气文件’（naughty document），列出了巴尔干各国的名单和各大国在这些国家中利益的比例。他说如果美国人看到他写这份文件的方式是多么简陋，他们会感到震惊的。斯大林元帅是很实际的人，他并没有感情用事”。后来，丘吉尔在会谈中又提起这个话题，说他“已经准备了一份相当卑鄙而粗暴的文件，来说明苏联与英国在罗马尼亚、希腊、南斯拉夫和保加利亚的势力范围的划分”。

也就是在这次访问过程中，10月14日，斯大林明确告诉丘吉尔：“苏联没有打算在欧洲组织一场布尔什维克化革命。”当然，斯大林这么说，也并不等于他反对欧洲有可能发生的政治变革，尤其是这种变革对苏联有利的话。10 月 19 日，丘吉尔结束访问离开莫斯科的时候，斯大林还十分高兴地赠给他一只花瓶，上面有一幅画，画名为“猎熊之弓”。

现在，我们再回到 1945 年战争胜利的时刻。对于英国人，对于丘吉尔在这个时间节点上的作为和表现及其政治目的，二战期间写过大批反对希特勒作品而被捕的记者、曾任英国驻外使馆文化处专员的比利时籍希腊人 E. N. 德泽勒皮，1971 年在自己的著作《丘吉尔的秘密》中写得十分到位。兹摘录如下：

在战前最黑暗的年代里，英国从来没有关心过这些国家。当希特勒通过他强行建立的独裁政权把他的统治扩展到中欧和东南欧的国家时，英国是袖手旁观的。伦敦当时承认这些国家属于德国的“势力范围”，人们乐得让这些国家听天由命，因为希特勒对苏联的大规模进攻有朝一日将从这些国家出发。这种无比荒唐、极其愚蠢的政策最阴险的注脚，便是《慕尼黑协定》。

在那个年代，当这些国家的民主人士向伦敦呼吁，请求英国政府支持他们争取恢复宪制自由的斗争时，英国却让他们去找柏林。此外，英国通过全面地、不懈地破坏法国为稳定第一次世界大战后所形成的中欧的政治地图而作的努力，为希特勒的侵略扫清了道路。这是法国和东方国家结盟历史的一部长长的悲剧，也是这些国家通过自己的努力来巩固其地位而组织“小协约国”的一部悲剧的历史。

现在，还是对于这些国家，英国和美国却突然显露出非同一般的关心，非要在“自由”的幌子下把它们拉到自己的“势力范围”里来不可。英、美政策的实质是，沿着苏联的西部边界，组成一条由各个反苏国家组成的锁链。反过来说，也就是拒绝承认苏联拥有与友好国家为邻的权利。

这就是使英、美同苏联关系发生深刻危机的根由。正是这一危机笼罩了雅尔塔会议，在会上也没有找到一项真正的解决办法。

毫无疑问，战争胜利之后，斗争的对象因为由军事斗争的方向转变为政治斗争而发生了改变，说白了就是三大盟国之间该如何瓜分欧洲瓜分世界，实现各自政治利益的最大化。比如，关于建立波兰临时政府的问题，伦敦和莫斯科就发生了不可避免的分歧。1945 年 5 月，斯大林在接见杜鲁门派到莫斯科的特使霍浦金斯时，十分坦率地陈述了苏联的观点。斯大林说，在 25 年中，德国人两次假道波兰入侵俄国。无论是英国人还是美国人都没有遭到过类似的侵犯，而这种侵犯是骇人听闻的，其后果令人难以忘怀。德国之所以能够入侵俄国，这是因为波兰被作为包围苏联的“防疫线”的一部分，这是因为那个时代的欧洲政策，要求有一个敌视莫斯科的波兰政府。在这样的条件下，不是波兰国力弱小，无法抵挡德国，便是波兰有意让德国人自由通过。这样，波兰就成了德国进攻俄国的必经走廊。波兰的弱小和敌视苏联，使苏联陷于一种不利的境地，而使德国人在东方能随心所欲地行动，并由于反冲力的缘故，甚至在西方也能随心所欲的行动。所以一个强大的、对苏联友好的波兰，对苏联的生死存亡意义重大。

尽管丘吉尔后来在回忆录中也承认“苏联政府有权寻求在波兰建立一个友好政府，而永远不会同意建立一个敌对的政权”，但是他却希望把他亲自选择的设在伦敦的米科莱契克政府强加给华沙，用这个政府同莫斯科想要设在华沙的卢布林政府相对抗。为了达到这个目的，丘吉尔还把希望寄托在借助美国的威力对斯大林进行施压。

如何对付苏联呢？早在德国投降之前，丘吉尔的小算盘就已经盘算好了。5 月 3 日，他给参加旧金山会议的外交大臣艾登打电报阐明了自己的思想，那就是西方可以放心大胆地去干，因为他们手中握有强有力的王牌：英美军队占领着苏占区的很大一部分德国领土。因此，跟斯大林“算账”必须要“赶快”进行，要在再好不过的条件下，即抢在美国军队离开欧洲之前进行。为此，他不停地打电报给美国新任总统杜鲁门，希望得到支持。

5 月 6 日，德国投降前一天，丘吉尔致电杜鲁门，向他建议同斯大林一起尽早召开一次三国会议。他认为，三大国领导人仅仅依靠通信、电报的途径来研究现实问题，已经不能解决迫在眉睫的问题，必须坐到谈判桌前好好谈一谈了。他十分坦诚而又严肃地把自己的心思告诉杜鲁门："我们应该十分严肃地研究一下我们对苏联的态度，让他们明白，我们能给他们什么，不能给他们什么。"他还在同一封电报中强调说，在会议举行以前，美国人和英国人应该坚决维护在南斯拉夫、奥地利、捷克斯洛伐克以及在"德国战线上"的阵地。

丘吉尔在杜鲁门面前毫不掩饰自己的真实意图。

5 月 9 日，杜鲁门十分爽快地答应了丘吉尔的主张。不过，他希望，召开会议的建议由斯大林提出，而不是由美国人或英国人提出。杜鲁门说："我同意您的意见，三国政府首脑的会议将有利于着手解决三国政府共同关心的，并且尚未作出决定或达成共同谅解的问题。我很愿意这个召开三国会议的邀请由斯大林元帅提出，而不是由我们两人中的任何一人发起。也许您有某种办法可以促使斯大林建议，或要求召开这样一个会议。同时，我目前的意图是坚持对于雅尔塔协定的解释，并坚持我们目前对于一切存在的问题所宣布的态度。为了给在不久将来可能召开的三国会议做好准备，我很希望您能把您认为我们有必要或适于提出讨论的问题列表告诉我，并希望将关于会议地点的建议通知我。现在斯大林似乎没有正当理由可以拒绝到西方来和我们会谈了。至于会谈时间，在本财政年度结束（6 月 30 日）前，我很难抽出时间离开华盛顿，但是自这个日期之后，我很有可能离开。"

杜鲁门后来在他的回忆录中却声称，是他自己想到要开一次新的国际会议，会议后来在波茨坦召开。他大言不惭地说："很自然，在罗斯福死后，必须同丘吉尔和斯大林建立新的关系。"又说："我必须见这两位首脑。"其实，履新的杜鲁门哪里有丘吉尔这样老谋深算，根本没有想这么多这么远，尽管他已经把会晤斯大林和丘吉尔排上了议事日程，但那都是单边会谈。为此，他先后派原罗斯福的首席顾问霍浦金斯前往莫斯科拜访斯大林，派原驻莫斯科大使约瑟夫·戴维斯前往伦敦拜见丘吉尔，摸摸两位大国首脑的底，给他带回第一手材料，以便选择合适的时机与他们进行简单的个人接触，就德国投降以后和罗斯福逝世后的世界局势交换看法（下文将有详细记述）。

最先主张召开一次新的国际会议并为会议的召开而全力奋斗的就是丘吉尔。而且唯独他一人对这次会议有一个清晰的和明确的概念。三个月前，他和斯大林、罗斯福在雅尔塔进行了会晤，就一切有关战争的问题达成了协议，并于2月12日签署了长长的文件，以作为将来设计的世界和平会议的工作基础。但是，在雅尔塔，包括此前的德黑兰会议，苏联似乎总是摆出一副伟大的战争胜利者的姿态。在丘吉尔看来，如果将来召开的和平会议的辩论基础是《雅尔塔协定》，那么西方国家的事业可就是完蛋了。因此，必须在召开和平会议之前，要举行一次新的三国会议，以推翻雅尔塔会议的决议，从而使得英、美处于有利地位，得以以另一种语言同莫斯科对话。在他的思想中，这次新的会议将是斯大林外交上的滑铁卢战役。如果斯大林不投降，这首次“和平的交锋”将导致一场新的世界性冲突。丘吉尔把这叫作跟斯大林“算算账”。

5月11日，丘吉尔再次致电杜鲁门，坚持由英、美“联名或者分别同时向斯大林发出邀请”，并建议会议在7月份举行，地点不要“确定在俄国人现在的军事占领区内”。这样做的理由是个威信问题，因为德黑兰、雅尔塔两次会晤地点最终都是由斯大林确定的。他抱怨说：“已经两次啦，都是我们前去同他会见。”

丘吉尔的这个想法与杜鲁门不谋而合。但他非常希望在参加三国会议之前，能单独地与杜鲁门进行一次会晤，向他说明自己的想法，以便在重大问题上保持一致。他在回忆录中说：“我希望杜鲁门总统在前往（参加三国会议的）途中，在伦敦停留”，“进行事关世界当今前途的重大讨论”。不言自明，丘吉尔的目的就是建立对付俄国人的英、美统一战线，以便在会议上摆出二对一的强硬姿态，不是同斯大林进行什么讨论，而是要把他逼到墙角下，把两个西方盟国的观点强加于他。正是基于这些考虑，丘吉尔在电报中对杜鲁门说："恳切地邀请您到这里来，英王陛下将为此向您发出最热诚的邀请。然后我们一同出发去晤'约瑟夫大叔'，到俄国占领区以外最能吸引他前往的最适应的地点去会见他。"在这封电报中，丘吉尔反复地说"最严重的事件将在未来两个月内决定"，希望"美国的战线不要后退到我们目前占领的战术战线以内"。

美国总统尽管新官上任，但也不是省油的灯。不是杜鲁门不懂丘吉尔心中的小九九，而是太懂了，太懂得其中的奥妙——不去回答也不反驳英国首相的话是更为可取的办法，要不然就会陷入无边的争论中去。更为重要的是，杜鲁门还表现出宁愿准备先同斯大林会晤的意图，他不仅不能被英国首相牵着鼻子走，而且还要防备着英国的野心。更何况，欧洲战场胜利之后，美国目前还身陷太平洋战争，要战胜日本离不开苏联的援助。因为斯大林已经在雅尔塔做出了保证：欧洲的战争结束三个月后，即向日本宣战。这就决定了，杜鲁门政府必须要继续走罗斯福的既定路线。

对杜鲁力的回避，丘吉尔是心知肚明，但他并不放弃进一步说服杜鲁门的可能性。5 月 11 日，他再次致电杜鲁门，在对战争胜利作了小结之后，大肆鼓吹"俄国威胁论"，继续强调美英军队的撤退，"意味着俄国统治的浪潮，将席卷 120 公里的纵深地区"，"俄国的统治延伸到中欧和东南欧的所有国家的首都：柏林、布拉格、维也纳、布达佩斯、贝尔格莱德和索菲亚"。他说："这种形势在欧洲的历史上是空前的，而盟国在它们长期的和危险的斗争中却没有注意到这一点。"而这种巨大的即将到来的"威胁"，正是"伟大的联盟"的代价。英、美必须努力去改变这一形势，不支付这个代价。他再三叮嘱杜鲁门："现在是三大国从整体上研究这些可怕的问题的时候了。"而且"所有这一切问题应该在驻欧美军削弱之前得到解决，如果这些问题在这些部队撤离欧洲和西方世界拆散自己的战争机器之前得不到解决，那就别指望能找到一个令人满意的解决办法，也不大可能避免第三次世界大战”。

写到这里，我们完全可以理解丘吉尔的思想逻辑和政治战略了。说白了，丘吉尔已经从一场新的世界大战的角度来考虑解决问题的办法了。“伟大的联盟”赢得了反德战争的胜利，但现在的问题是要赢得和平。丘吉尔要的是什么和平呢？他要的是欧洲战场上西线的德国向美英举手投降，东线的德国继续与苏联浴血奋战。如果俄国人防守的阵地上敌对行动也像西方国家阵地上一样统统结束了，那么这种和平既不是英国胜利的象征，也不是美国胜利的象征。丘吉尔就是这样一位不惜一切代价以“赢得和平”为幌子的顽固不化的“反共”旗手。为了达到他的目标，他不怕风波再起，不怕危险压头，即使与俄国人公开冲突，以至挑起第三次世界大战也在所不惜。

难道这就是丘吉尔所要的和平吗？他还没有止步。

5 月 12 日，丘吉尔再次给杜鲁门发了一封电报。一开头，他就推心置腹地向杜鲁门诉说自己对欧洲形势“忧心如焚”。因为他刚刚获悉美国空军的二分之一已经开始向太平洋战场转移。一想到“在极短的时期内，除了微不足道的兵力留下来占领德国之外，西方国家在大陆上的军事力量将化为乌有”，他的心就如惊弓之鸟，极度不安。他想象着在此期间，苏联方面将发生什么事情呢？一两年之后的欧洲形势又是怎样呢？或许，那个时候，英美军队早已“融化”，仅仅留下少数几个师的兵力，而苏联有二三百个师，将自由地决定欧洲的一切。在电报中，丘吉尔极力描绘了一幅胜利后欧洲即会陷入更加悲惨的政治地图，渴望引起美国总统的重视。

敬请读者注意，丘吉尔的这封电报，正是在二战历史或者 20 世纪世界历史上都十分著名的“铁幕”电报。在接下来的诉说中，丘吉尔告诉杜鲁门：“一道铁幕在边界上（俄国边界）落下来了。后面发生了什么，我们一无所知。很可能，从吕贝克、的里雅斯特到科孚岛以东的整个地区，不久将完全落入他们的手中，这点看起来没什么疑问了。”除此之外，还要加上苏占区的“大片领土”，这些地方现在由美、英军队占领着，可是根据战时达成的协议都将还给俄国人。他警告美国总统，正当美国和英国的注意力“集中于惩罚德国”的时候，“俄国是可以无忧无虑地向前推进的，如果他们愿意干的话，可以直抵北海海滨和大西洋沿岸”。

“铁幕将重新降得低低的，可能直至地面。”丘吉尔危言耸听的话，杀机四伏。其实，他对“苏联的威胁”的担心并不比对美军撤离欧洲的担心更大。因为没有美国这个伙伴或者靠山，丘吉尔就孤掌难鸣，无法推行自己的挑衅政策。也就是说没有美国的参与，他就没办法跟斯大林“算算账”。当然，他也“十分怀疑是否有一种巧妙的办法能使斯大林提出要召开一次三国政府首脑会议”。

5 月 12 日，杜鲁门答复丘吉尔说：“我还是希望能使斯大林提出召开这次会议，我认为值得我们在这方面努一把力通过我们的大使去诱导他提出这样的建议。如果我们的努力失败，然后我们可以考虑联名或分别向他发出邀请。要是这样一次会议得以安排妥当，在我看来，为了避免任何我们‘沆瀣一气’的嫌疑，我们分别前往会晤地点是较为有利的。在会议结束以后，要是国内的任务容许的话，我将十分高兴去访问英国，然后您和我可以充分讨论我们的共同的利益和问题。我完全同意，在今后几个月中，就将决定整个世界有极其重大影响的一些问题。”

杜鲁门拒绝在三国首脑会晤前前往英国访问，且建议“分别前往会晤地点”，甚至用了十分贬义的“沆瀣一气”这个词语来形容英美这种私下的关系，这多少令丘吉尔感到有些失望。但是，美国有美国的利益，莫斯科和伦敦给华盛顿的政治形象是不一样的。对丘吉尔的投机把戏，华盛顿洞若观火。美国不可能听从丘吉尔不惜一切的战争叫嚣，更不可能随着丘吉尔“沆瀣一气”跟斯大林“算算账”，与昨天的盟国发生武装冲突，然后再次拖进欧洲战场的泥沼。而且，如果在“伟大的联盟”内部再发生新的战争，英国人、美国人和德国人并肩作战去打俄国人，这给正在痛恨纳粹集中营罪行的世界人民面前，又该如何解释？更重要的是太平洋战场上的对日作战，目前应该是美国总统当前最需要考虑解决的问题。

但是，英国呢？丘吉尔呢？让我们看看历史学家加布里埃尔·科尔科的史料分析：“在1938年至1945年，英国的出口额从4.71亿英镑跌落到2.58亿英镑，同期进口额从8.58亿英镑跃至12.99亿英镑。海外债务增加几乎五倍，达33.5亿英镑……到下一年，英国的外债比整个西欧外债的总和还要多得多；欠美国的债不计在内，其外债比法国外债多三倍以上。事实上，英国已把19世纪帝国主义的遗产和威力挥霍殆尽。”

英国这个老牌的日不落帝国就这样日渐处于江河日下的境地，无力逆转，甚至连制止自身的衰退也无法做到。美国作家小查尔斯·米《在波茨坦会晤》一书中这么写道：“英国仅存的希望寄托在丘吉尔关于英语民族间天然联盟的动听空谈上，也寄托在美国人对英国抱有的多少有点感激心情之上，因为英国‘为了服务于人类以及为了那些忠实献身于伟大事业的人的荣誉’而单独抗击过希特勒。丘吉尔不仅对法国人而且也对美国人建议过实行共同国籍，如今战争已经结束，他试图引起对于俄国和共产主义的共同恐惧以把美国拉得更靠近英国。他孤注一掷地下注——因为他从来不认为他所从事的事业是渺小的——他竭尽威胁诱哄之能事以及手中所剩无几的讨价还价筹码，使美国加入支持英国的事业，并且不把英国并入一个新的美利坚帝国中去。”这是一个值得思考的客观评价。

5月13日，丘吉尔通过广播电台向英国人民发表文告，公开阐述了他对战后的大政方针，也是为7月即将举行的英国大选给自己造势。他说：“在欧洲大陆上，我们还需继续努力，确保我们为之战斗过的简单而光荣的目标，在胜利后的岁月中不致被粗暴地抛弃或置之脑后，自由、民主、解放这些字眼不致遭到歪曲，并将保持我们赋予它们的真正的含义。”紧接着，丘吉尔匪夷所思地向英国人民，也是向世界提出了一个巨大的假设：“如果法律和正义的统治不能确立，如果极权政府或者警察国家应当取代德国侵略的话，那么，惩罚希特勒分子的罪行还有什么意义呢？”

“项庄舞剑，意在沛公。”丘吉尔的话意味深长。他在这里已经暗示他将把苏联作为英国的下一个敌人。在这里，我们可以对丘吉尔的战略做一个小结：战争胜利了，欧洲瓦解了，欧洲大陆已经没有起平衡作用的强国。丘吉尔希望使俄国和美国两家保持平衡，并且希望在他的天然盟友美国的同意下，为他自己取得欧洲的领导权——这是一项多么难以推行的战略啊！尽管英国的力量已经耗尽，但这位年过古稀的英国首相却从不因此灰心，他在利用甜言蜜语及一点残余的军事、经济力量阴谋窃取欧洲这个争夺目标的同时，不得不巧妙地利用俄国和美国的力量。这是一个不下于建立新的大英帝国的计划——而且在丘吉尔看来，这个目标才是英国应得的战利品。

正是从这个角度上来说，丘吉尔的战略的实质就是破坏——使苏美之间产生冲突。还是中国古语说得好——鹬蚌相争，渔翁得利。不可否认，站在英国的角度，丘吉尔也不是无中生有地捏造斯大林像一个魔鬼。但他热衷于夸大斯大林所形成的威胁和加深苏联和美国之间的分歧，是在肆无忌惮地玩火。现在，一切都清楚了——在丘吉尔看来，盟国苏联和昨天的敌人德国之间没有什么两样。他号召英国人民：需要把战争继续打下去，为了他们“战斗过的简单而光荣的目标”，在欧洲大陆上继续努力！因为“铁幕”已经降临……5 月 17 日，他还下令他的军队不要毁掉德国飞机，十天后又谈到要使用德国的空军打击俄国军队的交通线，而英国占领区内的 70 万德国军队竟然继续保持着战斗编制……

“铁幕”，“铁幕”，一个多么形象的比喻！一个令人不寒而栗的比喻。但是，后来的事实证明，它的确不仅仅是一个比喻……

丘吉尔殚心竭虑地要与斯大林“算算账”，但他知道自己孤掌难鸣，必须请杜鲁门一起来算账。但历史的车轮不可能倒转，丘吉尔“倒转联盟”的把戏只能是一个人的独角戏。

最大的尊重莫过于来自对手的赞誉。丘吉尔对战争年代的斯大林有着深刻的了解，他在回忆录中这么写道：“斯大林精力过人，博学多识，意志坚定，无论处事还是谈话，他总是果断、坚决、毫不留情，连我这个英国议会培养出来的人也不能提出什么反对意见……他的著作有一股磅礴无比的力量。这股力量在斯大林身上是如此巨大，以至在一切时代和一切民族的领导人中，他仿佛是无与伦比的……他对人们的影响是不能抗拒的。当他走进雅尔塔的会议厅时，我们大家就像是听到了命令似的，站起身来。而且，真是怪事，两手下垂、放在裤缝边。斯大林具有深刻的、逻辑性极强的、清新的智慧，绝不会惊慌失措。他是无人能比的大师，能够在困难时刻找到摆脱绝境的出路……他是一个能够假敌人之手消灭敌人的人，他迫使我们这些被他公然称为帝国主义者的人去同帝国主义者作战……”

5 月 23 日，丘吉尔结束了他的战时联合政府，成立了一个新的临时政府。这就是说，英国将要重新举行大选。对此，他信心满满。

第五章

杜鲁门：拿着罗斯福的旧船票，登上开往波茨坦的客船

1945 年 4 月 12 日，美国总统罗斯福逝世后，新总统杜鲁门宣誓就职。就职典礼几乎只进行了几分钟就结束了。紧接着就召开了第一次内阁会议。这时，秘书厄尔利走了进来，说：“报界希望知道，有关联合国的旧金山会议是否按原计划在 4 月 25 日召开。”杜鲁门一秒钟也没有迟疑，说：“毫无疑问，会议将按照罗斯福总统的指示举行。”在他看来，建立一个机构来协助维持未来的世界和平是绝顶重要的事。这是杜鲁门以总统身份作出的第一个决定。

当总统当然不是一件轻松的事情。杜鲁门说：“我觉得在我做总统的头五天中就好像过了五辈子一样。我开始体会到我国的缔造者预先为一个突然变成总统的人所作的准备是多么不够。”他紧张地处理国内事务和国际事务之后，深有体会地说：“近年来，甚至在战前，美国总统这个职位已经成为一个非常复杂和吃力的工作。但是战争又给这个已经非常沉重的担子加上了新的极其繁重的责任。现在，总统不仅要担负起美国武装部队总司令的职务，而且必须担负起各盟国长期联盟的主导工作。”

德国无条件投降后，欧洲战场终于取得了胜利。进入 5 月以来，丘吉尔一封电报接着一封电报地向杜鲁门诉说他对斯大林的担心，一

厢情愿地表达了他的“铁幕”理论。杜鲁门十分冷静地做着自己的观察。后来，他在回忆录第一卷《决定性的一年》中说：“我体会到丘吉尔的意思，并且完全同意他对于未来问题的看法。但是，在方法上，我不能跟着他走。像以前一样，他希望我们尽可能地保持全部领土，然后向俄国人表示，我们必须拿出或保留的是多少。他认为现在已经到了电讯还不能发生作用的时候，三国政府首脑有必要进行会谈。我完全赞同他这个意见。”杜鲁门清楚地知道，丘吉尔向他推销“铁幕”观点，目的就是希望他在欧洲保留一支强大的军队，以便与俄国相抗衡。然而，在击败德国之后，对美国来说还有日本存在。要使日本投降，那就要把许多军队调到太平洋地区。就在这个时候，杜鲁门草草地签署了一份有关租借法案的重要命令，给他带来了一个大麻烦。

事情是这样的，5 月 8 日，对外经济管理局局长利欧·克劳利和助理国务卿约瑟夫·格鲁拿着一份有关租借法案的文件找到杜鲁门，说这份在德国投降时采取联合行动以削减租借物资供应量的命令已由罗斯福总统批准但没有签署。杜鲁门听后也觉得确实必要，没有看命令的文本就拿起笔签字了。但在执行过程中，克劳利只是按字面的解释去做，竟下令禁止把一切物资运往俄国和欧洲国家，甚至还要某些船只中途开回美国港口卸货。这样做的结果，英国受到打击最大，而正需要食品、衣服和武器军火的俄国更是抱怨美国是特别针对他们来的。杜鲁门知道自己非常不明智地给了斯大林一个口实，不得不撤销这项命令。

为了缓和并巩固与苏联、英国之间的三角关系，摸清斯大林和丘吉尔的底牌，同时也是为了“诱导”斯大林主动提出召开一次新的三国首脑会议，杜鲁门开始行动了。当然，事情的发展证明，杜鲁门根本不考虑英国首相的主张而在走自己的路，并适当地与丘吉尔保持着距离。因为这一个时期，华盛顿所收到的丘吉尔的一切电报都使人产生这样一个印象，即英国首相“敢于采取某种仓促的行动，这种行动将把三大国置于危险的境地”。因此，白宫和国务院比以往任何时候都更加猜忌丘吉尔要跟莫斯科翻脸，甚至兵戎相见。

5 月 19 日，杜鲁门在白宫会见了老朋友——罗斯福绝对相信和倚重的哈里·霍浦金斯。作为曾经多次完成罗斯福机密任务的一个献身事业的人，霍浦金斯“从来不追求功劳和名望，却甘愿承担责任”的品格深受杜鲁门的敬重。体弱多病、形容枯槁的霍浦金斯曾经告诉他：“斯大林是一个坦率、粗鲁、固执的俄国人，他是一个彻头彻尾的俄国利益维护者，他最先想到的永远是俄国。但是，可以跟他坦白地谈话。”正是如此，他希望霍浦金斯能克服身体的困难，再次前往莫斯科，告诉斯大林美国将继续推行罗斯福的政策，同苏联政府一起奠定完全谅解的基础，美国政府“决不”承担排斥斯大林的“义务”。同时，他又派前任驻苏联大使约瑟夫·戴维斯去伦敦会见丘吉尔。总统告诉他们：“我迫切需要知道罗斯福死后斯大林和丘吉尔的态度是否发生了重大变化，我希望知道这两位领袖在解决我们当前的一些问题上准备怎样办。”

下面，我们就来看看杜鲁门的两位特使是如何斡旋的，他们分别在莫斯科与斯大林和在伦敦与丘吉尔的会谈，是否为波茨坦会议的召开铺平了道路。

5 月 20 日，杜鲁门致电斯大林，说：“我确信，您一定感到通过函电往来处理我们现在所面临的复杂而重要的问题是很困难的。在盼望举行一次新的会晤之际，我特派霍浦金斯先生和哈里曼大使前往莫斯科，以便有机会和您面谈这些问题。”第二天，他在电报中又强调指出，霍浦金斯是去同斯大林讨论“某些在两国之间显得造成了误会的问题的”。同时，他也致电丘吉尔：“我请约瑟夫·戴维斯先生在您和斯大林元帅和我举行会议以前访问阁下。有许多问题我不愿意通过电报来解决，而想要他来和您一同研究。”

仔细分析，你就会发现，杜鲁门的这两封电报在措辞上非常讲究。对斯大林，他委婉地“盼望举行一次新的会晤”，而对丘吉尔既表明同意召开三国首脑会议，又谢绝自己亲自前往伦敦的邀请，实在是太高明了。

5 月 21 日，斯大林回电，欣然接受杜鲁门的建议，甚至表明，他未来与霍浦金斯特使的五次会谈一点儿也不会使他不愉快。丘吉尔也回电欣然接见戴维斯。

5 月 23 日，杜鲁门宣布了他的两个特使动身前往莫斯科和伦敦的消息。临行前，杜鲁门专门交代霍浦金斯，“当他同斯大林谈话的时候，只要认为恰当，他可以随意使用婉转的外交术语，或采取开门见山的方式”，并要他告诉斯大林，“我很乐意亲自和他会见，而且我认为这一次应该轮到他来美国，因为我国总统曾经去过俄国”。

让我们先看看戴维斯在伦敦的活动情况。

从 5 月 26 日到 29 日，戴维斯在棋盘别墅和唐宁街 10 号与丘吉尔进行了三次私人会谈。第一次会谈进行了五个小时，从晚上 11 时到第二天清晨 4 时半。第二次会晤是在丘吉尔的卧室，第三次会谈是在唐宁街。戴维斯没有把他和丘吉尔会晤的详细情况每天以电报的形式告诉杜鲁门，而是在 6 月 5 日回到华盛顿后向总统作了口头报告，随后又递交了一份长长的书面报告。

戴维斯是从威尔士迁居美国的移民后裔，一个贫家子弟，靠个人奋斗干起有厚利可图的政治法律业务。他天生具有魅力，热情奔放，是一位天真的理想主义者。罗斯福曾任命他为驻莫斯科大使，到了俄国后他欣喜若狂：“我妻子和我感谢上帝，富兰克林给了我们前排位子来观看人类历史上最伟大的实验……我们具备先驱者的优点，对于和平、正义以及四海之内皆兄弟的手足之情具有共同的概念。”奇怪的是，杜鲁门选择戴维斯这样倾心苏联共产主义的人去伦敦，丘吉尔并没有感到诧异。为什么呢？原来，5 月 22 日，杜鲁门在致电丘吉尔戴维斯即将来访的电报的同时，他又嘱咐陪同霍浦金斯前往莫斯科的哈里曼大使先到伦敦看望了丘吉尔，并在这一天单独共进了晚餐。杜鲁门的思想工作真是做到家了，他通过驻苏联大使哈里曼向丘吉尔说明霍浦金斯访俄的使命，打消或者麻痹了丘吉尔的顾虑。

和丘吉尔一见面，戴维斯就开门见山地说："苏联和英美关系的严重恶化，总统极为关切。"他转告英国首相，杜鲁门总统认为："如果不能继续保持三大国的团结，就没有理由可以希望获得和平。罗斯福总统所签订的每一项协议，我无不衷心支持，如果对这些协议的看法有不同的意见，那么我希望对此得到澄清。"接着，戴维斯对丘吉尔说："总统相信，当前最重要的目标是维护胜利后的和平。他认为赢得了战争的三个国家光荣地、不遗余力地解决彼此间的分歧问题，并通过继续保持团结，从而使一个正义的、持久的和平机构的建立成为可能，这是三国的责任。"

戴维斯还直言不讳地告诉英国首相："总统有理由相信，由于苏联怀疑英国和美国同联合国一道在'沆瀣一气'地欺负它，因此局势变得更加严重。事实上这种怀疑是没有根据的，必须消除这种怀疑。这就需要在彼此讲究信用和互相信赖的基础上建立大家的信心，而要做到这一点，就只有通过坦率的商谈，要有彼此认识和估计对方的机会。"与丘吉尔多次见过斯大林不同，杜鲁门与斯大林还没有见过面，因此他"希望在出席定期召开的会议以前，有和斯大林元帅见面的机会"。

丘吉尔听完戴维斯的陈述后，对此表示欢迎，随后回顾他所见到的欧洲形势，他对法国、对戴高乐大为不满，认为其独断专行，需要"严加管教"；他对铁托也很不满，认为其受莫斯科控制。而当他谈到苏联时，忽然勃然大怒，用冷酷的语调放肆地进行最猛烈的抨击，对苏联在巴尔干的行为感到忿恨，担心共产党人"像蝗虫一样"席卷欧洲。他对美军撤离欧洲后可能出现的事情深怀恐惧，认为是一件"可怕的事情"，欧洲将会屈服于红军和共产主义之下，任人摆布。

说着说着，丘吉尔忽然觉得杜鲁门想在三国会议之前会晤斯大林的奥妙所在。自己要求在会议之前会见杜鲁门，遭到了拒绝，而杜鲁门居然主动要去见斯大林——这未免太过分了！看来，美国这个老盟友终将要抛弃他了，军队已经开始撤了，现在除了把三国之间产生矛盾的责任归咎于他，杜鲁门又把他排除在外搞美、苏首脑的单独会晤。他对美国如此的冷淡态度，感到惊讶和伤心。他告诉戴维斯，他绝不同意美苏之间搞这种有“密约”味道的会晤，甚至拒绝出席他自己倡议的三国会议——因为这样的会晤不过是杜鲁门和斯大林会谈的继续。

对此，杜鲁门在他的回忆录中谈及此事时，大概是为了有意掩饰那些暴露美英关系的尴尬和矛盾，为自己辩解说：“我从来没有打算在任何一次单独会议上和斯大林单独会晤。我所迫切要做的是使斯大林、丘吉尔和我自己能够围坐在一张桌子旁边，保持我们在战争期间的团结。”

丘吉尔冷冷地问戴维斯：“你是否在代表总统说，美国正在退出欧洲事务的参与?”见戴维斯没有做出明确的回答，丘吉尔虚张声势地说：“假如美国不理解俄国对欧洲的威胁，英国将单独干。我们在世界事务中是一个不可忽视的因素。我们能够保卫自己。英国能够单独干，我们过去就曾经这样干过。”

对于一个首相的激情，戴维斯表现了一个外交官的冷静。他脱下手套，委婉地分析了苏联在反希特勒斗争中所作的巨大贡献、历史遗留下的猜忌等。最后，他直截了当地告诉丘吉尔：“有许多人认为，当英国现今在欧洲物色不到一个旗鼓相当的强国来抵挡俄国这个新兴的强国时，它就会试图利用美国的人力和物力来支持英国‘领导’欧洲的这个传统政策。”

这个问题一下子击中了丘吉尔的软肋。英国首相不愿意对此作出回答，只说他希望让杜鲁门总统亲耳“听见”，并建议他和戴维斯相互交换备忘录。其实，杜鲁门在接到戴维斯的报告之前，5 月 27 日就收到了丘吉尔的一份长长的照会。照会说：“首相怀着几分惊讶得知戴维斯先生转达的意图，预定杜鲁门总统和斯大林元帅可能在一个双方同意的地方会晤。对于不是从一开始就参加的任何会议，女王陛下政府的代表是不能出席的，无可否认，这将是令人遗憾的。”在他看来，“对于一个如此刺伤大不列颠、不列颠各民族的帝国和联邦的问题，首相认为丝毫没有必要予以提出”。但是，他终究还是忿忿不平地提出了。

后来，丘吉尔在回忆录中十分尖刻地写道：“我确实惊讶万分。在谈到他和我的一次会晤时，总统在一份电报中说我们‘沆瀣一气’，这使我大为不快。英国和美国的团结是建立在原则基础上的，是建立在多方面政策的相同观念之上的，而在大多数有争议的重大问题上，他们同苏联有着深刻的分歧。”而“总统和英国首相在这种共同基础上的对话，如同罗斯福总统时代的许多对话一样，今后不能用如此贬义的措辞去形容。另一方面，如果总统越过英国而单独去会晤苏联国家元首，这肯定不是出于‘沆瀣一气’，因为这是不可能的，而是试图在英、美意见一致的重大问题上同俄国达成单方面的协议”。他还说，在任何情况下也不能接受对英国来说“似乎耻辱的事情，即使这是无意的也罢”，而英国从战争的第一天起就忠心耿耿地为自由事业而效劳。他还用一句言简意赅的话，概括了他那富于十字军讨伐精神的政治学说的本质：“若不考虑暴力问题，善与恶之间根本谈不上平等。英国和美国为之浴血奋斗并获得胜利的伟大事业和伟大原则，不能简单地降低为一个力量的平衡问题。事实上，世界的安危皆系于此。”

瞧！丘吉尔的思想已经远远超出了力量的平衡这一神圣原则，而英国正是根据这一原则统治欧洲达数百年之久。现在，丘吉尔用所谓的“善”与“恶”的新原则，把世界一分为二——“恶”代表红色俄国，应该为整个人类所鄙视。现在，我们还可以在丘吉尔写给杜鲁门的短信中，看到这位由于迷惑不解而陷于苦恼的英国首相的进一步解释：“必须记住：现时把英国和美国连结在一起的是共同的意识形态，即自由，以及美国宪法所阐明并在《大西洋宪章》中以新的形式忠实再现的原则。苏联政府有着另一套不同的哲学，即共产主义，它充分使用了警察统治的方式；他们还正在把这种方式施用于落入他们解放之手的每个国家。首相不能使自己接受这样的概念：美国把英国和苏俄看成是两个半斤八两的大国，都有一些最近这次所遗留下来的纠纷需要同它们调整……英国和美国为之作出牺牲并取得胜利的伟大事业和原则不单是均势的问题，事实上这是涉及拯救世界的问题。”

是的，在那个历史的现场，丘吉尔相信，“他为英国服务，就是最好地为和平服务”。而杜鲁门则认为，他保护美国的利益，就是保护全世界的利益。这是政治家的现实，也是现实的政治家。尽管这些高谈阔论都有自欺欺人的成分，但此时此刻，他们都必须要保持冷静，以保证他们造福全世界的梦想和感情不至于干扰他们为本国和为本人追求的自私目的。

戴维斯的伦敦之行，从短短的三次交谈中，得出了这样一个结论：丘吉尔“更关心英国在欧洲的地位，而不关心保障和平”。这一结论，按照杜鲁门回忆录里的说法，是与美国三军参谋部从英国首相在整个战争期间所持的态度中得出的结论相吻合的。最后，戴维斯在给杜鲁门的报告中，用如下文字阐述了自己对丘吉尔的总体印象：“在听到他如此猛烈地谴责苏联统治的威胁、谴责共产主义在欧洲的扩张之后，在听到他表示反对苏联领导人的政见声明如此缺乏信心之后，我不禁怀疑他是否准备向全世界宣布，首相和英国人民由于没有支持希特勒而犯了错误。因为，如果我的理解没有错的话，他现在阐述的理论，就是希特勒和戈培尔在过去的四年中，为了拆散盟国的联盟，以便分而治之而不断宣布和重申的理论。他们描绘的完完全全是同一幅图画，他们得出的结论与看法，同丘吉尔现在的结论毫无二致。”

现在，我们再看看霍浦金斯在莫斯科的活动。

从5月26日至6月6日，霍浦金斯与斯大林先后进行了五次长时间的谈话。在斯大林眼里，霍浦金斯是一个杰出人物，也是他充分信任和尊敬的美国朋友。早在1941年7月希特勒正疯狂进攻莫斯科的时候，他就作为罗斯福总统的特使来到莫斯科，从与斯大林的谈话中使美国总统相信俄国人战斗到底的决心，从而促进制订援助苏联的完整计划。

斯大林和霍浦金斯的第一次谈话是在5月26日晚上8时举行的，参加的人员还有莫洛托夫（苏联外交部部长）、巴甫洛夫（苏方翻译）、哈里曼（美国驻苏大使）、博伦（美国助理国务卿）。一见面，两人就高兴地回忆起第一次见面时那个令人忧心如焚、危机万分的日子，两人对罗斯福都赞不绝口。罗斯福逝世的消息在4月13日传到莫斯科后，斯大林深感悲伤，他于当天晚些时候即在克里姆林宫会见了哈里曼，紧握着美国大使的手足有半分钟之久。当天，斯大林还致信杜鲁门，表示他愿意“毫不迟疑地向美国人民表明他继续合作的意愿”，并将全力支持杜鲁门总统。

会谈转入正题后，两人谈了许多十分尖锐的政治问题。霍浦金斯告诉斯大林不要纠缠细节，他想讨论的事情不少。有趣的是，两个相互有好感的人，在谈话一开始都极其娴熟地运用外交辞令，虚晃一枪。

霍浦金斯说：“斯大林元帅，我这次来莫斯科的真实原因，是美国舆论对我们两国关系进来的发展状况，尤其是波兰问题上未能执行《雅尔塔协议》表示严重不安。这对我们两国关系造成不利影响。你要知道，美国的舆论引人注目的变化往往严重影响到政府的对外政策。但是，我可以向您保证，杜鲁门总统将继续执行罗斯福的政策，与您合作。”

在雅尔塔，“三巨头”曾一致同意，波兰政府应进行“改组”。现在，波兰已经处于苏联的控制之下，并成立了一个对苏联“友好”的临时政府。而另一个自称是合法政府的流亡政府则在伦敦。“三巨头”在雅尔塔同意将这两个政府合并，但不可避免的问题是，谁将拥有较多的部长，谁将在新的政府内居优势——也就是谁真正控制波兰？

斯大林坐在沙发上，习惯性的用左手握着著名的烟斗，不紧不慢地说：“在波兰问题上失败的原因在于出现一个对苏联友好的波兰，而英国却想在苏联边界上恢复第一次世界大战后的反布尔什维克的‘防疫线’。如果你们不想在友好的基础上同苏联打交道，强大的苏联尽可自己管自己。不过，我非常高兴见到您，毫无疑问，杜鲁门总统派您来到莫斯科，就是表明希望同我们合作。”斯大林聪明地把罪过推给了第三方。

“美国政府或人民都没有这种意图。”霍浦金斯说。

斯大林说：“英国保守党不希望看到一个对苏联友好的波兰。”

霍浦金斯说：“美国希望有一个对苏联友好的波兰，实际上希望看到与苏联接壤的都是友好国家。”

“如果真是这样的话，我们在波兰问题上达成协议就容易了。”

霍浦金斯希望打消斯大林在美国对俄态度方面的任何疑虑。美国人希望同俄国合作，波兰问题将成为合作成败的关键。

在第一天的会见中，霍浦金斯告诉斯大林，艾森豪威尔将军已经被任命为对德管制委员会的美方代表。斯大林还不知道这件事，但他当即决定任命朱可夫元帅为苏方的代表。会谈结束时，斯大林还表达了一个十分偏执的看法，他认为希特勒没有死，而是藏在某个地方，也许已经乘潜艇逃到日本了。或许，这也是他谈判的另一种手法而已。

5 月 27 日，斯大林告诉霍浦金斯，自己“不准备借口苏联舆论作为幌子”，而是把自己对苏美关系感到忧虑和不满意的事情详细地说了出来。除了波兰问题之外，让斯大林感到愤懑的问题还有：德国刚刚投降，美国就取消租借法案，一下子停运了给苏联的租借物资。美国人设法为战时与德国合作的阿根廷争取到了联合国成员资格，这种做法对于“三巨头”协议的价值是一种嘲笑。法国加入同盟国要求德国赔偿的谈判，这也是斯大林反对的。还有，对于德国的舰队和商船的分配，等等。显然，这些问题都是恼人的。霍浦金斯都作了回答。但是，斯大林和霍浦金斯知道，他们讨论的中心问题是波兰问题。

谈话始终在和缓友好的氛围中进行。斯大林说："美国是一个全球利益的世界性大国，你们有权介入对波兰问题的解决。在波兰问题上，我们承认我们采取了单边行动，但是你们应该理解我们的苦衷。我们当然同意，现政府应当改组，任何有常识的人都能看出来，这是指现政府作为新政府的基础的。尽管俄国人比较单纯，但不应该把我们当作傻瓜。我们不是瞎子，对眼前发生的事情我们是能看清楚的。"

霍浦金斯说："波兰问题的重要性倒不在于问题本身，而在于它已经成了我们能否同你们解决问题的标志。我们愿意接受符合波兰人民愿望同时也对苏联政府友好的任何波兰政府。"

有了这些良好的愿望，谈话十分顺利。斯大林首先提出了一个折中方案。波兰政府中有 18 – 20 个部长职位，美国和英国可以拥有四个。

霍浦金斯十分满意地接受了这个建议，并催促杜鲁门批准了它。波兰问题的争议就这样很快打开了僵局。1945 年 6 月，波兰临时政府进行了改组，吸收了四位亲西方的内阁部长。这个政府在 7 月 5 日得到了英美两国政府的承认。

霍浦金斯与斯大林会谈的另一个重要议题是苏联加入远东战争的问题。在 5 月 28 日的第三次会谈中，斯大林告诉霍浦金斯苏联人遵守《雅尔塔协定》，红军准备在 8 月 8 日发动进攻。《雅尔塔协定》规定，在欧洲战事结束三个月内，苏联向日宣战。不过，执行《雅尔塔协定》有一个附加条件，即：中国要承认外蒙古的独立，同意把满洲的港口和铁路设施转让给苏联。同时，斯大林告诉霍浦金斯，在苏军顺利地秘密调往远东之前，他不想开始与中国人谈判（有关罗斯福、丘吉尔和斯大林牺牲中国领土主权的问题，本书在第六章详细叙述）。

对于日本无条件投降问题，斯大林明确告诉霍浦金斯，应该跟德国一样，战后对日本也要共同占领，并把它分成美、英、苏三个军事占领区。对于如何处置日本，斯大林赞成惩罚性的和平。他说："像目前的这种战争一百年只能发生一次，所以，最好要利用它彻底打败日本，并抑制它的军事潜力，这样可以保证50至60年的和平。”

霍浦金斯与斯大林的会谈十分成功，他曾这么回忆说：“再也不会有第二个斯大林了。他说话如同他的军队射击一样——准确无误，直截了当。他用简短迅速的几个俄语词向我致意，他短暂、有力而友好地握了握我的手，他亲切地微笑着。没有一句多余的话、一个多余的动作或是表情。你会觉得自己仿佛是在和一架非常稳定的机器、一架理性的机器谈话。斯大林知道他要的是什么，俄罗斯需要的是什么，而且他认为你也是知道的。”

霍浦金斯在莫斯科完成自己的最后一次使命时，已经病得很重了（他于1946年去世）。他的莫斯科之行，让杜鲁门十分满意，认为他的工作非常出色。当然，历史也不会忘记，他出使莫斯科给美国总统带来的第一个收获——确定了斯大林、丘吉尔和杜鲁门举行会议的日期和地点。

那是5月28日，他与斯大林第三次会面时，霍浦金斯想起了罗斯福从雅尔塔会议回国途中曾经设想，下一次会见应当在柏林，这对于盟国将要取得的胜利具有象征意义。斯大林立即表示支持这个意见，高兴地说：“我记得，我们甚至为下一次在柏林会见干过杯。”

杜鲁门回忆说：“5月28日，霍浦金斯告诉我，斯大林曾经对他说，他将在我所愿意的任何时候同我会晤，并且说，在柏林的郊区，作为举行这样一次会议的地点是适宜的。我指示霍浦金斯回答斯大林说，我不反对在柏林地区会晤，就我来说，7月15日前后是较为合适的日期。我还通知了丘吉尔，他在回电中再一次要求把日期定在6月中旬。而斯大林来电则又同意7月15日。丘吉尔还想争取定在7月初，但最后我们三个都同意7月15日，地点为波茨坦郊区的巴培尔斯堡。”

仍然是在5月28日，杜鲁门还收到了霍浦金斯的另一封电报，告诉他在莫斯科有如下收获：

苏联军队将于8月8日在满洲各个据点部署妥当。

斯大林重申他在雅尔塔会议上的发言：俄国人民参加战争必须具备正当的理由，而这就要看中国是不是愿意同意雅尔塔各项建议。

对杜鲁门来说，这真是一个好消息。他说："我从霍浦金斯那里获悉斯大林已证实在雅尔塔会议上所达成的关于俄国参加对日战争的谅解一事，使我感到宽慰。我国的军事专家曾经估计过，进攻日本至少要使美国死伤50万人，即使当时日本在亚洲的军队被牵制在中国大陆的话。俄国参加对日作战对我们来说也是十分重要的。"

对杜鲁门来说，这真是一个好消息。他终于可以拿着罗斯福的这张"旧船票"登上开往波茨坦的"客船"了。

但对中国呢？我们不禁要问——斯大林为什么说——俄国人参加对日作战所必须具备正当的理由是——"要看中国是不是愿意同意雅尔塔各项建议"？

——是斯大林高看中国一眼吗？

——是斯大林害怕中国吗？

——是中国的国际地位非常重要，重要到斯大林必须看中国的脸色行事吗？

显然，答案都不是。但是，"中国是不是愿意同意雅尔塔的各项建议"，为啥成为"俄国人民参加战争必须具备正当的理由"呢？

这到底是什么原因呢？难道雅尔塔藏着不可告人的秘密吗？

第六章

蒋介石：被出卖的“大国”缺少一个真正的“巨头”

雅尔塔到底藏着什么秘密呢?

在本书第一章讲述罗斯福的故事时就曾提到过，“三巨头”于1945年2月11日签订了一份秘密的《雅尔塔议定书》，其中就包括一份极其保密的《三大国关于远东问题的协定》。下面就是它的全部内容：

苏联、美利坚合众国及大不列颠三大国领导人同意，在德国投降及欧洲战争结束二至三个月后，苏联将参加盟国方面对日作战，其条件是：

1. 维持外蒙古（蒙古人民共和国）现状。

2. 恢复1904年日本背信弃义的进攻所破坏的原属俄国的各项权利，即

（甲）将库页岛南部及其全部毗连岛屿归还苏联；

（乙）大连商港国际化，并保证苏联在这个港口的优惠权益，恢复租借旅顺港为苏联海军基地；

（丙）设立中苏合营公司，对通往大连的中东铁路及南满铁路进行共管，并保证苏联的优惠权益，而中国保持在满洲的全部主权。

3. 千岛群岛交给苏联。

经谅解，有关外蒙古及上述港口与铁路的协议尚需征得蒋介石委员长的同意，根据斯大林元帅的建议，总统将采取步骤以取得该项同意。

三大国政府首脑同意，苏联的这些要求应在战败日本后毫无条件地予以满足。

苏联方面表示准备和中国国民政府签订一项苏中友好同盟协定，以期用武力帮助中国达到从日本枷锁下获得解放的目的。

不看不知道，一看吓一跳。

一切秘密都在这里。约·斯大林、富兰克林·罗斯福和温斯顿·丘吉尔在1945年2月11日以密约的形式出卖了中国，并且毫不商量。

现在终于知道斯大林为什么在会见杜鲁门特使霍浦金斯时，重申“俄国人民参加战争必须具备正当的理由，而这就要看中国是不是愿意同意雅尔塔各项建议”的原因了。

而这一切，作为当时中国政府最高领导人的蒋介石，竟然一点儿也不知道。

让我们继续看看美国人和斯大林，以及中国领导人是如何处置这个问题的。

1945年5月28日，霍浦金斯报告杜鲁门他在莫斯科第三次见到斯大林之后的收获时，说：“他（斯大林）第一次说他愿意在宋子文来莫斯科的时候，直接同宋商谈这些建议。他希望能在7月1日以前见到宋子文，并盼望我们能同时同蒋介石商谈这个问题。由于斯大林就远东问题作了如下的发言，从我们的观点来看，这样做似乎是十分必要的。他使我们完全相信他将于8月间开始攻击。因此，重要的是宋子文于7月1日以前来到这里。斯大林准备随时接见他。”

在这封电报中，我们还可以看到与后来的历史发展完全背道而驰的信息，真实的历史让你终于发现任何伟大的人物都不可能成为历史的先知。

斯大林毅然决然地说，他将尽一切努力促进中国在蒋介石领导下的统一。他并且说，这种领导在战后还应当继续保持下去，因为没有其他的人像他那样强大。他特别提到没有哪个共产党领袖拥有足够的力量来统一中国。尽管他对蒋委员长有许多保留的意见。但他仍建议支持这位委员长。

他重申他在雅尔塔会议上提出的全部意见，他希望中国成为一个统一的和稳定的国家，并希望中国控制整个满洲，把它作为统一的中国的一部分。他断然说，他对中国没有领土要求，并且特别提到满洲和新疆。他还说，在他的军队为了打日本人而进入的任何地区，他都将尊重中国的主权。

斯大林说，他将欢迎蒋委员长的代表同他的军队一同进入满洲，以便在满洲设立中国的行政机构。

斯大林同意美国的“门户开放”政策，并且特意表示美国是战后能够用自己的资源在经济上援助中国的唯一国家。他认为在未来许多年内，俄国人将忙于用自己所有的力量来巩固苏联国内的经济。

斯大林同意应当由中国、英国、苏联和美国共同托管朝鲜。

5 月 31 日，杜鲁门发电报给霍浦金斯，说：“我们将把斯大林想在 7 月 1 日前于莫斯科会见宋子文的意图转告宋氏，并为他准备必要的航空交通工具。在宋子文到达莫斯科的时候，我就将同蒋介石谈判在雅尔塔会议上所提出的条件。”

6 月 4 日，杜鲁门致电美国驻中国大使帕特里克 · 赫尔利，说：“在最近的将来，你可望得到指示，争取蒋介石赞同一项至关重要的军事和政治任务；如果这项任务获得赞同，那就会根本地和对我们有利地改变你那一地区的整个军事局面。宋子文将前往莫斯科商谈同一问题，特此告知你，保密。为了避免泄露这项绝密的消息，上述指示将迟至宋子文到达俄国前不久再告诉你。”

6 月 9 日，杜鲁门在白宫接见了中国外交部部长宋子文。杜鲁门告诉宋子文，斯大林说他对中国没有领土要求，并赞成在蒋介石领导下统一中国。但是斯大林希望把日本在 1904 年从俄国手中抢过去的太平洋上的一些权利归还俄国，而且希望俄国在对日作战以前同中国就这一问题达成协议。

会议结束之后，杜鲁门立即打电报给赫尔利，将上述斯大林的想法和雅尔塔协议的具体内容进行了非常具体的交代，希望他告知蒋介石：“苏联准备与中国国民政府签订一项中苏友好同盟条约，俾以其武力协助中国达成自日本枷锁下解放中国的目的。罗斯福总统在雅尔塔会议上已同意苏联就其参加对日作战的问题所提出的这些要求。我也同意这些要求。”最后，杜鲁门命令赫尔利在 6 月 15 日同蒋介石谈判这个问题，并且尽一切努力争取获得他的赞同。

6 月 14 日，杜鲁门再次会见宋子文，将霍浦金斯在莫斯科与斯大林会见的情况作了简要通报，并将《雅尔塔协定》的文本交给了宋子文。

听了美国总统介绍的情况，宋子文大吃一惊，他没有想到“三巨头”在四个月前就已经秘密达成了出卖中国权益的决定，并以苏联出兵抗击日本为条件相威胁。宋子文说：“我感谢总统先生把这些重大的问题告知我，但是我希望总统能注意到有几个必须加以澄清的问题。雅尔塔会议取得的谅解要求恢复俄国在满洲的权益，而这些权益都是由于 1904 年的日俄战争而丧失的。”

杜鲁门没有说话，示意客人接着说下去。宋子文说：“在 1924 年订立的两个条约中，苏联政府已经放弃了它在中国的一切租让、租界和其他特权，其中包括治外法权。我到莫斯科后，我还会向斯大林元帅把这一切问题澄清一下。比如苏联在大连港的‘优越权益’一词的含义问题，尤其是租用旅顺港的问题，中国政府和人民是极其强烈地反对任何在中国恢复特殊租用港口的旧制度，要接受苏联的这一点采取的立场是很困难的。更何况这次会议没有中国代表参加，其协定自然对中国没有约束力。对这种密约，中国不能予以承认。我深表遗憾。”

杜鲁门解释说：“我们迫切地希望苏联尽快参加对日作战，以便缩短战争的时间，从而拯救无数美国人和中国人的生命。尽管这是我当前所主要关心的问题，但是，我希望你知道，我不会做出任何损害中国——我们远东朋友的利益的事情。部长先生，你要相信，我最感到焦虑的是想要避免在远东或欧洲撒下可能在将来引起纠纷和战争的火种。”

“我很高兴地听到总统先生做出这样的承诺。”宋子文十分诚恳地说，“在世界各国中，还没有哪个国家比美国更被中国看作是朋友的。”

会见结束时，宋子文答应先回去向蒋介石报告，再去莫斯科。

会后，杜鲁门立即给斯大林拍了一封电报，说：“宋子文今天乘飞机离此经重庆前往莫斯科。他将于 7 月 1 日前到达莫斯科，商谈缔结中苏协定的细节。已指示赫尔利大使在 6 月 15 日把苏联的条件通知蒋介石，并尽一切努力得到他的同意。还指示赫尔利大使通知蒋介石，美国政府将支持《雅尔塔协定》。”

与此同时，杜鲁门还给丘吉尔拍发了一封类似的电报。这位英国首相回电说：“我完全同意并欢迎这些安排。”

至此，杜鲁门扫清了美国与苏联结盟中存在争议问题的一切障碍，完成了他前往波茨坦与斯大林进行谈判的所有程序，终于可以拿着罗斯福的“旧船票”，登上了开往欧洲的“奥古斯塔号”军舰。

写到这里，也就是在宋子文赶往莫斯科与斯大林会见之前，我们十分有必要以年表的形式回顾一下影响中美关系的一些重大事件——

1941 年

12 月 7 日，日本袭击珍珠港。

12月8日，美国正式对日本宣战。

1942年

1月29日至30日，宋子文、史汀生交换照会，商议任命史迪威将军为美国驻华陆军代表兼蒋介石委员长联合参谋部总参谋长。

2月2日，马歇尔将军下令派遣史迪威将军赴重庆，受最高统帅蒋介石委员长的指挥。

2月7日，美国批准对华贷款五亿美元。

3月6日，史迪威将军向蒋委员长报到。

1943年

1月11日，中美关于取消美国在华治外法权及处理有关问题条约在华盛顿签字。

10月30日，美、英、苏、中四国普遍安全宣言在莫斯科签字。

11月23日至26日，罗斯福、丘吉尔、蒋介石在开罗举行会议。

11月28日至12月1日，罗斯福、丘吉尔、斯大林在德黑兰举行会议。

12月1日，中、美、英三国发表《开罗宣言》。

12月17日，美国国会取消在立法上歧视中国移民及其归化的法案。

1944年

6月，华莱士副总统奉命使华。

8月18日，任命赫尔利将军为罗斯福总统个人驻华代表。

8月31日，赫尔利与莫洛托夫在莫斯科会谈。

10月24日，美国宣布从中国召回史迪威将军。

1945年

1月8日，赫尔利以美国驻华大使资格向蒋介石递交国书。

2月4日至11日，罗斯福、丘吉尔和斯大林举行雅尔塔会议。

4月15日，赫尔利与斯大林、莫洛托夫会商，解决关于国共之间的问题。

7 月 17 日至 8 月 1 日，美国、英国和苏联在柏林召开波茨坦会议。

现在，让我们回到 1943 年。

10 月 26 日，美国国务卿赫尔、英国外交大臣艾登、苏联外交人民委员莫洛托夫在莫斯科举行三国外长会议，起草《关于普遍安全原则的宣言》。会上，就赫尔根据罗斯福指示提议中国作为宣言共同发起国产生了严重的分歧，争得不可开交。莫洛托夫表示强烈反对，艾登也持冷淡态度。但赫尔按照罗斯福“两个三国协定远远抵不上一个四国协定”的意见，十分强硬地指出：“美国政府就中国局势做了并正在做一切可做的事情。在我看来，不能把中国从‘四国宣言’中删去。我的政府认为，中国已经在世界范围内作为四大国之一进行战争。对中国来说，现在如果俄国、大不列颠和美国在宣言中把它抛在一边，那太平洋地区很可能要造成可怕的政治和军事反响。”

赫尔告诉莫洛托夫和艾登：“排除中国是错误的，美国的决心是，如果不以四强名义发表，宁愿此次会议不发表宣言。”

在这种情况下，莫洛托夫不得不做出让步，三国外长同意中国为宣言发起国。

10 月 30 日，中国驻莫斯科大使傅秉常受权与三国外长一起在“四国宣言”上签字。应该说，这个“四国宣言”的历史作用，形式大于内容，它的确标志着中国开始作为“大国”介入国际事务的商讨之中。而美国为什么一定要把中国拉入“四强”呢？毫无疑问，当然是罗斯福从美国战略利益出发的一种长远考虑。

对此，我们可以听听罗斯福跟他的儿子小罗斯福是怎么说的：“我们与英国的联盟也有一种容易使中国与苏联误会我们是在国际政治上完全支持英国方针的危险性。美国将必须领导，并且以我们中间人的立场去调解和帮助解决其他国家之间的不和与争论；帮助解决中英、中苏在远东方面的争端。我们有力量可以办到这一点，因为我们现在是个强大而自足的国家。英国是在走向衰落的道路，中国则依然停留在18世纪之中。苏联怀疑我们，并且也使我们怀疑它。美国是在世界乱局中足以建立和平的唯一的强国。”

在罗斯福看来，“这是一个巨大而艰辛的责任。而使我们能够圆满地达成这一个责任的唯一的办法就是先和这些巨头们面对面地谈一下”。

正是为了这样的一个梦想，罗斯福决定在“四国宣言”签字之后，要召开一次四国首脑会议。罗斯福在写给斯大林的信中建议会议在开罗举行，说：“开罗在许多方面是吸引人的。据我所知，在那里的城郊，金字塔附近，有一家旅馆和几所别墅，这些场所都完全可以和城市隔绝开来。在前意属厄立特里亚的首府阿斯马拉，据说有一个非常好的建筑物和一个任何时候都可以使用的飞机降落场。其次，也可以在东地中海的某一港口会晤，只要我们每人都备一条船。”

除了在会议地点上争来争去之外，最重要的是，斯大林表示鉴于苏联与日本的微妙关系（苏联与日本订有互不侵犯条约，没有向日本宣战），他拒绝参加有中国领导人蒋介石在场的任何会议。罗斯福退而求其次，如果斯大林不来，是否可以请莫洛托夫参加四强会议。斯大林告诉他：“仅限三国政府首脑参加的会议，理应根据以前取得的协议在德黑兰举行。应当绝对不准任何其他国家的代表参加这次会议。”

斯大林的电报彻底粉碎了罗斯福的设想，他只得放弃原计划，着手准备在德黑兰会议之前，召集一次美、英、中三国首脑的会议。这就是1943年11月22日至26日，罗斯福、丘吉尔在前往德黑兰的途中，与蒋介石在埃及首都开罗举行了美、英、中三国政府首脑会议——开罗会议。

罗斯福之所以坚持以大国首脑的方式，力挺中国走进大国俱乐部，是因为他充分估计到了中国在未来太平洋战场，以及战后美国在远东的利益——中国可以作为美国在远东利益上与苏联抗衡的缓冲区，是平衡亚洲势力的一张王牌。他对他的儿子说："假如没有中国，假如中国被打垮了，你想一想有多少师团的日本兵可以因此调到其他方面来作战？他们可以马上打下澳洲，打下印度——他们可以毫不费力地把这些地方打下来。他们并且可以一直冲向中东……"说白了，罗斯福的目的就是用中国来牵制日本。"为什么不呢？日本可以和德国配合起来，举行一个大规模的夹攻，在近东会师，把俄国完全隔离起来，割吞埃及，斩断通过地中海的一切交通线。"

对于召开开罗会议，罗斯福倾注了极大的热情，先后于10月28日、11月1日和11月9日三次致电蒋介石，邀请他到开罗会晤。罗斯福为什么在这个时候不停地向蒋介石抛橄榄枝呢？还有一个重要的原因，那就是让罗斯福、马歇尔将军以及美国在战时的其他领导人感到莫名其妙的是，蒋介石对消灭日本人反倒不如他们感兴趣。在1938年底之后的五年半的时间里，日本人没有怎么去碰中央军，也没有发动新的重大进攻，而蒋介石则十分满足于坐等观望态度，把那些训练和装备最好的精锐部队，都集中在西北逼近延安的战线对付中国共产党的军队。白宫得到的消息有时也是自相矛盾，其中史迪威将军言辞尖刻的批评，全是抱怨国民党军队的官僚腐败无能，甚至私下给蒋介石取了一个绰号"花生米"，认为"他是动摇的，诡计多端的，不可靠的老恶棍，他从未信守过自己的诺言"；大使高斯在一份电文中提到有人说蒋介石是奋力领导中国抗日的伟大领袖，发出了自己的评论："看看眼前这些冷酷的事实，谁都会认为这是在胡说。"但蒋介石还是运用他的智慧，在美国驻华官员中挑拨离间，再加上赫尔利等美国官员的傲慢自私，左右了罗斯福的对华政策，以最终撤换史迪威达到了自己的目的。其间一大批像谢伟思、戴维斯等谙熟中国事务、对中美合作具有真知灼见的"中国通"在二战胜利后均遭到"麦卡锡主义"的清洗。当然这是后话，也不是本书需要叙述的主题。

对于罗斯福的邀请，蒋介石喜忧参半，喜的是自己作为中国领导人终于跻身"大国巨头"的行列，忧的是自己的实力实在无法与英美相提并论。11 月 13 日，他在日记中写道："余此去开罗与罗、丘会谈，本'无所求、无所予'之精神，与之开诚交换军事、政治、经济之各种意见，勿存一毫得失之见则几矣。"四天后，他又在日记中表示："余此去与罗、丘会谈，应以淡泊自得，无求于人为唯一方针，总使不辱其身也，对日处置提案与赔偿损失等事，当待英、美先提，切勿由我主动自提，英、美当敬我毫无私心于世界大战矣。"

11 月 18 日，蒋介石偕夫人宋美龄，率领 20 人的代表团自重庆动身，于 21 日上午抵达开罗，下榻于戒备森严的米纳饭店。当日下午，丘吉尔抵达；第二天上午，罗斯福到达。会议期间，蒋介石和宋美龄先后与丘吉尔、罗斯福在他们位于金字塔附近的别墅里进行了私下会晤。毫无疑问，中国代表团中最引人注目的还是蒋夫人，丘吉尔发现她"最不寻常而且最为迷人"。

事实上确实如此，在开幕式上，身穿绣有黄色水仙图案的黑色缎子旗袍，一件优雅的黑色上衣，脑后用黑纱打了一个漂亮的蝴蝶结，脸上罩着黑色面纱，足蹬浅色长筒袜和有着硕大铜钉的黑色皮鞋。英国陆军总参谋长布鲁克认为，她"本身就值得研究，是一个奇怪的人物，在她身上性别与政治似乎占着统治地位，这两者都在被不加区别地、分别地或者联合起来运用以达到她的目的"。在某一时刻，她改变了一下坐姿，通过她的旗袍开衩露出了布鲁克所谓的"一条匀称的腿"。将军补充说，"这在与会者中间引起了一阵沙沙声，我甚至想我听到了一阵来自某些年轻与会者压抑的嘶鸣声"。宋美龄的英语水平给她带来更多的机会，因此在会议上她不仅抢了她丈夫的风头，甚至多次打断翻译，说她有必要传达蒋委员长更完整的想法。

会上，蒋介石与丘吉尔就打开缅滇通路问题，产生了严重分歧，始终没有达成协议。蒋介石要求英国出动海军从南缅登陆，配合中国军队南北夹攻，收复缅甸全境，以恢复缅滇公路，确保中国的补给线。丘吉尔只要求中国单独在缅甸北部作战，牵制住日军不向英属印度进攻，拒不接受蒋介石的建议。他甚至带蒋介石夫妇来到他的地图室，不厌其烦地向他们介绍自己的作战计划。这令蒋介石十分生气。最后还是由罗斯福出面调解，与丘吉尔达成了一项就缅滇作战的“海盗”行动计划。

11月26日下午，开罗会议在积极愉快地氛围中举行了最后一次会议，三国首脑讨论通过了《中英美三国开罗宣言》文稿。随后，领袖们继续讨论缅甸作战的时间问题，没有达成一致意见，于是决定待德黑兰会议后再做决定。会上，蒋介石要求美国帮助装备90个师，提供10亿美元贷款。罗斯福口头答应予以考虑，同时要求蒋介石在中国东北地区对苏联做出让步，把大连作为国际自由港，以此换取苏联参加对日作战。蒋介石对此表示同意。会上，蒋介石要求收回香港，罗斯福表示支持中国政府的要求，主张将香港变成自由港，但遭到丘吉尔的拒绝。

会议结束时，罗斯福、丘吉尔和蒋介石、宋美龄夫妇在花园里合影留念。宋美龄坐在身穿白衣服的丘吉尔的右侧，两人正微笑着谈论着；而另一边，罗斯福正与英语较差的蒋介石说着什么，蒋报之以微笑。这张照片被作为蒋委员长与其夫人的卓越标志在中国广为传播。

27日上午，《中英美三国开罗宣言》文稿由罗斯福带往德黑兰，以征求斯大林意见。在德黑兰会议期间，斯大林阅后，表示同意。12月1日，在德黑兰会议结束的当天，“开罗会议宣言”公开发表，蒋介石夫妇也回到了重庆。

中美英三国开罗宣言

三国军事方面人员，关于今后对日作战计划，已获得一致意见，我三大盟国决心以不松弛之压力，从海、陆、空诸方面加诸敌人。此压力已经在增长之中。

我三大盟国此次进行战争之目的，在于制止及惩罚日本之侵略。三国决不为自身图利，亦无拓展领土之意。三国之宗旨在剥夺日本自

1914年第一次世界大战开始以后在太平洋所夺得或占领之一切岛屿，在使日本所窃取于中国之领土，例如满洲、台湾、澎湖列岛等，归还中国。日本亦将被逐出于其以武力或贪欲所攫取之所有土地，我三大盟国轸念朝鲜人民所受之奴隶待遇，决定在相当期间，使朝鲜自由独立。

我三大盟国抱定上项之各项目标，并与其他对日作战之联合国家目标一致，将坚持进行为获得日本无条件投降所必要之重大的长期作战。

开罗会议以法律的形式确定台湾、澎湖列岛属于中国。这是蒋介石最大的成功和贡献。

更为传奇的是，在开罗会议期间，罗斯福在和史迪威的一次谈话中，当他问及蒋还能撑多久时，将军告诉总统只要日本人一次新的攻势便可使他倾覆。于是，罗斯福建议他们应该寻找“某个其他人或者组织来继续进行下去”。回到中国后，史迪威告诉他的副官，罗斯福“亲口说他厌倦了蒋和他的坏脾气。实际上他用他威严的方式告诉我：‘如果你不能与蒋和平共处而且也不能取代他，那就一劳永逸地摆脱他。你知道我的意思是什么，找一个你可以控制的人’。”另一个版本说罗斯福下令制订了暗杀蒋介石的计划。但是否真的如此，似乎可信，又不可信。

尽管开罗会议把中国奉为将塑造战后世界的四个大国之一，但由于斯大林不愿意与蒋介石坐在同一张桌子上的实际情形，无论美国总统在后来的炉边广播谈话中怎样赞誉蒋介石是“不可征服的人……有着伟大的见识和伟大的勇气”，但国民党政府也只能是四个大国中的一个次要伙伴。

实际上，无论是斯大林还是丘吉尔，他们从本国的利益出发，都不赞成罗斯福坚持把中国看作“大国”、把蒋介石看作大国首脑的观点。而开罗会议和德黑兰会议余音未了，五个月之后，“三巨头”就在克里米亚再次秘密聚会，召开了雅尔塔会议，出卖了中国的权益。

难怪雅尔塔会议苏联代表团的马伊斯基在给驻瑞典大使亚历山大·柯伦泰的私人信件中说："克里米亚会议非常有趣。给人印象特别深刻的是，我们在总体上的影响力以及斯大林个人的影响力都极其强大。会议的决议75%都是我们的决定……'三巨头'的合作现在非常紧密。德国不会有什么好结果，无论是在这场战争还是在此之后。"

现在，让我们再回到即将前往莫斯科的宋子文这里。

1945 年 2 月 11 日，斯大林、罗斯福和丘吉尔秘密签署了《雅尔塔协定》，其中《三大国关于远东问题的协定》严重出卖了中国，直到 6 月 14 日才通知中国国民党政府外交部部长宋子文。由此可见，"三巨头"为了达到各自国家的战略目的，一致支持和承认苏联在十月革命前沙俄入侵中国、瓜分中国主权的权益。实际上，就是让中国继续履行沙俄时代强加给中国的不平等条约。斯大林明目张胆地背弃了 1924 年签订的放弃一切特权的《中俄协定》，推翻了 1936 年的《蒙特罗公约》，乘人之危，火中取栗，侵害中国主权。而在这个过程中，主谋是美国——罗斯福，帮凶是英国——丘吉尔，受益者是苏联——斯大林。

拿着中国领土主权作交易的《雅尔塔协定》，在美国也引起了很大争议。1945 年 3 月 1 日，在美国国会开会的时候，一位议员就曾以风闻"雅尔塔会议牺牲中国的权益和主权，妄图贿赂苏俄"为题，向总统提出了质询。罗斯福面对质询，也无言以对，深为内疚。

当然，在听到《雅尔塔协定》出卖中国的风声之后，蒋介石非常恼火。他知道，同盟国的宰割行为无疑就是第一次世界大战《凡尔赛和约》悲剧的重演，他担心自己将无法向国人交代。为此，他曾要求驻华大使赫尔利回去问问罗斯福。

这位身材高大、留着卷曲胡子和头发梳理得油光可鉴的大使，是一个对自己的能力有着一种不可抑制的自信却对中国一无所知的家伙，本来总统派遣他去履行支持史迪威、促进国共合作的使命，结果事与愿违，竟然伙同蒋介石除掉了史迪威，自己则成了著名的反共斗士。在受到总统接见和承诺之后，他在华盛顿召开记者会，公开声明了他的反共立场："美国的对华政策是只承认中国国民党政府，不承认中共武装军阀和武装政党……美国只同蒋介石合作，不同中共合作。"他想以此赢得蒋介石的欢心。

宋子文回到重庆后，立即向蒋介石作了报告。

听了报告，蒋介石深深地知道，此事如果弄不好，会背上丧权辱国的罪名而遭到人民的唾骂，但考虑到来自美国的压力和自身政权的需要，他实在也拿不出什么抵制的办法。

6 月 30 日，以外交部部长宋子文为团长的中国政府代表团抵达莫斯科。同时，蒋介石还派自己的儿子——时任青年军政治部主任、中央干部学校教育长、陆军中将蒋经国去莫斯科，同行的还有外交部亚洲司司长卜道明，试图向斯大林发起外交攻势。但这一切努力，在态度强硬的斯大林面前都如同竹篮打水，《雅尔塔协定》没有任何更改的余地。

就像丘吉尔向斯大林表示友好曾让自己的夫人代转信件一样，蒋介石之所以派蒋经国赴苏，目的是为了向斯大林表示亲善友好。一方面，儿子可以代表父亲；另一方面，蒋经国在苏联有过 12 年的学习经历，通晓俄文，便于观察、分析俄国人的意图。谈判期间，蒋介石发电报给蒋经国，命他以个人身份单独会见斯大林谈一谈外蒙古独立问题。会见时，斯大林与蒋经国有如下一段对话：

斯大林："你们对外蒙古，为什么坚持不让他独立？"

蒋经国："你应当谅解，我们中国八年抗战，就是为了把失土收回来，今天日本还没有赶走，东北、台湾还没有收回来，一切土地都在敌人手中，反而把这样大的一块土地割让出去，岂不失却了抗战的本意？我们的国民一定不会原谅我们，会说我们'出卖了国土'；在这种情形下，国民一定会起来反对政府，那我们就无法支持抗战，所以我们不同意外蒙古归并给苏联。"

斯大林："倘使你的国家有力量，自己可以打倒日本，我自然不会提出要求。今天，你没有这个力量，还要讲这些话，就等于废话。"

斯大林的话多么强硬！这种话一说出来就是一种侮辱。我们完全可以想象，无论他是谁，只要他是中国人，他都会感到愤怒。更何况，此时此刻面对斯大林"强盗逻辑"的是中国领导人的儿子。毫无疑问，斯大林的话就像扇了蒋经国一个耳光——屈辱啊屈辱！耻辱啊耻辱！这不是某一个人的屈辱和耻辱，而是一个国家一个民族的屈辱和耻辱！

其实，斯大林与中国谈判有关签订同盟条约的问题，只是他为了争取获得加入远东战争的有利条件，在军事准备的同时采取的一个外交战略。斯大林实在太狡猾了。他并不急于与中国谈判达成协议。为什么？因为他担心与中国签订同盟条约之后，就会把苏联红军即将进攻日本的消息泄露出去。因此，他才答应谈判在7月初波茨坦会议召开之前才进行。

从6月30日到7月12日，斯大林先后六次会见了宋子文。在杜鲁门的催促下和当时中国抗战的历史条件下，斯大林一方面抓住国际大国之间的利益冲突，一方面抓住中国国内的矛盾，引诱并胁迫中国国民政府、蒋介石理所当然地与苏联签订条约，并且急切地盼望苏联红军向日本人发动进攻。但蒋介石从一开始并不愿意承认外蒙古的独立，也不愿意接受苏联人提出的要对大连港和旅顺港进行的控制。宋子文认为，苏联的这一要求违反了《雅尔塔协定》中关于"外蒙古现状"的含义。同时，宋子文还通过美国大使哈里曼，寻求美国在这一问题上对中国的支持。但美国以保持中立为由予以拒绝。

英国皇家历史学会会士杰弗里·罗伯茨认为："斯大林与宋子文的会谈记录事后读来既费力又乏味，而且对这位苏联领导人来说，无疑也十分令人沮丧。就像斯大林在一次会谈后向哈里曼抱怨的那样，他'无法确切地理解宋的建议是什么。宋谈了很多，并且把很多时间浪费在记笔记上，但他们没有确切地理解他在建议什么。他们曾经要他以书面的形式提出他的建议，但他至今并没有那样做……他们用书面的形式，用俄文和英文两种语言，向宋提出了自己的建议。从宋那里，他们只得到寥寥数语’。尽管如此，斯大林与宋的谈判还是提供了一扇极为有趣的窗户，由此可以窥见这位苏联独裁者在第二次世界大战结束时的全球战略。斯大林主要考虑的是日本人会与德国人一样构成长期威胁。”

7 月 2 日，斯大林告诉宋子文：“即使日本被迫无条件投降，它也不会灭亡。历史表明，日本人是个很有力量的民族。在《凡尔赛和约》之后，所有人都认为德国不会再起来了，但在大约 15 – 17 年之后，它就恢复了实力。如果日本被迫屈服，那它最终也能够重复德国所做的一切。”接着，斯大林解释说，在远东问题上，他签订《雅尔塔协定》的主要目的是，巩固苏联的战略地位，以便将来与日本开战。

7 月 7 日，斯大林对宋子文说：“苏联考虑的是将来，是长远，不是六个月或一年。日本在战败后 20 年左右又会东山再起。苏联政府想要构建的是一种着眼于未来和长远、而不仅仅是现在的中苏关系。”

7 月 7 日，蒋介石致电宋子文：“中国同意战后承认外蒙古人民共和国的独立，假若苏联同意完全尊重主权与领土和行政的完整的话。苏联将获得旅顺的共同使用权，但无共同控制权。大连将作为自由港，但归中国管理。两条铁路将共同经营，但所有权和主权属于中国。苏联必须同意对中国共产党或新疆的叛乱分子不予任何支持……”蒋介石强调说，这是他所能做出的“最大让步”。

遵照蒋介石的指示，宋子文在 7 月 9 日将这份电报内容转告了斯大林，称中国政府在战事结束后，不反对蒙古人民投票表决外蒙古独立，其承诺方式，容再洽商。斯大林对此“甚表满意，并同意于战败日本后，再宣布”。这样，中国承认外蒙古独立便成不可逆转之势。

7 月 11 日，斯大林又一次以德国为例跟宋子文说：如果德国的重工业不被拆除，那这个国家就很容易会重新武装。至于日本，他担心英国人和美国人“会忘记现在的这场战争所带来的苦难，又会开始给予日本各种各样的特权，就像第一次世界大战后对德国那样……在美国和英国，有人会帮助日本。宋不了解……为了采纳德国无条件投降的要求，苏联代表在德黑兰和雅尔塔进行了多么艰难的斗争……他们［英国人和美国人］为了搞政治游戏，为了搞平衡，就想保存德国。毫无疑问，在美国和英国有人会帮助日本”。

正如大卫·霍洛韦指出的那样：“德国在第一次世界大战后的卷土重来，以及20世纪30年代日本和德国在东、西方对苏联构成的双重威胁，对斯大林有关战后世界的想象产生了非常大的影响。他预计日本和德国在第二次世界大战后到头来还会东山再起，但希望尽量把它们东山再起的时间向后延迟。他担心英国和美国会设法使这两个国家恢复它们的实力，以便制衡苏联。所以，占据几块阵地意义重大；只有这样，才可能防止、延误或反制德国和日本的卷土重来，并确保苏联在欧洲和亚洲的支配地位。”如果从政治的角度来说，斯大林的这种预言不可谓不是战略家和政治家的远见卓识。20世纪下半叶的历史正好印证了斯大林的预言。

“在欧洲，德意志人的力量与担心其西方盟友反目，使斯大林进退两难。他应对这种困境的办法是，与斯拉夫国家建立长期的同盟关系。在远东，他的办法是建立坚固的中苏同盟。”历史学家杰弗里·罗伯茨认为，“还有一个跟欧洲相似的问题，那就是在斯大林对战后的远东的规划中，中国共产党的角色。在中国就跟在欧洲一样，斯大林敦促共产党人建立民族阵线，反对共同的敌人——在这里就是日本人——并准备在战后建立民主的、进步的政权。对于毛泽东和中国共产党来说，要接受这条路线有点困难，因为他们跟蒋介石的国民政府断断续续地打了将近20年的内战。但是，毛泽东显然是接受了斯大林的战略指导，虽说没有接受他在战术上的建议。同时，他像东欧的共产党人一样，也认为苏联最终对对日战争的军事介入，可以带来许多好处。这当然让蒋感到不安；但斯大林打消了他的疑虑，因为他承诺，承认他的政权为中国唯一的合法政府。在一次与哈里曼的谈话中，斯大林开玩笑地把毛泽东和他的同志称为‘人造奶油式的共产党’（margarine communists）。大使把这理解为是说他们不是真正的共产党，而是一些爱国者，他们关心的主要是自己国家的民族利益。不再把‘苏维埃化’包括在共产党的政治议程中，这就是斯大林给他的西方盟友一直在传递的信息，这一点在亚洲与欧洲一样。”

尽管蒋介石政府一再退让，但斯大林依然得寸进尺，在大连港国际化、苏联租借旅顺口军港、中苏共同经营中东铁路等问题上，依然分歧很大，谈判最终无果而散。宋子文以回去向蒋介石汇报决定为由返回重庆，并说任何时候斯大林愿意的话，他都将重返莫斯科。

7 月 14 日，斯大林也坐着那节从博物馆收藏的曾经是沙皇的专列车厢，前往柏林参加波茨坦会议。宋子文也回到了重庆。

7 月 20 日，蒋介石在与宋子文讨论之后，致电始终关注中俄谈判的美国总统杜鲁门，说：“中国在雅尔塔会议上没有代表参加，但您，总统先生，应当体会到我们已最大限度地履行雅尔塔协定。在外蒙古问题上我们甚至超过了这种限度，我们做了中国舆论所许可的最大让步。我们的让步可能已经超出了中国人民所能支持的范围。我相信在您同斯大林元帅的谈话中，将向他明确指出我们采取的显系合理的立场，使他不要坚持不可能做到的条件。”

7 月 23 日，杜鲁门在波茨坦致电蒋介石：“我请您执行《雅尔塔协定》，但未请您做出超过那个协定的让步。您若同斯大林元帅在《雅尔塔协定》的正确解释上持有不同意见，希望派宋子文回莫斯科继续努力，以便达到完全谅解。”

杜鲁门的这种外交辞令，等于没有回答，揶揄得蒋介石无可奈何。

考虑阅读的需要，在这里有必要将中苏谈判的最后结果提前做一个交代。

8 月 6 日，美国向广岛投下了原子弹。

8 月 8 日，苏联对日宣战。

此前一天，8 月 7 日，宋子文率领一个新的代表团来到莫斯科，与苏联人进行第二阶段的谈判。因为知道这次签订《中苏友好同盟条约》必将承认外蒙古独立，所以聪明的宋子文在临行之前辞去了外交部部长职务，从而躲避了在出卖国土的条约上签字而留下骂名，改而以行政院院长的身份前往莫斯科。随行的是新任外交部部长王世杰。

在与斯大林和莫洛托夫的谈判中，宋子文、王世杰继续就大连、旅顺口、中东铁路和南满铁路等问题进行了会谈。在外蒙古疆界问题上，中方提出，要求以中方以前绘制的外蒙古地图和 1926 年版的苏联地图为依据，遭到苏方拒绝。会谈中，苏方还提出第一阶段谈判中没有涉及的战利品问题。苏方要求将苏军占领区的日本工厂设备作为战利品，但因中方的坚决反对以及美方在这一问题上表示反对讨论，苏方才放弃。但苏方却提出了新的要求，这便是中国必须为进入东北的苏军支付给养费。经交涉，中方同意苏方发行自己的货币，由中国负责兑换。在谈判中，中方要求苏方把苏军进入东北后的撤退时间写入条约正文，遭苏方反对。但斯大林声明，在日本投降之后，苏军当于三星期内开始撤退。

宋子文问道：“大元帅，请问你们撤退完毕需要多长时间?”

斯大林回答说：“撤军可于不超过两个月之期间内完成。”

宋子文继续追问道：“是否确在三个月之内撤退完毕?”

斯大林说：“最多三个月，足以完成撤退之期。”

于是，双方确定将三个月撤退的期限列入谈判“记录”项下。

8 月 14 日，中国国民政府外交部部长王世杰与苏联政府外交人民委员莫洛托夫，在莫斯科签订了《中苏友好同盟条约》及两个换文和四个协定。两个换文分别是：一、中苏关于苏联只援助国民政府、尊重东北主权与领土完整、不干涉新疆问题，二、中苏关于外蒙古独立的问题。四个协定分别是：《中苏关于大连之协定》《中苏关于旅顺口之协定》《中苏关于中国长春铁路之协定》《关于中苏此次共同对日作战苏联军队进入中国东北三省后苏联军总司令与中国行政当局关系之协定》。中国方面声明，日本战败后，如外蒙古公民投票证实其独立愿望，中国国民政府当予承认。王世杰和莫洛托夫在新协议上签了字。尽管这份条约的最突出特点是它的反日性；但依据它的条款，斯大林得到了他在中国东北要得到的大部分东西，但没能完全得到大连的控制权。

上述文件的主要内容可概括如下：

（一）中苏两国协同其他联合国对日本作战，直至获得最后胜利为止。在战后彼此给予一切可能之援助。

（二）苏联根据友好同盟条约所给予中国的道义上和军需品及其他物资之援助，完全供给中国中央政府；中国中央政府同意外蒙古独立。

（三）中国长春铁路，为中苏两国共同合作，并共同经营。大连为自由港。港口主任由苏籍担任，中国应将所有港口工事及设备之一半，无偿租于苏方。苏联经该口之出入货物，均免除关税。

（四）中苏两国共同使用旅顺口为海军根据地。改海军根据地由苏联担任防护，苏联有权驻扎陆、海、空军。该区域内之民事行政属于中国，但旅顺市主要民政人员之任免，应征得苏联军事指挥当局之同意。

就在《中苏友好同盟条约》签订的同一天，日本天皇宣布投降。

——“战争是政治通过另一种手段的继续。”

写到这里，战争的政治与政治的战争，再次把运用强权瓜分世界的大国领袖们推到了新的风口浪尖。

1945 年 7 月，大国的博弈从雅尔塔搬到了波茨坦。

斯大林、丘吉尔和杜鲁门，两个老“巨头”加上一个新“巨头”，终于第一次坐在了同一张圆桌前，他们知道他们在未来的历史中将要扮演的角色。他们要改变世界……

下　卷

波茨坦

赢得的胜利与失去的和平

第七章

“三巨头”前往波茨坦：风景不与四时同

一开始，我要提醒读者朋友需要特别留意这样一个十分有意思的话题。

——极力提议或者主张举行“三巨头”会议的是丘吉尔，他的目的是要和斯大林“算算账”……

——为会议确定日期的是杜鲁门，他把日期推迟了，或许是为了一个新的武器——原子弹的诞生争取更多的时间……

——为会议选定地址的是斯大林。哦，又是斯大林，从德黑兰会议到雅尔塔会议，再到即将召开的波茨坦会议，会议地点全部是斯大林确定的，为此丘吉尔在罗斯福面前抱怨不停，可是谁也拿他没办法——谁让他是反对希特勒战争的出色的胜利者呢？

会议即将召开了，但波茨坦会议会址到底是一个什么样的地方？与会美、英、苏三国代表团除了“三巨头”之外还有哪些主要成员呢？在前往波茨坦的路上和抵达波茨坦后，“三巨头”们又做了些什么呢？

1. 柏林废墟中那座176个房间的宫殿

的确像丘吉尔抱怨的那样，“三巨头”的每一次会晤，似乎都被斯大林牵着鼻子走。德黑兰会议是在苏联驻伊朗的大使馆召开的，雅尔塔会议是在克里米亚末代沙皇尼古拉二世夏宫——利瓦吉亚宫举行的，现在的波茨坦会议虽然不像前两次那样是在苏联的领土上，但波茨坦所在的柏林地区属于苏联的占领区，说白了还是在斯大林的控制范围内。其实，整个德国首都柏林，而且不仅仅是首都，现在整个德国都任凭战胜国支配。

在红场举行完胜利日阅兵式后，斯大林就立即着手准备与杜鲁门商量好的战胜国首脑会议。尽管围绕会议的时间与丘吉尔进行了一场“战斗”，但在选择德国柏林召开这次会议具有极大的政治和象征意义，所以也就没有什么异议。但在柏林这座几乎成为废墟的城市选择一个合适的地方安安静静地坐下来开会，的确不是一件容易的事情。

为什么这么说呢？难道偌大的柏林找不到一张容下“三巨头”开会的桌子吗？在这里，让我们看看斯大林在抵达柏林后对朱可夫元帅是怎么说的——

我感到，我军对柏林的修理很“讲究”。我一路过来，只看见十来幢完整的房屋。

应当说，除了我们的部队之外，盟国空军的修理也一样“讲究”。它在最近这段时间里已经见不到德国歼击机的攻击了，可是仍然用了几百架轰炸机分外认真地修理了苏军占领区的城市。我只举德累斯顿做个例子，在我们的部队开进这座城市之前，英美空军用 1400 多架轰炸机对它狂轰滥炸。一共分成三个攻击波：第一波是在夜间，投下的主要是燃烧弹；第二波是三小时后，投下大量各式各样的炸弹，为的是阻止扑灭火灾和其他救援行动；第三波是在八小时以后，已经是白天了，视野开阔，彻底摧毁了这座城市和居民，而且除了重型轰炸机之外，歼击机还用机枪扫射居民。结果如何？有 134000 多人被打死！！！35470 座房屋被摧毁！

上述这段文字是朱可夫元帅回忆录的一部分，在公开出版时被删除了，但依然保存在元帅的笔记中。卡尔波夫在他的著作《大元帅斯大林》中引用了朱可夫未发表的这段话，并评论说："现在应当打上三个疑问号——为什么呢??? 回答只有一个——别让城市完整无损地归了俄国人。对柏林及其郊区的处置也大致相同。"

由此可见，英美联军对苏军占领区实施轰炸是另有企图的。正因为如此，当朱可夫接到斯大林为即将召开的波茨坦会议选址的指示后，他也十分犯愁——到哪里才能找到这样一个适合"三巨头"会晤的地方呢？如今的柏林是一片碎砖乱石的废墟，整个街区的公寓和厂房都倾倒在大街上，犹如一个生了气的孩子在无名怒火中捣毁了他的沙滩城堡一样。战争时期的后勤保障是有许多极其艰巨的工作要做的。最后，这项工作是由朱可夫负责后勤的副手尼古拉·亚历山德罗维奇·安季片科中将来负责完成的。安季片科将军带着他的房屋管理处处长科索格里亚德上校好不容易找到了距离柏林西南面波茨坦的这处房屋——塞西林霍夫太子的城堡（Cecilienhof Palace），这座四方形的城堡是大柏林地区现在所剩无几的完好建筑了。

塞西林霍夫太子的城堡，是为德国皇帝威廉二世的儿子建造，并以他妻子的名字命名的行宫，所以又叫塞西林霍夫宫。它坐落在咏菲尔（Jungfern）和海立格（Heiliger）湖区森林公园，主体建筑是一座二层楼四边带耳房的褐色石房子，共有176个房间和一个小院子。其建筑风格更像德国都铎时代的乡村建筑，而不像是欧洲的古典宫殿。

在战争期间，德国人和苏联人都曾把塞西林霍夫宫当作野战医院，得以保存完好。因此，这里原先所有的家具都被搬走了。为了准备这次会议，苏联方面真是动了很大的脑筋，花了很大的气力，重新配置装修了这个宫殿，工作做得十分出色。所有的家具都是从莫斯科通过船只或火车运过来的，还运来了一张24英尺宽的大花床，摆在院子中央——上面铺满了由天竺葵、粉红玫瑰和紫阳花组成的红五星造型，人们叫它"红星花坛"。三个同盟国的国旗在宫殿的正门迎风飘扬。

会址选好后，“三巨头”的住处就选择距离塞西林霍夫宫五公里的巴贝尔斯贝格（一译巴贝尔斯堡）的三幢别墅。杜鲁门被指定住在凯撒路2号一座三层楼的灰泥别墅里，它一度是德国一家电影公司经理的住宅，这个经理如今在苏联一个劳动营中服劳役。丘吉尔住在相隔两条街道的环城路23号，斯大林则在第三座被征用的别墅下榻，他们之间相距都在一英里左右。同样，这里的房屋都需要重新修缮，家具都需要重新配置，四周的公园和花圃也重新进行了整修。美国和英国的会议筹备组代表来到这里后，又分别提出了各自的要求：建立同他们本国的可靠联络，按他们的意愿粉刷住所——美国人要的是天蓝色，英国人要的是玫瑰色。

当然，对于斯大林，更加需要特别的关照：它的住处刷上了白色，各个房间里都铺上了高级地毯，挂上了很多漂亮的油画，并摆上了高级家具。然而，有时候，下级一味地揣摩迎合上级搞铺张排场，不一定就真的讨人喜欢。这次，会议的后勤保障工作在斯大林这里就是“拍马屁拍在了马腿上”。当斯大林的警卫长H. C. 弗拉西克将军来到波茨坦，看了为斯大林准备的住处时，不禁惊呆了，说道：“你们怎么啦，发疯了吗？主人可不喜欢这样。统统拿走！不要大块地毯，用长毛条粗毯子就行了。不要这张双人床，放一个小沙发床就可以了。”

另外，“三巨头”会晤的会议桌也费了苏联人很多心思。有人提出一个想法——应当用圆桌，不要有棱角，使大家处于同等地位，而且棱角寓意有争吵，圆桌则寓意和谐。大家都接受了这种建议，可是在柏林就没有找到这样的大圆桌，于是只好向莫斯科的柳克斯工厂紧急订货。做好后，空运到了柏林。

7月10日，会议的后勤保障工作一切就绪，等着“三巨头”的到来。

2. 杜鲁门：“我真不想去，但还得去，如今已是欲罢不能了”

“我准备好去会见斯大林和丘吉尔，”杜鲁门总统在7月3日写给他母亲的信中说，“准备出访是一件繁杂的事情，我得带上小礼服、燕尾服……礼帽、大礼帽、小礼帽以及其他各种各样的用品。我的公事皮包装得鼓鼓囊囊，里面尽是关于以前历次会议的参考材料以及关于我这次要讲些什么、做些什么的建议。我真不想去，但还得去，如今已是欲罢不能了”。

的确如此，总统总不是一般人干的活计。这次远行，也是杜鲁门自第一次世界大战在法国担任军职以来第一次离开美国。

7 月 7 日早晨 6 点钟，杜鲁门就已经赶到了弗吉尼亚州波特纽斯城 6 号码头，在管乐声中登上了“奥古斯塔号”巡洋舰。他戴着一顶便帽，系一个圆点花纹蝴蝶结领结，穿一双黄白两色夏天皮鞋，身后紧跟着他的顾问、同事、助手和特工人员组成的美国团队。

在“奥古斯塔号”上，杜鲁门几乎每晚都跟他的朋友们打扑克。清晨，他则轻快地在甲板上散步，从舰桥踱到舰尾。而他一日三餐都十分愿意在军官食堂、二级准尉食堂、军士食堂或者士兵食堂度过。而在其余时间，总统几乎整天都在向他的顾问团队榨取情况和意见，每天会议，有时一日开会两次。恰如大多数政客一样，杜鲁门把历史视为人的行动，而不是思想、力量和制度的抽象作用。他深知手里执掌大权而不是小权是多么痛快，他对人的选择同样也是像他对他们的计划的选择一样。正因为这样，杜鲁门经过左挑右选，他和他的团队由下列成员组成：新任国务卿詹姆斯·贝尔纳斯、军事顾问威廉·李海海军上将、艾夫里尔·哈里曼大使、保莱大使、戴维斯大使、助理国务卿邓恩和克莱顿，以及职业外交官本杰明·寇因、弗里曼·马修斯和翻译查尔斯·波伦等。

亨利·卢斯在 1941 年就曾宣称，“20 世纪将是美国的世纪”。美国人小查尔斯·米在《在波茨坦的会晤》一书中这么写道：“乘坐‘奥古斯塔号’前往波茨坦的这些人对于‘美国世纪’的这一具有历史意义的时刻，对于这些夸张的言辞所创造和失去的机会，对于他们的祖国实力之强大，是意识到的。诚然，俄国人拥有一支庞大而肯定经过了锤炼的军队。英国人有英联邦。但美国人实际上一直没有遭受任何骇人的战争破坏。美国的经济实力十分雄厚，而且如果引导得当，有希望成长得更加壮大。美国控制着海洋和天空。一个在很大程度上将凭技术来构成的时代出现伊始，而美国也正拥有技术。”

确实如此，当杜鲁门带领他的代表团在公海上航行的时候，他们都兴致勃勃地谈论着一件将要在人类科学技术史上产生震惊世界的大事，那就是在新墨西哥州阿拉默果尔多进行的原子弹试验性爆炸已经进入倒计时。

查尔斯·波伦回忆说：“海军上将李海和我对‘曼哈顿计划’谈得相当多。”“他觉得‘披长头发的人’诈骗了美国政府大约 50 亿美元，因为这种炸弹将终于证明并不比简单的无烟线状火药来得高明。”这位海军上将甚至在杜鲁门面前抱怨：“这是我们曾经干过的最大蠢事，这种炸弹决不会爆炸。我是以炸药专家身份说这话的。”

当然，原子弹会不会爆炸的问题，我们已经知道答案了。但它到底是如何爆炸的，怎么爆炸的，本书在后面还要做专门介绍。彼时彼刻，杜鲁门就是带着这种即将爆炸的新武器，作为一个为自己为美国在谈判桌上撑腰的底牌，前往波茨坦与丘吉尔和斯大林会晤，当然，更多的是他要和斯大林好好谈一谈。

7 月 15 日，星期日，“奥古斯塔号”经过八天的远航，终于在安特卫普市码头抛锚。杜鲁门下船后乘车前往布鲁塞尔，随后转乘总统的专机“圣牛号”飞往柏林，然后与他的顾问和助手贝尔纳斯、李海、哈里曼等一起驱车抵达紧挨波茨坦的巴贝尔斯堡。晚上，一路劳顿的杜鲁门，早早就躺下了，而且一觉睡到天亮，特别香。

3. 丘吉尔：奔赴一生中最为巨大的外交战

自从德国宣布无条件投降以来，丘吉尔的日子似乎过得就不怎么顺心。按照他的设想，要开好“三巨头”会议，必须使英美军队留驻在他们占据的苏占区的领土上，当然最起码的是美国军队要留在欧洲。因为没有这张强有力的王牌，三国会议对他这位发起者来说就失去动力意义。在他看来，英、美如果不以军事实力作为后盾结成共同阵线以对付苏联的话，那么与斯大林“算算账”就是不可能的。然而，一切似乎都正朝着他愿望的反方向发展。

1945年6月5日，对于丘吉尔来说是一个倒霉的日子。这一天，美、苏、英、法四个驻德盟军的军事指挥官在柏林聚会，签署了《柏林声明》，对苏占区的美、英军队的撤出达成协议，英、美军队必须毫不延迟地撤出苏占区，并由新建立起来的盟国监督委员会在各个占领区履行它的职责。同日，他发电报给杜鲁门：“我怀着深深的忧虑来展望美国军队向中部地区我们的占领线收缩，这种收缩将使苏联的权力扩展到西德的中心地带，使得在我们同东方的一切事物之间垂下一道铁幕。”

“铁幕!”丘吉尔发明的这个词语将在此后的国际政治中成为一个政治斗争的新概念。他还告诉杜鲁门：“这种撤退，倘若必须实行的话，也需要与许多重大问题的解决相配合，而这些问题的解决将构成世界和平的真正基础。”最后，他以这句话结束了电报：“然而任何真正重大的问题都还没有得到解决，因而你我两个人将对未来承担一种巨大的责任。”

这是对杜鲁门纵容迁就斯大林的指责，抑或是丘吉尔对未来的一个警告?

“巨头”的话，每一个字词都值得思考和琢磨，才能领悟其背后的政治含义，其背后的智慧何尝不是一种力量的博弈。

迟至6月12日，杜鲁门才给丘吉尔回电，提醒他说，自己觉得受到这些协定的约束，因为这些协定是罗斯福总统同未来的美国总统、当时的副总统“经过长时间的考虑和深入的讨论”之后同意的；所以现在的总统“无法以推迟美国军队撤出苏占区的日期，来加速其他问题的解决”。三天后，杜鲁门分别电告斯大林和丘吉尔，美国军队“准备根据各自指挥官达成的协议即刻下令全部美国军队从6月21

日起开始撤到他们自己的占领区内”。

诚然，这个消息对丘吉尔来说已经不是意外，但他仍然感到胸中“犹如丧钟在震动”。他怀着难以想象的痛苦心情无可奈何地说：“我只能屈服。”

7 月 1 日，美、英军队开始正式撤出。丘吉尔在他的回忆录中提到这件事时，依然用这样悲凉的字眼来表达了他深深的失望：“苏俄在欧洲的心脏安家落户了。这对人类是个不祥的事件。”

在英美军队留驻苏占区的问题上进行激烈的“战斗”以彻底失败告终，丘吉尔同时又围绕波茨坦会议的日期与杜鲁门、斯大林进行了“战斗”。他在 5 月 22 日、27 日，多次致信杜鲁门，表达自己担心斯大林力图拖延时间，以便当英美的力量融化以后，苏联在欧洲将变得无比强大。他强调指出：一是要尽快召开会议，二是要平等地邀请三大国。但是，事实上，关于会议日期的问题，一切都是在莫斯科由杜鲁门的特使霍浦金斯与斯大林在 5 月 26 日第一次会谈时就决定了的。但他并没有缴械投降。5 月 29 日，他致电斯大林，一方面说他对能见斯大林和杜鲁门总统感到“很高兴”，另一方面却强调说“尽早举行”，并提出了自己定下的日子：6 月 15 日。

然而，这件事却由不得他了。6 月 1 日，杜鲁门通知他，会议将于 7 月 15 日在柏林举行。

对丘吉尔来说，这一切都糟透了。会议的地点在苏占区的柏林，这还马马虎虎过得去，但他认为会议的日期格外重要，他不认输。于是，他马上在 6 月 1 日致信斯大林，认为 7 月 15 日这个日子确实太晚，要求三国给予重视，如果三国允许个人的或民族的要求阻挠会议尽早召开的话，那么三国将损害全世界的希望和团结。他甚至再次建议，如果 6 月 15 日不行，为什么不在 7 月 1 日、2 日或 3 日召开呢？同时，他还将这封信的抄件给了杜鲁门。丘吉尔再三要求提前开会，另一个原因或许与即将举行的英国大选有关。他当然希望在大选结果公布之前就完成“三巨头”的会晤。但他并没有公开说出来。

6 月 5 日，斯大林告诉丘吉尔，7 月 15 日这一日期是和杜鲁门总统一致商定的。

这一次，丘吉尔彻底失败了。他承认："我所能做的一切是，首先是为提前'三国'会议的日期而辩护；而后，如果此举遭到失败，就要使撤军一直推迟到我们同斯大林面对面地、平等地把所有问题从总的方面统统讨论过以后。"说白了，尽管十分不情愿地接受了这双重的失败，但丘吉尔绝对不想把自己打扮成美、苏"两个大国"的"穷亲戚"。他甚至引诱执政不久的杜鲁门，"是否应该背离在他那著名的前任时期得到英、美政府赞同的政策，并且在某种程度上谴责它"。这样的要求对美国新总统来说，实在太高了，如同白日做梦。

显然，在这样的战争状态中，美国人认为，形势并没有完全改变，他们还在同日本打仗，仍然需要苏联人。他们与丘吉尔政策是有着很大的战略分歧：一是华盛顿不相信存在着"苏联的威胁"，而反对"苏联的威胁"是丘吉尔政策的实质和依据；二是人们确信，丘吉尔正在蓄意挑起一场同苏联的战争。

7 月 7 日，丘吉尔接到英国驻美大使哈里法克斯勋爵的电报，说："我料想，在我们同美国人的关系中，如果我们提出欧洲的经济面临着一片混乱的威胁这样的论据，比我们提出什么关于极左政府的危险或共产主义的扩张等问题的详细报告，更能打动美国人。"接着，他说得更加明确："他们（美国人）在内心还保留着一种怀疑，认为我们在原则上想要支持反动政府和君主政体。"

老骥伏枥，志在千里。不抛弃，不放弃。在那个历史的现场，丘吉尔把历史和生活看作一出文艺复兴时代的大型露天戏，而他自己正是这出历史戏剧中不可或缺的角色。"他把自己置于英国历史雄壮的戏剧之中；当他讲到英国面临的挑战，讲到他的黄金时代，讲到它的胜利和悲剧时，他的许多同胞感到——他和他们一起感到——并不仅仅是他本人的讲话，而是英国的历史和不屈不挠的英国人民通过他在讲话。他的生命和他的祖国的历史在他心中合为一体。而到了波茨坦会议的时候，不论是由于巧合还是由于英国的命运已成了他的生命和灵魂中很大的一部分，终于可以用同样的字眼来形容英国和丘吉尔：他和英国都已经精疲力尽，他和英国都在渐渐分崩离析，他和英国都已战败——纵然两者都还没有意识到这一点。”美国人小查尔斯·米对彼时的丘吉尔作出上述评论是恰如其分的。

“现在还为时不算太晚。”是的，在前往波茨坦的路上，丘吉尔并没有屈服。尽管他对会议的期望值已经发生了改变，但他懂得必须改变或者修正自己的计划，奔赴自己一生最为巨大的外交战，以便取得一项“全面而持久的解决办法”。他要背水一战，并把波茨坦会议取了一个令人匪夷所思的代号——“终点站”。

6月30日，丘吉尔在宣布解散内阁举行新的大选后，作了最后一次竞选演说。随后，当选民们纷纷前往投票站投票的时候，他动身前往法国和西班牙边界上的乡村画画去了。因为选举结果需要一定时间统计出来，也就是说在波茨坦会议中途才可能公布，他就自嘲地说：“在得出计票结果之前，我只能算半个人。开会时我将居于幕后。”

年近古稀的丘吉尔在亨达耶的波尔达贝里别墅度假，以画乡村油画来消解政治给他带来的苦恼。他甚至感到自己很沮丧，什么也不想做，经常处于一种沉思状态，心情十分郁闷。与此同时，他已经派遣琼·布莱特小姐率领英国文职接待人员前往波茨坦，检查和安排会议的环境与设施。位于巴贝尔斯堡的驻地，260人的英国代表团共获得50间房间。房子是当地最结实的砖块灰泥建筑，而且每幢里面都有一架斯坦威或贝奇斯坦大钢琴。

7月15日，丘吉尔一行在柏林郊外的加托机场着陆。随行的主要成员有外交大臣安东尼·艾登、反对党领袖克莱门特·艾德礼、亚历山大·贾德干爵士、威廉·斯特朗爵士和翻译伯斯少校。

“阳光火辣辣地照下来，”首相的私人保健医生莫兰勋爵回忆说，“会议的成员已经在这个柏林郊外的机场上等候多时，他们制服上的扣子都紧扣着，看上去非常热，很不舒服。到处都是俄国兵，排在马路上两旁和灌木林后边，膝部没入庄稼里。我们驱车前往为首相保留的一幢结构坚实的石块建筑物。据说那原来是银行家沙赫特的产业。我跟着他走过两间有着大枝形吊灯的凄凉的房间，前往这幢空荡荡的住宅的另一边，那里的法国窗长久未经打扫，朝阳台开着。在那里，温斯顿帽也不脱就落在一张花园椅内，两侧有两大盆蓝色、粉红色和白色的紫阳花。他显得太疲倦了，不想动弹一下。”

是的，丘吉尔这位年近古稀的老人已经很累了。他承认他现在已经控制不了泰坦（希腊神话的巨神族，即指英国内部的斗争）的斗争了，他的英国已经不再是团结一致了。但是他却不肯放弃要跟斯大林“算算账”的机会。不过，他已经是心有余而力不足了，因为不把美国人拖进来一起干，他是无法达到目的的。所以，对他来说，最大的未知数不是斯大林，而是杜鲁门。他在回忆录中说，在前往波茨坦的路途中，他急不可待地要会见杜鲁门。他揣度着新任美国总统是否在谈判桌上与他的前任分道扬镳而向他的主张靠拢呢？

半个身子完全陷入了花园椅内，丘吉尔慢慢地抬起头来，缓缓地吐出一口气，对他的私人助理汤米·汤普森说：“来，给我来杯威士忌。”

“终点站”——这是丘吉尔为波茨坦会议选择的代号。对丘吉尔来说，冥冥之中，这个代号是一个预言，还是一个谶语呢？

4. 斯大林：“不要搞什么仪仗队、军乐队的欢迎仪式”

斯大林的军队没打到巴黎那么远，但他们打到了柏林。当法国在1940年有条件投降的时候，希特勒曾经在巴黎市中心有过一次胜利之旅，并拍了许多照片。这次，斯大林也要来到柏林了。然而，由于心脏出了一点小小的问题，他的行程比预定的晚了一天。这位钢铁铸造的革命领袖却害怕坐飞机。所以，为了去参加波茨坦会议，他和他的苏联代表团乘坐了一列专列。专列由11节车厢组成，其中4节车厢曾经是沙皇御用列车的一部分，十分豪华，是特地从博物馆中拉出来打扫干净的。

波茨坦的确是“三巨头”开会的好地方，斯大林为什么选中它呢？这里面似乎还有杜鲁门和丘吉尔不曾知晓的意义。波茨坦不仅以塞西林霍夫宫闻名，而且还以普鲁士弗里德里希大帝于1745年所建的无忧宫著名。正是在这里，弗里德里希把普鲁士军队的人数翻了一番，并向他们灌输了严守纪律和不畏牺牲的精神。而且，也正是在弗里德里希的军队中有一名军官是卡尔·冯·克劳塞维茨的父亲。

1792年，12岁的克劳塞维茨参加了普鲁士军队。1795年晋升为军官，先后参加了四次著名战役——莱茵战役、奥斯塔德会战、法俄战争和滑铁卢战役。1818年5月任柏林军官学校校长，9月晋升为少将，任职12年，潜心研究战史和从事军事理论著述。因此，他并不是以一位战将闻名，而是以他的不朽兵学巨著《战争论》显赫于世。他因为这部被奉为西方军事思想的代表作品而赢得了“西方兵圣”的美誉。他的那句“战争无非是政治通过另一种手段的继续，是一种政治行为”，被人们广泛地引用。克劳塞维茨认为，战争就如同一条变色龙，每一次战争都有其自己的特色，千变万化，各不相同。但战争的暴烈性、战争的必然性和偶然性却是其根本属性之一。从战争与政治的关系看，政治是战争的母体。在任何情况下，都不应把战争看成独立的东西，而要看作是政治的工具，是为政治服务的。军事观点必须服从于政治观点。任何企图使政治观点从属于军事观点的做法都是错误的。战争爆发之后，并未脱离政治，仍是政治交往的继续，是政治交往通过另一种手段的实现，是打仗的政治，是以剑代笔的政治。克劳塞维茨的这一论点，列宁曾给予极高评价，在笔记中大段摘录了克劳塞维茨的著作，称他为“一位非常有名的战争哲学和战争史的作家”。1933年，斯大林让苏联政府出版了列宁论克劳塞维茨的笔记。

此时此刻，对于斯大林来说，波茨坦是可以使人想起普鲁士军国主义的发源、德意志军事威力的终结以及在赢得胜利后的和平时期为争权夺利继续斗争的地方。对于在这里召开第二次世界大战欧洲战场胜利之后的第一次“三巨头”会议，终结纳粹德国，斯大林觉得再合适不过了。

苏联代表团的主要成员除了斯大林元帅之外，还有外交人民委员莫洛托夫、副外交人民委员维辛斯基、驻美大使葛罗米柯、驻英大使古谢夫和职业外交官诺维科夫、索波列夫，以及翻译巴甫洛夫。

在出发之前，斯大林就给朱可夫打电话，说：“您不要搞什么仪仗队、军乐队的欢迎仪式。您自己，再带上您认为必要的人到车站来就行了。车站的警卫工作让弗拉西克将军处理，您什么都不用管。”

斯大林命令朱可夫取消了他可能有的欢迎计划，杜鲁门却突然一时兴起，要去柏林兜兜风，要驱车视察已经是一片废墟的柏林，去找一找胜利者的快感。

7 月 15 日下午 3 时 40 分，杜鲁门、吉米·贝尔纳斯和李海海军上将在巴贝尔斯堡乘坐一辆卡莱斯勒牌大型敞篷车，向柏林进发。杜鲁门回忆说：“大约在到柏林的半路上，我们发现美国第二装甲师全师排列在公路一边，等我检阅。我们停了下来，乐队和仪仗队向我们致敬。我下了轿车，登上一辆敞顶的半履带侦察车，经过一长列的士兵和车辆横队，他们就是当时世界上最大的装甲师。举目望去，在我面前的公路下方尽是布列成行的军队和坦克。这支横队很长，乘车从头至尾竟走了 22 分钟。”

就是带着这种统治者的威权，杜鲁门一行进入了柏林这个经历了战争残酷血洗的废墟，尸体和炸开的下水道的恶臭以及难闻的焦腥味立即袭入他们的鼻腔。建筑物几乎全部破坏了，哪些是炸弹炸毁的、哪些是大炮击毁的都格外清楚，干枯和烧焦的树木、扭曲折断的电线杆，一切的惨烈如此逼真，似乎比一场超级地震的破坏来得更加稀奇古怪。杜鲁门说：“比这些倾圮倒塌的建筑物更令人沮丧的景象，是四处流浪的无数老人、妇女和儿童的长长队伍。他们用车载或手提着自己仅存的东西。”在动物园的废墟上，一个衣衫褴褛形容枯槁的老妇人在瓦砾中寻找生火的木材以便给孩子们热热汤。残破不堪的凯旋大街上有一张座椅，上面写着“犹太人不得使用”的字牌。一个角落的地下室中，高价经营的夜总会向士兵们招揽着生意。不远处墙上的布告板上贴着打听亲人下落的纸条……

“天网恢恢，自作自受。”杜鲁门在柏林参观归来后，发出了这样的感叹。

杜鲁门的雅兴，也感染了丘吉尔。英国首相邀请他的伙伴莫兰勋爵、贾德干和艾登等乘车去观看柏林废墟，更确切地说是去看废墟柏林。杜鲁门的敞篷车和丘吉尔的有顶盖的轿车缓缓地穿越柏林市区，他们似乎是有意安排好了一样，他们交叉经过对方行驶的路线，但却始终没有相遇。

身穿夏季军服的丘吉尔，一路上口衔雪茄，把自己俨然打扮成一个凯旋者的形象。在帝国办公厅大厦前面，他们看到一群德国人聚集在台阶上，正与俄国士兵交换皮靴、拖鞋、服装、内衣、自来水笔、照相机、钟表等日用品。他们穿街过巷，看到了杜鲁门已经看到的一切，却让莫兰勋爵觉得越来越有一种令人作呕的感觉，就像他首次看到外科医生切开肚子使肠子露出来的感觉一样。德国总理府已经被砸得粉碎，地板上到处是碎玻璃、残破的纸张、铁十字章，希特勒的办公桌翻倒在地，碎成了几百块。

在希特勒的餐厅，丘吉尔停了下来，望着天花板上被一枚炸弹穿过的玻璃屋顶。然后，他来到了希特勒的地下室，在向导手电筒的微弱光照下，他们吸着难闻的、潮湿的、霉臭的空气，沿着破损的扶梯一步步走了下去。在爱娃·勃劳恩的房间，一只花瓶里插着一根干枯的植物，花朵早已经飘零不见。持续的下台阶，已经让肥胖的丘吉尔吃不消了，他无法坚持看到希特勒密室的最底层，只能打道回府。回到地面，他找了一张旧椅子坐了下来，擦了擦额头的汗水，自言自语地说：“希特勒或许也是坐在这儿透透气，并听到了越来越近的炮声。”一位向导指着花园内堆放的那些锈迹斑斑的汽油桶，告诉丘吉尔，那里就是希特勒和爱娃的尸体被焚烧的地方。丘吉尔注视了一会儿，然后厌恶地转过脸去，默不作声地起立，走向他的汽车。

“我后悔不该去这种地方作这种观光。”与丘吉尔同行的莫兰勋爵回忆说。他返回巴贝尔斯堡后，做了两件事，第一件事就是跳进洗澡盆洗个热水澡，在洗澡水中放入大量消毒剂；第二件事就是喝烈性酒，想办法去掉嘴里的一股气味。显然，柏林的惨烈令他震惊，甚至厌恶。整个下午，对他来说，好像是一场梦。贾德干也埋怨说，这次旅行组织得非常糟糕。

丘吉尔在回忆录中追述这次柏林之行时说，看来，现代文明的道义准则规定，一个战败国的领导人应被战胜者处死，这一定会激发他们在今后的战争中横下一条心战斗到底，而且不管无谓的牺牲有多少，反正不会要他们多付代价。付出更多代价的是对战争的发动和结束没有什么发言权的人民大众。英国首相的这句话多多少少说出了战争灾难性的后果，可谓一个真理。

除了参观已经成为废墟的希特勒帝国大厦之外，丘吉尔还心血来潮地参观了位于波茨坦的弗里德里希大帝的无忧宫。但奇怪的是，这位英国历史上伟大的政治家，只用了15分钟时间在宫内大厦里兜了一个圈子，就算参观完毕。整个参观过程，基本上就是走马观花，以迅速而又不耐烦的脚步匆匆从这个房间走到那一个房间，既不向左看，又不向右看，眼睛似乎只若即若离地盯着天花板，一副心不在焉的样子，难道他脑子里想着的是明天即将开始的“三巨头”会议，或者是遥远的大不列颠岛上正在进行的大选的选票？

7月16日，朱可夫在柏林火车站的专列旁迎接了斯大林。斯大林微微抬起手向前来迎接他的维辛斯基、安东诺夫、库兹涅佐夫、索科夫斯基等人致意。他一般很少和人握手。他不紧不慢地走到汽车旁，上了车，然后又打开车门，邀请朱可夫上车。

到了巴贝尔斯堡，斯大林视察了他的别墅，问道：“原先这是谁的别墅？”

“是鲁登道夫将军的。”

斯大林不再说什么，但对家具的奢侈还是表达了自己的看法。可见，他的警卫长弗拉西克是对的。斯大林生活简单朴素，不喜欢豪华家具，即使是经过了警卫人员的“清洗”之后，还是按照他的吩咐拿走了一些东西。

伦敦《泰晤士报》在当天的新闻中说：“这里的官方一直没有证实斯大林元帅的到达，因为斯大林的行踪属于严格保密和安全之列……可以设想他如今已经到这里。”另一则消息则说：“除了杜鲁门总统和丘吉尔先生突然从波茨坦的院子里出去参观被破坏的柏林以外，‘三巨头’会议昨天外表上没有显示出什么活动的迹象。”

第八章

1945 年 7 月 17 日：波茨坦会议开幕

波茨坦会议是从 7 月 17 日正式开始的，到 8 月 2 日凌晨结束。相比于德黑兰的四天和丘吉尔、罗斯福、斯大林在雅尔塔度过的一个星期而言，长了许多。会议之所以这么长，主要原因当然是这次会议的议题太多，焦点集中在解决一些具体问题上，所以“三巨头”的每一项决策都将直接决定未来世界新秩序的诞生。比如，德国的未来；与敌国的和平条约；修改有关黑海通行权的《蒙特勒公约》；成立领土托管机构，治理意大利的前殖民地；确定未来在“伟大的同盟”内部处理苏联与西方关系的程序；亚洲战场的对日作战等等重大问题。

这是自 1945 年 4 月 12 日罗斯福逝世后，新的“三巨头”第一次会晤。除了在打败希特勒的战争中力拔头筹之外，斯大林还认为他在谈判中有另一张美国人最为需要的王牌：需要苏联红军去帮助打败日本。杜鲁门的王牌是什么呢？当然是从来没有受到战争伤害并在两次世界大战中发了战争财的雄厚的经济实力和科技实力，更何况，昨天（7 月 16 日）他已经获悉原子弹在美国本土试验成功。丘吉尔呢？丘吉尔手中的筹码似乎就捉襟见肘了，或许因为共同参与了研制原子弹，所以当他在第一时间获悉这个震惊世界的消息时，立即为自己拥有这个令人可怕的、从未看见过的、从未想象过的“王牌”的一点股份而激动不已，体会到这一新式武器所具有的巨大的政治意义（关于原子弹问题，本书在第十二章详细叙述）。

比杜鲁门和丘吉尔晚到一天的斯大林，在7月17日中午12时到杜鲁门住处“小白宫”拜访这位新任美国总统。

斯大林穿着一身戎装，藏青色裤子上有两条红道，白上衣，金色肩章，这是他第一次以大元帅的身份亮相世界舞台。6月26日，也就是在莫斯科红场举行胜利阅兵式之后的两天，苏联最高苏维埃主席团颁布了两项命令：一项命令是授予斯大林大元帅称号，另一项是颁发给斯大林苏联英雄的金星奖章。值得一提的是，这是斯大林得到的第一枚，也是唯一一枚金星奖章，但实际上，并没有在任何场合颁发给他，他也就不曾真正得到这枚金星奖章。直到他逝世举行葬礼的时候，人们才记起这枚最高奖章，而它却依然躺在最高苏维埃授勋部的红色盒子里，后来是画家和摄影师将这枚金星奖章添加在他的肖像上的。这真是一个奇怪的问题，这位在许多人看来十分善于搞阴谋诡计、通过肃反滥杀无辜、树立个人崇拜的独裁者，比起他的那些既无威权又无功劳却把一枚枚金星奖章像装饰品一样挂满胸前的继任者来说，真是开了一个极大的历史玩笑。

在凯撒路的“小白宫”，斯大林在莫洛托夫和翻译巴甫洛夫的陪同下，和杜鲁门实现了第一次握手。美方陪同人员是贝尔纳斯和翻译波伦。

“迟到了。”一见面，斯大林就伸出手来，抱歉地笑着说，语气沉着、诚恳、温和，态度坦率而纯朴。

杜鲁门微笑着与斯大林握手，礼貌地表示理解。

“因为与中国人谈判，耽误了时间。”斯大林一边说，一边无奈地指指自己的胸口，“这里出了一点小问题，高空飞行，医生不允许。”确实如此，自雅尔塔会议之后，斯大林的血压降低，心脏出现了心肌梗塞的现象，最近发作了三次。

杜鲁门懂得斯大林的意思，笑着说：“我很高兴认识大元帅，很久就盼望着见到您。”

“是的，个人关系和接触是非常重要的。”斯大林说，“我认为，我们在波茨坦将要讨论的问题是不难达成协议的。”

第一次见面，斯大林给杜鲁门留下了难忘的印象。他回忆说：“我特别注意的是他的眼睛、脸部和表情。他看来情绪很好，极有礼貌。我为他所感动，同他讲得很坦率。他讲话时看着我的眼睛……”

会谈中，两位领导人审查了会议的议程，并就有关西班牙弗朗哥政权问题、英国对日战争问题以及与中国谈判问题进行了商谈。谈话颇为投机，热情友好。在结束时，斯大林重申根据雅尔塔协议，他们将宣布对日作战。

关于苏联红军对日作战问题，斯大林一见面就向杜鲁门交了底。其实，在获悉原子弹已经试爆成功之后，这个问题对杜鲁门来说似乎并不重要了。因为日本投降已经指日可待。但对苏联人来说，欧洲战争结束了，参与远东战争同样也是机不可失，斯大林不可能不顾及自己在亚洲的巨大利益。现在，苏联人显然是占了便宜还卖乖。问题尽管不是杜鲁门提出来的，但他无法回避。现在他既然不能甩开苏联的帮助，他至少可以把这件事算作自己的一份功劳。他在回忆录中写道：“我去波茨坦有很多原因，但是，在我的思想里，最迫切的是要得到斯大林个人重申俄国参加对日作战的决心，这是我们的军事领袖最急于要得到的东西。我在会议的最初几天里就从斯大林那里得到了这种保证。”

会晤结束时，杜鲁门邀请斯大林留下来共进午餐，斯大林说不能留下来。总统的确不是一个娴熟的外交家，就直截了当地说：“如果你肯赏光，你就能留下来。”盛情难却，斯大林留了下来。餐桌上，他们并没有谈什么，大元帅称赞了总统的美酒，要求看一下标签。国务卿贝尔纳斯十分高兴地拿过来递给斯大林看，并告诉他：“这是一瓶加利福尼亚的酒。”随即，贝尔纳斯谈到了美国人去参观柏林的事情，并问斯大林对希特勒之死有什么想法。斯大林出人意料地说，希特勒还活着，住在西班牙或阿根廷。杜鲁门很吃惊，捉摸不透斯大林说出这种看法的真实目的，只好沉默。午餐后，他们走上“小白宫”的阳台，俯视湖泊并拍照留念。

7 月 17 日 17 时，波茨坦会议第一次全体会议正式开始。

会议的主会议室设在底层，窗户外的绿草地一直平缓地延伸至布尼茨湖。蚊子可以自由地飞进来，打扰外交官们的谈话。房间呈正方形，四面镶有深色的板壁，中间一张结实的圆桌，仅够配以 15 把椅子——12 把直靠背小椅，三把红长毛绒面的木制大扶手椅。每个代表团分配到一套房间供代表团作秘密商谈之用。

斯大林是乘坐他的全钢防弹汽车在安全警卫的武装走廊掩护下，走进会议室的。丘吉尔走进会议室的时候，一个便衣侦探紧贴他的身后。杜鲁门一行闹闹嚷嚷地开进来，又是警报声又是哨子声，摩托车开道，装甲吉普车随后，接着是脚踏板上站满联邦调查局特工的总统坐车，最后是一辆满载武装人员的大卡车。待这些武装人员下车呈扇形站好后，总统和国务卿才笑嘻嘻地从车里钻出来。

杜鲁门在回忆录里这么写道：“会议室是 40 呎宽 60 呎长的一个大房间，房间一端的尽头是一个凉台。近房间中央是一个巨大的圆桌，直径约 12 – 14 呎。环绕桌子有三国政府代表团的各主要代表们的椅子。我和贝尔纳斯、前美国大使约瑟夫·戴维斯和李海坐在桌子的一边，挨近我的是我的翻译波伦，紧坐在我身后的是我团其他团员。斯大林、莫洛托夫、维辛斯基和他的翻译坐在我的右边，在他身后是他的文武官员。丘吉尔同样地被安置在我左边，和他同坐的是艾登、艾德礼和他的其他几个部属。这种座位的安排使得任何人便于接近和他们有关的政府代表团，使他们在通报时出入方便。警卫人员规规矩矩地站在房间里的重要据点。他们是三个政府的便衣警察或相同身份的人。武装警察围绕着宫殿和花园保护会议的进行。”

会议马上就要开始了。在大厅里，记者、摄影师和摄影记者们挤来挤去地去抢镜头，闪光灯不时发出刺眼的亮光。贾德干在写给妻子的信中说：“你告诉我在拍照时要把头抬起来，但是，你想象得到吗？

整个时候有15盏嘶嘶作响的发热的聚光灯照着我们，40位摄影师不停地拍摄了大约10分钟之久。在这种情况下，没有人能够一直摆好拍照的姿势……”好在只允许这些记者停留10分钟，时间一到，他们就被推出门外，从会场赶到了柏林的酒吧里发牢骚埋怨会议如何如何保密去了。

当“三巨头”在铺着墨绿色的台面呢的桌子座位坐定之后，丘吉尔首先说话：“谁担任我们这次会议的主席？”

斯大林立即采取了行动，说：“我提议由美国总统杜鲁门担任。”

这个提议当然是最为巧妙的，使杜鲁门充当了苏联和英国之间调解人的角色。对此，杜鲁门在写给他母亲的信中说：“这样，我便主持了会议，这像主持参议院会议一样困难。丘吉尔发表长篇大论，而斯大林只是嘀嘀咕咕，但是你懂得他是什么意思……当我认真主持会议时，他们却说我在嘲弄他们。这是伤脑筋的事，但是非做不可。最伤脑筋的事还在后头；不过我是乐观的。我有很多备而未用的王牌，我希望它们会帮助我成功……”

会议一开始，杜鲁门就建议“三巨头”商定会议议程，接着他概述了他认为需要立即予以注意的四个问题。美国的全部战略正是以这四个问题为依据的：第一，设立外长会议为未来召开和会作准备（其实美国人根本不打算召开世界和会，只不过是一个幌子而已）；第二，按照德国的力量和适应能力，委任一个能体现美国意旨的对德管制委员会；第三，谴责俄国在东欧的政策；第四，建议意大利获得政治和经济独立，加入联合国。

杜鲁门说：“第一次世界大战后召开的凡尔赛会议的经验表明，如果战胜国事先不对和会进行准备，和会会有很多缺点。没有事先准备，和会会处于各方争执不休的紧张气氛中，这势必使会议迟迟不能作出决议。因此，考虑到凡尔赛会议的经验，我建议现在就设立一个专门的外长会议，由大不列颠、苏联、美国、法国、中国，即旧金山会议上成立的联合国安理会常任理事国的外交部长组成。这个筹备和会的外长会议应在我们这次会晤之后尽快召开。正是本着这种精神和这个方针，我拟出了关于设立筹备和会的外长会议的草案，现在提交给大家研究。”

丘吉尔说：“我建议把这个问题交给我们的外交部长们讨论，让他们在我们的下次会议上提出报告。”

斯大林说：“同意。只是关于中国外长参加这个会议的问题我不大清楚。这里指的不是欧洲问题吗？那么中国代表参加有多大必要呢？”

杜鲁门说：“这个问题我们可以在听取外长们的汇报之后再讨论。”

斯大林说：“好。”

随后，杜鲁门提出了第二个问题，及关于德国的管制问题。斯大林和丘吉尔都认为，这个提案先交给外长们讨论，明天在听外长们汇报之后再进行讨论。

接着，杜鲁门宣读备忘录，指出：雅尔塔会议以来，我们在《关于被解放的欧洲的宣言》中所承担的义务并没有付诸实施。美国政府认为，如再不履行这些义务，全世界将认为这是三大国之间缺乏团结的表现，并且会使各联合国家对我们所抱目的是否真诚和一致失去信任。因此，美国政府提议：本次会议应就履行这个宣言中规定的义务取得完全一致的意见。三大同盟国应一致同意，必须严格按照《关于被解放的欧洲的宣言》的第三段第三款，立即改组罗马尼亚和保加利亚现政府。应迅速进行协商制定改组这些政府所必需的程序，以便使所有重要的民主党派都有代表参加政府。这些政府改组后，盟国可以随即给予外交上的承认并签订相应的条约。根据《关于被解放的欧洲的宣言》第三段第四款所述的三大国的义务，三国政府应当讨论如何更好地帮助这些临时政府进行自由、公正的选举。罗马尼亚、保加利亚，可能还有其他国家将会需要这种帮助。我们面临的最重要的任务之一是确定我们对意大利的态度。鉴于意大利不久前已经对日宣战，我希望这次会议将能够同意支持意大利加入联合国。外长们可以用各联合国家政府的名义就此问题起草一项相应的声明。

这时，丘吉尔插话进来，说："这是一些很重要的问题，我们应该有时间讨论。问题是在这些问题上我们的立场不一致。意大利从背后袭击了法国，并在这个最困难的时候，向我们发动了进攻。美国参战前，我们在非洲已同意大利奋战两年之久，蒙受了重大的损失。我们甚至不得不拿联合王国的军队去冒险，减少联合王国本身的防卫力量，以便向非洲派兵。在地中海我们还曾进行过几次大规模海战。我们对意大利怀有最良好的意愿，而且我们用事实证明了这一点：把他们的舰只留给了他们。"

显然，丘吉尔的插话十分尖锐，多少有批评杜鲁门仓促行事的味道，因为意大利在英国危机的时刻参加了反对英国的战争，罗斯福总统曾把意大利参战一事形容为"从背后插上了一刀"。此时此刻，丘吉尔或许也意识到自己有些过激，伤了杜鲁门的自尊心，所以立即改口说道："我很感谢总统，他首先展开了这场讨论，从而为我们的工作作出了很大贡献，但我想，我们应该有时间来讨论这些问题。我是第一次接触这些问题。我不想说我不能同意这些建议，不过得有时间来讨论它们。我提议如果总统还有什么建议的话，就让他说完，然后好拟定议程。"

斯大林表示了支持，杜鲁门就继续执拗地宣读这份有关意大利问题的建议。最后，他还是抬起头来——显然，他发现自己只顾埋头念手头这份预备好的文件，而忘掉了一些外交辞令。于是，他临时凑了几句客气话："由于我没料到会被选作本次会议主席，所以我不能立刻表达出自己的感情。我很高兴认识您，大元帅，还有您，首相先生。我深知，我在这里是代替一位无法代替的人——前总统罗斯福。如果我能够哪怕是部分地不辜负你们对罗斯福总统的怀念，我将感到高兴。我愿意把他和你们之间的友谊巩固下来。我向你们提出的这些问题当然是很重要的，但这并不排除再提出补充问题列入议程。"

听杜鲁门这么一说，丘吉尔赶紧接上话茬，十分谦和地对斯大林说："大元帅，对于总统先生的讲话，您有什么要说的吗？或者允许我来谈一谈？"

斯大林十分客气地说："您讲吧。"

丘吉尔老练地发挥了他外交语言的智慧，急忙为自己刚才不恰当的插话表示道歉，安慰杜鲁门："我谨以不列颠代表团的名义，对美国总统接受主持本次会议，表示衷心感谢。我感谢他阐述了他所代表的、以他为首脑的一个伟大国家的观点。我想对他说（我相信大元帅会同意我的话）：我们非常真诚地欢迎他，我们愿意在这个重要时刻告诉他，我们对他也将怀有如对罗斯福总统一样的情谊。他是在一个历史性的时刻来到这里的。我们的愿望是使我们为之而战的真正的任务和目的能够在取得了和平的今天得以实现。我们不仅对美国人民，而且对他们的总统本人怀有敬意。我相信达种敬意将与日俱增，并有助于改善我们的关系。"

斯大林说："我可以代表俄国代表团表示，丘吉尔先生所表达的感情，也完全是我们的感情。"

对于丘吉尔在波茨坦会议的这种表现，亚历山大·贾德干爵士在写给他妻子的信中说："首相自从离开伦敦后就不肯做任何事或阅读任何东西。这当然也是可以的；不过这样他就没有变通的余地了，因为当如果他对所讨论的问题一无所知时，他就应该免开尊口，要么就让他的外交大臣代他发言。但他并没有这么做，而是在每一场合都插嘴，讲的都是一些毫不相干的废话，而且把我们在每一个问题上的意图泄露了。杜鲁门是最灵活和认真的。他只是试图在这第一次会议上提出一张我们应着手处理的问题的单子。每提到一个问题，温斯顿就禁不住暴跳起来，乱扯一通；这时即使杜鲁门和安东尼共同努力，也很难使他平息下来。"

坐在第二排的这位英国爵士，同样也密切注意了斯大林的态度。他"讲话沉着而简练，语句有点断断续续，而他的年轻的译员巴甫洛夫立即把它翻译成铿锵有力的英语。在讨论中，斯大林常常表现得十分幽默，从来不冒犯别人；直率而不妥协。在我看来，他的眼睛富有幽默感，老是眯缝着……”

随后，丘吉尔建议“三巨头”进行商讨议事日程的简单的问题，或者直接讨论，或者把它们提交给外长们。他代表英国提出希望在议事日程中增加波兰问题。

斯大林接着发言，提出了俄国所拟定的问题清单，排在第一位的是分配德国的海军舰队和商船，其次是赔偿问题、《联合国宪章》下的俄国托管权问题、与轴心国的附庸国的外交关系问题、西班牙弗朗哥政权的地位问题。在斯大林看来，“现在西班牙的佛朗哥政权是德国和意大利强加给西班牙人民的，它对于热爱自由的联合国家来说是一个很大的隐患。我们认为，最好是创造条件，使西班牙人民能建立他们所喜欢的政权”。

丘吉尔说：“我们现在还只是讨论把哪些问题列入议程。我同意西班牙问题应该列入议程。”

接着，斯大林又增加了丹吉尔问题、叙利亚和黎巴嫩问题和波兰问题。

丘吉尔部分地同意了斯大林的建议，说：“我们已经向大家提出了我们的议程。总统先生，如果您允许的话，我想就本次会议的工作程序提出一项建议。”因为已经到了吃晚饭的时间了，丘吉尔不忘幽默一下，“我建议外长们今天晚上开会商定明天的议程。在这张桌子上，他们能给我们准备一张更好的菜单，明天他们将为我们准备好一些称心的意见，或者我应该说非常不称心的意见。”

斯大林回答说：“反正我们回避不了一些不称心的问题。”

外交家们围着桌子而坐，面面相觑，一声不响。

斯大林说：“我们今天还要讨论什么呢？在外长们给我们提出五六个问题之前，我们是否要继续开会？我看，我们可以讨论一下设立外长会议作为未来和会的筹备机构的问题。”

杜鲁门说："好！"

丘吉尔说："好！"

斯大林说："假如外长会议是要处理欧洲问题，那得讨论一下中国外长参加的理由。"

杜鲁门说："中国是在旧金山成立的安理会五个常任理事国之一。"

斯大林说："我想知道，克里米亚会议（雅尔塔会议）有一个决议，外长们应定期会晤协商各种问题。这个决议是否不再有效了？"

杜鲁门提醒说："在克里米亚作出的安排是临时性的。我们建议设立外长会议，是为了一个明确的目的，就是拟定和约条款，筹备和会。"

斯大林说："我不反对设立外长会议，不过这么一来，克里米亚会议决议所规定的外长定期会议显然要取消，而且应该认为，欧洲咨询委员会也无须存在了。这两者都将被外长会议这个机构代替。"

丘吉尔说："三外长应像雅尔塔会议规定的那样，每隔三四个月会晤一次，以便就与欧洲有关的许多重要问题向我们提供意见。我想，如果我们再让中国代表参加三国外长会议，那只能使事情复杂化，因为外长会议将要讨论的是有关欧洲各国的问题。等我们讨论不仅涉及欧洲，而且涉及全世界的和约时，可以邀请中国代表参加。我们的三位外长能够更加容易、更有成效地完成自己的工作。让中国外长参加外长会议的日常工作只能增加麻烦。通过一纸决议建立一些组织是很容易的，但如果这些组织实际上无所裨益，那我看它们就是多余的。比如，难道没有中国参加，我们就不能解决关于德国将来的行政机构问题吗？外长会议就限于三国外长参加吧。"

杜鲁门说："关于雅尔塔会议决议所规定的外长定期会晤是否停止的问题，我建议暂缓讨论。现在我们讨论的是为起草和约而设立外长会议的问题，这完全是另外一个问题。我想请大家研究美国关于外长会议的文件草案，里面阐明了外长会议的组织原则。根据我们的草案，外长会议要由苏联、美国、大不列颠、中国和法国的外长组成。”

斯大林说：“这个外长会议就是筹备未来的国际和会的吗？”

杜鲁门说：“是的。”

丘吉尔说：“就是那个将结束战争状态的和会。”

斯大林说：“在欧洲，战争已经结束了。外长会议要确定并提出召开和会的日期。”

杜鲁门说：“我们认为，和会不应该在我们还没有真正准备好以前召开。”

美国人小查尔斯·米在《在波茨坦会晤》一书中是这么评价他们的总统的：“来赞叹一下杜鲁门那种直截了当、公然撒谎的本领。他根本无意召开和会，这是毫无疑问的。在概述外长会议这一想法的情况简报中已明确和反复说明了这一点。但是杜鲁门在回答斯大林的问题时却毫不犹豫和坚定地说‘是的’，表示对此毫无异议。每个人的笔记——英国人的、美国人的和俄国人的，正式的会议记录和非正式的记录——对谈话的记载都是一致的。如果说丘吉尔在谈判中利用的是英国历史上固有的威严，斯大林用的是柔声柔气的古怪派头，那么，杜鲁门肯定由于他享有说话直率的名声而获得很大好处。杜鲁门的战略取得了重要成就：当丘吉尔和斯大林在仔细考虑中国参加外长会议问题时，杜鲁门却板着一张毫无表情的面孔轻松地坐在那里。丘吉尔也认为中国不应参加。斯大林说，‘或许这个问题可以交给外长们去讨论’。杜鲁门抓住机会表示在这个问题上准备让步：‘如果外长们认为中国最好不参加，我没有意见。’”

丘吉尔也改变口吻，温和地说：“我觉得，要协调我们所追求的目标并没有什么困难……在战胜日本之前，中国难以参加欧洲问题的讨论。要是中国现在就参加欧洲问题的讨论，对我们没有任何好处。欧洲一直是座大火山，所以欧洲问题应当作为非常重要的问题来对待。也许到召开和会时，我们会从远东得到好消息，那就也可以邀请中国了。”

这时，斯大林用参加会议以来第一次开玩笑的口吻插了一句，说："既然所有问题都要由外长们去讨论，我们今天无事可做了。"

说完，全场哈哈大笑。

这给结束会议提供了极好的机会，于是杜鲁门示意散会，说："我们得给明天的会议提出要讨论的具体问题。"

丘吉尔说："我们很希望每天晚上我们回去的时候，我们的皮包里能有点具体的东西。"

杜鲁门说："我希望外长们每天都向我们提出某些具体东西以供讨论。"

斯大林说："我同意。"

杜鲁门说："我还建议我们的会议下午四点钟开始，而不是五点。"

斯大林说："四点吗？喔，好，好。"

丘吉尔说："我们服从主席。"

杜鲁门说："如果这点通过了，那我们就把问题留到明天下午四点再讨论吧。"

就在这时，斯大林却不想放过丘吉尔给他留下的空子，说道："只是有一个问题：我想知道，为什么丘吉尔先生不让俄国人得到分给他们的那份德国船舰呢？"

丘吉尔说："我不反对。不过您既然向我提出这个问题，那我的回答是：这些船舰应该沉没或者是分掉。"

斯大林步步紧逼，说："你主张沉没，还是主张分掉？"

丘吉尔虚晃一枪，说："一切战争工具都是可怕的东西。"

斯大林毫不客气，十分肯定地说："船舰应该分掉。如果丘吉尔先生宁肯沉掉这些船舰，那他可以沉掉他自己的那一份。我可不打算把自己的一份沉掉。"

丘吉尔也毫不掩饰地说："目前，几乎全部德国船舰都掌握在我们手里。"

斯大林说："问题就在这儿，问题就在这儿。所以我们才应该解决这个问题。”

会场沉默了一会儿。杜鲁门看了看手表，宣布结束今日的会议，说：“明天四点开会。”

在这种比较愉快的气氛中，波茨坦会议的第一次全体会议结束了。代表们起立，收起他们的文件，一面聊天一面慢慢走进隔壁苏联人已经准备好了的一桌冷餐的接待室。

英国外交大臣艾登对首相最后一刻与斯大林的谈话表现十分不满。在他看来，德国的全部舰队都在英国人手里，正是英国用来讨价还价的筹码，而丘吉尔的表现真是糟糕透了，简直是放弃了自己手中的“牌”。艾登回忆说：“要他不要无代价地放弃我们手中不多的几张牌。但是他有一次被斯大林迷惑住了。他不停地重复说，‘我喜欢这个人’。我很佩服斯大林对付他的手腕。我如实地这样告诉他，希望用这种办法使他有所触动，但收效甚微。”

杜鲁门回忆说：“我并没有低估我们当前的困难。我认识到，作为会议的主席，我将面临因利益冲突而发生的许多问题。我知道斯大林和丘吉尔都要求特别的利益，而这种利益会使我们彼此冲突而感到麻烦。我知道斯大林正如他以前的沙皇一样，愿意为俄国争取黑海海峡。丘吉尔决心使英国保持甚至加强它对地中海的控制。我知道我正在对付两个具有完全不同性格、态度和背景的人。丘吉尔善于雄辩，他的流利的口才很难有人能和他相比。斯大林不喜欢作长篇演说。他会很快地把争论化为权力的问题，对任何其他的谈法，都表示不耐烦。”他对三方的译员的工作也非常满意，而且他发现当译员之间因为找到英文与俄文的准确词句时，斯大林总是笑容满面地靠后面坐着，他甚至怀疑斯大林实际上是懂英语的。

俄国人在无忧宫为全体会议人员准备了丰盛的宴会，一张宽 20 呎长 30 呎的大餐桌上摆满了精美的饭菜——鹅肝、鱼子酱、各种肉类、干酪、鸡、火鸡、鸭、饮料。香槟酒给大厅里带来了更加融洽的气氛，曾经在德黑兰、雅尔塔相识的老朋友们相互干杯。来自莫斯科第一流的餐会大厨师老戈伯里奇——他会说英语，在雅尔塔就曾负责罗斯福总统的厨房——以波茨坦会议餐厅总管的身份正在检查饮香槟酒的穆拉诺玻璃杯，小心翼翼地用最优质的服务对三国领袖和他的代表团表示极大的尊敬。

杜鲁门高兴地吃着他的前任罗斯福喜欢吃的鱼子酱，丘吉尔一边喝着香槟一边向正在抽雪茄的斯大林走去。面对赶紧前来抢拍大元帅吸雪茄镜头的记者，丘吉尔眼睛里闪烁出一丝光芒，兴奋地说："大家都要说这是受我的影响。"因为这是欧洲战场战时最后一次会议，也是打败希特勒胜利后的第一次会议，这样的干杯场面，给夏季的波茨坦刮了一股和煦的暖风。

第九章

政治家在台前，外交家在幕后

应该说，在私人关系上，丘吉尔、斯大林和杜鲁门之间从来没有达到像在德黑兰会议和雅尔塔会议上丘吉尔、斯大林和罗斯福之间的那种亲密程度。但新的“三巨头”彼此之间是相当友好的。英国外交大臣艾登抱怨说，首相“又中了斯大林的魔了，他不停地重复‘我喜欢这个人’”。杜鲁门也认为斯大林是一个“直率的”并且“知道他想要什么，在得不到的时候也愿意作出让步”的人。美国新任总统甚至认为，他自己已经成了一个“亲俄分子”了，并认为他与斯大林可以合得来，他“喜欢这个可恶的狗娘养的”。

据杜鲁门的翻译查尔斯·波伦回忆：“虽然大家表面上友好，但双方都有所保留，而这就意味着根本上的不信任。”但从历史留下的会议记录来看，“三巨头”在谈判桌上的会谈充满了幽默、趣味和笑声，大家都在相互克制，竭力避免在谈判中出现冲突和僵局。

7 月 18 日下午 1 时 15 分，杜鲁门回访了丘吉尔。这次，美国总统给英国首相带来了好消息——两份从华盛顿发来的关于原子弹试验的电报。杜鲁门将电报递给丘吉尔，丘吉尔不禁喜形于色（此处他们关于是否将原子弹试验成功的消息告诉斯大林的讨论，本书第十二章将详细叙述）。

此刻，他们俩对远东对日战争还有一个非常担心的事情，那就是在美国人获得胜利之前，日本会通过俄国的外交途径来投降。

丘吉尔向杜鲁门讲述了昨天晚上他与斯大林会晤的情况，说：“日本已经向莫斯科送了一个议和方案，其中说到日本不接受‘无条件投降’，但可能准备在其他条件上妥协。”

“我知道这个方案，这是日本人的一个试探性动作。”杜鲁门有些疑惑地说，“斯大林为什么没告诉我们这个消息呢？”

“斯大林不愿意让总统先生以为他们正试图影响你走向和平。我们英国人也一样，不愿让你们美国人以为，在美国认为可以打下去的时候，英国已不愿继续进行对日战争了。”丘吉尔笑了笑，又收住脸上的笑容，“可是，如果我们强迫日本人无条件投降的话，我考虑到美国将遭到的巨大牺牲以及英国将付出的稍小一些的生命代价。这需要考虑，此项条件是否可以用别的方式来表达，已使我们既能取得未来和平与安全的主要东西，又能给日本人留下保存军人荣誉的某种机会以及对他们民族生存的某种保证……”

丘吉尔的一番话，让杜鲁门立即产生了一种警觉。现在看来，英国人和苏联人都愿意接受对日本无条件投降的方案作一些修改。如果美国人也接受了，那会产生什么样的结果呢？日本人可能会向苏联投降，或者至少通过苏联这个渠道来投降。到那时，美国在远东的力量将处于一个什么样的境地呢？作为总统，杜鲁门当然不愿意看到这样的结果。但他怎样才能不让胜利果实从他的手心里漏掉呢？办法只有一个，那就是——坚持日本必须无条件投降。这样，日本被迫继续作战，然后美国投掷原子弹，迫使日本向美国投降。距离投掷原子弹的时间越近，运用这一战略就显得更加清楚和紧张了。斯大林火速把坦克和部队调到东方来，杜鲁门必须在苏联红军进入阵地之前取得胜利。难道商讨改变投降方案的事情永远没个完结了吗？

杜鲁门已经有些不耐烦了，他赶紧抓住丘吉尔说要考虑日本人的“荣誉”问题，斩钉截铁地说：“在珍珠港事件后，日本人已没有什么军人荣誉可言了。”

显然，在杜鲁门看来，这个问题已经结束了。

听到杜鲁门如此咄咄逼人的回答，丘吉尔多少有些失望。他知道，波茨坦会议，对他来说，巨大的未知数就是杜鲁门。杜鲁门是7月15日抵达巴贝尔斯堡的，比他早到一天。次日，他就拜访了美国新总统。尽管是一次礼节性的拜访，但他在召开波茨坦会议之前曾经是多么急不可待地希望见到杜鲁门啊！可是无论如何，到了波茨坦之后，他们俩也没有相约着一起出去在一片废墟的柏林兜兜风。现在，他明白了，曾经揣度并希望杜鲁门能与他的前任罗斯福分道扬镳而向他的主张靠拢，结果根本就是单相思。

一想到随着战争的胜利，美国力量正在快速增长，美国世纪正在到来，丘吉尔就不免陷入悲伤。他不无忧伤地感叹道："现在，大不列颠凄凉的地位，已经没有多少人同情。要知道，在英国孤立无援的时候，我们已经为了共同事业而消耗了对外投资的一大半。"

"在这一点上，我们欠英国一大笔债。"杜鲁门听着丘吉尔的倾诉，以同情地语气安慰着，"如果你们像法国那样一败涂地，现在我们可能还正在美国海岸上同德国作战呢。这就说明在对待这些事情上，我们之间的关系不光是金钱的问题。"

显然，这只不过是杜鲁门的一种外交辞令而已。丘吉尔当然听得出来，他不紧不慢不温不火地说道："在我们使自己的车轮正常转动之前，我们对世界安全或对联合国任何崇高目的都是无能为力的。"

丘吉尔当然不是省油的灯，他的话里藏着某种不安和威胁。

杜鲁门听得出来丘吉尔肚子里的牢骚，只能说他要尽力帮助英国，接着就把话题转移到美国在英国领土上花了大量的钱修建了许多机场。总统向首相表明，美国人不会轻易地放弃这些机场，他建议应该拟定一项"共同使用的公平计划"。

对杜鲁门的建议，丘吉尔说："的确如此，我们愿意与美国签订一项英美两国相互使用机场和世界上其他基地的计划。现在，我们的力量比你们小，但它还可以从帝国极盛时代的遗产中提供许多东西。

为什么我们不应分享世界各地的防务设施呢？我们能给美国舰队增加50% 的机动性。”

“是的，首相先生，您的建议听起来都很好。但这些计划也必须符合联合国的政策。”杜鲁门说。

“好。只要这些设施由英、美两国分享的话。但是如果说随便哪个国家都将使用，那也就没什么意义了。一个男人可以向一位年轻的姑娘求婚，可是，如果这位姑娘告诉他说，她只愿永远当他的妹妹时，这种求婚也就没有多大用处。”

丘吉尔总是以这种优美的语言在任何一个场合与人对话。但是，到底谁是那位求婚的男人呢？显然，杜鲁门很明确地不会去做这样求婚的男人，他把英国当作女伴，而且对他来说结婚也是最不愿意干的事情，他要在联合国里寻欢作乐。用小查尔斯·米的话说，“总统愿意有私通的关系，但绝不愿由于和英国定下姻盟而受到约束。当然，他没把这些话统统告诉丘吉尔。相反地，他总是抱着一种鼓励支持的态度，使丘吉尔对总统的‘超群的性格和卓越的能力’‘简练而又直爽的口才、非常自信和果断’的种种优点，感到热乎乎的”。

总统和首相的谈话是在午餐过程中边吃边谈的，杜鲁门的谦虚谨慎、单纯坦率的作风和不时引用许多让人听起来不能不感动的词句，博取了丘吉尔的友谊，让英国首相感到这是多年来少有的一次愉快的午餐会。但由于时间的关系，这次小小的密谈因为杜鲁门要去拜访斯大林而中断了。

杜鲁门礼貌地向丘吉尔告别。当他走到门口时，发现一架钢琴，便兴致盎然地坐下来弹了一会儿，随后又与丘吉尔寒暄了几句，便走下台阶，急匆匆地去与斯大林约会去了。

7 月 18 日下午 3 时，杜鲁门在贝尔纳斯和波伦的陪同下，来到了斯大林的寓所，也算是对大元帅访问“小白宫”的回访。斯大林和莫洛托夫请美国客人到阳台上欣赏布尼茨湖的风景。

"我必须告诉你这个消息。"斯大林十分严肃地对杜鲁门说，"日本天皇给我们拍了一封电报。"说着，斯大林将日本天皇给莫斯科大使的电报递给杜鲁门。

杜鲁门假装在看电报。他心中依然在想，斯大林为什么没有事先把这个消息告诉他，而是首先告诉了丘吉尔。

而斯大林呢？或许，他希望从杜鲁门的回答中来了解丘吉尔是否劝说杜鲁门修改日本无条件投降的方案。或者说，他也在试探美国对日政策是否靠得住。

"这个电报值得答复吗？"斯大林问道。

"我并不相信日本的诚意。"杜鲁门回答说。

斯大林笑着说："也许哄日本人去睡觉，给予一个笼统而不具体的答复，并指出日方所提要派遣特使的确切性质尚未说清楚。用这种方式，我觉得值得一试。"

杜鲁门不说话，好像在静静地思考问题。

"有两种方法可供选择：完全置之不理，不予回答；或断然拒绝。"斯大林说。

"第一种方式是可以采取的。"杜鲁门说。

"对，这种方式比较可取，而且现实，因为日本人心里到底在想什么，我们还不完全清楚。"莫洛托夫插话说。

对日战争，远东战争，美国和苏联都在盘算着各自的时机，他们谁也不想比对方晚半步。此刻，他们的眼睛都在眺望着布尼茨湖平静的湖面，而他们的心思都盯着太平洋。

斯大林跟杜鲁门的交谈，虽然赶不上他在德黑兰和雅尔塔时与罗斯福的亲密程度，但也十分友好。只是杜鲁门在这个方面还是一个新手，对于如何与斯大林打交道他还在摸索。而且，他跟他的前任不同，他在与这位苏联最高领导人会面之前，在战时并没有跟他有过长时间的通信。

7 月 18 日晚上 8 时 30 分，英国首相终于与他的老朋友苏联大元帅在波茨坦见面了。丘吉尔和斯大林一起在苏联人的住处共聚晚餐，尽情畅饮，直到凌晨 1 时 30 分才离开。两人相谈甚欢，海阔天空，身边只有伯斯少校和巴甫洛夫两个翻译。

丘吉尔在战时谈到斯大林时曾经说："不管怎样，我希望这个人会喜欢我。"今天晚上，首相先生真的感受到了苏联大元帅的喜欢了。

一坐下来，斯大林就谈起了首相内心最为关心的英国国内大选的话题。他告诉丘吉尔说："我从共产党和其他方面获得的所有消息都使我更加相信：首相先生大约会以 80 票的多数重新当选。我认为工党会得到 220－230 个席位。"

斯大林的恭维话真是说到了丘吉尔的心坎上。丘吉尔兴奋地说："但是，对缺席的士兵们的投票结果是怎么样，我没有把握。"

"军队比较喜欢一个强有力的政府，他们会投保守党的票。"斯大林继续帮丘吉尔向好的方面分析。斯大林还对乔治国王为把英国联合起来所发挥的作用表示钦佩。他说："在英国的朋友当中，谁也不会想要削弱对这位君主的敬意。"

听了斯大林的恭维话，丘吉尔心里十分受用。他心想："看来这是清楚的，斯大林希望他同我和艾登的联系不至于中断。"于是，英国首相也忍不住回送一些东西给斯大林。他又开始兴奋地、信口开河地说："欢迎俄国作为一个海上大国，这是我的政策。我希望俄国的船只在世界各大洋游弋。"丘吉尔真不愧是一个了不起的演说家，你总能从他丰富的词汇中挑出一个别有风味的比喻，华丽优美，也难怪他的回忆录后来能够荣获诺贝尔文学奖。他说："俄国像是一个巨人，它的鼻孔被波罗的海和黑海的狭窄出口捏住了。"

见斯大林听得兴致勃勃、心花怒放，英国首相越说越带劲，继续东拉西扯。丘吉尔说："我本人支持修改《蒙特勒公约》，把日本撵走，而给予俄国进入地中海的通道。我再重复说一下，我欢迎俄国出现在海洋上，而不是光指达达尼尔海峡，而且应该包括基尔运河（它应该有一个类似苏伊士运河那样的管理机构）和太平洋暖流水域。"

这时，英国首相并没有意识到自己已经超出了自己说话的范围，斯大林则借机提醒说：“德国舰队怎样处理呢？我们俄国也应该得一份。”

斯大林的问话，似乎让丘吉尔清醒了一些。他想起了他曾因放弃德国舰队的船只而受到艾登的指责，对此问题他多少存有一份戒心，说话似乎就委婉谨慎了许多。他也故作姿态地说道：“我没有异议。”

随后，两位欧洲的“巨头”谈及了匈牙利、南斯拉夫等问题。丘吉尔坦率地告诉斯大林，西方国家对苏联在欧洲其他被红军解放的国家实行苏维埃化深感不安。对此，斯大林大为惊诧，说道：“果真如此吗？首相先生，你要知道，我们正在从西方撤走军队，我们反对使任何国家苏维埃化，他们将举行自由选举，除法西斯党外，所有政党都可以参加。况且，我们在战争中遭受了前所未有的重大损失，需要把军队遣送回家去重建他那被破坏了的家园。在未来四个月内，将有两百万人复员回乡。”

丘吉尔提到了在南斯拉夫问题上的难处——他是指他在 1944 年 10 月与斯大林一起作出的各占 50% 的安排——但是这位苏联领导人抗议说，在南斯拉夫的影响力的份额是，英国人 90%，南斯拉夫人 10%，苏联人是零。斯大林继续说，铁托有“党派心态，他做了几件他不应该做的事情。苏联政府常常不知道铁托元帅要做什么”。在晚宴临近结束的时候，丘吉尔的一番话概括了这次会晤的积极的方向。他说：“这张桌子的周围是世界上曾经有过的最强大的三个大国，它们的任务是维护世界和平。”

毫无疑问，对丘吉尔来说，这是一次愉快的晚餐。在当日晚上入睡前，他对莫兰勋爵说：“斯大林保证，在他的军队所解放的国家里会举行自由选举。你有怀疑吗，查尔斯。我看用不着怀疑。我们应当倾听这些俄国人的意见。他们动员了 1200 万人参加战争，而其中几乎有一半人战死或者失踪了。”

7 月 18 日，丘吉尔先后与美国总统和苏联大元帅进行了私人会晤。这种会晤似乎是一种诱惑，又似乎是一场游戏。到底是谁在说真话，又是谁在受欺骗呢？只有天知道。但同杜鲁门也好，同斯大林也罢，丘吉尔都没想在当面去得罪谁，反而是尽力示好，并怂恿他们两人之间彼此对抗。他一方面怂恿杜鲁门去欺骗和打压斯大林，另一方面又鼓励斯大林进入地中海走向全世界的海洋。

这样的私人会晤，或许以后不会再有了，所以丘吉尔十分清楚地记得，在晚餐快结束的时候，斯大林跟他说了这么一段话："西方人很想知道我死后会出现什么局面。一切都安排好了。我已经培养了一些优秀分子，准备继承我们的事业。我死后，俄国的政策不会改变。"

当然，斯大林的这个预言，不仅没有成为现实，而且也绝对不会想到他的死不仅留下了许多难解之谜，他的继承者赫鲁晓夫竟然全盘否定了他的一生。但此时此刻，丘吉尔却说："斯大林尽量想做一个有益的人，好像他生来就是那么一个人。"

历史，有时候真是一场滑稽剧。

当然，波茨坦会议跟历史上任何一次双边或多边的国际会议一样，都有着尖锐的政治分歧、漫长的谈判和艰难的讨价还价。

也就是在"三巨头"分别进行私人会晤的时候，外交部长们却忙得不亦乐乎。7 月 18 日上午 11 时，在一系列外长会议的第一次会议上，这些职业外交家们取得了在幕后试图运筹世界的机会。

瞧！胸有成竹的苏联外交人民委员莫洛托夫伏在桌上，嘴里还叼着一颗烟，因为他在谈判时的坚忍不拔和顽强意志，美国人私下里给他取了一个绰号叫"石驴"。作为老牌的资本主义国家英国的外交大臣，艾登依然是一派古典主义的做派，一动不动地坐在那里盘算着讨价还价的筹码，积极稳妥地寻求势力均衡和权力对等。当然，左右逢源的还是美国国务卿贝尔纳斯，这位特别善于利用国会休息室进行排忧解难的老手，依靠自己的敏捷、沉着，善于凭听觉和记忆来进行谈判，从而抓住对手的漏洞，适时利用策略上的空子来折冲樽俎。

一坐下来，三位外交部长似乎就少了像“三巨头”彼此客套的寒暄，立即投入紧张的工作。他们任命了各种委员会——起草委员会、经济委员会、政治问题小组委员会。为了处理“三巨头”会议中遇到的所有可能发生的问题，外交部长们专门设立了一系列重叠的特别工作小组。

此时此刻，世界就是一块大蛋糕。毫无疑问，要让大国联盟，并在联盟的基础上均衡分配各自想要得到的权利，的确是一件极其复杂和冒险的事情。蛋糕该如何瓜分呢？谈判最好的办法就是妥协——相互妥协。如果说战争期间的大国同盟关系就像一场恋爱的蜜月期，那么战争胜利后同盟国之间的感情则是一场无爱的婚姻。而且这种婚姻关系的存在，它的离婚就像结婚一样困难重重——各种情感的纠葛和利益的纠结盘根错节，交织在一起，不容易分清楚。有时候，一目了然的分歧突然变得模模糊糊，云深不知处；而含含糊糊的事情则一夜之间忽然变得一清二楚，峰回路转，柳暗花明。谈判桌上，他们针锋相对，针尖对麦芒，甚至吹胡子瞪眼，拍桌子骂娘，但私下里，他们却仍然像风度翩翩的绅士，称兄道弟，彬彬有礼。

是的，外交部长们在谈判桌上试图把自己打扮成明理豁达、老成持重的人们那样超脱，但是敌对的感情因为与尖锐的现实相抵触无法避免。同样，大国首脑们在谈判桌上的状态也是如此。

7 月 18 日 16 时，“三巨头”召开了第二次全体会议。当杜鲁门宣布会议开始后，爱出风头的英国首相就想耍一个小小的花招。丘吉尔说：“有一个议程外的问题，从国际关系的观点来看不十分重要，只是一个暂时性的问题，我想谈一谈。我们在德黑兰会谈期间，新闻记者很难得到有关会议的消息；到雅尔塔会议时，则完全不可能得到消息。现在柏林聚集了约 180 名记者，他们愤懑若狂，在柏林近郊转来转去。”

斯大林说：“这简直是整整一连人了。谁放他们到这里来的？”

丘吉尔说："他们当然不是在这里，不是在这个区内，而是在柏林。当然，我们只有在保密的情况下才能安静地工作，这一点我们必须保证。如果我的两位同事同意我的意见，我作为一个老记者，可以去同他们谈谈，向他们解释一下我们会议保密的必要性，我可以告诉他们，我们同情他们，但不能讲这里的情况。我认为，应该安慰他们一下，好让他们平静下来。"

杜鲁门和斯大林当然不能让丘吉尔在新闻报纸上去独自露脸，大出风头。

斯大林有些生气了："他们要干什么，有什么要求?"

杜鲁门说得更是直截了当，一下子封住了丘吉尔的嘴巴。他说："我们每个代表团都有专门负责新闻的官员，他们的任务就是保护我们不受记者的纠缠。让他们负起自己的责任吧。可以委托他们去和记者们谈一谈。"

见两位巨头都不买账，丘吉尔颇为风趣地为自己打了个圆场，说："我当然不想当替罪羊。如果大元帅保证在必要时派军队去搭救我，那我可以同他们谈一谈。"

或许是有些筋疲力尽了，丘吉尔似乎有些耳背，谈判桌上经常打断别人的讲话，时不时还不忘去捉弄别人或者挑起争论。斯大林还要与英国人和美国人在谈判中越来越明显的联手对付苏联人的趋势作斗争。但是，在英美之间也存在着分歧。正如杜鲁门的国务卿贝尔纳斯在会上开玩笑的那样："人们得到的印象是，当我们同意苏联朋友的看法时，英国代表团就拒不同意，而当我们同意英国朋友的看法时，我们又得不到苏联代表团的同意。"大家听后，都哈哈大笑。

除了发言者和翻译的语言之外，会议室里十分安静，空气虽热，然而因为室外湖面随风潜入的水汽而散发着一股新鲜清爽。斯大林一根接一根地吸烟，连同丘吉尔的雪茄，使得大厅里烟雾缭绕。文件传来传去，不时有窃窃私语声。偶尔因为一只蚊子的造访叮住了某位外交家，这时就会听见"啪"的一下掌声响彻整个会议室。

“三巨头”从一开始的相互摸底——试探，互相会谈，互相妥协，互相认可，并且达到尊重对方的反对意见，最后逐渐形成了相互对立的势力范围的大致轮廓。当然，相对来说，杜鲁门和斯大林可以在谈判下面跺脚并进行互相威胁，但他们似乎谁都没有把这只脚踢出去踹对方一下。他们只是站在各自的一方，使劲地跺脚，不间断地跺脚，煞费苦心地跺脚——仿佛跺脚成为一种戏剧性的表演仪式，双方都不愿意破坏这场游戏。而丘吉尔呢，他极力想破坏这场游戏，他时而因为原子弹的消息感到振奋；当杜鲁门拒绝去“掐”斯大林的脖子时，他感到沮丧；当杜鲁门与斯大林针锋相对时，他看到了希望；可是在杜鲁门和斯大林达成协议的时候，他又烦躁不安。

这些日子，丘吉尔的日子实在不好过，7 月 20 日那天会议结束后，他回到房间，一边更衣，一边嘴里嘟囔着国内选举的事情，他说“就像天上一只捉摸不定的秃鹫在我头顶上盘旋”。

7 月 21 日，第五次会议结束后，斯大林在自己的别墅举行招待国家首脑的晚宴。杜鲁门兴高采烈，丘吉尔则很郁闷。

“斯大林举行了国宴，”杜鲁门在写给母亲和妹妹的信中说，“……这次宴会开得十分成功。开始是鱼子酱和伏特加酒，结束时是西瓜和香槟酒，中间还有熏鱼、鲜鱼、鹿肉、鸡、鸭和各式各样的蔬菜。每隔五分钟敬一次酒，直至敬了 25 次。我吃得很少，饮酒也不多，但这是一次丰富多彩和愉快的宴会。”因为前一天晚上杜鲁门为斯大林和丘吉尔举行了宴会，专门带来了一位钢琴家和一位小提琴家来助兴。斯大林当然也不示弱，他的宴会提高了文娱节目的规格，一下子带来了比美国人多一倍的人。总统回忆说：“斯大林派人回莫斯科带来了他的两位最优秀的钢琴家和两位女提琴家。他们的演奏极为精彩。演奏了肖邦、李斯特、柴可夫斯基的作品。我向斯大林和艺术家们祝贺他们的表演才能。尽管他们的脸上不大干净，而两位姑娘又太胖了一点……”

在杜鲁门和他的海军上将李海偷偷地闲谈俄罗斯姑娘难听的俏皮

话的时候，丘吉尔则忍受不了这种兴高采烈的气氛，不甘寂寞地起身对杜鲁门咕哝说："你什么时候回去?"杜鲁门总统正是兴致勃勃的时候，说："我想一直到我们的主人宣布晚会结束。"

英国首相只能落寞地独自饮白兰地，吸雪茄，赌着气，并在暗自盘算。散场时，他对李海悄悄地说，听了这么多音乐，一定要同杜鲁门和斯大林"旗鼓相当一番"。回到别墅，丘吉尔立即指示为首相举行的一次宴会准备娱乐节目——命令把整个皇家空军乐队调到波茨坦。

7 月 23 日夜晚，丘吉尔举行的国宴终于粉墨登场。尽管前一天巨大的暴风雨袭击了波茨坦，上天给英国首相施了一点淫威——暴风雨恰好刮倒了首相房外的一棵酸橙树，并因此砸裂水管导致首相不能洗澡而恼火。现在好了，丘吉尔再次检查了一下晚宴的菜单，当他发现菜肴还不够丰富的时候，他又下令从英国空运一些冷火腿来。火腿运到之后，但谁都不知道到底用它做什么菜。

确实是一次热烈多情的晚宴。这次，丘吉尔终于和杜鲁门、斯大林旗鼓相当了一把。客人们一落座，就开始举杯祝酒。因为皇家空军乐队的卖力演奏，大家说话的声音不得不提高三个分贝。《爱尔兰欢宴曲》《墨西哥小夜曲》《西班牙小夜曲》《斯凯船夫曲》和寇松的《苏维埃之子》、佩伯尔的《使我回忆起绿色牧场》，持续不断的保持高音量的演奏，精神十足。一曲又一曲，不绝于耳；一杯又一杯，推杯换盏，气氛越来越热烈，声音越来越闹。斯大林的耳朵似乎有些受不了了，他不时地探过身子，询问丘吉尔的乐队能不能奏一点轻松的音乐。最后，他干脆走到乐队指挥那里，举杯为乐队敬酒，并要求乐队来一点他所喜爱的轻音乐。

作为主人，丘吉尔兴致盎然，十分自得。在喝了好几杯别人致敬的酒之后，他站起来发表了热情洋溢的祝福斯大林的颂词，头头是道，口若悬河，把大元帅称颂为"伟人斯大林"。斯大林站起来，作了简要的答复，表达了"每一个普通的士兵们才是我们不应该忘记的人”。接着，斯大林提议要祝一次酒，说：“苏联人民知道，让英国人和美国人在日本流血牺牲，而苏联若不提供帮助，这是不应该的。让我们为三大国共同对日作战干杯！”

听了苏联大元帅的话，杜鲁门和丘吉尔只能把自己的想法闷在了肚子里，陪着笑脸与他干杯。

这时，杜鲁门也站起身，举杯祝酒。他说：“我生来就是一个羞怯的人，当大元帅和首相先生提议推选我为会议主席的时候，我简直是受宠若惊，不知所措。像我这样一个从密苏里州来的庄稼汉，能同首相和大元帅这样两位伟大的人物交朋友，真是我一生莫大的荣幸和愉快。”

斯大林说：“总统所具有的这种谦逊品德是力量的巨大源泉和高尚人格的真实象征。在总统身上，我看到了这种真实的力量和高尚的人格以及诚挚认真的态度，是结合在一起的。”

据说，也就是在这次招待会上，丘吉尔在祝酒时，也曾提议为朱可夫元帅干杯。朱可夫不愿意欠下这个人情，也举杯祝酒，且不假思索地说：“为丘吉尔同志干杯！”一说出口，他就意识到自己说走了嘴，马上接着掩饰道：“他是我们战场上的同志。”斯大林自然察觉了朱可夫的口误，后来一再和他开玩笑说：“你这么快就给自己找了个同志，而且是多好的同志呀！”

在晚会即将结束的时候，斯大林从桌子边上站起来，手里拿着一张菜单，请每一个人在卡片上签名。随即，杜鲁门和丘吉尔以及与会的所有人员，大家各自手持菜单卡像中小学生拿着毕业纪念册请人签名一样，围着餐桌走来走去，摩肩接踵。英国翻译伯斯少校则大胆表扬了杜鲁门的钢琴演奏技巧。杜鲁门则回答说：“啊，小伙子，我对音乐一向很感兴趣，我恨不得当初不搞政治而把音乐作为终身职业。”晚宴在乐队演奏了三国国歌之后宣告结束。此时，已经是第二天凌晨了。

波茨坦会议最为困难的问题、最为棘手的谈判，始终围绕德国在转。较为困难的问题则是关于划分欧洲的势力范围。最为容易解决的问题的分歧则是涉及美、英、苏三大国表面利益的一些问题。自从关于德国问题谈判开始有了突破后，浮在水面的东西和沉在水底的东西很快就区别开来了。

7月23日，星期一，杜鲁门、丘吉尔同意在德黑兰会议上罗斯福、丘吉尔曾经同意把东普鲁士港口格尼斯堡给苏联。这桩交易做得十分轻松。斯大林得到了自己想得到的奖赏了。他却告诉杜鲁门和丘吉尔："我们想要的不是礼物，而是希望知道这个原则是否得到了承认，俄国对部分德国船只的要求是否被认为是合法的。"为了说明苏联要求得到格尼斯堡港口是否合理，斯大林进一步强调自己的理由："我们认为必须要从德国那里获得一个波罗的海的不冻港。我认为这个港口必须要为格尼斯堡服务。曾经流过那么多血、经历了那么多可怕的事情的俄国人，想要得到德国的某个地方使他们从这场战争中得到小小的满足，这再公平不过了。"

但令人奇怪的是，格尼斯堡港离公海49公里，位于一条运河的末段，这条河每年都有几个月是封冻的。但是，这就是权力。"三巨头"权力之大，竟然不仅可以移动一个国家的疆界，重建并瓜分势力范围，让千百万人去战斗或者让千百万人离乡背井，甚至死亡——更能够"融化"格尼斯堡港口常年不化的冰块。白的也可以说成黑的。这就是可以公然违背自然世界的人类政治。在1953年版的《苏联大百科全书》中，一个依靠凿冰船破冰的格尼斯堡港，从此变成了"不冻港"。这真的不是跟历史开玩笑。

在这天的会议上，杜鲁门在赞成斯大林提出修改《蒙特勒公约》，使苏联能够自由使用黑海海峡的同时，又提出了一个"所有国际内陆航道自由和无限制航行"的提案。但遗憾的是，总统的提案除了丘吉尔表示简单的呼应之外，就再也没有讨论。每当杜鲁门提起这个心爱的主意，斯大林总是谨慎、温和且委婉地拒绝谈论这个话题。接着，"三巨头"把目光聚焦到黎巴嫩、叙利亚问题以及伊朗问题上。

在第七次全体会议即将结束时，丘吉尔说出了长久折磨着他的心事。再过三天，英国大选的计票工作即将结束。首相说："总统先生和大元帅想必已经知道，艾德礼先生和我十分关心能在本星期四访问伦敦。"说到这里，他自己忍不住幽默自己一下，发出了自嘲的笑声，"因此，我和外交大臣将不得不在7月25日星期三离开这里。但是，我们将返回这里参加7月27日晚上的会议，或许我们当中只有某些人能够回到这里来。"说着，丘吉尔又笑了。他知道，如果大选失败，他将就此告别波茨坦，不再回来。尽管，在波茨坦，丘吉尔越来越变成一个悲剧性的角色，但他依然表现出一种自信的样子。

7月24日，第八次会议是在当天下午17时开始的，直到19时30分才结束。而在这天中午，三国外长贝尔纳斯、莫洛托夫和艾登共进了午餐。席间的谈话，也只是一般礼节性的问候。最重要的事情发生在午餐之后。英国外交大臣艾登告辞之后，贝尔纳斯和莫洛托夫留了下来，美国人有一个重要的信息要告诉苏联人。就像昨天上午，贝尔纳斯就争论了好几天的德国赔偿问题与其进行秘密磋商一样，在经过摸底、试探以及吓唬之后，双方找出各自的底线再进行交易——如果苏联人和美国人无法就整个德国的赔偿计划取得一致意见，也许还是把德国一分为二更好，以使美国在西部实现其计划，苏联人在东部得到他想要的东西。此刻，贝尔纳斯又要与莫洛托夫说什么呢?

贝尔纳斯告诉莫洛托夫："我和杜鲁门总统希望你知道，我们认为大家都应该避免召开一次由50多个国家的代表所组成的和会。这样一次会议会导致没完没了的讨论，得不到一个令人满意的结果。对于那些同欧洲的重大问题没有直接利害关系的小国，不应给予它们就这些问题发表意见的机会。"因为考虑到英国人不一定同意美国人的这个意见，所以贝尔纳斯就必须先跟苏联人达成一致意见，但他又自我解释说，"不过要是他们（英国人）对这个问题多想一想"，一定会表示赞成的。

贝尔纳斯说：就美国人来说，新的外长会议可以在一种特别安排的基础上来处理问题。“三巨头”将形成会议的核心。因为邀请了中国和法国参加，他们形成核心这一事实就不会充分暴露出来，但是因为中国和法国并不是向德国提出“投降条款的签字国”，所以它们参加会议将受到一定的限制。

现在终于揭开了美国人背后的面纱——杜鲁门口口声声提议要召开一次世界性的“和会”，而且在谈判桌上凡涉及一时难以解决、难以调和的矛盾和问题，以及涉及美国核心利益的问题，他就拖延不决，并借口交给以后召开的和会上去解决。现在美国人终于承认，“和会”只是他们的一个幌子，他们根本就没打算召开和会。但令莫洛托夫捉摸不透的是，既然美国耍的这个花招确实在波茨坦的谈判桌上起到了作用，但贝尔纳斯为什么要打乱这个显然对美国人有利的整个计谋呢?

但无论怎样，莫洛托夫和斯大林从美国人开诚布公地揭老底中，读懂了一个非常积极的信号，那就是——美国人相信他们和苏联人会在他们两者之间解决一切问题。假使苏联人对英美关系曾经存有错觉的话，他们现在应该知道了，美国人会自以为是、为所欲为，英国人只有跟在他的屁股后面走，而美国人表面上口口声声高调地宣传自己真正关心小国的权利——现在贝尔纳斯的口信完全颠覆了美国人自我标榜的理念，其实质上正是说明美国人自始至终把小国的利益排除在任何和会之外。说白了，在波茨坦，杜鲁门已经把英国和世界上所有的小国推到了一边——他站在世界舞台的中央，只有他和斯大林两个人面对面地站着，指点世界江山，粪土万户侯。

此刻，“三巨头”的时代已经结束，“两巨头”正在操控着世界的未来。

这是一个十分炎热的下午。美国的李海海军上将和马歇尔将军，苏联的安东诺夫陆军上将，英国陆军元帅艾伦·布鲁克、皇家空军元帅波特尔和海军元帅坎宁安，坐在一间不透风的书房里，召开军事会议。因为天气闷热，会议开得比较沉闷。当三国将领分别汇报各自的作战计划和兵力部署时，旁听的将领则打起了瞌睡，他们在会场上永远找不到他们在战场上的激情，似乎开会总是一件非常无聊又空虚的事情，因此感到十分疲惫和困倦。

其实，元帅和将军们都知道，在波茨坦的谈判桌上，他们根本插不上手，因为一切的决定都是政治决定。当然，在波茨坦，无论是政治家，还是外交家，他们对于如何安排大大小小的国家的命运——哪个国家应容其存在，哪个国家应当牺牲，哪个国家的男女应任其受暴政蹂躏，哪个国家充当走卒和赌注——似乎都自命不凡，胸有成竹。

第十章

《波茨坦公告》的“莫库萨次”·倒霉的丘吉尔

7 月 25 日早晨，丘吉尔醒来时，他就感到闷闷不乐。他回忆说：“我梦见生命到了尽头。我看见——简直像真的一样——在一间空房间里，我的尸体放在一张桌子上，上面覆盖着洁白的被单。我认出了从被单下伸出来的我那双光着的脚。这一切太逼真了……或许这就是我的归宿。”

是的，波茨坦会议是在经历了曲折之后，在违背倡议者丘吉尔提出的条件之下召开的。看看他的回忆录就知道，他是如何怀着无限的悲哀来表述他的最后的失望心情的：“这最后一次波茨坦会议是注定为我的希望敲响丧钟的。”但是敲响丧钟的并不是会议本身。他不得不中途离开这一他所希望的并且有决心有能力按照他的愿望开到最后结束的会议，因为一个无法预料的意外事件阻止他完成他的“任务”，这就是英国的立法选举即将出炉新的结果。

因为考虑到丘吉尔需要回到伦敦等待英国大选结果，所以第九次全体会议就提前到 7 月 25 日上午 11 时举行。

会议开始前，“三巨头”终于坐在了灿烂阳光照耀下的塞西林霍夫宫前面，他们摆好姿势，让新闻记者拍照。杜鲁门站在斯大林和丘吉尔之间，两臂交叉，他的右手伸到左边抓住斯大林的手，他的左手握到右边拉住丘吉尔的手。穿着笔挺的双排纽扣西服的美国总统风度翩翩，笑容满面，悠然自若中透着一股自信。一身戎装的苏联大元帅斯大林，稳稳地站在那里仿佛一尊雕塑，表情严肃，不苟言笑，他会笑的眼睛穿过周围的人群，树立着一种不可一世的傲慢。同样喜欢军人制服的英国首相，没有熨平的淡色军服罩在他圆鼓鼓的大肚子外面，温和矮胖，看上去像一位老掉牙的慈祥老人，无论怎样看都已经是老态龙钟了。

第九次会议从头至尾只开了一个小时，谈话也是杂乱无章。国家首脑们给人的印象就是一个碰头会，集体合影，多多少少有点为丘吉尔的归程表示一点礼节的味道。

会谈是从继续讨论波兰西部边界问题开始的。其实这还是一些使人恼火的老问题。但“三巨头”今天的讨论，大家并没有大动肝火，或许是考虑到丘吉尔即将离开。后来，因为德国鲁尔区煤矿的问题还是引起了丘吉尔的抱怨，说英国今年冬天非常缺煤。

斯大林显得有些惊讶，说：“英国一直是出口煤的。”

丘吉尔说：“是的，可是矿工们还没有复员回来，缺乏劳动力。”

斯大林说：“有不少战俘嘛。在我们那里，战俘都在煤矿中干活，如果没有他们，我们也很困难。我们正在恢复我们各煤矿区的生产，并且利用战俘来做这件事。你们在挪威有40万德国士兵坐着没事干，他们甚至还没有被解除武装。不晓得他们在等待什么。这就是你们的劳动力嘛！”斯大林话中有话，颇具讽刺意味。

丘吉尔说：“我不知道这些德国战俘还没有被解除武装。至少我们是打算要解除他们的武装。我还未确切了解那里的情况。但是这个问题是由盟国远征军最高统帅部处理的。不管怎样，我要查问一下。我想再重复一遍，并提请你们注意，我们缺煤是因为我们在向法国、比利时及芬兰出口煤。我们不明白，在我们今冬缺煤的时候，波兰人为什么能够把还不属于它的领土上出产的煤卖给别人？”

“他们卖的是栋布罗瓦地区出产的煤，这个地区是他们的。”斯大林说，“我不习惯诉苦，但我要说，我们的处境更糟。我们牺牲了几百万人，我们现在人不够。如果我们诉起苦来，恐怕您会为俄国如此困难的处境而掉眼泪的！但我不想这么折磨您。”

丘吉尔和斯大林这样软硬兼施的谈判似乎有点东拉西扯了。就在大家漫不经心的时候，杜鲁门却宣读了一份早已准备好的声明，并要求载入会议记录。他说：

> 我想向我的同事们解释一下，在有关和约问题上我的权限有多大。我相信，当我们在这里讨论到应列入和约的那些问题时，大家都明白，按我国宪法的规定，只有得到美国参议院的同意，才能缔结和约。毫无疑问，当我支持这次会议上提出的某项提案时，这意味着，我将尽一切可能使参议院也能批准这项决定。但我不能保证它一定会被通过。我应该告诉你们，没有我国社会舆论的支持，我在这里不能支持任何提案，美国的政治气氛就是这样的。我声明这一点并不是要改变我与诸位同事讨论问题的基础，而是想解释清楚，宪法所赋予我的职权有多大。我的意思是：缔结和约时，我应该考虑这些条约须获得美国参议院批准这样一个事实。

杜鲁门总统宣读声明后，丘吉尔好像与他没有任何关系一样，一言不发，倒是立即引起了斯大林的警觉。

斯大林问道：“总统说的只涉及和约，还是涉及所有在这里讨论的问题?”

杜鲁门说：“只涉及按宪法规定应送交美国参议院批准的协定和条约。”

斯大林说：“也就是说，所有其他问题都可以决定?”

杜鲁门说：“只要无须送交参议院批准，我们在这里可以决定任何问题。”

斯大林说：“就是说，需要得到参议院批准的只是有关和约的问题?”

杜鲁门说："是这样的。我的权限很大，但我不想滥用这些权力。"

显然，杜鲁门的回答是模糊的，没有一句肯定的话，实际上他就是想告诉斯大林和丘吉尔，他保留了可以背弃美国人在波茨坦会议达成的任何协议的权利。

然而，美国总统的这个声明，就这样稀里糊涂地通过了。对杜鲁门的这种表现，小查尔斯·米评价说："杜鲁门一向有着坦率和诚实的好名声，而且从他在波茨坦的举止来看，我们可以看出为什么他对这一名声当之无愧，因为每当他想要进行欺骗时，他常常把实话告诉了人家。"

丘吉尔发表了他的最后一次演说，然后就保持沉默，他宣称："我已经完成任务了。"

"多么可惜呀！"斯大林说。

丘吉尔说："我希望我能回来。"

"从艾德礼先生脸上的表情来看，我并不认为他显出急于要接管你的权力的样子。"斯大林笑着说。

写到这里，我们必须谈及《波茨坦公告》了。

杜鲁门总统在他的回忆录中说："我来到波茨坦的时候曾携带一份号召日本投降的最后通牒的草案，这个草案我想同丘吉尔讨论一下。这将成为美国、英国和中国的政府首脑们的联合公告。在我于7月24日送给他看一份草案的副本之前，我曾等待参谋长联席会议在我们的军事战略方面达成协议。丘吉尔和我一样渴望俄国参加对日作战。他和我们的军事领袖们一样，都认为俄国的参战将加速日本的溃散。同时，丘吉尔很快地同意了那个公告的原则，并说他将把那份副本拿去进一步研究它的具体内容。斯大林当然不能参加这项公告，因为他同日本仍保持着和平，可是我考虑到最好是让他知道我们即将采取的行动。因而会议开会的期间，我曾私下同他谈到这件事情。"

其实，手中已经掌握核武器钥匙的杜鲁门，在事前根本就没有告诉斯大林，而是在《波茨坦公告》发出去之后，才装模作样地告诉了俄国人。但杜鲁门没有忘记邀请中国，他把中国列为发起的国家之一，并在7月24日把文件的内容通过电报发给了重庆的美国大使赫尔利，要求他以最快的速度取得蒋介石委员长的赞同。为了保证电报能够及时送达蒋介石手中，杜鲁门作了两手准备，在通过海军系统发出的同时，也经过陆军的电信系统发往重庆。可是经过24小时之后，仍然没有得到来自中国的任何消息。

难道是蒋介石不同意吗？事实并非如此。原来，送达中国的电报碰到了意外的困难。首先是在檀香山的通信站传送时耽搁了一些时间，其次是檀香山与关岛之间的通信繁忙也推迟了它的发送时间。但这份绕了大半个地球的电报终于在重庆时间晚上8时35分送到赫尔利手中。赫尔利立即回电杜鲁门：电报已经送给行政院院长宋子文，但蒋介石不住在重庆市内，而是住在长江对岸的黄山别墅里。这份电报将于当晚译出后送给蒋委员长。

第二天，赫尔利向美国总统详细叙述了他要见到蒋介石的困难："电报的译文到半夜以后才译毕。那时我们想找到一条渡船渡过长江也有困难。宋院长不愿意在深夜出来，同我一起赴黄山。今天早晨，外交部次长吴国桢陪着我到了黄山蒋委员长的官邸。蒋委员长仔细地阅读了译文，然后吴国桢把我所说的需要立刻同意的理由，翻译给他听。委员长自始至终谦恭有礼。在他对我说他同意这项公告之后，宣传部部长王世杰博士来到了。于是又有必要把整个事情再向王世杰解释一遍。顺便提一下，王氏将继宋院长任外交部部长。当蒋介石对这份电报表示了赞同后，我们发觉电话坏了。因此我只有回到重庆才能应用各项设备向你转达……"

蒋介石非常爽快地答应了杜鲁门的要求，同意中国列为《波茨坦公告》的发起国。但蒋介石提出了一项附加条件，那就是——他要求杜鲁门把列在公告上面的发起国的政府首脑名字的次序更换一下，也就是说，蒋介石要求把中国领导人的名字放在英国首相之前。显然，无论是从亚洲抗击日本法西斯主义最为重要的国家角度来说，还是从中国人民为此付出的长达14年的伟大抗争和巨大牺牲来说，蒋介石的要求是非常正确的，一点儿也不过分。当然，这样做会在中国国内政治上，对蒋介石也十分有利。杜鲁门回忆说："为了迎合蒋介石的心意，公告就作了这项改动。"

因为《波茨坦公告》的文本已经交给丘吉尔看过，他也同意中国作为发起国一同签署。在丘吉尔回伦敦等待大选的结果之前，他和杜鲁门已经商定，对《波茨坦公告》的措辞表示赞同，并同意由杜鲁门自行处理发布这份文件。

对于是否希望苏联作为发起国的问题，美国人也有不同看法。有"反绥靖鼻祖"之称的、77岁高龄的政界元老、在波茨坦会议结束之后即递交辞呈的陆军部部长亨利·史汀生，就曾向杜鲁门建议：也应该要斯大林在公告上签字。他的理由是：如果日本人把最后一线希望寄托在苏联保持中立上，这样一来，他们的希望就会落空了。当日本人感到主要的大国最终一致起来反对它的时候，它肯定会住手的。马歇尔将军和前国务卿科德尔·赫尔也同意这一意见，并且力促杜鲁门争取苏联"追认"公告。

在美国人主持起草《波茨坦公告》的过程中，杜鲁门的顾问团队对公告的内容还提出了各种各样的不同建议，归纳起来主要在三个方面：一是让斯大林签字；二是保证维护天皇制；三是着重指出原子弹可能导致全面毁灭。顾问们认为，以上三点中的任何一点都足以促使日本投降。但是，公告最后并没有采取其中的任何一点，杜鲁门统统删除了这些条文。

7月26日，因为丘吉尔的离开，波茨坦会议休会两天。这天早晨7点多钟，杜鲁门就乘总统专机"圣牛号"前往法兰克福视察美国军队，以此消磨时光。这天，杜鲁门再次享受到了美军最高司令官的威权和荣光。当他下了飞机乘着敞篷车进入法兰克福时，第三装甲师的官兵们沿着约 30 英里长的道路两旁排列着，接受总统的视察。中午，杜鲁门和艾森豪威尔在黑本海姆共进午餐。他们吃得十分简单，主要是炸鸡、汤、法式油煎马铃薯、豌豆、青色拉，还有酒和咖啡。下午，杜鲁门受到了被称作“伐木者”的第八十四步兵师的仪仗队的欢迎，并检阅了仪仗队。同样，该师官兵也在道路两旁站成单行，排列长达 7 英里以上，接受总统的检阅。在这座原本为德国皇族宫邸建筑的司令部里，杜鲁门看到了一面红旗，上面写着“俄国第三十二斯摩棱斯克骑兵师向第八十四伐木者师致敬”，这是在易北河会师时苏军赠送给美军的礼物。

这天傍晚 19 时，当杜鲁门回到波茨坦巴贝尔斯堡的时候，他终于听到了来自中国的消息，蒋介石赞同促令日本投降的《波茨坦公告》。夜长梦多，况且，杜鲁门无法预测明天丘吉尔大选的结果，如果丘吉尔失败，那么也就意味着他与英国首相签署的公告将成为无效的废纸，反而还要重新与新任首相艾德礼浪费口舌。更为重要的是，总统在 7 月 24 日第八次全体会议结束时，就以漫不经心的方式告知斯大林美国有了新型炸弹，并且在这一天授权陆军部向美国陆军战略空军队司令斯波茨将军下达了向日本投掷原子弹的作战命令（**本书第十二章作详细叙述**）。于是，杜鲁门立即命令将公告的副本散发给新闻界，要求在 7 月 26 日当晚 9 时 20 分发表，向日本发出这份由美国、中国和英国首脑签署的最后通牒。同时，杜鲁门还指示华盛顿的战时情报部门立刻用一切可能的方法使《波茨坦公告》让日本民众知道。

作为二战的法律文件，《波茨坦公告》的历史价值、贡献和意义，已经不再需要历史学家、文学家包括政治家用任何冠冕堂皇的文字进行修饰了，它本身就是战后世界秩序的准绳和标志。其中涉及中国台湾问题，包括钓鱼岛归属问题，以及琉球群岛问题等，人们都可以在这里找到历史的法律根据。

现将全文摘录如下：

中美英三国促令日本投降之波茨坦公告

（1945年7月26日于波茨坦）

美英中三国政府领袖同意对日本发表公告，促其立即无条件投降，公告原文如次：

美英中三国政府领袖公告

一、余等：美国总统、中国国民政府主席及英国首相代表余等亿万国民，业经会商，并同意对日本应予以一机会，以结束此次战事。

二、美国、英帝国及中国之庞大陆海空部队，业已增强多倍。其由西方调来之军队及空军，即将予日本以最后之打击，彼此之武力受所有联合国之决心之支持及鼓励，对日作战，不至其停止抵抗不止。

三、德国无效果及无意识抵抗全世界激起之自由人之力量，所得之结果，彰彰在前，可为日本人民之殷鉴。此种力量当其对付抵抗之纳粹时，不得不将德国人民全体之土地、工业及其生活方式摧残殆尽。但现在集中对付日本之力量则较之更为庞大，不可衡量。吾等之军力，加以吾人之坚决意志为后盾，若予以全部实施，必将使日本军队完全毁灭，无可逃避，而日本之本土亦必终归全部摧毁。

四、现时业已到来，日本必须决定一途，其将继续受其一意孤行计算错误，使日本帝国已陷于完全毁灭境地之军人之统制，抑或走向理智之路？

五、以下为吾人之条件，吾人决不更改，亦无其他另一方式。犹豫迁延，更为吾人所不容许。

六、欺骗及错误领导日本人民使其妄欲征服世界之威权及势力，必须永久剔除。盖吾人坚持非将负责之穷兵黩武主义驱出世界，则和平安全及正义之新秩序势不可能。

七、直至如此之新秩序成立时，及直至日本制造战争之力量业已毁灭，有确实可信之证据时，日本领土经盟国之指定，必须占领，俾吾人在此陈述之基本目的得以完成。

八、《开罗宣言》之条件必将实施，而日本之主权必将限于本州、北海道、九州、四国及吾人所决定其他小岛之内。

九、日本军队在完全解除武装以后，将被允许返其家乡，得有和平及生产生活之机会。

十、吾人无意奴役日本民族或消灭其国家，但对于战罪人犯，包括虐待吾人俘虏者在内，将处以法律之严厉制裁。日本政府必须将阻止日本人民民主趋势之复兴及增强之所有障碍予以消除，言论宗教及思想自由以及对于基本人权之重视必须建立。

十一、日本将被许维持其经济所必需及可以偿付实物赔偿之工业，但可以使其重新武装作战之工业不在其内。为此目的，可准其获得原料，以别于统制原料。日本最后参加国际贸易关系当被准许。

十二、上述目的达到及依据日本人民自由表示之意志成立一倾向和平及负责之政府后，同盟国占领军队当即撤退。

十三、吾人通告日本政府立即宣布所有日本武装部队无条件投降，并对此种行动诚意实行予以适当之各项保证。除此一途，日本即将迅速完全毁灭。

直到《波茨坦公告》即将向全世界发表的时候，美国人才将消息告诉苏联人。

美国人为什么要这么做呢?

我们知道，在波茨坦，斯大林与美国人一见面，就告诉杜鲁门，到8月中旬的时候，他就会准备好进攻日本了。这让杜鲁门很是高兴。“我得到了我为此而来的东西，”他在7月18日对妻子说，“斯大林在8月15日参战，没有附加条件……我要说我们现在要提前一年结束战争了，想想那些不会给杀死的孩子吧。那是件重要的事。”7月18日斯大林与丘吉尔的会谈，英方的记录是：“俄国显然打算在8月8日之后不久就进攻日本［元帅（即斯大林）认为可能要在两个星期后］。”在7月24日与英国和美国的各位参谋长讨论的时候，苏军代表安东诺夫说，红军“准备在8月的下半月采取军事行动”。苏联的军事计划和在远东的备战工作（这些工作当时还没有完成），以及斯大林和安东诺夫关于红军发动进攻的时间向他们的西方盟友给出的保守估计（既是出于安全原因也是考虑到诸如天气之类的不可预测的偶然因素），这些都与苏联人在雅尔塔的承诺（打败德国2-3个月后参战）相一致。

英国皇家历史学会会士杰弗里·罗伯茨认为：“在波茨坦，对于苏联参加远东战争这件事，尽管安东诺夫与他的西方同行进行了相当详细的讨论，但它在会议的政治交流中，几乎根本没提。斯大林没什么可说的；政治交易已经达成了，而攻击行动的计划和备战工作也在紧锣密鼓地进行着。他有可能提出过战后对日本的占领问题，但在苏联没有直接参战之前，美国人显然是不会赞成给苏联一个占领区的。在波茨坦，斯大林和安东诺夫两人都坚持一点，即苏联参战的条件是要与中国结盟，而且那要写进在雅尔塔达成的协定中。但是，这不是个绝对必要的前提。如果中国不承认斯大林对大连和亚瑟港（旅顺）的要求，那红军就只好夺取它们。对杜鲁门来说，让问题变得复杂化的是，到了在波茨坦召开会议的时候，美国人对苏联加入对日战争的兴趣正在减退。在军事上，苏联参战不再像曾经的那样被认为至关重要了。7月17日原子弹的试验成功，以及有越来越多的迹象表明日本正在准备求和，这些都强化了上述看法。”

现在，从杜鲁门决定抛弃苏联作为《波茨坦公告》签署国的方式上，就可以看出美国人在远东问题上对苏联人态度的变化。这是一份由英、中、美联合发表的公开声明，要求日本要么无条件投降，要么面临“迅速而彻底的毁灭”。其实，在美国人起草的最初的宣言草案中，签署国也包括苏联，而且在英、中、美的武库中加上了“苏联的巨大军事力量”。

但是，在7月26日晚间贝尔纳斯给莫洛托夫送去的新的宣言文本中，这些话都被删掉了。被蒙在鼓里的莫洛托夫一接到《波茨坦公告》的文本，赶紧派他的译员打来电话询问美国人，是不是可以延迟两三天再发布。同时，苏联人立即着手起草了一份宣言草案，其内容如下：

结为同盟的美、中、英、苏各民主国家的政府认为，现在该是必须向日本表明他们的态度的时候了。

八年前，日本向中国发动了进攻，并在此后对中国人民进行了一场血腥的战争。后来，日本又背信弃义，袭击了美国和英国，从而在太平洋开始了一场强盗战争。而且这一次日本使用了跟它在40年前进攻俄国一样的背信弃义的突然袭击。

投身于战争的日本，企图利用希特勒在欧洲的侵略活动所造成的局势。中国人民的坚决抵抗和美英军队的英勇斗争，打乱了日本军国主义分子的掠夺计划。

与西方的希特勒德国一样，好战的日本给热爱和平的各国人民带来了而且还将带来无数的灾难。尽管德国已经战败，欧洲的战争也已结束，但在远东，日本还在拖延着这场血腥的战争。各国人民的灾难和战争的受害者仍在增加，尽管把战争继续拖延下去已毫无意义。这种局面再也不能容忍下去了。

全世界的人民都热切地期盼结束这场旷日持久的战争。美国、中国、英国和苏联，认为它们有责任挺身而出，共同采取决定性的措施，结束这场战争。

日本应该明白，继续抵抗毫无意义，只能使日本人民自己面临最大的危险。日本必须结束这场战争，放下武器，无条件投降。

然而，15分钟后，苏联人得到美国人的通知说，《波茨坦公告》已经发给新闻界了。

显然，美国人根本不可能改变计划，杜鲁门一定要抢在斯大林前面在政治上首先向日本发难，抢占太平洋战争和世界东方战场的主导权。

第二天，7 月 27 日，莫洛托夫会见了贝尔纳斯。

贝尔纳斯淡然地说："我在今天早晨才知道您要求推迟两三天发表对日本的声明，这已经太晚了。"

莫洛托夫说："我是昨天晚上一得到国务卿的信后，就立即提出这个要求的。"

贝尔纳斯装作无奈地耸耸肩膀，双手一摊，说："即使这样也晚了，因为公告在 7 点钟就已经送给新闻界以供一清早发表。由于政治上的原因，杜鲁门总统认为有必要立即发表声明促令日本投降。两天以前，总统同丘吉尔首相讨论这件事，首相同意发表这项声明，总统随即致电蒋介石委员长。当他昨天从法兰克福回来时，他收到了蒋介石表示同意发表声明的电报。"

莫洛托夫说："这样说来，我们是直到《波茨坦公告》发表以后才得到通知的。"

贝尔纳斯点点头，说："我们没有同苏联政府商量，因为苏联没有和日本交战，你们仍然处于中立状态，我们不希望使你们为难。"

尽管这个借口相当缺乏说服力，但贝尔纳斯的这句解释一下子说到了点子上，就像斯大林一直以苏联没有和日本交战为借口不愿意与中国领导人在开罗会议上见面一样，莫洛托夫只好接受这个说法，淡淡地回答说："我没有被授权来进一步讨论这件事。"

随后，两位外交部长的话题马上转移到战争赔偿问题上，美国人建议在占领区之间交换赔偿，进一步暗示美国关于赔偿问题的方案将导致德国的分裂。当然，贝尔纳斯传递给莫洛托夫总的信息是：美国也能够单方面地解决问题，不仅在东欧，而且也在东半球和西半球。

7 月 27 日，东京时间早晨 6 时，日本的广播电台收听到了《波茨坦公告》的全文。日本政府赶忙召集会议，用了整整一天时间来讨论《波茨坦公告》的含义。对此，日本政府内阁中的鹰派和鸽派出现了两种截然不同的意见。

日本外务相东乡认为《波茨坦公告》“显然不是敦促无条件投降的命令”，他劝天皇“以极其慎重的态度”对待这一最后通牒。理由有二：第一，苏联政府没有签署文件，因而仍然保持中立，并有可能替日本人出面谈判；第二，“无条件投降”这句话只出现了一次，而且只是在提到“日本武装部队”时才使用的。铃木首相同意东乡的意见，认为对公告需要作一个“极其慎重”的反应。而一意孤行的军国主义者、海军上将丰田则主张应该立即发表声明，指责《波茨坦公告》“是荒谬的，因而不予考虑”。最终，日本内阁两派达成暂时妥协，他们将向报界提供一份经过删改的公告文本，政府对此不作任何评论，也就是说，对这项最后通牒不作任何批评或表示拒绝。

第二天，日本报界针对《波茨坦公告》立即作出了反应。《每日新闻》用的标题是《可笑的事情》；《朝日新闻》的社论说，“既然联合宣言……并不具有什么重要意义，它只会更加增强政府坚定地把战争胜利进行到底的决心!”外务相东乡看到后，非常恼火，他怀疑是军方收买了报社，以歪曲日本政府对《波茨坦公告》的反应。因此，当美国的飞机散发了成千上万张传单威胁日本人将遭到可怕的毁灭时，东乡立即当面向军方领导人提出了指责。而军方的回答则是，请铃木首相明确地和断然地拒绝《波茨坦公告》。

由于鹰派和鸽派争执得厉害，报纸也没有能够正确地表达自己的意见，铃木首相不得不在 7 月 28 日下午 3 时亲自召开一次记者招待会。他说：“在我看来，《波茨坦公告》不过是《开罗宣言》的改头换面而已。因此，日本政府并不认为它是一件十分重要的事。我们对此不予理会（Mokusatsu，其日文音译为‘莫库萨次’）。”据报道，首相继续补充说，日本将“坚决战斗下去直至取得这场战争的胜利”。另有报道说，他省去了这句空洞的大话。但无论如何，日本政府这种暧昧的态度，无法让美国人接受。后来有人揣测问题就是出在“莫库萨次”这个词语上面。从字面上来讲，这个词语的意思是“以沉默表示拒绝”。美国联邦通讯委员会的国外广播情报局则把这个词译成

“不予理会”。据说，铃木后来告诉他的儿子，他本来想用这个词表达英语中的“不予评论”（No comment）一词。

看到日本政府和报界对《波茨坦公告》所持“莫库萨次”的态度，美国的《纽约时报》用大字标题表达了美国领导人对日本所作反应的理解——“日本正式拒绝盟国促其投降的最后通牒”。

显然，战争已经不可避免。其实，日本人哪里知道，三天前的7月25日，杜鲁门总统在发出最后通牒《波茨坦公告》之前，就已经批准了对日本投掷原子弹的轰炸令，因为他需要“使军事车轮转动起来”。同时，他还向陆军部长史汀生发出指示：“除非我通知你日本对我们的最后通牒的答复是可以接受的，否则这一命令继续有效。”而且，美国人普遍认为，总统撤回命令的这种可能性极小。杜鲁门后来回忆说：“原子弹问题并不是了不起的决定，……不是什么会使你感到担心的决定。”

——这就是执迷不悟、丧心病狂的日本法西斯军国主义的宿命。

再回头看看命运关键时刻的丘吉尔。

7月26日，丘吉尔离开波茨坦会议的第二天，他在伦敦唐宁街10号获悉了自己在竞选中失利。英国的选民用民主的选票让他从政治舞台上瞬间消失了，他不必再返回波茨坦了。

那一刻，丘吉尔就坐在大臣们办公室隔壁的一间小屋子里，呆呆地出神。当他看到莫兰勋爵走进来时，他静静地抬起头来，说：“噢，你知道发生了什么事?”莫兰说：“英国人民忘恩负义。”丘吉尔马上回答说：“噢，不，我不这么认为。他们经历了一段非常艰难困苦的时期。”这匹曾经好几次被赶下台遭受屈辱的老战马，依然还有战斗的朝气。尽管丘吉尔的保守党失去了政府，但他在议会中保留了自己的席位，成为反对党领袖。这天晚上，他的女儿玛丽始终陪着他。他大喊着，不肯卸下公务的担子，说：“新政府将面临十分艰巨的任务！我们必须尽一切可能帮助他们。”但是事与愿违，他知道，“明天将会很不习惯，不会有人来向我请教国家大事了”。

远在波茨坦的英国外交部常务次官亚历山大·贾德干获悉丘吉尔失利后，在写给自己妻子的信中说：“对可怜的老温斯顿来说，选举一定像一个晴天霹雳。我为这位老先生感到非常难过。这次选举表现了卑鄙的忘恩负义情绪，是我们国家的耻辱。”

7 月 27 日，丘吉尔向英国女王递交了他的政府辞呈。对一个被选民摔在一旁的政治家来说，什么才是适合于他扮演的角色呢？他自言自语地说：“我要回去搞我的艺术了。”随后，他又跟女儿说：“玛丽，把我上次在巴黎画的那幅油画找出来。”从 28 日起，他的接任者、工党领袖、波茨坦会议的另一位成员艾德礼，占据了他在波茨坦会议的席位。从此，波茨坦会议的进程再次发生变化。

后来，丘吉尔在回忆录中还详细地描述了自己从波茨坦回国时的心情。大概在飞行的万米高空中，这位精于算计的政治家才有时间冷静地思考他刚刚参加过的会议吧。他这么写道：

一大批意见分歧的问题……堆积在架子上。如果选举获胜我回来的话，正像一般所预料的那样，我打算就这一大堆有待作出决定的问题跟苏联政府搏斗。例如，我和艾登先生都决不会同意以西尼斯河作为边界线。奥得河和东尼斯河一线已经被公认是作为波兰退回到寇松线的补偿，但是，让苏联军队前进到甚至超越西尼斯河的土地，这是以我为首脑的任何政府从来不会也永远不会同意的。这不仅事关原则，而且还是一件关系到另外 300 万离乡背井人民的重大事情。

还有其他许多事情，应该同苏联政府以及波兰人去力争。波兰人吞下了德国的大块土地，显然已经成为替苏联卖力的傀儡。所有这些谈判都被大选的结果拦腰截断，不合时宜地结束了。我讲这些并不是要责备新政府的大臣们，他们被迫在没有任何认真准备的情况下去谈判，当然不了解我所考虑过的主意和计划。我的想法是要在会议的结尾来一次“摊牌”，而且如果必要的话，应该来一次公开决裂，而不要把除奥得河和东尼斯河以外的任何东西给予波兰。

然而，无论丘吉尔的回忆录写得多么漂亮，他在回国的飞机上所想到的这些问题都纯粹是放了一阵空炮罢了。他知道，对他和他的大英帝国来说，波茨坦会议将是一次彻底的、无可挽回的失败。

丘吉尔抱怨说："大选的结果把这些谈判切割成前后两段，并使其过早地结束了。"他也曾公开承认："如果选民再次批准对我的委任，这是人们一般所认为的，我的意图是，就这条（奥得—尼斯）分界线，同苏联闹翻。"然而，前往波茨坦的新政府的部长们没有按照丘吉尔的道路继续前进。他的观点和计划，新政府的人一无所知，而是带着新的主张和精力来参加会议了——艾德礼的方案恰恰是要坚决抛弃丘吉尔力图保存和重建的帝国。相反，如果丘吉尔重返波茨坦，他就会实现他的"计划"——"特别是在会议结束时要跟斯大林'算算账'的计划"。

英国人民及时阻止了铤而走险的丘吉尔。英国选民以他们的有益行动，把他们国家极享盛名的人物赶下了台，不过他对他的祖国的贡献，没有几个人能赶得上。他们剥夺了丘吉尔推行的政策，因为这条政策最终将导致战争。

波茨坦会议是大英帝国衰亡的标志。英镑集团瓦解了，英国的经济崩溃了；印度将在以前的殖民地中带头争取独立；英国军队在远东战争时也只允许发挥很小的作用；美国则把中东从英国手里夺过去；战争使英国人民筋疲力尽。当然，英国的没落是多种因素造成的，没有任何人，包括丘吉尔在内，在那个历史的现场，能够汇聚起所有的力量来阻止这个末日的来临。当丘吉尔在波茨坦的谈判桌上提到希望美国帮助英国重建的问题时，杜鲁门也总是躲躲闪闪。他在谈判桌上最巧妙的虚张声势和咆哮，再也无法把过去帝国的力量集聚在一起了。难怪丘吉尔在梦中看见他的遗体躺在一条白床单下面。其实，那个遗体不是他自己，而是他的帝国。

7 月 28 日傍晚，英国新任首相克莱门特·艾德礼和新任外交大臣欧内特·贝文抵达波茨坦。除了丘吉尔和他的外交大臣艾登、私人医生莫兰没有来以外，英国代表团的成员没有再发生其他变化。翻译伯斯少校回忆说："下飞机不久，艾德礼和贝文就带我一起去拜访斯大林。在这第一次会见中，除我们这些人外只有莫洛托夫在场。我觉得，斯大林带了一点怀疑的神情来打量我国这两位政治家。同时接待也不够热情和友好。这也许是理所当然的，因为虽然斯大林认识艾德礼，而这位新任外交大臣却是一个未知数。"

斯大林和莫洛托夫对英国两位新的对手的确怀有一点戒心，甚至对他们的选举结果表示不安。莫洛托夫甚至当面反复絮叨艾德礼："你不是说选举结果会很接近吗？可是现在你们拥有一个巨大的多数。"艾德礼说："是啊，我们没办法说出结果到底会怎样？就连我自己也本以为丘吉尔会'赢定'这场选举的……"

当天晚上 9 时 15 分，艾德礼、贝文、贾德干来到"小白宫"礼节性拜访杜鲁门，贝尔纳斯和李海也在座。与斯大林的态度不太相同的是，杜鲁门在回忆录里认为："艾德礼对世界上的问题有深刻的认识；我知道我们的共同努力将会顺利进行下去。"美国总统觉得贝文最初看来"是一个不易打交道的人，但是当我同他比较熟悉之后，我发现他是一个心地善良、头脑清醒而通情达理的人"。

波茨坦会议第十次会议，是在英国首相易人之后召开的第一次会议。这次会议是原定于 7 月 27 日（星期五）下午 5 时举行，也因此推迟到 7 月 28 日晚上 10 时 30 分举行。新人和故旧终于在休会三天之后，坐在了谈判桌前。

杜鲁门宣布开会之后，先是由苏联代表团就 7 月 25 日苏、美、英外长会议情况作了报告，接着是美国代表团提到了从捷克斯洛伐克迁出德国居民的问题。随后，英国代表团提议建立一个委员会起草会议公报，另建立一个委员会起草会议各项决议的总议定书。苏、美代表团同意这项建议。随后，会议立即决定成立下列委员会：一是会议公报起草委员会，美国方面有沃尔特·布朗、怀尔德·富特参加，苏联方面有索波列夫、戈伦斯基参加；二是会议决议总议定书起草委员会，美国方面有邓恩、马修斯、科恩参加，苏联方面有葛罗米柯、柯兹廖夫、格里巴诺夫参加。英国方面有布里奇斯，布鲁克、海特、金等人同时参加两个委员会。然后，苏联代表团接着报告了1945年7月27日外长会议的情况。

上述工作完成之后，斯大林说话了："我想通知一下，我们俄国代表团收到了日本的一项新建议。"接着，大元帅以一种冷嘲热讽的语气表达了不满，"尽管别人在制定关于日本的什么文件时没有很好地向我们通情报，但是我们仍认为当有什么新的提议时应该互相通气。"他直截了当地指出"我们事先并没有得到通知，说英美政府要发表劝降声明。"但不满归不满，在苏联向日本发动进攻之前，斯大林还是着眼大局放眼长远，没有放弃公开表明同盟国的团结一致。

显然，斯大林对美国没有事先征求苏联意见就发表《波茨坦公告》一事耿耿于怀。或许，即使美国人当时与他通气了，他也不一定会在《波茨坦公告》上签字，但他现在完全有理由把此事作为一个把柄，在谈判桌上调侃一番。大卫·霍洛韦概括了这一连串的事件对于评估斯大林远东政策的重大意义："斯大林政策的一个突出的方面……是对于自己想要去做的事情，他坚持要努力得到同盟国的同意。当罗斯福在雅尔塔同意了他参战的政治条件时……他非常高兴。他非常希望罗斯福和丘吉尔在《雅尔塔协定》上签字。为了作为中国的盟友参战，他努力及时与中国签订条约。他为《波茨坦公告》准备了另外一份由他自己还有他的盟友签署的宣言。他要求杜鲁门公开邀请苏联参战；而在该要求被婉言拒绝后，他还是把苏联的参战说成是为了响应同盟国的求助。"

接着，苏方翻译巴甫洛夫代斯大林用英文宣读了日本驻苏联大使佐藤的电报，要点如下：

7月13日，日本大使荣幸地提交了日本政府准备派近卫公爵来莫斯科访问的建议。大使已接到苏联政府的答复，但其中对日本的建议并没有作明确的回答，因为它没有提出具体的建议。为了进一步明确这一件事，大使作如下的说明：近卫公爵的使命是要求苏联政府进行调停，以结束这次战争，并在这方面转达日本要求谈判的全部情况。日本天皇也将授权近卫公爵对苏日在战争期间和战后关系的谈判。同时，大使愿重复说明，近卫公爵受天皇陛下的特别嘱咐，通知苏联政府，希望避免战争中双方军队更多的牺牲，完全是天皇陛下的愿望。鉴于上述情况，陛下希望苏联政府对他的要求给予适当的考虑，并同意日本使节来莫斯科。他又说，苏联政府是知道近卫公爵在日本所享有的地位的。

巴甫洛夫宣读完毕之后，斯大林冷冷地说："这个文件没有一点新东西，只有一个建议：日本提出要同我们合作。我们打算按上次的精神回答他们。"

斯大林的意思就是说，拒绝日本天皇"要求苏联政府进行调停"。

对苏联如此肯定地否定了日本的建议，杜鲁门向斯大林表示了感谢。后来，杜鲁门在他的回忆录中说："我们不断地向日本广播7月26日的最后通牒，并通过一般的中立国的外交途径，也就是通过居间的瑞士和瑞典转达我们的最后通牒。日本人并没有给我们答复。但是在斯大林向会议宣读日本的电报的这一天（7月28日），我们的无线电监听员报告说，东京电台重申日本政府作战的决心，我们的声明被说成是'不值得考虑'，'荒唐'和'无礼'的。"

接着，杜鲁门宣布开会，他说："有两个问题是苏联代表团想要我们首先考虑的。第一是意大利和其他附庸国的问题，第二是奥地利和意大利的赔偿问题。"

斯大林插话说："此外，最好是还能提出德国船舰问题和波兰西部边界问题。"

杜鲁门说：“我觉得，我们可以在这里讨论任何问题，我准备听取各种建议，然后好就这些问题表示自己的看法。”

艾德礼说：“我想申明，我同意讨论所有这些问题。同时，我对英国发生的事情影响了会议的工作表示歉意。不过，我们在这里准备待多久都可以，研究什么问题都可以。”

会议是晚上12时05分结束的。此刻此时，在波茨坦会议上，几乎每一个人都有着这样的感受，全体会议自从少了丘吉尔以后就显得黯然失色了，会议被一种沉闷的气氛所笼罩。一位美国外交官员回忆说：“自从把丘吉尔换成艾德礼和贝文来参加会议以后，斯大林完全失去了兴趣。他曾因同丘吉尔隔着桌子面对面讨价还价而享受乐趣。”

事实确实如此，这个时候的英国实际上已经被推到了谈判桌的另一边。艾德礼和贝文已经无法像丘吉尔和艾登那样顺畅地参加后面的讨论，他们已经靠边站了。值得注意的是，无论是斯大林还是杜鲁门，对于艾德礼的来访，他们均没有进行礼节性的回访。从此以后，无论是大元帅还是总统，他们既不跟英国首相商量，也不再去争取他的意见，而只是把既成事实通知他。杜鲁门在写给母亲的家书中说：“丘吉尔太倒霉了，但对世界来说这倒可能是好事。”杜鲁门的女儿玛格丽特在她关于父亲的传记里评论说：“显而易见，不必认为如果没有丘吉尔从中作梗，他本来会有更好的机会来跟斯大林达成协议的。”

下棋找高手。丘吉尔的离去，的确让斯大林和杜鲁门都失去了对全体会议的兴致。因为这时候“三巨头”变成了“两巨头”，尽管英国外交次大臣贾德干希望称为“两个半巨头”。现在，“两巨头”可以不再在全体会议上讨论实质性问题了，而是在幕后进行交易。

是的，美国和苏联搞一项交易的时刻已经到来，既不需要英国人参加，也不用公开发表。

第十一章

改变世界的16天：交易终于做成了

7月29日，是波茨坦会议在德国的第二个星期天。

这天中午，当杜鲁门从考罗锡姆教堂做完礼拜回到巴贝尔斯堡的“小白宫”时，看到莫洛托夫和他的译员卡隆斯基正在那里等他。

简单寒暄之后，莫洛托夫告诉杜鲁门，斯大林由于感冒遵医嘱不能离开寓所参加会议，因此他愿意来与总统举行会谈，希望讨论某些预定在下次会议上提出的问题。杜鲁门答应了。因此，第十一次全体会议也推迟一天改在7月31日下午4时举行。

不管斯大林是否真的患了感冒，还是患了“外交病”，但这个理由足够让苏联人和美国人有时间在幕后进行艰苦的讨价还价，并且光明正大地将英国人晾在一边。于是，杜鲁门把国务卿贝尔纳斯、李海上将和翻译波伦叫到了自己的寓所。莫洛托夫一开始就提出希望讨论在会议中碰到困难的问题。贝尔纳斯直截了当地提出了两个问题——波兰西部边界问题和德国赔偿问题，并说：“如果能就这两个问题做出决定，我们就有可能考虑结束波茨坦会议了。”

在一个小时左右的会谈中，双方就这两个比较突出的问题，各自拿出了自己的建议，但双方谁都没有说服谁，仍然在那里不厌其烦地试探、摸底，翻来覆去地表明自己的立场，以明确哪些东西是可以进行交易的。

最后，莫洛托夫代表斯大林提出了第三个问题，即苏联参加对日战争的直接原因。“我们认为最好的办法是，美英和其他在远东作战的盟国，正式向苏联政府提出参加对日作战的要求。这个要求可以用日本拒绝接受向盟国投降的最后通牒和缩短战争与拯救人类为根据。”

杜鲁门想了想，告诉莫洛托夫：“我愿意仔细考虑苏联的建议。”

莫洛托夫走了之后，杜鲁门一直非常纳闷，斯大林为什么对日宣战要找一个“直接原因”呢？为此他一直思考这个问题，并在当天下午与来访的英国首相艾德礼，进行沟通。总统的顾问们分析认为，斯大林的盘算十分清楚：第一，有了同盟国提出参战的请求，就表明苏联将成为取得战争胜利的决定性因素，提升了苏联的形象和地位；第二，苏联不主动提出对日宣战，把皮球踢给同盟国，两面讨好；第三，《雅尔塔协定》中有关出卖中国利益给苏联的要求必须得到满足。显然，杜鲁门绝对不能同意以这种恳求的方式，邀请苏联参加对日作战。他说：“我看出其中的讽刺性的外交动向：俄国在这个时候参战，似乎是制胜的决定性因素。在雅尔塔，俄国曾经同意，而在波茨坦，俄国也重申它的诺言：在俄国与中国实现缔结互助的条件下，在欧洲战争胜利后三个月内参加对日作战。这里没有别的条件，美国和盟国当然没有义务来替俄国找理由和日本决裂。但是我们的军事顾问竭力主张俄国参加战争，以便牵制住日本在中国大陆的大量兵力，从而拯救美国和盟国成千上万的生命。而我却不愿意让俄国分享我们长时期艰苦和英勇作战而取得的果实，因为俄国并没有献出它的力量。”

但是既然苏联已经提出了要求，杜鲁门又不能完全拒绝。他在和自己的军事顾问们以及英国代表团进一步商讨后，作出了一个十分巧妙的回答——根据 1943 年 10 月发表的关于普遍安全的《莫斯科宣言》以及尚待批准的《联合国宪章》所规定的各国应承担的义务，俄国参战是没有疑问的。于是，7 月 31 日，在刻意耽搁了两天之后，杜鲁门致信斯大林说：

您要我写一封关于远东局势的信件给您，我应您的建议，兹附上一信稿，我打算在您通知我您已同中国政府达成协议之后，在您方便的时候把这封信寄给您。如果这信稿使您满意，您可以在您达成这种协议的时候立即让我知道，我将用电报把这封信拍给您，在您认为合适时加以使用。我还愿意由最快的信使把我签名的正式信件送上。如果您决定使用此信，就请使用。但是，如果您决定发表一项声明，以其他理由作为您的行动的根据，或者由于其他原因而不愿使用此信，我也会感到满意。一切听凭您处理。

哈·杜鲁门

杜鲁门给斯大林准备的这封信，其格式和内容如下：

尊敬的斯大林元帅：

美国、苏联、联合王国和中国于1943年10月30日在莫斯科签订的宣言的第五节规定：

“5. 为维持国际和平与安全起见，在法律与秩序重建及普遍安全制度建立以前，各该国将彼此磋商，并于必要时与联合国家中其他国家磋商，以便代表国际社会采取共同行动。”

拟议中的《联合国宪章》第106条规定：

“在第43条所称之特别协定尚未生效，而安全理事会认为尚不得开始履行第42条所规定之责任前，1943年10月30日在莫斯科签订四国宣言之当事国及法兰西应依该宣言第五节之规定互相洽商，并于必要时，与联合国其他会员国洽商，以代表本组织采取为维持国际和平及安全宗旨所必要之联合行动。”

宪章第103条规定：

“联合国会员国在宪章下的义务与其依其他国际协定所负之义务有冲突时，其在本宪章下之义务应居优先。”

虽然宪章尚未正式得到批准，但是它在旧金山会议上得到苏维埃社会主义共和国联盟代表的同意，而且苏联政府将成为安全理事会常任理事国之一。

在我看来，根据上述莫斯科宣言的条款和宪章的规定，苏联表明它愿意同目前在对日作战的其他大国进行磋商和合作，以便代表国际社会采取共同行动来维护和平与安全，将是适当的。

您的诚挚的

哈·杜鲁门

1945年7月31日

瞧！杜鲁门的回答真是巧妙极了。信中，他没有任何恳求，而且他的话听上去更像是一位老师在提醒一个忘了写自己家庭作业的学生一样。

当然，邀请苏联参加对日作战只不过是波茨坦会议的一个小插曲而已，应该完成的主要事情是正在酝酿中的交易，以及贝尔纳斯和莫洛托夫两人在幕后讨价还价之后的相互退让和妥协。

7月30日下午4时30分，贝尔纳斯再一次会见莫洛托夫。一见面，美国国务卿就送给苏联外交人民委员两件礼物。第一件礼物是关于波兰西部边界问题，作为一种让步，美国人同意把波兰行政管辖权扩展至西尼斯河而不是东尼斯河。第二件礼物是关于同东欧罗马尼亚、匈牙利、保加利亚和芬兰建立外交关系的问题，他“努力在他的英国朋友和苏联朋友之间谋求一项妥协”，并找到了妥协的方案——三大国同意研究在“可能的限度内”建立外交关系的问题，让英国人在这段含糊其词的话面前，由反对变得不吭声。

随后，贝尔纳斯说：“我们就要来解决所有问题中最为棘手的赔偿问题了。”显然，这一次应该由俄国让步了。贝尔纳斯把他对百分比的解释写在纸上，然后与莫洛托夫花了很长时间对这些枯燥的数字进行讨价还价，最终也没有达成双方满意的结果。莫洛托夫最后表示，尽管还存在分歧，但他感到在赔偿问题上已经取得了一些进展，他将会去如实向斯大林报告。

当天晚上，外长会议座无虚席。因为下午已经进行了秘密的沟通，贝尔纳斯和莫洛托夫尽可能地抓紧时间完整地勾画出一揽子交易的轮廓，英国外交大臣贝文显然只是一个配角。最终，这场交易又踢回到国家首脑们的面前。

7 月 31 日，第十一次全体会议在这天下午 4 时准时开始。

贝尔纳斯首先报告了美国关于德国赔偿、波兰西部边界和附庸国在联合国的会员资格问题的提案。贝尔纳斯说："所有这三个问题是连在一起的。在外长会议上，美国代表团曾声明，如果能就所有这三个问题都达成协议，它可以在波兰西部边界问题和接纳进入联合国问题上做出让步。"

斯大林说："这些问题之间没有联系，这是不同的几个问题。"

贝尔纳斯说："对，这是不同的问题。但是我们面对这些问题已经有两个星期了，却不能达成任何协议。美国代表团就所有三个问题提出自己的建议，是为了能达成协议。但是，我们在此再一次声明，我们将不同意在波兰西部边界问题上做出让步，如果不能就另外两个问题达成协议的话。"

接着，贝尔纳斯详细报告了美国关于德国赔偿问题的提案。他强调说："我曾讲过的、在我们的建议中联系在一起的另外两个问题，是波兰西部边界问题和接纳进入联合国的问题。在主要问题，即赔偿问题达成协议的前提下，我们同意解决这两个问题。根据我们关于波兰西部边界问题的建议，要给波兰政府权力，在波兰人所要求的全部区域内建立管理机构。至于接纳进入联合国的问题，三天前我们撤销了自己的建议。但现在我们重新提出有关这个问题的建议。我们希望，这个建议的提法应该使苏联满意。"

根据外交部长会议的磋商，就附庸国加入联合国问题，现在贝尔纳斯提出的建议采用了这样的措辞："三国政府同意，各自将在最近根据当时的条件，研究在同芬兰、罗马尼亚、保加利亚和匈牙利签订和约以前在可能的程度上与这些国家建立外交关系的问题。”

对于这个措辞的建议，斯大林马上表示：“我原则上不反对这个提法。”

这时，贝尔纳斯对建议又补充了新的一点，即：“三国政府表示希望，由于欧洲战事结束后条件发生了变化，盟国的新闻界应享有充分自由向世界报道保加利亚、罗马尼亚、匈牙利和芬兰的国内情况。这和我们以前谈到波兰问题时所同意的提法几乎一样。”

斯大林说：“这个可以接受，不过应该改变一下措辞，用‘三国政府不怀疑’代替‘三国政府表示希望……’等等。”

贝尔纳斯说：“就美国来说，这点我们是可以接受的。我想现在我们应该就按现在这个样子通过这个文件了。这样，我们共提出了三项建议。我非常希望这三项建议都能在这里通过。”

当贝尔纳斯向国家首脑们提出一揽子计划后，说话简练、抽着烟斗的斯大林首先宣读了已经准备好的苏联政府的提议，内容如下：

1. 各国政府在自己的占领区取得赔偿。赔偿有两种形式：一次性拆迁德国的国家财产（设备、物资），于投降后两年内完成；逐年从当时生产的产品中提供货物，于投降后十年内完成。

2. 赔偿的目的在于促使蒙受德国占领之苦的国家迅速恢复经济，同时考虑到必须尽可能削减德国的战争潜力。

3. 除了从自己的占领区取得赔偿外，苏联再从西部占领区得到：

（甲）由德国管制委员会根据赔偿委员会的报告确定应作为赔偿而予拆迁的西部占区基本工业设备（可以使用的成套设备，首先是冶金、化学和机器制造业设备）的15%。这些设备在五年期间内交付苏联，并换回同等价值的粮食、煤、钾、木材、陶器及石油制品。

（乙）西部占区中应作为赔偿而予拆迁的基本工业设备的10%；这是无偿的，不须作任何交换。

西部占区中应作为赔偿而予拆迁的设备和物资的数额，应在不超过三个月的期限内确定。

4. 此外，苏联还得到下列赔偿：

（甲）西部占区工业企业和运输企业中价值五亿美元的股份；

（乙）德国在国外投资的30%；

（丙）现由盟国控制的德国黄金的30%。

5. 苏联负责用自己所得的赔偿份额解决波兰的赔偿要求。美国和英国负责解决法国、南斯拉夫、捷克斯洛伐克、比利时、荷兰、挪威的赔偿要求。

念完提案后，斯大林深深地吸了一口烟斗，说："贝尔纳斯先生在这里提议，把所有这三个问题连在一起。我理解他的观点，他提出了一种他认为适宜的办法。提出这样的建议，这是每个代表团的权利。不过苏联代表团不受这个约束，它将就这几个问题中的每一个单独投票。俄国代表团提出了自己的建议。引起争论与分歧的主要问题是德国的赔偿问题。这里已经讲了我们的看法。想必你们已发现，俄国代表团转向了美国代表团的观点，因为它放弃了提出固定数字和数量的要求而同意采用百分比。"

斯大林确实是一个出色的谈判家。他不紧不慢地说："我要稍微离开主题，谈一谈在苏军占领以前英国人在俄占区进行的拆迁。这里指的是运走货物和设备。此外，苏军司令部有报告说，美国当局也从这个地区拉走了11000个车皮。这笔财产怎么办，我不清楚。是否把这些财产归还俄国人，还是以其他什么方式加以补偿？总而言之，美国人和英国人不仅从自己的占领区，还从俄占区运走了设备，而我们却没有从你们那里拉走一个车皮，也没有从工厂拿走任何设备。美国人曾经保证不外运，可还是运走了。"

接着，斯大林话锋一转，说："现在谈谈问题本身。我认为，我们能够在德国赔偿问题上达成协议。美国方案的基本点是什么呢？第一，各方在自己的占领区进行获取赔偿。这点我们同意。第二，不仅仅从鲁尔，而且是从所有西部占区拆迁设备。这第二点我们已经接受。第三，出自西部占区的赔偿物资，其中一部分须用俄占区的相应等价物交换，期限为五年。然后是第四点，由管制委员会确定从西部占区拆迁设备的数量，这点也可以接受。现在的分歧到底在哪里？我们关心的是期限问题，什么时候能够估算出赔偿数额，这一点在美国的草案里没有提到。我们希望规定三个月的期限。”

这是斯大林在波茨坦会议期间第一次直言不讳地对赔偿问题作了具体回答。

杜鲁门说：“期限问题应该协商一下。”

斯大林说：“这指的是确定赔款数额的期限。总得提出个期限吧。我们建议三个月，够吗？”

杜鲁门说：“我看够了。”

艾德礼说：“这个期限短了。我得考虑一下。”

斯大林说：“考虑一下当然必要。是三个月，四个月，五个月，反正总要规定一个期限。”

艾德礼说：“我建议六个月。”

“好吧，同意。”斯大林少有的爽快，“现在还剩下一个获取赔偿的百分比问题。在这一点上，也可以达成协议。多百分之一或少百分之一，这无关紧要。我希望，在确定获取赔偿的百分比这件事上，英国人和美国人会支持我们。在这场战争中我们损失了很多设备，多得惊人。哪怕是补偿其中的二十分之一呢，总是应该的吧。我指望艾德礼先生能支持我们的建议。”

艾德礼面无表情地说：“不行，我做不到。”

斯大林很有耐心地说：“你考虑考虑就会支持我们的。”

艾德礼笑着说：“这个问题我昨天考虑了一整天啦。”

斯大林说：“那该怎么办呢？我认为应该在这个问题上达成共同协议。”

这时，英国人和美国人开始在斯大林的建议中找茬了。当然，斯大林诱惑他们来攻击他的提案，这本身其实就是重新获得了主动权。

外交大臣贝文插话说：“苏联的文件中没有包括我昨天用过的那句话，就是‘和平经济所不需要的’。”

于是，斯大林又把自己关于赔偿问题的建议中的有关部分重新宣读了一遍。

贝文说：“我建议您采纳我的这句话，它十分确切地表达了我的思想。”

斯大林问道：“什么思想呢？”

贝文说：“管制委员会应该首先确定，为了维持德国的和平经济，应该留下多少设备。”

斯大林不屑地说：“这是一回事。”

贝文说：“既然这样，也许您会采纳我的说法吧？”

斯大林说：“这有什么区别呢？”

贝文说：“区别很大。我不愿意以后出现误解，你们的文本可以有另一种理解，就是说，是全部设备的15%。”

斯大林说：“不，我指的是应拆迁设备的15%，也就是德国和平经济所不需要的那些设备的15%。”

贝文说：“我还是提议把这点加到文件中去，让它清清楚楚。”

“有什么不清楚的？”斯大林对这位个子矮小结实、宽鼻子、厚嘴唇的英国外交大臣有些不耐烦了，“由管制委员会确定哪些设备对于维持德国和平经济是必要的。剩下的部分就是赔偿总额嘛。”

贝尔纳斯看出了其中的端倪，马上插上一句：“我们这一句修正的措辞，表达了英国和美国代表团的共同观点。”

斯大林还是比较喜欢贝尔纳斯的，他缓了缓语气，说：“你们的建议是什么呢？”

贝尔纳斯说：“凡被认为是和平经济所不需要的，因此可以用作赔偿的工业设备，它的数量由管制委员会根据盟国赔偿问题委员会的指示确定，并且要得到拆迁设备所在占领区的总司令最后同意。”

斯大林说："我不反对。"

"好了，现在唯一没有解决的问题就是百分比的问题。"贝尔纳斯一语中的，"你们是想要15%和10%，而不是12.5%和7.5%吗？"

斯大林愉快地说："是的。"

贝尔纳斯说："但除此之外，作为赔偿，你们还想得到西部占区工业企业中5亿美元的股份、德国在国外投资的30%和现由盟国控制的德国黄金的30%。关于黄金问题，据我了解到我们司令部的意见，我可以说，是有部分黄金，但原来是属于其他国家的。要是拒绝这些国家提出的偿还要求，那是不公正的。"

斯大林说："这里说的是德国的黄金。"

贝尔纳斯说："根据我们掌握的材料，不存在有德国的黄金，因为这些黄金全是德国人在战争期间掠夺来的。它原来属于哪些国家我们就应该还给哪些国家。如果苏联代表团坚持苏联应在上面所说的百分数之外，像苏联建议中讲的那样，再得到5亿美元的工业企业股份，以及30%的德国国外投资和30%的黄金，那么这个问题需要在这里讨论。"

斯大林说："如果可能的话，我们希望得到这些。"

贝尔纳斯说："你所说的德国国外投资是指什么？"

斯大林板着面孔说："德国人在其他国家——包括在美国的投资。"

贝尔纳斯说："至于在美国的投资，我们已经把它冻结了。对这笔资金提出要求需要通过法律程序。好像国会已经这样做了。我不怀疑，目前在美国的难民也会对这笔资财提出各种要求。这个问题需要法律上的解决。另外，我相信，假如拉丁美洲各国也有一定数量的德国投资，那么这些国家的政府也会对这笔资金提出要求。"

斯大林说："这可能。"

贝文说："昨天我们商定让法国也参加赔偿问题委员会，以便能参与核定可拆迁用作赔偿的设备。我希望法国能参加这个委员会。"

斯大林说："我不反对。"

贝文说："关于百分比，我觉得，昨天在外长会议上我们同意12.5%，这已经是考虑了你们的要求。我们认为是很慷慨的。"

斯大林反驳说："这并不慷慨，恰恰相反。"

贝文也不示弱，说："是慷慨的。"

斯大林冷冷地说："我们的看法完全相反。"

在谈判桌上，贝文真是抢尽了首相艾德礼的风头。他继续与斯大林辩驳说："此外，鉴于我们都已同意了各项经济原则和在德国进行正常的商品交流，我想知道，赔偿问题会不会影响整个德国的正常的商品交流。"

斯大林说："谈到经济原则时，我们就讨论这个问题。"

贝文说："解决黄金问题有很大的困难。至于说到德国在国外的投资，你是否同意只限于在中立国家的资产。"

斯大林说："这点倒还可以同意。"

一番争论之后，美国国务卿贝尔纳斯又跟了上来，说："我们不能同意对我们的基本建议再加上别的东西。我指的是苏联建议的第四条。"

"如果那样，百分比就得提高。让我们把第三条中的百分比提高吧，更何况你们已从我们的占领区运走了很多设备。"斯大林再次点燃了他那著名的烟斗，深深地吸了一口，笑着说，"我们那里被毁坏的设备多得惊人。至少应该补偿其中一小部分设备吧。"

杜鲁门说："我想就从你们占领区拆迁设备一事作一个说明。当三天前交给我们这些设备的清单时，我们才得知这件事。我已写信给艾森豪威尔将军，让他调查这件事并作出报告。如果进行过这种拆迁，那我向你保证，这不是根据美国政府的命令干的。我可以请你相信，我们会找到办法补偿的。"

斯大林说："我建议还是回过来讨论百分比的问题。"

杜鲁门说："如果你准备撤销第四条，那我准备接受15%和10%这个比例。"

斯大林的目的终于达到了，马上高兴地回答："好，我撤销。"

英国人贝文对此依然十分不满，说："我们将难于用剩下的那些设备满足法国、比利时、荷兰的要求。依我说还是以 12.5% 和 10% 为好。除此以外，我们要求取消第四条。"

"这点我们已经同意了。"斯大林轻蔑地说，"美国能理解我们的处境，你们怎么就不愿理解呢？"

贝文说："我们负责的是拆迁设备数额最多的占领区。而且，法国、比利时、荷兰方面也将提出很多的要求。"

贝尔纳斯说："我们建议中的最后一句话是，其他有权要求赔偿的国家，除去波兰，其赔偿要求应由西部占区给予满足。我要求讨论一下我们关于其他国家赔偿要求的提法。"

"好吧，"斯大林说，"我同意不列举国家，而只笼统地提一下。"

贝尔纳斯说："我想这样比较合适，因为已经说过，这个名单里没有希腊。我们同样认为笼统地提一下较为适宜。"

"好。"斯大林说。

贝文说："我想到一点，如果你们得到你们要求的百分比，再加上你们从自己占领区得到的那些，那你们就要拿到德国全部赔偿的 50% 以上了。"

"要少得多。"斯大林头脑十分清醒，面对英、美两位外交部长的轮番语言轰炸，他毫不含糊地说，"另外，要知道有 15% 是我们用等价物交换的；这实际上是赔偿物的交换，而不是什么新的赔偿。我们从西部占区总共只得到 10% 的赔偿。这个其实才真是赔偿。至于那 15%，它是用一定的等价物换来的。我们的要求是最低不过了。我们从你们那里得到 10%，其余我们是交换的，要支付等价物品。你们却还剩下 90%。如果我们只得到赔偿的 7.5%，而不是 10%，那就不合理了。我同意应该是 15% 和 10%，这样比较公正。美国人同意了。你呢，贝文先生？"

贝文无奈地说："好吧，我同意。"

杜鲁门说："我们也同意。"

贝尔纳斯说："这就是说，接受我们的提案，但规定了新的百分比并决定了确定赔偿数额的期限。"

"看来，我们已经解决了在赔偿问题上的全部分歧。"斯大林说，"是不是可以把这个草案拿去最后加工？"

会议采纳了斯大林的这个建议，成立了一个委员会加工通过的决议。

交易终于做成了。

70 年后的今天，对这些当年谈判桌上不厌其烦的讨价还价，尤其是那些枯燥的关于具体赔偿的百分比数字，或许对于今天的我们已经没有实际的意义。政治家和外交家的唇枪舌剑，也已经像一帧发黄的老照片镶嵌在历史的老相框中。

在赔偿问题取得一致意见后，波兰问题和东欧国家的问题也就迎刃而解了。当这些核心的问题解决之后，大国首脑们就可以心平气和地来处理其他悬而未决的问题了。曾经巨大的分歧，现在大多已经缩小到仅仅是措辞上的细微差别了。有的问题，斯大林甚至建议让外交部长们去解决，有的问题则干脆建议搁置到明天再说。当然，外交家们咬文嚼字的水平用吹毛求疵来形容也不过分——这里面多一个字少一个字往后都可能引起相当大的分歧。

会议结束时，斯大林说："我想，我们明天得开两次会：第一次让我们定在下午 3 点，第二次在晚上 8 点。这将是最后一次会议。"

杜鲁门高兴地说："好吧，我同意。我本来打算明天离开，不过我可以留下。"

至此，波茨坦会议已经进入尾声，即将闭幕。

8 月 1 日，下午 3 时 30 分，波茨坦会议第十二次会议举行。

在举行会议之前，按照会议惯例，三国首脑在塞西林霍夫宫的花园里最后一次摆好姿势合影留念。据说，当摄影机转动时，有人大喊要求把一张挡路的椅子挪开。斯大林立即发现了问题，动作敏捷地跨前一步，一把将椅子推到一边。站在一旁的英国代表团成员威廉·海特爵士，感觉“斯大林穿的衣服好像拙劣的音乐戏剧中的奥地利皇帝一样；米色的短上衣绣着金黄色的衣领，天蓝的裤子镶了一条红嵌线……”海特实在有些瞧不起自己的新首相艾德礼，觉得他“简直是过于谦逊”了，而杜鲁门显然是因为原子弹的实验成功而得意洋洋、严谨庄重、胸有成竹。

第十二次会议整体进行了两个半小时左右，各代表团成员也纷纷缩减至四至六人左右。会议一开始，就由美国国务卿贝尔纳斯汇报外长会议情况。因为他们没能就关于赔偿问题的协议草案中所有的问题达成协议，矛盾主要出在斯大林要求得到“德国黄金、股票和国外资产”的问题上。

贝尔纳斯说：“问题在于能不能认为，当昨天苏联代表声明他不再坚持要给苏联30%的德国黄金、国外资产和股票时，‘三巨头’已经就赔偿问题达成了协议。”

斯大林说：“如何理解你们建议中说的苏联不对工业股票提出要求？这只是指西部占领区吗？”

杜鲁门说：“我认为，当外长们谈到西部占领区时，他们指的是美国、英国和法国占领区。”

斯大林说：“能否达成这样的协议：苏联代表团放弃对黄金的要求；至于西部占领区中德国企业的股票，我们也不要，并且承认，凡属德国西部占领区的归你们，而属于东德的归我们。”

杜鲁门说：“这个建议需要讨论。”

显然，谈判至此，无论是全体会议还是私下会晤，关于势力范围的问题已经不再是隐蔽的令人反感的秘密了。现在，划分德国，或者更直接地说是瓜分德国，已经是台面上公开承认的，而且行动已经开始了。

斯大林说：“关于德国的投资，我想建议这样办，德国在东欧的投资留给我们，余下的都给你们。”

杜鲁门说：“是仅指德国在欧洲的投资，还是也包括在其他国家的投资?”

斯大林说：“我再说具体些：德国在罗马尼亚、保加利亚、匈牙利和芬兰的投资归我们，剩下所有的都归你们。”

贝文说：“德国在其他国家的投资都给我们?”

斯大林十分肯定而且爽快地说：“在所有其他国家，在南美、在加拿大等国都是你们的。”

贝文说：“那么，在德国各占领区以西的其他国家中的德国资产将属于美国、大不列颠和其他国家？这也包括在希腊的投资吗?”

斯大林靠在高大的靠椅上抽着他的烟斗，点头说：“是的。”

贝尔纳斯说：“这是否适用于德国企业的股票?”

斯大林说：“在我方占领区的股票归我们，在你们占领区的归你们，不是有西部和东部两个占领区嘛。”

贝尔纳斯说：“我们理解你昨天提出的建议是这样，你们对西部占领区的股票将不提出要求。”

斯大林说：“不提。”

贝尔纳斯说：“那你们的第二个建议，关于国外投资的建议，也撤销吗?”

斯大林说：“这里情况有些不同。”

贝文说：“昨天我们研究赔偿问题时，我理解苏联代表团的意思是，它已放弃对德国国外投资的要求。”

斯大林说：“我当时认为，东部占领区的投资要留给我们。我们谈到放弃对投资的要求时，指的是西部占领区。我们放弃在西欧和所有其他国家中的投资。人所共知，德国在西欧和美洲的投资要比在东方的多得多。我们本来希望得到这笔投资的30%，但后来放弃了这一点。不过你们得放弃对于在东欧的投资的要求。”

贝文说：“我应该说明，我在同意大元帅的建议时，是把这个建议理解为，苏联代表团放弃对德国一切国外投资的要求。”

斯大林说：“但不包括罗马尼亚、保加利亚、匈牙利和芬兰。”

贝尔纳斯说：“这一点清楚了。我想明确一下德国国内的工业或运输企业的股票问题。譬如说，假使这种企业的管理机关设在柏林，而企业本身和它的全部财产在西部占领区或者在美国，那你们是否将对这些企业提出要求呢?”

斯大林说：“如果企业在西方，我们将不提任何要求。管理机关可能在柏林，但问题不在于此，要看企业本身在什么地方。”

贝尔纳斯说：“如果一个企业不是在东欧，而是在西欧或在其他洲，那么这个企业也将归我们?”

“不管在美国，在挪威，在瑞士，在瑞典，在阿根廷，等等。”斯大林爽快地说，令在场的所有人都发出了会心的笑声。斯大林也笑了，大声地说：“都是你们的。”

贝文说：“我想问一问大元帅，他是否准备对俄军占领区之外的所有德国国外股票放弃要求?”

斯大林说：“准备放弃。”

贝尔纳斯说：“黄金呢?”

斯大林说：“我们已经撤销了我们对黄金的要求。”

贝尔纳斯说：“有的德国资产是在其他国家，在这一点上应该如何理解苏联的建议?”

斯大林说：“我们只要在东部占领区的那些资产。”

贝尔纳斯说：“我认为，我们要做到互相理解是非常重要的。贝文先生问的是，俄国人对于股票的要求是不是仅仅限于俄国军队占领的区域。我希望你们能同意贝文先生的观点。”

斯大林说：“我们同意。”

贝尔纳斯说：“几分钟前你谈到了在保加利亚、罗马尼亚、匈牙利和芬兰的资产问题。我想现在彻底弄清楚，好使以后不产生任何误解，你们的建议是不是意味着你们对你方占领区以外的资产不提出任何要求？你们只是要得到苏占区的资产？”

斯大林说：“是的。捷克斯洛伐克不包括在内，南斯拉夫不包括在内，奥地利东部包括在内。”

贝文说：“显然，这个占领区内属于大不列颠和美国的资产不会受到触犯吧。”

斯大林笑着说：“当然，我们并没有同英国和美国打仗。”

斯大林话音刚落，全场再次爆发出热烈的笑声。

贝文说：“但是这些资产在战争期间可能被德国人抢占了。”

斯大林说：“这要对每个具体情况进行研究。”

杜鲁门说：“我认为，我们昨天已经同意满足捷克斯洛伐克和南斯拉夫的要求。但如果他们不对在他们领土上的德国资产提出要求，那怎么办？”

斯大林说：“我们对德国在捷克斯洛伐克、南斯拉夫和西奥地利的资产不会提出要求。是不是可以把我们这个决定写到议定书里去？”

贝尔纳斯说：“我想，为了不产生任何误解，最好这样做。”

斯大林说：“好。”

贝尔纳斯说：“或许可以把它公布出来？”

斯大林说：“怎样都行。随你们的便。”

就是在这样一步一步的交涉中，他们达成了协议。面对两个外交部长的轮番轰炸，斯大林沉稳应对，一锤定音，爽快得令人有些措手不及。已经开了半个月的波茨坦会议，谈判桌上终于有了难得的轻松欢乐的开怀大笑。顷刻之间，一切曾经激烈的讨价还价似乎在瞬间都像解冻的溪流，哗啦啦欢快地流淌。

就是带着这种欢乐的气氛，大国首脑们进入了下一个议题——战犯问题。

贝尔纳斯说：“唯一没有解决的问题是要不要点出一些最大的德国战犯。在今天的外长会议上，美国和英国代表认为不必点这些人的名，应该把这个权力授予检察长。他们还一致同意，应该通过英国的文本。苏联代表表示，他们可以同意英国的草案，但有一个条件，要加进几个人名。”

“点名依我看是需要的。”斯大林说，“这样做，对社会舆论是需要的。要使人们知道这个。我们要不要审判一些德国的工厂主？我想是要的。我们提出克虏伯。如果克虏伯不合适，那再点别人。”

“这些人我全都不喜欢，”杜鲁门笑着说，“我认为，如果我们点出一些人，而不点另一些人，那人们就会以为我们不打算对另一些人起诉。”

斯大林说：“可是，这里点名是作为举例的。比如说，奇怪得很，为什么赫斯至今仍在英国养尊处优逍遥法外呢？应该点这些人的名，这对社会舆论、对各国人民来说是很重要的。”

贝文说：“赫斯的事，你可以不必担心。”

斯大林说：“问题不在于我的意见如何，而在于社会舆论，在于遭受过德国占领的各国人民的舆论。”

贝文说：“在赫斯问题上你如果有什么疑虑的话，那我可以保证，他将被送交法庭。”

斯大林说：“我不要求贝文先生作任何保证。只消他说一声，我就毫不怀疑一定会这样做的。但问题不在于我，问题在于各国人民，在于社会舆论。”

杜鲁门说：“你们知道，我们已委派杰克逊法官为伦敦委员会的我方代表。他是一个杰出的法官，并且是一个经验丰富的法学家。他对法律程序十分熟悉。杰克逊反对点战犯的名，说这样做会影响他们的工作。他保证在30天内准备好起诉工作，所以，可以不必担心我们对这些人的看法。”

斯大林说：“要不然少点几个人，比如说三个。”

贝文说：“我们的法律专家们和美国法学家观点一样。”

斯大林说：“可是我们的法学家的观点正好相反。我们是不是可以商定，在不迟于一个月的期限内公布第一批要起诉的德国战犯名单。”

杜鲁门、艾德礼同意斯大林的建议。

就在艾德礼提议结束这次会议的时候，杜鲁门提出了一个关于内水航运国际化的建议，并希望在会议公报中宣布。但立即遭到了斯大林的反对，说：“我们没有讨论这个问题呀。”

杜鲁门说：“这个问题我已经讲过三次，而且委员会讨论了好几天。”

斯大林说：“议程上没有它，我们对这个问题没有准备，也没有任何材料，我们这方面的专家都在莫斯科。为什么这么着急？为什么要仓促从事呢?”

杜鲁门的女儿玛格丽特在为父亲写的传记中说：“我的父亲诚挚地望着桌子那边的斯大林，然后用一种纯粹是私人间商量的口气说：‘斯大林大元帅，在这次会议期间，我已经接受许多次妥协……我现在提出一个个人请求，希望你在这个问题上让步。我的要求是在会议公报里提一下这件事，即有关内陆航道方面的建议已提交外长会议审处……’但是，俄国译员还没有把我父亲的话译完，斯大林就插进来厉声说：‘不行！’为了要让我父亲知道他在说什么，他又用英语说‘不行，我说不行！’这使每个人都大吃一惊，因为这是斯大林仅有的一次用英语讲话。”

对斯大林的反对，杜鲁门十分纳闷。他说：“我还是不太理解，我们在这里通过的决议，已经写进了议定书，为什么却不能放到公报里呢?”

斯大林说：“没有必要这样做。公报本来就已经很长了。”

杜鲁门说：“我想提一个问题，这次会议有没有秘密协定?”

斯大林说：“没有。都不是秘密协定。”

这时，贝尔纳斯插话说：“我想强调一下，我们已经决定让外长会议研究内水航道的问题。这样一来，在这个问题上我们就达成了一项协议。我们有没有权力宣布关于这个问题的决议呢？如果这点不写进公报，而只写进议定书，那我们能否正式向外长会议提出这个问题?”

从德黑兰到雅尔塔，再到波茨坦，老“三巨头”中的美国罗斯福和英国丘吉尔都已经换人，如今只剩下苏联的一个斯大林。他似乎更明白，谈判的最后结果应该如何表达。

听了贝尔纳斯的质问，斯大林如数家珍地娓娓道来：“应当看一看克里米亚（雅尔塔）会议或者德黑兰会议的材料。在德黑兰会议上，有一系列问题写进了议定书。但另外有些决议是大家都关心的，并且是决定我们在基本问题上的政策的，这些决议写进了公报。再谈一谈克里米亚会议的工作。在那里也有两类决议。第一类决议——数量很大——列入了议定书，谁也没有要求把这些写到公报里面去。另一类决议——要少得多——写进了公报。这是决定我们政策的一些决议。我认为应该坚持这个好做法，因为，不然的话，就不成其为公报，而成了流水账。有一部分决议没有重要意义。有些问题，像内水航道这样的问题甚至没有讨论过。这类问题就应该放到议定书里。谁也不能责怪我们，说我们隐瞒了这些问题。可是德国问题、意大利问题、赔偿问题等是十分重要的问题，就又当别论了，应当写入公报。我认为，我们不应该破坏这个好传统，所以没有必要把所有问题都写进公报。公报是公报，议定书是议定书。”

杜鲁门噘着嘴说：“如果对我们的所有决议都这样处理，那我不反对这个程序。不过，要是我不得不对国会说明这个问题已经交给外长会议去研究了，我有这样做的权力吗?”

斯大林轻轻地说了一句：“谁也不能侵犯你的权力。”

话虽轻，但却像一根针不痛不痒地扎在身上。杜鲁门什么也没说，只好宣布闭会。

晚上10时30分，“三巨头”又在波茨坦会议的谈判桌上坐下来，举行最后一次全体会议。几乎所有的人都出席了这次告别会议。

这个时候，无论是会议公报还是议定书，各项条文已经反复撰写、修改、润色、再修改，并重新打印装订在一起。现在，它们就放在“三巨头”的面前，尽管大大小小，看起来有些混乱，但依照类别和时间次序排列组合在一起，开始显得有些庄重和肃穆。在场的每一个人都明白，只要“三巨头”在这一摞子白纸黑字的最后一页上签署他们的名字，它们就改变了世界。

是的，咬文嚼字的时候到了，笔与剑在这个时刻已经失去了距离。谁能说这不是一个战场呢？

好了，对于这样的会议，真实的历史记录或许比任何文学的想象都精彩十分。因此，我还是愿意原原本本地将这份会议的原始记录摘抄在这里，让后来人看看政治家和外交家们是如何在谈判桌上字斟句酌互不相让，如何针锋相对你来我往又不撕破脸皮的。他们逐词逐句地推敲修改，在那里一个字一个字地“推”，那情景那劲头，就像当下许多机关单位搞经验材料、写领导讲话没什么两样。

杜鲁门宣布开会。

贝尔纳斯　经济问题委员会准备好了关于赔偿问题的报告，拟出了一份为所有代表团都能接受的建议。其中第一条说，苏联的赔偿要求应由德国的苏占区和相应的德国在国外的投资予以满足。

我请大家注意这个文件的第八条和第九条。我很不愿意现在就提出修改，但我觉得这样做对大家都有好处。第八条是“苏联政府不对德国企业的股票提出任何要求”等等。我提议在“要求”前加上“赔偿”两个字。提出这个修正的目的是避免造成一种印象，似乎除了赔偿外，苏联对德国企业还有什么要求。第九条讲到美国和英国的要求，也应作同样的修改。

斯大林　对。

贝尔纳斯　这是我唯一的修改意见。是否可以认为，关于赔偿问题的文件大家都同意了？

贝　文　遇到这种情况怎么处理，比如1939年以前，德国人为了战争目的占用了原属英籍公民的工厂。这样一改，碰到这种情况英国人就要失去自己的财产。

贝尔纳斯　遇到贝文先生说的那种情况，这项修正不起作用。

贝　文　那我不反对。

贝尔纳斯　如果苏联代表团已经研究好了的话，现在我们可以来讨论把盟国财产用作支付赔偿或者作为战利品的问题了。

斯大林　我们没来得及研究这个草案的文字。我提议写上这样的决定："会议决定在原则上采纳美国建议。建议的文字通过外交途径进行协商审订。"我们来不及很好地考虑措辞，但就实质内容来讲，我们同意这项建议。

杜鲁门　我同意苏联代表团的建议。

艾德礼　我也同意。

贝尔纳斯　我得到通知，议定书起草委员会已经达成了协议。我认为没有必要把议定书全部都读一遍，只读读那些原来有点分歧的条款。当然，这里应该加进我们刚刚通过的苏联代表团关于战利品问题的建议。我没有其他的修改意见了。

斯大林　我有个修正案。关于波兰西部边界问题，第二段中讲到，边界线应从波罗的海起，通过施维纳明德。似乎边界线是通过城市本身。所以，我提议改成：边界线从波罗的海起，在施维纳明德稍西或以西不远处通过。这在地图上已经画出来了。**（在美国国务院记录《波茨坦文件》中，这段话是莫洛托夫的发言）**

（杜鲁门和艾德礼同意"施维纳明德稍西"的提法）

斯大林　第二个修正是关于科尼斯堡的省界问题。第二段中说，边界应由专家们勘定。我提议改为：并且由苏联和波兰专家勘定实地边界线。**（在美国国务院记录《波茨坦文件》中，这段话是莫洛托夫的发言）**

贝　文　我们不能把这件事只交给苏联和波兰去解决。

斯大林 可那是波兰和俄国之间的边界。

贝 文 但是这必须得到联合国家的承认。我们曾同意在和会上我们将支持苏联关于这条边界的要求，可现在你却说，这条边界由苏联和波兰来定，与我们无关。

斯大林 这是误会。总的边界线由和会确定，但还有另外一个概念——实地边界线。先确定一条总的边界，但实地的边界可能比设想的边界要偏向这边或那边半公里或者少一些。例如边界线通过村庄，何必要用一条边界线把一个村子切开呢？确定实地边界只同波兰和俄国有关。如果你认为这样不十分可靠，那你还想让谁参加委员会呢？由英国出人，还是美国出人？谁参加都可以，我们不反对。

艾德礼 我觉得，问题是在这里。我们同意原则上接受关于边界问题的建议。至于最后划分领土和确切地定界，这是和会的事。如果我们现在就把这件事交给波兰和苏联的专家们去解决，那我们就破坏了和会的技术工作。

斯大林 贝文先生怎么看这个问题？

贝 文 我希望由和会指定一个专家委员会。

斯大林 我不明白问题在什么地方。

贝尔纳斯 我想，可否用这样的提法：如果在召开和会的时候波兰和苏联能在边界问题上观点一致，那这件事就此完结，不需要任何专家了。但如果和会期间，波兰和俄国之间出现分歧，则应指定一个专家委员会。它的成员由外长会议或者和会自己来确定。不过，只是在波兰和苏联之间发生分歧时才这样做。

斯大林 仍然保留原来的提法吧。不过那里没有说明委员会应由哪些专家组成。

(杜鲁门和艾德礼同意保留原来的提法。

然后，苏联代表团对关于签订和约和接纳进入联合国的部分提出一项修正案。苏联代表团指出，这个文件的第一段和第三段有矛盾。第一段说，三国政府表示希望，在签订和约以后应结束意大利、保加利亚、罗马尼亚、匈牙利和芬兰目前存在的不正常状况。可同时在第三段中却规定，在签订和约以前，有可能同芬兰、罗马尼亚、保加利亚和匈牙利这些国家建立外交关系。苏联代表团建议从第一段中取消“在签订和约以后”这一句话）

艾德礼 可是我觉得这样不对，因为我们草拟第三段的时候指的是“在可能的限度内”建立外交关系。如果从第一段删去“在签订和约以后”这句话，那就意味着我们比原来的设想走得更远。这句话应该保留。

斯大林 可是第一段中说只有在签订和约后才能恢复外交关系，而第三段中却是另外的提法，这里有矛盾。

艾德礼 正因为如此，英国人才希望加进这句话，第一段中规定的是必须采取的行动，就是在签订和约后建立外交关系。第三段则是建议我们在签订和约以前尽可能地这样去做。

斯大林 这一点我们不能同意，因为第三段中允许的尝试建立外交关系，直接就被第一段给否定了。这一点改变了整个决议的精神，怎么能同意这个呢？

艾德礼 我觉得这没有矛盾：第一种情况讲的是建立正常的关系，也就是建立完全的外交关系。第二种情况指的是作出努力尽可能接近于建立这种关系。

斯大林 我无论如何不能同意这种解释。我举个具体例子——芬兰。没有任何理由再反对同芬兰恢复外交关系了，可是第一段中的“在签订和约以后”这句话，就干脆禁止建立外交关系。这是根本不对的。

艾德礼 我们和芬兰还处于战争状态。

斯大林 同意大利的战争状况也没有结束，然而美国却同意大利有外交关系。我们同它也有外交关系。

艾德礼 我觉得我们现在又回到几天前我们讨论的问题上了。我们已充分地解释了我们的观点，并在我们宪法所允许的范围内尽一切可能支持了苏联。我们认为，我们已经作出了很大的让步，我们不可能走的再远了。

斯大林 这无论如何是不行的。芬兰比意大利更有权利要求建立外交关系。芬兰有一个自由选举出来的政府，它早就停止了对盟国的战争，并且对德宣战了。意大利却没有自由选举的政府，并且它在投降之后参加对德作战也是很有限的。我们有什么理由迟迟不与芬兰建立外交关系呢？这合乎逻辑吗？

贝　文 我希望能达成协议，所以提出下述建议。我建议，第一段采取这样的提法："三国政府表示希望，意大利、保加利亚、芬兰、匈牙利和罗马尼亚目前存在的不正常状况应通过缔结和约予以结束。他们相信，其他有关的盟国政府会同意他们的观点。"

斯大林 好。苏联代表团没有修改意见了。

贝　文 乌拉！（全场笑声）

贝尔纳斯 下一个是公报问题。我们收到了英国代表团引言部分的新的文本。我们对此没有任何反对意见。

斯大林 出入很大吗？差别在哪儿？

贝尔纳斯 第二页上有一处作了纯属文字上的改动，内容没有变。

斯大林 可不可以这样：等译成俄文后，我们研究一下这个改动，现在让我们先研究下一部分。

（杜鲁门和艾德礼同意）

贝尔纳斯 第二部分——关于建立外长会议。对这部分没有分歧。

（通过第二部分）

贝尔纳斯 第三部分——关于德国问题。第一段中的"热烈欢呼"几个字有人反对。

斯大林 可以改成："公开表示赞同"。

贝　文 盲目的服从，也就是愚蠢的服从。

斯大林　我提议改成："在他们得势时，他公开表示赞同，并且盲目服从……"

（建议被采纳）

贝尔纳斯　没有其他修改意见了吧？

斯大林　没有。

贝　文　经济原则第十二条中有同政治原则第九条（丁）重复的地方。

斯大林　我建议在经济原则中删掉这个词，在政治原则中保留这个词。（大家同意）其他我没有要修改的了。

贝尔纳斯　第四部分——关于德国赔偿问题。没有修改意见。第五部分——关于德国军舰和商船问题。

斯大林　已经有了协商一致的决议，我们没有要改的。

贝尔纳斯　第六部分——关于科尼斯堡及附近地区问题。

斯大林　同意。

贝尔纳斯　第七部分——战犯问题。

斯大林　我认为第一段引言应该删去，只留下第二段。即从"三国政府注意到"等开始。（**在美国国务院记录《波茨坦文件》中，这段话是莫洛托夫的发言**）

贝　文　我们已经删掉了。

斯大林　好。

贝尔纳斯　第八部分——关于奥地利问题。

（苏联代表团建议在奥地利问题部分删去最后一句关于赔偿的话，把它放在议定书里）

杜鲁门　我们采纳苏联代表团的建议，公报里删去这最后一句。

贝尔纳斯　第九部分——关于波兰问题。

斯大林　没有要改的。

贝　文　我想提出一个小小的文字上的改动，把第二段中"他们的立场确定如下"改成"他们确定自己的立场是"。

斯大林 可以。

贝 文 还是波兰问题的第二页上，我希望把开始的一句话“就波兰西部边界问题达成了协议”改成“关于波兰西部边界问题，他们确认下述立场”。

杜鲁门 我已经通知波兰政府的代表，说我们同意了原来的提法。

斯大林 那最好还是保留原来的提法。

贝 文 大元帅建议改成“在施维纳明德稍西”，我看非常恰当。

斯大林 是呀，这样说比较好。讨论第十部分吧。

贝 文 这里我想做一个小小的改动，主要是心理上的。我想第十部分的开头这样写：“会议同意就欧洲战争胜利结束后尽快创造持久和平条约的总政策声明如下。”这样听起来好些。

斯大林 这个提法实际上和原来的一样，没有什么新东西。

杜鲁门 两个提法都可以接受。

贝 文 按照英文，这样读起来好些。可能在美国话里这要差些吧？(笑声)

杜鲁门 两个提法都可以接受。

斯大林 原来提法的含义和贝文先生讲的一样，不过说得简短些。当然，采用哪个提法都可以。

贝 文 这一回你们采纳我们的措辞吧。(笑声)

斯大林 如果贝文先生坚持的话，好吧，可以采纳他的提法。

杜鲁门 我同意。第十二部分——关于修改罗马尼亚、保加利亚和匈牙利的管制委员会工作程序问题。

斯大林 这已经协商通过了。

杜鲁门 第十三部分——关于遣返德国居民问题。

斯大林 这里的提法就比较好了：“有秩序的遣返”。

杜鲁门 关于军事会谈问题。

斯大林 这是人们普遍关心的问题。我们不反对把这个问题写入公报。

贝　文　对于第十二部分——关于修改在罗马尼亚、保加利亚和匈牙利的管制委员会工作程序问题，英国代表团有一个问题。最后三行说“并且以苏联政府为匈牙利盟国管制委员会提出的建议作为修改所有三国中管制委员会工作程序的基础”，但我们没有说明这些建议指的是什么。所以可以改成：“以协商一致的建议为基础”。

斯大林　可以同意。公报最后由谁来签署呢？

杜鲁门　大家都签字。

斯大林　好。

杜鲁门　让我们回过来看看公报的引言部分。

斯大林　我们不反对。

贝　文　我们希望星期五早上能在报上发表公报。

斯大林　电台什么时候可以广播？

贝　文　星期四晚上，格林威治时间9点30分。

斯大林　好吧。

贝尔纳斯　关于鲁尔省问题，议定书的俄文本中说，会议研究了苏联提出的关于鲁尔工业省的建议。这个问题已决定交给伦敦外长会议讨论。议定书的英文本中没有提到鲁尔省。我以为，没有做过这样的决定。但总统说，这是根据他的建议通过的。因此，我提议澄清一下提法。这里一点也没说明要交给伦敦外长会议审议的苏联代表团的建议内容是什么。

斯大林　这个问题我看应该删去。

杜鲁门　好。

斯大林　（看了给丘吉尔和艾登的致意电文之后）我对于拟就的电文没有意见。

艾德礼　我建议，英文的电报稿由总统和大元帅签字。

斯大林　总统是不是以会议主席的身份第一个签署？

艾德礼　三个人的名字都签在这里。

（三国政府首脑签署电文）

斯大林 对议定书的最后草案怎样取得一致？

贝尔纳斯 我认为，应该指定代表校订议定书的文本。

（指定代表组成加工议定书的委员会）

杜鲁门 我宣布柏林会议现在结束。下次再见，我想会很快的。

斯大林 但愿如此。

艾德礼 总统先生，在我们即将分别之际，我想对于大元帅为我们在这里逗留和工作方便所提供的良好条件表示我们的感谢。对您，总统先生，如此卓越地主持了我们这次会议表示感谢。我希望这次会议将成为我们三国人民共同走向持久和平道路上的重要里程碑，希望我们在此参加会晤的三人之间的友谊牢固而持久。

斯大林 这也是我们的愿望。

杜鲁门 我想以美国代表团的名义对大元帅为我所做的一切表示感谢，并且我赞同艾德礼先生在这里表示的意思。

斯大林 俄国代表团同意艾德礼先生的话，对于总统卓越地、认真地主持了会议表示谢意。

杜鲁门 我对于你们为解决所有重要问题所给予的友好合作表示感谢。

斯大林 我想以个人的名义向贝尔纳斯先生表示感谢。他对我们的工作给予了很大的帮助，并协助我们达成了一系列决议。

贝尔纳斯 大元帅的恭维使我深为感动。但愿我和我的同事们一道对这次会议的工作能有所裨益。

斯大林 这次会议可以说是成功的。

杜鲁门 我想对其他外长和所有那些对我们的工作有很大帮助的人们表示谢意。

艾德礼 我也赞成对我们的外长们表示谢意。

杜鲁门 我宣布柏林会议到此结束。

波茨坦公告的草案终于在谈判桌上获得一致通过。这时，苏联代表团提出了应该由谁先签字的问题。斯大林说："在三大国举行的德黑兰和雅尔塔两次会议上，是首相或者总统首先在公报上签字的。按照循环的办法，我认为这次波茨坦会议文件应该由我首先签字。"

"您愿意什么时候签就什么时候签，"杜鲁门说，"我根本不在乎谁先签谁后签。"

"我赞成依字母顺序来签字。"艾德礼开玩笑说，"用这种办法，我一定能击败朱可夫元帅。"按英文字母顺序朱可夫（Zhukov）是最末一个字母。

英国首相话音未落，大厅里已经是笑声一片。

最后，大国首脑们对公告发表的时间进行了讨论。三国一致同意，第二天（8 月 2 日）格林威治时间 9 时 30 分，在华盛顿、伦敦和莫斯科同时发表。

"我们已没有其他问题讨论，会议现在准备闭幕。"杜鲁门说，"希望我们下一次会议能够在华盛顿召开。"

"如果上帝允许的话。"有人接着杜鲁门的话插了一句。

这是谁说的？杜鲁门抬起头，看见斯大林正在那里眯着眼睛笑着，一脸的傲慢。他不知如何回答是好，脸部肌肉冷冷地抽搐了一下，皮笑肉不笑地挤出了一丝笑容。

1945 年 8 月 2 日零时 30 分，波茨坦会议就在这样的笑声中结束了。

——交易终于完成了。"治大国，如烹小鲜。"大国在谈判桌上的讨价还价，其实与做买卖的没什么大的区别。

从 7 月 17 日至 8 月 2 日凌晨，波茨坦会议前前后后进行了 16 天。伦敦《泰晤士报》报道说：

今晨零时 30 分，在西席林霍夫宫举行的柏林会议闭幕会议结束了。白天的大部分时间里，代表们和官员们已陆陆续续地离开波茨坦。

上午8时过后不久，杜鲁门总统乘空中霸王式总统专机最先启程……接着离开的是首相；外交大臣顺便匆匆驱车驶往德国总理府——它已成柏林城里供人凭吊的一片废墟了。午后他也乘机飞往伦敦。他们离开时同到达时一样，采取了严格的安全措施。

在通常不发表任何通告的情况下，只要从下列事实就可以断定斯大林元帅和他的代表团的主要成员也已离去，过去两个星期靠会议桌上的纸片过日子的新闻记者，已被允许去参观西席林霍夫宫和巴贝尔斯堡的湖对岸英、美代表的居住区了。

西席林霍夫宫是仿英国都铎式的一座豪华建筑，坐落在圣湖边上树木繁茂的公园中心，于1917年建成，供皇太子居住，并以他的妻子西席林的名字命名。高高的三角墙和两层楼房的墙壁上蔓草丛生。整个宫殿的布局围绕着一个中央庭院，庭院花坛里的花丛组成一颗红星，正好把三个代表团分隔开来。

代表团的头面人物从巴贝尔斯堡驱车出发时，设法绕过波茨坦的主要街道。巴贝尔斯堡是林木葱茏的郊区，遍布暴发户们的别墅，这些别墅由于坐落在湖上而生姿……首相住在斯特劳斯环行道23号，是一座仿乔治王朝时代建筑风格的别墅，比起杜鲁门总统所住的那幢大而无当的阴森住宅漂亮多了。在整理台布和瓷器的一片纷乱声中，这两座住宅早已丧失了贵宾们居住时所具有的魅力。

苏联人对波茨坦会议的评价是非常积极的，而且还不仅仅是在报刊上——他们的报刊对这次会议跟以前对德黑兰会议和雅尔塔会议一样大加赞颂。尤其令人感兴趣的是南斯拉夫驻莫斯科大使记录下来的这些机密讲话：“据参加此次会议的莫洛托夫和维辛斯基说，从其结果就可以看出，英国人和美国人对于自己失掉了东欧和巴尔干这一点是认可了……莫洛托夫说，在会上尽管也有一些难听的、激烈的言语，但会议自始至终充满着友好的气氛。大家都努力确保通过妥协来解决所有问题……关于杜鲁门，他们说他很有修养，对欧洲的问题非常了解。”格奥尔吉·季米特洛夫在自己的日记中写道：“跟莫洛托夫谈到了柏林会议，尤其是对保加利亚和巴尔干各国有影响的那些决议。这些决议基本上都对我们有利。实际上，这个势力范围已经被承认是我们的了。”在发给苏联的各位大使的报告中，莫洛托夫写道，“这次会议结束了，结果令苏联非常满意”。

波茨坦会议给杜鲁门留下了什么印象呢？他在回忆录里是这么记叙的：

当波茨坦会议正式闭幕，正是早晨3点钟。三国代表们互相告别，早晨4时我和同僚们便离开无忧宫回到小白宫。不久我离开巴贝尔斯堡到加多航空站，开始我的回国旅行。

为了波茨坦会议，我离开美国几乎有一个月的光景，我急于回到华盛顿向美国人民报告。当我回国时，我感到我们已经达成几项重要的协议。但是更重要的是我自己心中所获得的某些结论和我对未来外交政策的制定应该做些什么的认识。

在回国途中，我写出了一份给人民的书面报告，准备回国后广播出去。在这个报告里，我概述了会议的重要成就。其中包括建立外长会议作为五大国政府的咨询机构。

另一项重要协议是赔偿方式的决定。我们不再重复以往的错误，即在取得赔偿后又把这笔钱借给他们。我们盼望德国可能发展成为一个正义的国家，而列为世界文明国家之一。

我们在波兰边界问题上取得了协议，这是我们能够得到的最理想的协议，不过我们是在服从和会的最后决定的前提下接受的。

我去波茨坦有很多原因，但是，在我的思想里，最迫切的是要得到斯大林个人重申俄国参加对日作战的决心，这是我们的军事领袖最急于要得到的一件事。我在会议的最初几天就从斯大林得到这种保证。在战时我们的一切军事部署都得保守秘密，为了这个原因，在会议结束时所发表的官方公告中把它略去。这是我们在波茨坦所达成的唯一的秘密协议。

和斯大林以及其他俄国人的直接会谈对我说来还有更大的意义，因为这使我能直接看出我们和西方国家将来必须面临什么样的局势。

在波茨坦会议上，俄国人已在保证欧洲合作与和平发展的文件上签了字。我已经看到俄国人是冷酷的交易者，他们永远为自己的每一点利益在打主意。举行三国首脑会议的地点，离被战争粉碎的纳粹政权所在地仅仅几英里远，任何政府的首脑不集中全力去寻求真正的和平似乎是不可能的。尽管我发觉俄国人对和平并没有热诚的愿望，但是我并不感到完全绝望。很显然，俄国的外交政策是建立在我们正要面临一次严重的经济恐慌的结论上的。他们企图抓住我们的弱点，从中取利。

尽管我们迫切地需要俄国参加对日作战，但波茨坦的经验却使我决定，不容俄国控制日本的任何部分。我们和俄国人在德国、保加利亚、罗马尼亚、匈牙利和波兰的经验使我决定决不在和俄国人设立的联合机构中冒风险。当我在回国途中回顾国际形势时，我决定在战胜日本后由麦克阿瑟全权统辖和管制日本。在太平洋，我们决不再受俄国策略的愚弄。

武力是俄国人所理解的唯一的东西。虽然我希望俄国总有一天会接受劝告，会为和平而共同努力，但是我还是懂得不应该让俄国人在日本享有任何控制权。斯大林坚决阻挠我所提出的一个防止战争的措施的方式，显示了他是怎样想的和所追求的是什么。我曾建议对一切主要航线实行国际化管理。斯大林并不要这个。斯大林要的是管制黑海海峡和多瑙河。俄国人正在策划征服世界。

……

“自由主义对己，马列主义对人。”用这句话来形容杜鲁门的做派，是十分贴切的。充当世界警察角色的美国，利用一战、二战迅速崛起，并始终把嘴巴挂在别人身上，同时满世界挥舞核武器加胡萝卜的棒子。杜鲁门在这里一个劲地指责苏联，其实他批评苏联的每一句话，反过来也正是苏联批评美国的，互相适用。诚如美国历史作家小查尔斯·米所言：

波茨坦会议看来是失败了，因为它好像曾经号召德国统一，而后来由于俄国人的背信弃义，或者（按照修正主义历史学家的说法）由于美国人的背信弃义，统一的德国似乎已成泡影。但这是胡言乱语。赔偿问题使德国分裂，这是有意识的、有预谋的，也是现实和无条件的分裂。就德国统一问题所达成的政治上的协议只不过是一些动听的豪言壮语，而且从来没有越出这个范围；不论杜鲁门还是斯大林都是这样心领神会的。而在俄国和美国之间不断出现的冲突中，这些豪言壮语就巧妙地被它们用作相互进行指责的依据。其实，有关德国统一的协议反而促进了德国更彻底的分裂，并且把它分裂的两部分更牢固地拉到两股敌对的势力中去。美国人可以而且的确这样争辩说，他们希望建立统一的德国——如果不是俄国人作梗的话，德国一定会统一。而俄国人也提出了同样的说法。这样，东德和西德分别被拉入两个敌对的阵营，每一个阵营自然同它的朋友联合起来反对其“资本主义的”或“共产主义的”对手。

关于分裂德国的问题，曾经以斯大林翻译身份出席德黑兰会议的别列日科夫提出了自己的看法。1972 年，他著述《外交风云录》回忆说：

1945 年 2 月，在克里米亚会议（即雅尔塔会议）上西方大国再次提出这个问题。但是，在这次会议上，他们分割德国的想法也未得到苏联方面的支持。苏联代表在三国委员会上拒绝了英美两国关于分割德国的建议。在那个时候，苏联政府在这一问题上的立场就十分明确。1945年5月9日，在战胜希特勒德国纪念日那天，苏联政府首脑斯大林讲话时声明，苏联“既不打算分割德国，也不打算消灭德国”。西方的宣传家们擅长弄虚作假。他们断言，好像苏联对分裂德国是有过错的，这是恶意的捏造。与此相反，正是由于苏联政府坚持了原则立场，英美两国早在德黑兰会议上就已提出的分割德国的计划才未能付诸实现。

1945年夏召开了三国波茨坦会议。会上通过了德国作为一个整体要肃清纳粹主义、实现民主化以及废除军备的各项重要决议。如果波茨坦会议的决议全部付诸实现，那么现在德国会是一个统一的国家。但是，波茨坦会议的决议在西方占领区未能实现。西方大国没能分割德国，便非法强行分裂德国。在西德开始了重新军国主义化的进程。军事垄断组织重整旗鼓。建立了所谓的“双联占领区”，而后是“三联占领区”。最后，成立了德意志联邦共和国。军国主义和复仇主义在德意志联邦共和国正蓬勃兴起。在这种情况下，德国人民的民主力量在东部建立了一个工农的国家——德意志民主共和国。

这样就出现了两个德国，目前它们正走着不同的历史道路。

——是的，著名的“柏林墙”就是这样建起来的。1990年10月，东德（民主德国）和西德（联邦德国）在分裂45年之后重新统一。从此，“柏林墙”成为人类历史上的一道风景。“柏林墙”从建立到推倒，犹如时光老人的一声叹息，留给人们的应该是怎样深深的思考?

第十二章

原子弹：武器的政治或政治的武器

在不知道原子弹前，你就不知道，美国人的保密工作做得多么好。

在不知道原子弹前，你就不知道，苏联人的情报工作做得多么好。

把上面两段令人有些匪夷所思的话放在一起，聪明的读者就明白关于原子弹的秘密，还有许多是我们不知道的。真可谓“道高一尺，魔高一丈”。

1945 年 7 月 24 日，当波茨坦会议第八次全体会议结束的时候，美国总统杜鲁门从大圆桌边站了起来，漫不经心地走向斯大林。美国总统终于按捺不住要说出这个藏在心中已经 8 天的秘密了。

8 天前的 7 月 16 日，也就是杜鲁门出席“三巨头”会议抵达波茨坦的第二天，他收到了一个日后震惊世界的大消息——他的陆军部长亨利·史汀生在这天早晨发来了电报，使得他获悉第一颗原子弹爆炸的历史性消息。他说：“我们的绝对秘密和最为大胆的作战计划实现了。我们现在拥有一种战争武器，它不但能彻底扭转整个局面，而且能掉转历史和文明的方向。”

其实，对于杜鲁门本人来说，原子弹也是一个新词语。这个早就开始的“曼哈顿计划”，他也是在三个月前的 4 月 12 日就任美国总统后召开的第一次内阁会议上才知道的。他在回忆录里作了十分清楚的记叙，照录如下：

内阁第一次会议开的时间不长，散会以后，阁员们都站起来，悄悄地走出房去——只剩下史汀生部长。

史汀生说要同我谈一件极其重要的事。他告诉我，他想通知我一个正在进行中的巨大计划——一个预期将发展成一种具有新的、令人难以相信的毁灭力量的爆炸物的计划。这就是当时他认为可以告诉我的一切，他的话使我很难捉摸。这是我第一次获悉关于原子弹的一点消息；可是他没有对我详细说明白。直到第二天，我才又听到一些，足以使我多少理解那正在进行中的几乎令人难以置信的发展，以及我们可能很快就要拥有的那惊人的威力。

这样一桩大事，居然能成功地对国会议员都保持秘密，真是一个奇迹。我已经知道，也许别人也知道，某种非常重要的东西正在我国的军事工厂里制造。几个月以前，作为我担任国防计划调查委员会主席的工作的一部分，我曾派人到全国的军事工厂进行调查，我甚至曾派调查人员到田纳西州和华盛顿州，指令他们查出某些巨大的建筑物到底是什么，它们的目的何在。

在派出那些调查人员以后，史汀生部长曾打电话给我，说要和我私人谈一次话。我对他说我可以立刻去他的办公处，可是他说还是他来找我好。

他来到后，我马上知道，他心里想谈的事同我派遣委员会代表去田纳西和华盛顿去调查的巨大建筑物有关。

“参议员，”史汀生部长在我办公桌旁坐下来时对我说，“我不能告诉你那是什么东西，可是那是世界历史上最伟大的计划。这是最机密的事。连很多实际上在从事这项工作的人都不了解那是怎么一回事，要是你们不到那些厂里去，我们明白底细的人会感谢你的。”

我早就知道哈里·史汀生是一个伟大的美国爱国者和政治家。

“我相信你的话，”我对他说，“我一定下令取消对这些厂的调查。”

我立刻下了命令，而关于这个秘密究竟是什么，直到史汀生部长在第一次内阁会议后告诉我为止，我始终毫无所知。第二天，前不久担任罗斯福总统的战时动员顾问的杰米·贝尔纳斯来看我，他也郑重其事地告诉我一些细节，他说，我们正在完成一种威力足以毁灭整个世界的爆炸物。后来，当科学研究和发展局局长范尼伐尔·布希来到白宫时，我才听到科学家对原子弹的说明。

这真是一个天大的秘密。谁也不会想到，这个秘密竟然连美国在职的副总统也一丁点儿都不知道。

正因此，在7月7日开始前往波茨坦的长途航行中，杜鲁门和他的伙伴们在“奥古斯塔号”巡洋舰上，其中谈到的一件重要而又无法逆料的事情，就是在新墨西哥州阿拉默果尔多原子弹爆炸前的倒计时。查尔斯·波伦回忆说：“海军上将李海和我对‘曼哈顿计划’谈得相当多”，“他觉得‘披长头发的人’诈骗了美国政府大约50亿美元，因为这种炸弹将终于证明并不比简单的无烟线状火药来得高明。”

杜鲁门回忆说：“当我离开美国赴欧洲的时候，在新墨西哥的阿拉默果尔多原子弹爆炸试验的准备工作，正在加紧进行；在远涉重洋的旅途中，我也迫切地等待着试验结果的消息。我曾听到科学家们的许多预言，但是谁也不能肯定大规模原子弹爆炸的结果。当我看到史汀生的电报的时候，我知道这个试验不仅符合科学家的最乐观的期待，而且也使美国拥有无敌的轰炸力量。”

杜鲁门和多数军人一样，对这种炸弹寄予比较乐观的希望。不过，制造这种炸弹到底有什么用处，还是一个不解之谜。美国历史作家小查尔斯·米后来分析说：“人们当时完全没有意识到仍然需要这种炸弹来打败日本。有些人希望，在俄国人参加远东战争并像在欧洲那样在东方获得战利品以前，能够相当迅速和有效地使用这种炸弹来击败日本。但是据利奥西拉德（曾徒劳地促请总统完全拒绝使用这种炸弹的科学家之一）说，吉米·贝尔纳斯认为这种炸弹最大的好处不在于对日本产生作用；贝尔纳斯说，使用炸弹是为了另一目的，‘使俄国在欧洲表现得比较温和一些’。”

在日本，主战派和主和派夜以继日地进行辩论，策划于密室。日本政府在坚持战斗到底还是谋求某种形式的和平——他们当时所希望的不是已向他们提出的那种“无条件投降”的和平——的问题上莫衷一是。

对于日本的这种态度，美国政府内部也是两种声音，且大多数人鉴于对德国提出“无条件投降”的要求曾不必要地使欧战延长作为例证，都觉得“无条件投降”方案同样也会使日本抵抗的时间大大拖长。如果不提无条件，而根据谈判的条件，日本人是会接受投降的。在总统和参谋长联席会议上的一次会见中，海军上将李海就直言不讳地提出应该放弃无条件投降的要求。他说，这种要求“只会使日本人铤而走险，蛮干到底，从而增加我方伤亡”。日本人即将失败，只要撤销无条件投降的要求，他们可能很快就会停止战斗。

陆军部长史汀生尤其急于想使日本在使用原子弹以前投降。在史汀生等人看来，日本人的问题症结在于天皇。助理国务卿格鲁从他出任驻日大使十年的经验中，也提出允许保存日本天皇为国家元首的观点。他们认为，只要容许日本保留天皇，日本人就可以“体面地”投降。因此，在《波茨坦公告》的草稿中，他们提出，日本投降以后，一俟成立符合人民意志的“倾向和平及负责的政府”，盟军即撤出日本，“这可以包括一个现王朝统治下的君主立宪制”。史汀生觉得这样的声明相当清楚地表示，盟国会容许日本保留其天皇。在杜鲁门启程前往波茨坦之前，格鲁还与助手们草拟了一份准备由美、英两国在波茨坦发出的对日公告，且获得了阁僚们和参谋长联席会议的认可，最后一次要求日本投降，扬言否则就要“使日本本土变成一片废墟”。同时，建议为了配合冲绳战役立即发表这个公告。杜鲁门没有同意，决定对日本的公告应在即将召开的波茨坦会议上发出。而在前往波茨坦的“奥古斯塔号”上，杜鲁门和贝尔纳斯在审阅这份公告时，毫不犹豫地删除了有关天皇的段落。

7 月 12 日，东京。日本裕仁天皇在皇宫秘密召见了前首相近卫文麿。天皇一反常礼，屏退左右，单独会见征询近卫对于战争发展趋势的意见。裕仁脸色苍白，精神十分憔悴。近卫直言回答：“必须尽快结束战争。”于是，天皇要求他以特使的身份做好访问莫斯科的准备。随后，外务相东乡茂德给驻莫斯科大使佐藤尚武拍了一份电报：“陛下深为担心，战争的延续只会增加交战国千百万无辜男女难以言述的深重苦难，故而十分渴望尽快结束战争。然而，要是美英两国坚持无条件投降，日本将被迫战斗到底。”天皇希望派遣近卫文麿同苏联政府面谈，并要求佐藤应向俄国外长莫洛托夫递交这份电报。谁知道，这份电报被美国情报部门截获，立即上报给杜鲁门。也是在这一天，在美国新墨西哥州的阿拉默果尔多，一辆陆军车辆后座上装载着原子弹使用的钚心，正向原子弹的试验场奔驰……

7 月 15 日，杜鲁门收到了来自太平洋战场的电报：“关东司令部说，美国军舰今天继续炮击日本本土诸岛目标，舰载飞机再度积极出动。昨日的炮击摧毁了坐落在本州岛釜石的帝国钢铁厂。在本州和北海道上空广泛活动的舰载飞机击毁日机 25 架，击伤 62 架，除一架外均系在地面被击中。”

7 月 16 日，杜鲁门又收到了来自对日作战的好消息：“关岛司令部说，从马里亚纳群岛起飞的超级空中堡垒式轰炸机昨晚袭击了本州南部下松的日本石油公司。”

从接连两天截获的日本军方情报来看，日军的空军已经失去了制空权，甚至已经不能起飞作战，失去了自卫能力；而美国空军的战机从未遭遇抵抗，在日本的上空随意飞行，随便轰炸。这样的战场态势，无疑更加增添了美国人在远东作战的信心。而当杜鲁门获悉天皇授意日本政府给驻莫斯科大使的加急电报后，更加明了日本人已经走投无路。现在，在美国人看来，远东对日作战，英国人的援助只会讨人嫌，俄国人的援助似乎也是一种没必要。五星上将金坚持说，俄国人“并非是必不可少的……虽然击败日本的代价会大一些，但他坚信，我们单独就干得了”。

其实，杜鲁门也是这么想的。据他的一份情况简报说，他需要“在我们过多的盟国承担义务并对击败日本做出重大贡献之前”打赢这场战争。因为他手里有两大杀手锏——放弃“无条件投降”和使用原子弹。但是，放弃“无条件投降”的要求，在一些人看来无异于“绥靖”，而使用原子弹倒是一举两得的事情——既消灭了日本，又可能像贝尔纳斯所说的——“使俄国在欧洲表现得比较温和一些”。正因此，有关原子弹的试验结果，现在是最值得期待的。

杜鲁门在他的回忆录里这么写道：“我们知道，原子弹将在7月中旬做第一次试验。如果原子弹试验成功，我希望在我们运用这个新获得的威力以前，给日本一个停战的适当机会。如果试验失败，那么，在必须用武力征服日本以前，使日本投降，对我们说来，就更加重要了。马歇尔将军告诉我，在日本本土使日本投降，估计要牺牲50万美国人的生命。”

7月16日上午5时10分，在新墨西哥州阿拉默果尔多代号为“三位一体”的试验场，世界第一颗原子弹爆炸试验进入倒计时。罗伯特·奥本海默、汉斯·贝蒂、詹姆斯·科南特、万尼瓦尔·布什等科学家都已经蹲在事先修筑的掩蔽指挥所里。这项计划的军方协调人莱斯利·格罗夫斯回忆说：“当读数快到零的时候，每一个人都要面朝地卧倒，脚朝爆炸方向，闭起眼睛，并且用手蒙住眼睛。当大家一知道有闪光，马上就可以翻过身来坐起或站起，并戴上发给各人的防护眼镜。”只有来自意大利的科学家费米悄悄地站在地面上，他手握早就准备好的一把碎纸片，漫不经心地等待爆炸冲击波的到来，以便测量原子弹爆炸的威力。苏联间谍克劳斯·富克斯也站在不远处，唯一获得现场采访权的记者威廉·劳伦斯拿着铅笔，在凄冷的黎明中打着哆嗦。奥本海默轻轻地对控制室的一名调度员说：“老天，这种事儿叫人心里难受。”5 时 30 分，蹲在掩体的科学家们终于看到了比一千个太阳还要亮的光芒，从另一个星球上也可以看到。“三位一体”的人员们感到了一股突如其来的热浪，而在 235 英里以外的新墨西哥州的盖洛普，窗户的玻璃被震碎了，幸运的人看到“太阳升起又落下了”。

7 月 16 日上午 10 时，在波茨坦，美国参谋长联席会议就对日作战问题进行热烈讨论。哈普·阿诺德说，常规轰炸就能使战争结束；乔治·马歇尔认为，至少应事先向日本提出警告，以使他们有可能在使用原子弹之前投降；海军上将金相信，只要用海军实行封锁，让日本人饿得被迫投降；艾森豪威尔对史汀生说，日本已经完全被打败，没必要投掷原子弹这种恐怖武器，既不再是挽救美国人生命所必不可少的手段，而且还会引起世界舆论对美国的反感；海军上将李海对于使用原子弹的问题不知如何解释，因为它已经耗费了巨资。

尽管参谋长联席会议对是否使用原子弹的问题没有做出最后的决定，但美军第五〇九空降大队已经做好了投弹准备。在太平洋的提尼安，飞行员们飞往硫磺岛作练习飞行，向罗塔和古关投掷了 500 磅和 1000 磅的炸弹，提高命中目标的能力。

7 月 16 日傍晚，当杜鲁门在废墟般的柏林结束兜风回到波茨坦“小白宫”的时候，已经等待多时的陆军部长史汀生递交给他一封电报，给总统带来了最值得期待的好消息。电报是留在华盛顿充任阿拉默果尔多和波茨坦之间的联络官乔治·哈里森打来的。

绝密

紧急

陆字 32887 号

凯尔斯上校亲启

哈里森致史汀生先生

今日上午施行手术，诊断尚未完毕，但结果看来令人满意，并已超出预计。有必要在当地发表新闻公报，因很多地方对此表示关心。格罗夫斯博士感到高兴。他明日返回。有情况将继续奉告。

格罗夫斯将军煞有其事地发表了一项新闻公报：

7月16日于新墨西哥州阿拉默果尔多

阿拉默果尔多陆军航空兵基地司令官今天发表声明如下：

今天上午在阿拉默果尔多航空兵基地的禁区发生了一次大爆炸，一些人士就此提出了询问。

坐落在边远地区的某个储存大量烈性炸药和烟火信号弹的弹药仓库发生爆炸。未发生任何伤亡，军火库以外的财产所受损失极为轻微。

这次爆炸引起了毒气弹爆炸，鉴于气候条件的影响，毒气含量也许会使陆军需要让一些居民暂时撤离自己的家园。

后来，格罗夫斯在弹坑半英里之外看到，一座70英尺高的钢塔像老虎钳折断细铁丝一样被炸裂成一根根的钢条，他不禁断定由他负责修建的五角大楼已经不再是一个安全可靠的避弹所了。几年后，当奥本海默回顾他认为毫无必要使用原子弹一事时说："物理学家们懂得了罪孽一词的原始意义；这是任何粗俗、诙谐或夸张的言辞都无法掩盖的。"

7月17日清晨，美国陆军部长史汀生将这份绝对机密的电报交给贝尔纳斯的时候，他同时力促国务卿同意他的下述两点方案：一是向日本人提出可能使用原子弹的强硬警告；二是同时向日本人保证可以保留他们的天皇。谁知，贝尔纳斯对史汀生提出的两点建议都不予考虑。史汀生对此感到十分失落，但他知道，贝尔纳斯的意见肯定是得到了总统杜鲁门的授权。

到了午餐的时候，史汀生将这份使他能得到世界上任何人都注意的电报交给了英国首相丘吉尔。完全可以想象得到，在波茨坦这座沿街的别墅里，英国首相听到这一消息后该是如何的得意。

美国人为什么将原子弹试验成功的消息告诉英国人呢？我们知道，原子弹的设计是由著名的科学家阿尔伯特·爱因斯坦向罗斯福总统建议的，这是一项需要科学、工业、劳动和军事力量空前联合的巨大事业，全部艰巨的任务需要 10 万人和大量物资，整个试验需要两年半以上的时间和 25 亿美元的必需费用。在获悉德国正在研究利用原子能作为战争武器的方法后，从 1940 年开始，美国和英国的科学家就开始技术上的合作，并在绝对保密的条件下与德国开始竞争。尽管英国的科学家曾带头进行这个计划，并贡献出许多关于原子弹的原始资料，但已经开始作战的英国暴露在敌人的轰炸之下，美国的工厂则远在敌人轰炸机的航程之外，再加上科研需要大量的经济支撑，罗斯福和丘吉尔同意合作研究，把一切有关发展这个计划的工作集中在美国本土。制造原子弹的任务就交付给莱斯利·格罗夫斯少将为首的所谓“曼哈顿计划”的工兵团的特种部队。这个组织的主席则是陆军部长史汀生。

是的，在波茨坦会议开幕之际，当丘吉尔听到第一颗原子弹试验成功的消息后，用他自己的话来说，这个“震惊世界的消息”无异于宣布“第二次世界大战快要结束了”。接着，他想到苏联对欧洲的继续推进时又补充说：“也许还能很快地解决不少别的问题呢。”

显然，丘吉尔立即体会到这一新式武器所具有的巨大的政治意义。他曾经为失去了强有力的“王牌”——英美军队留在苏占区——而感到绝望，可是现在，这种令人可怕的、从未看见过的、从未想象过的武器却把一张格外可怕的“王牌”送给了他们。“到现在为止，”丘吉尔说，“我们一直在盘算如何使用非常厉害的空中轰炸和大规模的军队进攻来袭击日本本土。我们预料到日本人会拼命抵抗，用武士道精神战斗至死……在每一个洞穴和掩体里……要逐个逐个地消除日本人的抵抗，一寸一寸地征服这个国家，大概需要牺牲 100 万美国人和50万英国人的生命——或许要更多一些——如果我们能够把他们运送到那里的话，因为我们决心分担这一苦难。现在，所有这些恶梦已经消失了。看来出现了确实是美好而光明的远景：以一二次猛烈的打击来结束整个战争。”

另一方面，当前最为重要的是，原子弹的出现使得苏联的援助在对日战争中失去了作用，而为了得到这种援助，美国在苏联面前失去了行动的自由，不仅让罗斯福在斯大林面前一再妥协，也致使丘吉尔争取杜鲁门的努力化为乌有。现在，美国可以自由地以另一种语言同苏联谈话了。他们将以实力地位出现在波茨坦会议上。“我们不再需要俄国人了。结束对日战争已不再靠苏联军队参加最后的和持久的大屠杀了。已经没有必要请求他们的恩典了。”丘吉尔说，“看来我们突然之间已经有把握大大地缩短在东方的流血战争以及为欧洲争取一个更美好的前景。我毫不怀疑，在我的美国朋友的脑海里也存在着这些想法。”

史汀生力劝丘吉尔同意把原子弹的事情告诉斯大林。在他看来，或许让俄国人知道有原子弹存在这件事会提高他们对美国人的信任，或者至少不会引起他们的疑虑。但是，丘吉尔却不愿意听这种话。史汀生回忆说，“我劝了很长时间”，但是英国首相已下了决心，反对这么做。他手中的这份机密文件丝毫没有使他获得成功。

7月17日，史汀生在巴贝尔斯堡的寓所里接到另一份电报：

医生刚返回，极为兴奋并确信小孩（准备投于日本的原子弹）同他大哥（在阿拉默果尔多爆炸的第一颗原子弹）一样结实。从此地（华盛顿）至海霍尔德（史汀生在长岛的农场，250英里以外）可以看出他眼中发出的光芒，从此地到我的农场（40英里以外）可听到他的尖叫声。

波茨坦的译电员以为史汀生刚添了个小孩，不知道会不会因此休会一天以示庆贺。现在，史汀生手握这份崭新的电报在暮色苍茫中走出大门，到杜鲁门的别墅去共进晚餐。在这一天中，他力图用劝告来代替武力，或许向日本提出一份措辞巧妙的文告，也可能会起到像投原子弹同样重大的作用。但是，这只能是一种假设。在总统举行的晚餐上，史汀生、马歇尔、阿诺德和金海军上将，都不同意杜鲁门投掷原子弹的计划。然而，杜鲁门抢在他们前面说，在他得到格罗夫斯将军的全面报告以前，他不会做出任何决定。格罗夫斯正在华盛顿埋头写他的报告。将军们的劝告没有成功，剩下的只能是闲聊。肖邦的乐曲从俯视格里布尼茨湖面的阳台那扇打开的窗户传进来。从巴黎飞来的尤金·李斯特中士正在演奏总统喜欢的钢琴曲。杜鲁门要听肖邦第42号华尔兹舞曲，李斯特没有乐谱。他们就深夜向巴黎拍了一封电报，并以最快的速度送到了巴贝尔斯堡。

7月18日，下午1时15分。杜鲁门前往丘吉尔寓所回访，并带来了这两份从华盛顿拍来的电报。丘吉尔仍不禁喜形于色。谈话中，美国总统还是提出了问题：应当如何告诉斯大林，或者说应当对斯大林讲些什么。他说："我不准备像史汀生那样一五一十地告诉俄国人，通报俄国人只是为了避免他们指责我们不老实。"杜鲁门知道，即使一五一十地告诉了俄国人，他们仍然肯定迫不及待地参加对日战争，要求分享胜利果实。

丘吉尔说："我感到征服日本不再需要斯大林的援助了。因此，为了不使俄国人急于参战，一定不要告诉他们。"

"可是，首相先生，不告诉斯大林，从政治和外交上来说，我们都将无法逃避俄国人的指责，等于授之以柄，他们就会说：你们为什么不早一点告诉我们呢？"杜鲁门想了想说，"但我们必须以突然的方式透露出存在着新式武器，只有这样才能对斯大林产生威慑作用。"

丘吉尔说："总统先生，那就产生了一个十分微妙的问题，是应该马上把这一消息告诉斯大林呢，还是等到会议结束的时候再说呢？在第一种情况下，我们又如何启齿呢？等到会议结束再告诉他，这岂不是使我们丢掉了一张强有力的'王牌'吗？"

杜鲁门说："因此，摆脱困境的办法当然是拖延告诉斯大林的时间，直到接近军队投弹的日期才告诉他，但并不是向他说明全部真相。"

丘吉尔也犯难了："怎样跟斯大林讲呢？书面通知太正式了，那会引起对此消息的过分注意；若是召开一个特别会议来告诉他，很可能使他理解这个消息的含义，并立即把他的红军投入远东。"

"我想，最好是能够找到一个比较混乱不定的时刻，当斯大林的心思在考虑别的事情时，或者在某一天全体会议结束后，当所有的外交官员都在忙于整理文件时，漫不经心地对他说一声，这样就把问题解决了。"杜鲁门娓娓道来，仿佛事先已经做好了打算一样，他们一边享受美味的英国午餐，一边琢磨计策。最后，杜鲁门说："我认为最好是在我们开了一次会后告诉他我们有了一种完全新型的特殊的炸弹，但不提原子这个词。我们认为它对日本继续作战的意志会产生决定性的影响。"

丘吉尔对杜鲁门的建议，认真思考了一会儿就表示同意了。当然，他们已经觉察到对日战争有了另一种危险——在美国人取得胜利之前，日本会通过苏联的外交途径来投降。这在日本天皇授权近卫文麿作为特使访问苏联，并递交试探性议和方案的情况来看，这种危险已经越来越逼近。更何况，斯大林对日本天皇给驻莫斯科大使的电报，已经告诉了丘吉尔，并且在7月18日当天下午与杜鲁门的会晤中也直言不讳地说出了这个秘密。

杜鲁门和丘吉尔小心翼翼地保守着使用原子弹的秘密。丘吉尔在回忆录中承认，斯大林"在反对希特勒的战争中，是个出色的盟友"，所以"应该把左右全局的伟大的新事件通知他"，但这不过是作为一条消息告诉他而已，无论如何不能对俄国人透露任何细节。

7月21日11时30分，史汀生终于在波茨坦等到了格罗夫斯将军关于原子弹的全面报告。他一面等待，一面烦躁不安。他不知道该想些什么、说些什么。随着时间的推移，他逐渐能够合理地解释杜鲁门已经做出的任何决定。在是否把原子弹的消息告诉斯大林的问题上，史汀生仍然落后杜鲁门好几步。杜鲁门既要把新型武器告诉斯大林，同时又不告诉斯大林，而史汀生则还是停留在要么告诉、要么不告诉的简单化处理办法上，因而有些进退两难。史汀生最后得出的结论是：不应该告诉斯大林，因为“一个警察国家同一个自由社会不可能维持永久的良好关系，因此把武器秘密告诉俄国将是危险的。但是，如果由于某些原因认为有必要同俄国人分享原子秘密的话，那也应该小心谨慎地处理；应该用某种方式把这种秘密作为撬开苏维埃大门的一种手段，使苏联变成比较民主和自由的社会。这种利用原子弹来改变俄国政府性质的新颖而令人向往的主意，使史汀生浮想联翩，他就此问题写了一个备忘录给总统”。而当他接到格罗夫斯的全面报告后，他内心的复杂思想斗争终于如释重负地宣告结束了。

这天下午3时，在波茨坦“小白宫”的阳台上，这位总统并不十分喜欢的陆军部长，终于有机会同杜鲁门和贝尔纳斯一起坐下来，分享来自华盛顿的第一手的原子弹报告。要知道，在杜鲁门率领出席波茨坦会议的美国代表团中，77岁的史汀生第一时间就被排除在外。有人说，史汀生的毛病就是没有主见。因此，当总统启程的时候，他浮想联翩，疑虑重重，自乘另一艘船前往。他一到波茨坦，因为几次三番以一变再变的意见与总统纠缠不休，自然成了一个意志不坚、可怜巴巴的人物。小查尔斯·米评论说：史汀生确实是一位忠诚于美国、忠诚于总统的人，但在1945年的这个时候，他成长的年代所使用的外交手段和历史比喻法的运用与现在已经大不相同——玩桥牌的人已经让位给打扑克的人。说到底，现在也许只有密谋、欺诈和武力这些手段，才是谈判桌上的对手或者战场上的敌人所尊重的。

面对布尼茨湖波澜不惊的湖水，在阳光明媚下，杜鲁门和贝尔纳斯一声不响地坐在那里，静静地听着年老体衰的史汀生用他那有些苍凉的声音念读格罗夫斯将军的报告。由于过度兴奋，史汀生不时念得有些结结巴巴。

备忘录　致

陆军部长

事由：试验

1. 这不是简要的正式军事报告，而只是想陈述一下如果我从新墨西哥州回来时你还在这里，我会向你报告的事情。

2. 1945年7月16日凌晨5时30分在新墨西哥州阿拉默果尔多空军基地的一个偏僻地区，进行了内爆型原子裂变炸弹的第一次大规模试验。这是历史上第一次核爆炸。而这是多么厉害的一次爆炸啊！……

3. 试验的成功超出了人们最乐观的估计。根据到目前为止整理出来的资料，我估计所产生的能量超过1.5万至2万吨梯恩梯；这还是保守的估计。根据我们用不同的测量方法所获得的数据，则所发出的能量比上述保守的数字大好几倍。产生了空前巨大的爆炸力。在20英里的辐射光线范围内，一个短时期中有相当于几个中午太阳的光照热量；形成了一个巨大的火球，持续达数秒钟。火球喷散成蘑菇状，在上升到1万英尺以上的高度以后逐渐暗淡下来。爆炸时发出的亮光可以在阿尔布昆尔奎、桑塔费、银城、埃尔帕索和100英里左右的其他地方清楚地看到。只有很少一些玻璃窗被震碎，其中一个是在125英里以外。形成了一大块云层，它以巨大的力量波涛汹涌般地向4.1万英尺高度的同温层翻腾，在大约5分钟之内，就升高到离地面3.6万英尺，然后在1.7万英尺的高度突破了一个逆温，大多数科学家原来以为这阵逆温可能会把这块云层压制住的。

格罗夫斯将军不是诗人，因此，他简要报告了这次爆炸效果后，又引用了陆军准将托马斯·法雷尔对这次试验所作的一段描述：

爆炸效果可以说是空前的、壮观的、美丽的、惊人的和可怕的。以前从未有过这样巨大力量的人造奇迹。发出的亮光是难以用笔墨形容的。整个乡村都被比中午太阳强烈数倍的一种灼热的光照得通明。这道光是金黄色、紫红色、紫罗兰色、灰白色和蓝色的。它以一种只能意会不能言传的清澈和美丽照亮着邻近山脉的每一个山峰、堤防的裂口和山脊。这正是伟大诗人梦想而又最不善于恰如其分描绘的美景。爆炸后30秒钟，首先产生的是一股向人和物猛烈冲压的气流，接着，几乎立刻爆发出一种强烈的、持续的、可怕的轰隆巨响，预示着末日的来临，使我们感到我们这些芸芸众生竟敢去摸弄迄今为止留作全能的上帝所专有的力量，这真是有渎神明。

第二天，当史汀生把格罗夫斯将军的报告送给英国首相时，丘吉尔再度热情洋溢，非常激动地挥舞着手中的雪茄，用深沉的声音说："史汀生，火药还算什么呢？太渺小了。电还算什么呢？太没意义了。这颗原子弹是基督在盛怒中再临。"后来，丘吉尔回忆说，现在他知道了"杜鲁门到底遇到了什么事……当时我没有理解。当他读了这份报告再来开会，他简直成了另一个人。他在会上要俄国人听从他的指挥，一般说来，他操纵了整个会议。"

所有这一切，都是可以在波茨坦会议上找到根据的。杜鲁门的随行人员罗伯特·墨菲在其回忆录中说："7月21日，当杜鲁门主持三国会议的第四次全会（*应该为第五次，本书作者注*）时，我们在总统的举止中发现了一种明显变化。他显得对自己信心十足，决心参加各种讨论，并起来反对斯大林的某些论断。看样子，大概发生了某些事情。"据墨菲说，丘吉尔的举止也发生了同样的变化。然而，杜鲁门事实上并没有像丘吉尔所说的那样"操纵整个会议"。他只是进行了一次交锋，提出了交易的条件，但根本没有能迫使斯大林作出任何让步。

也就是从这个时候开始，丘吉尔觉得原子弹使他产生的"思想"也"占据"了美国人的头脑。如何使日本立即停止战争呢？毫无疑问，丘吉尔不再怀疑原子弹必须对日本使用，甚至有些急不可待。他说："阻止一场巨大的、没完没了的屠杀"，"结束战争，为世界带来和平，用温存的双手去轻轻抚摸饱尝苦难的各国人民的伤口，这一切今天只需以几次爆炸为代价，显示一种不可抗拒的力量就能做到。这在我们饱受折磨、历尽艰难险阻之后，显然是一种奇迹式的解脱之法"。他用这种所谓"人道"的理由为自己的这种迫不及待进行辩护，其实就是为使用原子弹而辩护。

原子弹到底是军事武器，还是政治武器呢？现在，人们已经非常清楚，华盛顿和伦敦之间，在对于新型武器的出现所造成的形势的评价上，已经完全一致。也就是说，原子弹的使用，其实质就是出于政治方面的角度予以考虑的。对日战争只是被当作一种借口而已。实际上，对日战争已经基本结束，苏联红军的干预可以立即使战争结束。丘吉尔在回忆录中，以明白无误的方式，否定了对使用原子弹所作的辩解："相信日本的命运是由原子决定的，那就错了。在第一颗原子弹落下之前，它的失败已成定局。这是由于（美国）海军力量的压倒性优势使得美国攻占了太平洋上的基地，并将从这些基地出发发动最后进攻，这种局面应当迫使宗主国（日本）的军队无条件投降。"

杜鲁门在他的回忆录中一口咬定使用原子弹是从军事上的考虑出发的，是为了结束对日战争："我们希望奇迹出现。残酷的战争每天所造成的悲剧在逼迫着我们。我们努力制造一种无法抵抗的武器，一旦使用到它，就可以强迫敌人立刻屈服。这是我们保守秘密和付出巨大努力的主要目标。但是我们还必须全力进行传统的基本军事计划。"他还说："至于什么地方和什么时候去投原子弹，则由我作最后决定。在这方面我们不能造成错误。我认为原子弹是一种战争武器，从来没有人怀疑过可以应用它。总统高级军事顾问们建议应用它，而当我告诉丘吉尔时，他毫不犹豫地告诉我，如果原子弹有助于结束战争，他主张应当用它。在决定应用原子弹时，我要依照战争法规所确定的方式，把它当作战争的武器来应用。"但是，除了杜鲁门之外，所有对原子弹制造和第一次试验成功做出贡献的人，都不同意杜鲁门的说法，他们完全相信原子弹的使用在政治上产生的令人生畏的后果。

7 月 23 日，在华盛顿，格罗夫斯将军已经着手起草投掷原子弹的指令——“致美国陆军战略空军司令官卡尔·斯帕茨将军：1. 第 20 航空队 509 混合大队应于大约 1945 年 8 月 3 日以后，在气候许可目视轰炸条件下，对下列目标之一投掷第一颗特种炸弹：广岛、小仓、新潟和长崎……”

此时，在中国，蒋介石正等待着杜鲁门的消息。因为《雅尔塔协定》的原因，苏联为准备参加对日作战向中国开出了超越国家主权范围的价码，这令蒋介石难以接受。蒋要求杜鲁门代表中国向斯大林说情。可是，美国总统是想帮助中国和俄国迅速达成协议以便让俄国能立即参战呢，还是希望把谈判拖下去以推迟俄国的参战呢？看一看杜鲁门是如何做出决定的吧！他指令贝尔纳斯发电报给蒋介石，说：“如果你同斯大林元帅对《雅尔塔协定》的正确解释有分歧，我希望你安排宋（子文）回到莫斯科，继续你们的努力以达到完全谅解。”

多么冠冕堂皇的一句外交辞令。一句话，杜鲁门希望斯大林和他的军事计划将纠缠在与中国的谈判之中。贝尔纳斯回忆说：“我有些担心，如果他们不是这样的话，斯大林也许会立即参战，他完全清楚地知道，他不仅能取得罗斯福、丘吉尔在雅尔塔会议上以及后来蒋所商定的一切，而且鉴于中国的分裂以及蒋正在谋求苏联的帮助以对付中国共产党人，他还可以获得他所想要的其他东西。从另一方面来说，如果斯大林和蒋还在谈判，这可能会推迟苏联的参战，而日本人也会投降。总统表示同意这种看法。”

当然，这些情况绝对不能泄露给俄国人。杜鲁门和丘吉尔甚至在表面上还特别积极地鼓励苏联参战，在波茨坦英美联合参谋部的建议上，专门强调要公开告诉苏联“对其作战能力的可能需要和切实可行的援助应予提供”。显然，远东战争的结局，已经开始显现为欧洲结局的某种相同反映——如果说，苏联红军闯进欧洲并且占据了强大的地位，那么原子弹将要使美国在远东取得这种地位。由此，互相冲突的势力范围即将蔓延到全球。

由此可见，正是从“政治武器”这个角度出发，杜鲁门选择了自以为最为合适的时机，将这种新型武器的诞生告诉了斯大林。那就是本章开头所说的，7 月 24 日，在波茨坦会议举行的第八次全体会议结束的时候。美国总统在他的回忆录里只是轻描淡写地写了下面这一段文字：

7 月 24 日，我偶然对斯大林提到我们拥有一种破坏力特别巨大的新武器。俄国部长会议主席并没有表示异乎寻常的兴趣。他只是说，他听到这个消息很高兴，并希望我们“好好地运用它来对付日本”。

当时到底发生了什么呢？让我们回到现场去看一看。

——全体会议结束了，杜鲁门从大圆桌子边站了起来，漫不经心地走向斯大林。他故作淡定，好像没有什么重大事情要说，因为他把自己的翻译波伦留在了后面。丘吉尔回忆说：“我相距或许有五码远。我聚精会神地注视着这番重要的谈话。我明白总统打算做什么。需要明确的最主要之点是它在斯大林身上将产生多大的影响。这一切我看得清清楚楚，就仿佛是昨天发生的事一样。”贝尔纳斯也在注视着，在会议结束时，“总统绕着圆桌走去跟斯大林说话”。李海将军极力显出不注意这场谈话的样子。波伦留心观察斯大林听到这一消息的脸部表情，他后来写道：“斯大林的反应是那样随随便便，使我对总统的口风是否已达到目的有点怀疑，我应该进一步了解……”

包括丘吉尔在内，他们多么期待看到这样一幅画面——斯大林脸色立即变得苍白，在可怕的消息打击下，在“今后将左右局势的伟大的新事件”打击下，精神会垮下来。但是，事情并非如此。相反，“斯大林显得十分高兴”，“一种新的炸弹？威力无比？十分可能对整个对日战争起决定性的影响？多走运！”这就是斯大林在杜鲁门挖空心思以这种方式告诉新型武器诞生的消息时给他留下的印象。

丘吉尔由此肯定，斯大林压根儿就没听懂杜鲁门向他透露的事情的重要意义。他十分沮丧地回忆说："显然，原子弹根本没有在他（斯大林）的心目中占有一个位置。如果他对不断发展的世界事务中的剧烈变革稍有了解的话，那么他的反应本来会是很明显的。对他来说，最便当的莫过于说：'太感谢你，把有关你们的新型炸弹的情况告诉我。当然，我对技术问题一窍不通。我可以派遣我的核科学家明天上午去同你们的专家会面吗？'"

这真是一个自作多情的想象。丘吉尔看到斯大林的"脸色仍然是愉快和蔼的，两位当权者之间的谈话很快就结束了"。

当丘吉尔出门等车的时候，他忽然发觉杜鲁门就站在自己身边。他随即问总统："谈得怎么样？"

"他什么也没有问。"杜鲁门回答说。

"据我看，他不明白你说的是什么。"丘吉尔说。

显然，杜鲁门和丘吉尔感到十分沮丧，因为谈得根本不怎么样。不过，现在，杜鲁门可以自称他是一个诚实可靠的盟友了，他已经把原子弹的情况巧妙地告诉了斯大林，俄国人从此不会因此给他找茬了。同时，杜鲁门和丘吉尔都相信，已经成功地把斯大林骗过去了。根据苏联将军什捷缅科的说法，杜鲁门的骗术起到了作用：在7月24日的全体会议以后，苏军总参谋部没有收到特别指令。也就是说，在第一颗原子弹投在日本之前，斯大林并没有猜出杜鲁门谈话的用意。

应当承认，原子弹在整个波茨坦会议的谈判桌上，实际上根本没有给美国带来多大帮助。尽管杜鲁门和丘吉尔都曾企图用这个新武器来操纵整个会议，作为逼迫斯大林在谈判桌上退让的秘密武器。但，斯大林并没有后退一步。可见，原子弹的那种被夸张了的威力，只不过存在于丘吉尔和杜鲁门的想象当中而已。它仅仅只具有一种幻想的或恶梦似的力量，除非把它扔在俄国人的头上，否则都不会给斯大林产生任何实际的影响。

现在，尽管对斯大林透露新型武器的消息没有产生丘吉尔和杜鲁门所期望的效果，但原子弹的出现对于波茨坦会议以及世界事务并不因此而不构成巨大压力。同时，也不论斯大林是否是当时就听懂了杜鲁门跟他独自所说的消息，还是到后来才明白事情的真相，但有一点是历史已经以准确的时间记录了下来——20 世纪的核军备竞赛于 1945 年 7 月 24 日晚 7 时 30 分在波茨坦塞西林霍夫宫开始了！

历史问题，总有许多令人猜测的答案。

历史总是慢慢地让人知道的。

其实，关于原子弹的故事，关于美、苏核军备竞赛的故事，今天早已经不是新闻了。从战争的第一天起，1941 年 6 月 22 日的莫斯科《真理报》就已经刊出过苏联进行原子弹研究的消息。

其实，1945 年 7 月 24 日，“老狐狸”斯大林并非一无所知，他完全理解杜鲁门在波茨坦会议中悄悄告诉他新型炸弹研制成功的消息的用意。

朱可夫元帅的回忆可以作证：

> 约·维·斯大林在会后返回住所时，当着我的面把他和杜鲁门的谈话内容告诉维·米·莫洛托夫。
>
> 莫洛托夫当即说：“他们是在给自己抬高身价。”
>
> 斯大林笑着说：“让他们抬吧！今天应当和库尔恰托夫谈谈，要加紧我们的工作。”
>
> 我知道了，他们谈的是关于原子弹的研究工作。

莫洛托夫在波茨坦会议后不久也为美国驻苏联大使哈里曼提供了杜鲁门透露的消息并未引起俄国人多大惊恐的第一条线索。哈里曼回忆说：“我们在谈论日本和原子弹时，莫洛托夫一面端详着我，脸上似笑非笑，一面说道：‘你们美国人想保密就保密吧。’他说话的样子使我确信那根本不是什么秘密了。我们现在知道，由于克劳斯·富克斯和其他人的缘故，俄国人在波茨坦会议前就掌握了我们发展原子弹的明显的事实。我猜想，唯一令人惊讶的因素是阿拉默果尔多试验成功这件事。然而不幸的是，斯大林想必已经知道，我们已十分接近于举行第一次试验爆炸了。”

但是，丘吉尔后来在回忆录里依然坚持这样写道：“因此，我敢肯定，斯大林在那一天，对于英美两国长期以来所从事的这项庞大的研究过程并不了解，也不知道美国在生产原子弹这一豪迈的冒险事业上曾花费四亿多英镑。”

现在根据苏联和美国解密的史料来看，丘吉尔的确是大错特错了。他如果知道斯大林了解情况的程度，大概会大吃一惊。斯大林不仅明白杜鲁门谈的是什么，而且还有苏联情报人员搞到的美国人进行核试验的完整情报。而朱可夫元帅的回忆中提到的库尔恰托夫，正是1933 年就领导组织召开全苏第一次原子核物理会议的领袖人物。

在 1941 年秋天从英国伦敦获得第一份有关研制原子弹的情报以后，苏联驻英国武官、伦敦情报负责人、坦克兵少将斯克利亚罗夫，在 1942 年 1 月又获得了一份长达 150 页的秘密报告。此后，伊戈尔·库尔恰托夫被国防委员会科学方面的全权代表卡夫塔诺夫从喀山的列宁格勒物理研究所调到莫斯科，专门研究军事情报机构在 1942 年获得的有关“铀问题”的三个卷宗——8 月 17 日获得的材料长达 138 页，8 月 24 日、25 日获得的材料长达 139 页，9 月 2 日获得的材料为 11 页。11 月 27 日，库尔恰托夫在阅读完上述情报资料后，完成了苏联开始制造原子武器的第一份报告。第二天，经莫洛托夫批示后立即呈送斯大林批准，吹响苏联原子科学家集结号，开始了苏联的“曼哈顿计划”。为此，克里姆林宫专门为库尔恰托夫开设了一间秘密的专用房间，而且只有他一个人在那里阅读情报部门获得的最新材料。

当然，关于原子弹背后的情报战，的确是惊心动魄，在这里有必要简单地作一个介绍。柏林大学原经济学教授尤尔根·库钦斯基是红军的情报人员，当他得知克劳斯·富克斯在美国“曼哈顿计划”科研负责人著名科学家奥本海默的领导下工作之后，就建议他和苏联代表分享自己的资料，富克斯同意了。随后，驻伦敦的陆军武官秘书谢苗·克雷默上校与他建立了联系，先后见面四次，获取大约 200 页的文件。1942 年 7 月，接替克雷默与富克斯联系的是美女间谍乌尔苏拉·库钦斯基，她的代号为索尼娅。索尼娅是 1932 年在中国由红色谍王哈德·佐尔格吸收参加军事情报工作的。当然，还有一位代号为“詹”的著名间谍，他的本名叫扬·彼得罗维奇·切尔尼亚克，他在伦敦结识了著名物理学家阿兰·纳恩·梅（在苏联红军情报局的代号为“阿列克”），在那里获取了大约 130 页的文件。1943 年 1 月，“阿列克”抵达蒙特利尔，此时与他建立关系的是帕维尔·安格洛夫上尉。在这里，“阿列克”交给安格洛夫科学家费米关于铀反应堆的结构、工作原理的报、草图和铀 – 235 的样品，以及关于制造原子弹进程的报告。

与此同时，为了迅速完成斯大林制订的“一号计划”，国家情报局决定将获取铀弹情报的工作交给隐藏得更深的地下情报人员。其中在美国的就是阿希尔，他的真名叫阿尔图尔·亚历山德罗维奇·亚当斯。他结识了一名美国科学家，在苏联档案里化名“肯普”。肯普先后为他翻拍了关于原子计划的 2500 页内部资料和新样品。阿西尔在他的秘密住所为了给这些文件拍照，先后耗费了 69 个胶卷，每个胶卷是 36 张底片。可以说，苏联的情报人员已经渗透到了“曼哈顿计划”的每一个角落。他们当中的许多人后来都被斯大林授予奖章和勋章。正是由于他们的工作，使苏联人避免了后来有可能发生的灾难——美国对苏联实施原子弹袭击的“扣球”计划，曾打算向苏联的 70 座城市投下 300 颗原子弹。诚如库尔恰托夫所言：造成原子弹有一半功劳应当归功于情报部门。

当然，无论是间谍还是科学家，他们为此都付出了沉重代价——最早在洛斯阿拉莫斯实验室里“分裂”美国原子秘密的莫里斯·科恩和列昂京娜·科恩夫妇 1961 年在英国被捕，每人获得 20 年监禁的“奖励”。出于思想信仰、没有领取任何报酬的物理学家克劳斯·富克斯自愿为苏联提供情报，1949 年英国法庭“奖励”他 14 年监禁。

在上面插叙了这么多谍战的话题，目的只有一个——就是为了说明斯大林早就关注制造原子弹的问题了，并非像杜鲁门和丘吉尔那样以为斯大林什么也没有听懂，只是“道高一尺，魔高一丈”罢了。

杜鲁门的漫不经心，终于被斯大林的若无其事打败了。

来柏林参加波茨坦会议之前，斯大林专门阅读了国家情报局关于原子弹工作进展的例行报告。斯大林像一贯处理这类情报时那样，吩咐让库尔恰托夫看看这些材料。

绝密

“He”（High explosive）型炸弹。

预料今年7月将爆炸第一颗原子弹。

炸弹的构造。这颗炸弹使用的是裂变材料94号元素，而没有使用铀-235。用五公斤钚制成的圆球中心安置着所谓核点火装置——阿尔法粒子的铍钋发生器……装载这种爆炸物的炸弹外壳的内径是140厘米。炸弹总重量，包括各种部件及外壳，约为3吨。

预计炸弹的爆炸力等于5000吨梯恩梯（效率为5%-6%）……

裂变物质的储备量：

（1）铀-235。今年4月时有25公斤铀-235。目前其开采量是每月7.5公斤。

（2）钚（94号元素）。2号营地有6.5公斤钚。提取工作业已完成，开采计划能够超额完成。

爆炸预计在今年7月10日进行。

这份文件上有一行批注：“库尔恰托夫同志已阅。1945年7月2日。”

历史是不可想象的。如果杜鲁门和丘吉尔1945年7月24日在波茨坦看到了这份在7月初就经过斯大林披阅的文件，或许他们就会闭嘴了，他们在自己的回忆录里也许就不会喋喋不休地嘲笑斯大林，并为自己做出口是心非的解释。

当然，杜鲁门在 7 月 24 日告知斯大林美国有了新型炸弹之前，他就已经做出了在日本投掷原子弹的决定。我们可以从美国陆军部在 7 月 24 日这一天下达给斯波茨将军的这份命令中可以找到答案。

美国陆军战略空军队司令斯波茨将军：

（一）第 20 航空队 509 混合大队应于 1945 年 8 月 3 日以后，在气候许可目击轰炸的条件下，立即在下列目标之一投掷特种炸弹：广岛、小仓、新潟、长崎。为带领陆军部派遣的军事人员和非军事的科学人员进行观察和记录炸弹的爆炸效力，应另外派飞机随同运载特种炸弹的飞机飞行。观察机应离炸弹爆炸点数英里距离以外。

（二）在本部准备就绪时，即运去投掷于上述目标的额外炸弹。关于上述地区以外的其他轰炸目标，另候命令。

（三）一切发布有关对日使用的武器的情报都由美国陆军部长和总统掌握。非经事先特别批准，司令官不得就这个问题发布公报或透露消息。任何新闻报道都将送到陆军部作特别检查。

（四）上述的指令奉美国陆军部长和参谋总长指示并经他们的批准而发布的。希望由你亲自将这个指令的副本送给麦克阿瑟将军和尼米兹海军上将各一份，供他们参考。

代理参谋总长

参谋团将军

T. T. 汉迪（签字）

1945 年 7 月 24 日

这项命令，宣布了人类战争中第一次利用原子武器来袭击敌方的车轮开始转动，这把搅乱世界政治地理的钥匙终于开启了核武器的大门。杜鲁门之所以选择在这一天告诉斯大林关于新型武器诞生的消息，确实是经过深思熟虑的。7 月 24 日以后，“三巨头”依然在波茨坦的谈判桌上就欧洲战后政治和生活的安排，讨价还价般的你来我往，终于完成了交易，最终在8月2日凌晨结束了波茨坦会议。

现在，对美国总统来说，最大的事情就是等着对日本投掷原子弹的消息了。正如丘吉尔在波茨坦和杜鲁门谈话时所说的："对于应否使用原子弹来迫使日本投降的决定，从来就没有人提出过争议，这是不变的历史事实，历史会作出判决。在我们的会议桌上，大家一致地、自动地、毫无疑义地赞同这样做的；我也从来没有听到有人做过丝毫的暗示说我们不应该这样做。"事实并非如此。但在那个历史现场，发出不同声音的都是那些人微言轻的角色，政治家们是根本听不进去的。

杜鲁门在回忆录中说："我已经做出了这个决定。我也指示史汀生执行这项命令，除非我通知他日本已答复接受我们的最后通牒。我们选择了一队一般称为第五〇九混合大队的特殊B－29小队来担负这个任务，7架经过改装的B－20型飞机，以及驾驶员和全体机上人员，都待命出发。同时，舰艇和飞机都在赶运原子弹的材料和装配炸弹的专家前往太平洋马里亚纳群岛的提尼安岛。"

7月28日，日本东京电台宣布日本政府决心作战到底，对美国、英国和中国联合发出的《波茨坦公告》没有做出正式答复，拒绝无条件投降。

显然，对日作战，现在已经没有考虑的余地了。

8月5日，第五〇九大队运载原子弹的飞机在提尼安岛正在紧张地完成所有的准备工作，名为"小男孩"的这颗原子弹在傍晚被吊装上B－29飞机。轰炸行动是从半夜开始的。飞行机组成员在起飞前吃了早餐，随即举行了宗教仪式，然后"小男孩"就由飞机带上了天空。轰炸目的地是日本广岛。

广岛是一个非常重要的军事目标。日本陆军总部就设在这里的一个堡垒里，大约有25000人的警卫部队保护着它。广岛是一个海港，所有从本州到九州的供应和运输都经过这里，而且除了东京之外，这里是当时未遭受美军空袭毁坏的最大的城市。广岛军事工业密集，人口大约有30万人。

执行任务的B－29“伊诺拉·盖伊号”（Enola Gay）飞机的驾驶员是提贝茨上校，投弹手是托马斯·费雷比少校，军械师是帕桑斯海军上校；电子技术军官是摩利斯·杰普逊海军上尉。轰炸广岛的飞行情况，帕桑斯在飞行日志中作了详细的记录：

1945年8月6日

02：45　起飞（这是提尼安岛时间，华盛顿时间是8月5日上午11：45）

03：00　开始炸弹的最后装配工作

03：15　装配完毕

06：05　从硫磺岛飞向日本

07：30　装上红色插头（插头装上炸弹，使之在投掷时爆炸）

07：41　开始上升，接到气象报告说，在第一及第三目标地区天气良好，而第二目标地区天气不好

08：38　在32700英尺高空作水平飞行

08：47　检查电子导火索，情况良好

09：04　向西飞行

09：09　广岛目标在望

09：15½　投弹

按计划规定的投弹时间为上午9时15分。对需要飞行六个半小时大约1700英里的航程来说，提贝茨上校飞抵目标上空仅仅晚了半分钟。当炸弹从31600英尺的高空投下后，“伊诺拉·盖伊号”飞机立即开始避开飞行。在大角度转弯时看见了爆炸闪光；投弹50秒钟后，冲击波冲击到飞机。飞机先后两次受到冲击，第一次是直接冲击波，第二次是地面反射波的冲击。帕桑斯在飞行日志这么写道：

爆炸闪光后，接着飞机受到两次冲击波的冲击。有庞大的烟云区。

10：00　仍然看到烟云，烟云高度一定超过了4万英尺

10：03　战斗机发来报告

10：41　看不见烟云，离广岛363英里，飞行高度为26000英尺

此时此刻，杜鲁门正在“奥古斯塔号”军舰的甲班上晒太阳。气温华氏68°，天空晴朗，海上波澜不惊，因为高速前进，浪花在舰舷飞溅。当舰上的乐队演奏完毕后，总统开始与海军官兵们共进午餐。就在这时，白宫地图室军官弗兰克·格雷厄姆上尉给杜鲁门送来了一封电报，这是一个震动世界的历史性消息。

陆军部长呈

大型炸弹于8月5日华盛顿时间下午7时15分投于广岛。初步报告指明轰炸完全成功。这次成功甚至比前次试验更加显著。

看完电报，杜鲁门颇为激动。立即给在船上的贝尔纳斯打电话，告诉他这个消息。接着，他大声对周围的一群海员说：“这是历史上的最重大事件。现在是我们回家的时候了。”

几分钟后，又送来了第二封电报：

接到下述关于曼哈顿的情报：“广岛的轰炸灼然可见，盖在052315A点上的云量只有十分之一。没有敌机反击，没有高射炮火。帕森斯报告投弹15分钟后的情况如下：‘轰炸结果在各方面都获得显著成功。可看到的效果显然比任何一次试验来得大。飞机在投弹以后情况正常。’”

美国对日本使用原子弹，核武器“启示录”的时代开始了。

据“奥古斯塔号”的航海日志记载，杜鲁门“从他的座位上一跃而起”，大踏步走向贝尔纳斯。他对贝尔纳斯说：“该是我们达到目的的时候了！”舰上的船员们对总统奇怪的举动有些迷惑不解，当他们注视总统的时候，杜鲁门示意全体人员保持安静，他愿意讲几句话。接着，他说：“我刚才接到报告，我们已经在日本投下了一颗威力极大的新型炸弹，爆炸的威力比一吨梯恩梯（T. N. T，三硝基甲苯）大两万倍。”杜鲁门忘了提到“原子”这个词。但是舰上的海员们还是热烈的鼓掌欢呼。

兴奋异常的杜鲁门没有停止下来，他拿着电报直奔军官室，把这个消息告诉正在用午餐的军官们，他又重复一遍：“先生们，坐好，我们刚才在日本投下了一颗炸弹，它的威力比两万吨梯恩梯还要大。这是一个压倒一切的胜利，我们赢得了这场冒险。”总统止不住地预料说太平洋战争很快就要结束了，军官们也止不住地欢呼鼓掌。

几分钟之内，“奥古斯塔号”的无线电收音机开始播出华盛顿有关原子弹的新闻公报，以及杜鲁门在赴波茨坦前签署的声明。

杜鲁门在声明中明确指出“这是一颗原子弹。它利用了宇宙的基本能量。太阳从中吸取的力量已经放射出来，以对付那些把战火烧到远东的人”。他说：“我们现在准备更迅速更彻底地消灭日本人在任何城市上的一切生产事业。我们将破坏他们的造船厂、工厂和交通运输。我们不愿造成错误，我们将彻底粉碎日本的作战能力。”如果日本不立即投降，美国会继续投下更多的这种炸弹。“7 月 26 日在波茨坦发出的最后通牒，旨在拯救日本人民免遭彻底的毁灭。他们的领导人却马上就拒绝了这个最后通牒。如果他们现在还不接受我们的条件，他们所指望的将是自空而降的一连串毁灭，类似的情况地球上前所未有。继这次空中攻击之后，将是力量强大的无数海上和陆上部队，这是敌人至今还不曾遇到过的，而我们的作战的技巧则是他们充分领教过了的。”

但是，日本依然没有投降的表示。杜鲁门再一次给斯波茨将军发出了一道命令：除非另有指示，须依照计划进行。

在日本，国内最著名的物理学家吉尾西岛博士被派往广岛，去看看这座城市是否真的像美国总统所说的被原子弹炸毁。西岛在空中俯瞰了广岛后，在8月7日向有末精三中将报告，广岛被一颗铀型炸弹击中。

在美国，“奥古斯塔号”完成了打破从欧洲启航进入切萨比克湾的航行纪录，杜鲁门总统在弗吉尼亚州纽波特·纽兹市码头上岸，立即乘专车于8月7日午夜抵达华盛顿。离开白宫已经一个月了，杜鲁门算了一下，这次全部旅程为9346英里。史汀生部长给他看了一张轰炸后的广岛的照片。史汀生说，应当说服日本人尽快投降。可是，总统一刻也不想拖延第二颗原子弹的投掷。

杜鲁门回忆说：“我们给日本人三天工夫决定是否投降，即使天气许可，轰炸将在第二天内暂时停止。在这三天时间里，我们表明我们是说到哪里做到哪里的。8月7日，第20航空队派出一队拥有130架左右B－29型轰炸机的飞机队；8日报告说，有420架B－29型轰炸机进行日夜轮番轰炸。第二颗原子弹选中的轰炸目标最先是小仓，其次才是长崎。名单上的第三个城市是新澙，由于路途太远被取消了。飞机到达小仓上空时正好阴云蔽天，在那里环绕飞行三周仍找不到轰炸目标；由于汽油不够，于是便决定飞往第二个选择目标——长崎去试一试。长崎的气候也不好，但是云雾的消散却给予轰炸者一个机会，轰炸长崎很成功。很明显，原子弹的威力的第二次示威使东京惊惶失措，第二天早晨传来了日本帝国准备投降的初次表示。”

从历史资料统计来看，1945年8月6日，美国在广岛投下的第一颗原子弹，炸死7.8万人，炸伤3.7万人，死伤人数占当时广岛实际人口24万人的48%。8月9日，美国在长崎投下的第二颗原子弹，造成了2.37万人死亡，4.3万人受伤，死伤人数占当时长崎实际人口23万人的29%。此后，这两座城市又有大量人口因患原子病而死亡。据统计，广岛现场死亡和后来因患原子病死亡的总人数达17万人；长崎现场死亡加上随后五年因原子弹爆炸死亡的总人数达 14 万人。

原子弹不会说话。

但原子弹的巨响，比原子弹更具有爆炸性。

31 万因原子弹死亡的日本人，除了那些军国主义的亡命之徒外，他们的亡灵应该向谁诉说？谁来安抚他们不安的灵魂。美国海军上将李海的结论是，美国人“接受了欧洲中世纪野蛮人的伦理标准”，“没有人喜欢或愿意面对这个事实——但是从波茨坦会议期间的事件和谈话中可以明显地看出，对广岛和长崎使用原子弹是肆无忌惮的屠杀”。毫无疑问，承担历史罪责的不是原子弹的发明人和制造者，也不是使用原子弹的命令者和投掷者，归根结底是发动侵略战争的日本军国主义者、日本法西斯主义者和日本天皇。至今，在日本这个右翼势力狭隘、猖狂的国家里，依然没有对此作出深刻的反省。

其实，对是否使用原子弹的问题，从原子弹一诞生就开始了巨大的争论。在波茨坦会议期间，当丘吉尔将原子弹的事情告诉他的私人医生莫兰勋爵时，莫兰吓了一跳。他当晚睡觉前，坐下来这样记录了当时的感受：

我承认，当我听到要对日本使用原子弹的无情决定时，我是深感震惊的。我知道我已无可救药地失去了情理观念。从弓箭到枪弹、炮弹，到毒气炮弹和毒气，再到会使上千人葬身海底的鱼雷；最后到一枚原子弹；这一破坏过程不论发展到什么阶段都不能算作不道德了。这是不会有结果的。在整个战争期间，据我看从来没有一时一刻形势像现在这样黑暗、这样糟糕，前途是如此无望。我还有一点儿科学知识，我认识到，事情还刚刚开头，这就如同 1915 年的那颗小小炸弹一样，当时那枚炸弹落在波普林格附近森林里我的小屋外，在地上炸出一个洗脸盆大小的洞。这并不完全是这些玩意儿的道德标准问题，而不过是支撑这个世界的车轮上的销栓有一半已经被拧开了。我想到了我的孩子们。

罗恩走进房间里来。我觉得我在听他同首相谈话，就像一个注射了麻醉剂的人在听周围的人说话一样，声音离得很远，不像是真人。我走了出来，漫步走过一间间空荡荡的房间。有一次我曾在一幢发生过谋杀案的屋子里睡过。我在这里也有这种感觉。

1945 年 10 月 16 日，一张美国陆军部长颁发的奖状授予了“曼哈顿计划”实验室。著名科学家奥本海默曾以动人的词句概括了当时整个组织领导、研究设计和制造原子弹的人们的思想感情——

我以崇敬和感激的心情，从您这儿接受这张赠给洛斯—阿拉莫斯实验室和那些以自己的劳动和忠诚而取得这个荣誉的男人和妇人们的奖状。我们希望在未来的年代里，我们可以骄傲地看看这张奖状和它所象征的一切。

今天这种骄傲的心情同深切的担心交织在一起。如果原子弹被作为新武器装进战争世界的武库，或装进扩军备战的国家的武库，那么，将来总有一天，人类要诅咒洛斯—阿拉莫斯和广岛这两个名字。

生活在这个世界上的人们必须团结起来，不然他们就会遭到毁灭。这次如此残酷地蹂躏全球的战争已经写下了这些词句。原子弹已经说出了这些词句，并使所有的人去理解它的含义。有一些人曾经在过去的各个时期，对其他的战争和其他的武器，说过这些话。然而这些话在当时并没有使人信服。今天，谁认为这些话说服不了他们，谁就是犯了误解人类历史的错误。我们相信这些话是能够说服人的。

在这个共同的危机面前，我们以我们的工作努力使世界在法制和道义上团结起来。

然而，历史真的跟“原子弹之父”奥本海默开了一个玩笑。

以民主、自由为旗帜的美国跟奥本海默开了一个玩笑。

1952 年 7 月，当奥本海默拒绝出任美国国家原子能委员会总咨询委员会主席的职务之后，他在美国政府中的威信就渐渐地消失了。1953 年 12 月，美国总统艾森豪威尔下令在白宫召开了一个特别会议，参加会议的除了原子能委员会主席路易斯·斯特劳斯之外，还有两名政府成员——司法部长布劳奈和国防部长威尔逊。经过简短的讨论之后，总统命令要在奥本海默和政府的机密之间筑起一道隔墙。12 月 21 日，奥本海默接到了海军上将斯特劳斯的电话，让他立即到原子能委员会那栋洁白的办公大楼 236 号房间。在这里，他接到了该委员会一一列举的他的 24 条罪状，其中前 23 条都是属于与俄共产党员有联系的事情，但最令他吃惊的还是第 24 条：他不仅在杜鲁门总统决定以前甚至在总统决定以后还“强烈地反对”制造氢弹。文件的结论是对他的诚实、行为以及是否可靠发生了怀疑。最后，斯特劳斯告诉他，给了奥本海默一昼夜时间来决定，是他立即自愿辞职，还是宁可把这个案件交给忠诚审查委员会。就这样，他以莫须有的罪名站在了美国国家的被告席上。

从 1954 年 4 月 12 日开始，奥本海默案件的审理工作延续了三个星期。审判是在军事机关办公大楼举行的。原子能委员会专门指定出席审讯的代表北加罗琳娜大学校长高登·格雷、工业家托马斯·A. 摩根、化学教授瓦尔德·伊万斯，以及庄严宣誓过的证人——40 多位知名的科学家、政治家和军事方面的代表提出了证词。原告罗杰·罗勃背朝窗子坐着，50 岁的奥本海默和他的律师坐在对面。在整个一周内，审讯从早到晚从未中断，他坐在那里听着，脸就像一副面具。整个审讯的主题是有关奥本海默博士对自己的祖国不忠诚的问题。尽管最后表明奥本海默是一个忠诚的公民，但审判认为“恢复他接触机密的权利不符合美国利益”，从此他不准参加一切与国防有关的政府计划。后来，法国作家、政治活动家安德烈·马尔罗（1959 年曾任法国文化部部长）在看到完整的审讯记录后，不能理解，为什么这样一名声名显赫的科学家竟然能忍受自己主要对手罗杰·罗勃的凌辱。这位伟大的作家激愤地高声说：“他应该骄傲地站起来高呼：‘先生们!

我就是原子弹！’”

是的，奥本海默的故事，不仅象征了一个人的生活史，而且象征了那一代原子科学家的历史。德国作家罗伯特·容克在《原子科学家的故事》一书中说：“在这次审讯中，大家看到了他们宁静的青春时代，看到了他们对专制独裁的憎恨，也看到了他们怎样被自己伟大发明和冒险的光荣所迷惑，同时也认识到他们所负责任的重大，而他们又没有承担它的思想准备，以及看到他们自己身受的迷惘的惶惑和深深的痛苦。”

科学是什么？政治是什么？你是否忠实于国家？你是否忠实于人类？科学家们似乎总是在这些问号面前徘徊。奥本海默在一次演讲中十分生动地指出了他献身的目的：“科学家和艺术家经常生活在不可捉摸的境地。这两种人经常必须把新的和已经知道的东西协调起来，并且为争取在混乱当中建立新的秩序而战斗。在工作和生活中，他们应互相帮助并帮助一切人。他们能铺平沟通艺术和科学的道路，并且用多种多样、变化多端、极为宝贵的全世界共同的纽带把艺术和科学同整个广阔的世界联系起来。争取做到这些，不是轻而易举的。我们面临的时刻是严峻的，但我们应该保持我们美好的感情和创造美好感情的才能，并在那遥远的不可理解的陌生的地方找到这个美好的感情。”

在那遥远的不可理解的陌生的地方，真的能找到这个美好的感情吗？就像原子弹从诞生的那一天起，它就不再是一种纯粹的军事武器一样，而像一把搅乱世界政治地理的钥匙，成为一种政治武器，并因此创造了人类语言中的新词语——核讹诈、核竞赛。当年唯一反对奥本海默的著名学者爱德华·特勒说：“我选择了科学家这个职业，我热爱科学；除了纯科学以外，我不情愿从事其他任何工作，因为我的兴趣就是科学。我不爱武器，我爱和平。但为了和平我们需要武器。我认为我的观点不会被歪曲地理解。我要把自己献身于普通和平的事业。”但，赢得了胜利，和平又是在谁的手中掌控呢？学者们没有明白。

1945 年 8 月，美国在日本投下两颗原子弹之后，斯大林终于明白了：现在美国利用自己的优势来达到政治目的和经济目的，他们手中的原子大棒变得越来越危险了，可能导致战争，而且会取得可以预料的胜利。必须尽一切努力在最短时间剥夺美国人对原子弹武器的垄断地位。8 月 18 日，斯大林在克里姆林宫召开紧急会议，通过了苏联国防委员会《关于国防委员会下属的专门委员会决定》（第 9887 号绝密/特别卷宗），责成拉夫连季·贝利亚领导这方面由情报机构（国家安全委员会、红军情报局）进行的全部工作，并成立了新的工业部门——原子工业部。

四年后的 1949 年 8 月 29 日清晨 6 时，斯大林在克里姆林宫通过高频电话，在第一时间终于听到了来自塞米巴拉金斯克试验场苏联第一颗原子弹爆炸的声音。美国的原子弹垄断从此结束。原子弹，以及能够把它们送到大洋彼岸的火箭也在不久之后大量生产。用俄国人的话说："斯大林这一次也达到了自己的目的——他从美国的原子大棒下拯救了自己的国家，也拯救了全人类。"后来，丘吉尔评价说："斯大林接手的是还在使用木犁的俄罗斯，而他留下的却是装备了原子武器的俄罗斯。"

"科学无国界，科学家有国界。"这是人们挂在嘴边上的一句话。其实，从科学技术应用到人类生产生活和政治军事斗争的那一天起，科学就和科学家一起绑定在政治的火箭之上，它启动的按钮始终受着政治的影响并接受政治家的控制。尤其是到了 21 世纪的今天，像美国和欧盟的高科技产品禁止出口中国的逼真现实，已经让"科学无国界"成为政治家骗人的鬼话。

作为军事武器，原子弹在其诞生之时，即由美国人扔了两颗到日本人头上之后，它的历史就算终结了，或者说它将应该在人类的历史上永远保存在核武器的仓库里了；但是，作为政治武器，原子弹的故事仍在继续……

第十三章

日本无条件投降了吗？

8 月 3 日，斯大林从波茨坦回到了莫斯科。

苏联红军负责对日作战的远东部队总司令华西列夫斯基立即和他取得了联系，向大元帅详细汇报了备战的情况。

斯大林问道："您实际上什么时候可以开始进攻？"

华西列夫斯基回答说："两个远东方面的集团军已经两昼夜处于准备冲击状态；外贝加尔方面军的柳德尼科夫和马纳加罗夫两个集团军已经前出至集结地域；克拉夫琴科的坦克兵已经到达出发阵地，两天后方面军即可开始进攻。"

"您很快就会得到训令，滨海集群改称远东第一方面军，普尔卡耶夫的方面军改称第二方面军。舰队的情况怎样？"

"8 月 5 日至 7 日，舰队可以达到充分备战状态。不过，我请求立即派库兹涅佐夫海军上将来远东，他必须协调我们和海军的行动。"

"好的。我马上给库兹涅佐夫发出指令。"斯大林十分高兴地说，"这就是说我们走在时间表的前面了。"

"不单单是这样，斯大林同志。我相信，作战开始的时间应当不迟于 8 月 9 日至 10 日，以便利用有利的气象条件。此外，侦查表明，满洲和朝鲜的日军有变更部署的迹象，关东军也在增加。我们担心日本人会猜到我们的意图。他们当然会知道战争，不过我希望让他们还像原先那样，以为我们要到9月份才开始进攻。”

“对！看来只好开始了。杜鲁门一直在吹嘘什么炸弹，可是打垮日本人还是要靠俄国士兵。不几天您就会收到训令……”

由此可见，斯大林从波茨坦一回来，就把远东对日作战迅速提上了议事日程。

其实，早在1945年3月筹划对德国的最后几次战役时，斯大林就已经同时开始筹划对日战争。

在攻占柯尼斯堡之前，斯大林就专门找红军总参谋长华西列夫斯基元帅，说：“我们在雅尔塔谈妥了远东对日作战，现在就应当准备调几个精锐集团军到远东去。我希望由您选定这些部队，大本营打算委任您来指挥对日的战斗行动……”

听了斯大林的意见，华西列夫斯基非常意外，一脸的困惑。

“怎么啦，您不满意吗？”斯大林警觉地说，“还是认为自己不配承担这个任务？”

“不。是不配。我作为总参谋长，自然研究过远东的战区，可是我从来不曾在远东服役过，不熟悉那个地域的特点，不曾和日本人作过战……”

“好了，华西列夫斯基同志，这些我们都知道。可是大本营认为，能够担任如此规模战役的总司令的要么是朱可夫，要么是你。”

就这样，华西列夫斯基在1945年4月就秘密地担任了远东对日作战的总司令。斯大林真不愧是一个伟大的军事家，做事总是那么的周全，他不想像希特勒那样用突然袭击的样式对日开战，而是循序渐进地自然推进。他首先命令外交部长莫洛托夫通过外交活动酝酿气氛。

4月5日，莫洛托夫召见日本大使佐藤，代表苏联政府声明《苏日中立条约》因到期不再延续而废除。声明说：签订中立条约是“在德国进攻苏联之前，在日本和英美之间发生战争之前。从那时以来，局势发生了根本变化。德国进攻苏联，而日本作为德国的盟国帮助它对日作战。此外，日本正在同苏联的盟国美英作战。在这种情况下，苏日之间的中立条约已经失去意义，延续这个条约已经不可能了……”

日本大使玩弄手腕，几乎是赌咒发誓地声称日本人是恪守中立的模范。其实，在战争最困难的年代里，日本一直在中国东北和苏联的远东边界上保持着将近百万的精锐关东军，只是法西斯德军在莫斯科和斯大林格勒城下以及库尔斯克突出部的计划落了空，他们才没有找到恰当的时机在苏联的滨海边疆区和外贝加尔地区投入交战。

德国无条件投降后，华西列夫斯基在 5 月经过整整一个月的精心思考和筹划，准备在参加莫斯科胜利大阅兵之后奔赴远东。

6 月 26 日，斯大林批准了在中国东北（满洲）、朝鲜、库页岛和千岛群岛歼灭日军的计划。一天之内，训令就发到了陆军和海军。

6 月 27 日，梅列茨科夫元帅去了远东；7 月初，马利诺夫斯基元帅去了远东；紧接着，就是华西列夫斯基元帅。元帅们离开时都严格保密。从证件和表面看，他们都不是元帅。梅列茨科夫化名马克西莫夫上将，按照斯大林的指示，他用了 36 个小时飞抵伏罗希洛夫一乌苏里斯克，其中 29 小时都在空中。马利洛夫斯基化名莫罗佐夫上将，他坐的是火车。华西列夫斯基化名瓦西里耶夫上将，职务是副人民委员，斯大林留他在莫斯科多待了一天。谈话很简短，但最高统帅认为非常重要。

“现在许多事情都取决于您，首先就是部队的直接训练，”斯大林开门见山地说，“我们要到波茨坦开会。问题都是很复杂的：划分德国、战争赔偿、欧洲的新秩序。从种种迹象看，盟国不指望近期内击败日本，他们想把我们拖进这场战争。我们信守承诺，要参战，不过作战必须很坚决，用最短的时间取得胜利。世界应当明白，没有苏联，要想结束第二次世界大战是不可能的。迅速就能保证今后我们在远东、中国、朝鲜，也可能是在整个地区的影响力。陆海军部队必须在三星期之内达到充分的战斗状态。也许您还要等待一段时间，这要看谈判的进展情况，不过我想不会太久。您是否已经决定了总指挥部的参谋长人选了？”

“扎哈罗夫和库拉索夫都拒绝了。”

“还有别的人吗？”

“有，伊万诺夫上将。托尔布欣坚决推荐他。”

“好吧，就要伊万诺夫吧——祝您一路顺风。”斯大林高兴地伸出手，握住华西列夫斯基，微笑着说，“路上有您要思考的事情和要干的活儿。”

8 月 6 日，美国人在广岛投下了第一颗原子弹。

不过，那个时候，人们或许还没有认识到核武器造成的全部灾难。至少对苏军远东司令部来说，印象更为深刻的是 8 月 7 日下午 5 时，华西列夫斯基接到了斯大林的训令，要求外贝加尔方面军和远东第一方面军在 8 月 9 日开始战斗行动。

其实，广岛遭受原子弹的轰炸，依然没有撼动日本统治集团的野心，依然没有投降的表示。帝国大本营唯一积极的反应就是派了以物理学家吉尾西岛博士为首的专门委员会去广岛研究原子弹爆炸的后果。

8 月 8 日早晨，已经准备就绪的苏联红军在远东地区整装待发，箭在弦上，天公却不作美，突然下起了罕见的倾盆大雨。华西列夫斯基在远东第一方面军司令部向斯大林作了报告。

当斯大林听到暴风雨时，笑着说：“暴风雨是给日本武士下的！”

“我指的是真正的暴风雨，”华西列夫斯基说，“天气越来越坏了。”

“我说的也是真正的暴风雨啊，华西列夫斯基同志。难道我们的军队——红军战士、飞行员、坦克兵、炮兵、海军——对日本人来说不是暴风雨吗？红军就像一场风暴，突然摧枯拉朽般扑向关东军。它的突破就是一场横扫一切的倾盆大雨，将会把地上最后一点战争瘟疫冲洗得干干净净……”

8 月 8 日上午，莫洛托夫召见美国驻苏联大使哈里曼，向他宣布，苏联考虑于8月9日对日本处于战争状态。这天午后，哈里曼立即用电报将苏联向日宣战的消息向杜鲁门作了报告。杜鲁门知道，苏联介入远东战争是自1941年12月以来美国人始终的一个希望，而且比原子弹轰炸广岛对日本人的刺激更大、更有影响力。现在，随着苏联红军的参战，太平洋战争的结束已经是板上钉钉的事情了。杜鲁门实在忍不住内心的高兴，立即举行了一次记者招待会。他特地邀请李海海军上将和国务卿贝尔纳斯一同参加。

在会见记者时，杜鲁门只说了四句话："我只简单地宣布一件事。我今天不能举行一般的新闻记者招待会，但是这个宣布是极其重要的，所以我要召集你们。俄国已向日本宣战。就是这件事。"

其实，美国总统就说了一句话——"苏联已向日本宣战"。

杜鲁门召开特别的新闻记者招待会，表达了美国人对苏联出兵这一事件反应特别激动。尽管他们无论是在当时的新闻报道中还是在后来的回忆录中，始终口口声声地强调原子弹的威力，强调"我们在日本投掷原子弹，迫使俄国重新考虑它在远东的地位"等等，把这些作为苏联对日宣战的理由，其实，苏联同意介入远东战争是1943年10月在莫斯科召开的外交部长会议上，斯大林就已经向美国人作出了承诺的。这一点，我们在斯大林提前做好的兵力部署上也能看得出来。

8月8日下午5时，莫洛托夫会见日本驻苏联大使佐藤。一见面，佐藤还想说几句打趣的话，却被苏联外交部长打断了。莫洛托夫说："我这里有一个以苏联名义给日本政府的通知，我要传达给你听。"莫洛托夫宣读了这份声明——

希特勒德国溃败和投降后，日本是主张继续作战的唯一大国。

三大国——美国、英国和中国今年7月26日要求日本武装力量无条件投降，遭到日本拒绝。

……苏联政府声明，从明天起，即8月9日起，苏联将认为自己同日本处于战争状态。

种种迹象表明，这个声明对日本大使来说不算是什么意外，不过佐藤仍旧感到吃惊。他脸上红一阵白一阵，一边擦去额上的汗珠，一边小心翼翼地质问说：“请问贵国政府这份声明中所谓‘解除各国人民遭受更惨重的牺牲和困难，并使日本人民避免德国所经历的危险与毁灭的方法’，这句话是什么意思?”

“苏联政府希望缩短战争的持续时间和减少牺牲。”莫洛托夫无奈地说，“佐藤先生，就我们个人关系来说，始终很好，你也是一个好心肠的人。”

“太平洋战争将不会继续很久了。”佐藤谦卑地说，“我感谢你们政府的善意和厚待，使我在困难时期能够留在莫斯科。我们将不得不作为敌人而分手，实在是一件可悲的事情。但这是没有办法的。无论如何，让我们握手告别吧。这可能是最后一次了。”

等佐藤回到使馆驻地时，他的电话和无线电设备均被切断了。本来莫洛托夫是允许他发一个电报给本国政府的，但这个电报没有来得及发出。几个小时后，苏联广播公开向日本宣战。

8 月 8 日深夜 12 时 30 分，或者准确地说应该是 8 月 9 日零时 30 分，华西列夫斯基在远东第一方面军司令部发布了对日军进攻的命令。

梅列茨科夫说：“我想不等炮火准备，就在倾盆大雨中开始冲击。这也算一点‘新意’吧!”

“上帝保佑!”华西列夫斯基分外平静地祝福说，“每两小时向我报告一次。不过重要情况要立即报告！我要去休息一下了。”

8 月 9 日拂晓前，东京终于收到了莫斯科发出的消息——苏联对日宣战，日本统治集团备感沮丧，手足无措。

此时，美国的战斗机“布克的车子”正在太平洋的上空飞行，轰炸目标是日本长崎。“布克的车子”装载了一个名叫“胖子”的原子弹，之所以这么命名，是为了向温斯顿·丘吉尔致敬。

此时，苏联红军主力部队在各个方向上，甚至在不能通行的原始森林以及因暴雨而泛滥的阿穆尔河和松花江上都推进了10-15公里。外贝加尔方面军传来的报告简直令人吃惊，克拉夫琴柯的坦克兵以两个平行的纵队推进，一口气跃进了150公里，在这天傍晚时已经到达大兴安岭的山口。

8月9日，中共中央主席毛泽东发表《对日寇的最后一战》，号召中国人民的一切抗日力量举行全国大规模的大反攻，配合苏联及其他同盟国的军队作战。

8月8日，苏联政府宣布对日作战，中国人民表示热烈的欢迎。由于苏联这一行动，对日战争的时间将大大缩短。对日战争已处在最后阶段，最后地战胜日本侵略者及其一切走狗的时间已经到来了。在这种情况下，中国人民的一切抗日力量应举行全国规模的反攻，密切而有效力地配合苏联及其他同盟国作战。八路军、新四军及其他人民军队，应在一切可能条件下，对于一切不愿投降的侵略者及其走狗实行广泛的进攻，歼灭这些敌人的力量，夺取其武器和资财，猛烈地扩大解放区，缩小沦陷区。必须放手组织武装工作队，成百队成千队地深入敌后之敌后，组织人民，破击敌人的交通线，配合正规军作战。必须放手发动沦陷区的千百万群众，立即组织地下军，准备武装起义，配合从外部进攻的军队，消灭敌人。解放区的巩固工作仍应注意。今冬明春，应在现有一万万人民和一切新解放区的人民中，普遍地实行减租减息，发展生产，组织人民政权和人民武装，加强民兵工作，加强军队的纪律，坚持各界人民的统一战线，防止浪费人力物力。凡此一切，都是为着加强我军对敌人的进攻。全国人民必须注意制止内战危险，努力促成民主联合政府的建立。中国民族解放战争的新阶段已经到来了，全国人民应该加强团结，为夺取最后胜利而斗争。

在毛泽东的号召下，八路军、新四军抽调10万余人进军东北，会同东北抗日联军配合苏军作战。各解放区军民展开大反攻，从8月9日至9月2日，收复县以上城市150余座。

就在8月9日上午，日本军政要人在皇宫的防空洞里召开最高战争指导会议，讨论是否接受《波茨坦公告》问题。以外相为代表的一派，主张在维护国体，即保存天皇制的前提下无条件接受；而陆军相、陆军参谋总长和海军军令部总长反对无条件投降，认为如果这样，还不如实行本土决战。两派争论激烈，相持不下。日本首相铃木大将在紧急最高军事会议上坦承："今天早晨苏联参战将我们彻底置于绝境，不可能继续作战。"随后，他在内阁会议上发表讲话，说："在目前情况下，我断言，我们唯一的选择是接受《波茨坦公告》和结束战争。我愿意听听你们在这个问题上的意见。"日本外相东乡在同一次会议上说已经丧失了取胜的任何可能："战争越来越没有希望了。目前的局势十分危急，排除了任何取胜的希望，因此我们应当立即接受波茨坦的条件……"但在随后召开的内阁会议上仍然分歧严重，议而不决。于是，在这天深夜召开了御前最高战争指导会议，铃木首相要求"依据圣断作出会议决定"。天皇最后决定表示赞成外相的提案。

日本内阁会议还没有结束，美国的第二颗原子弹在长崎爆炸。但狂热的军国主义者依然在做着他们疯狂的法西斯梦想，还想用他们同胞的鲜血挽回所谓的武士道式的军人荣誉，军国主义者在内阁会议上依然气势汹汹，阻挠了为实现投降而进行的一切努力。

8月9日下午，斯大林和莫洛托夫会见了美国大使哈里曼。哈里曼在发给杜鲁门的电报里是这么记述的："斯大林说他的前进部队已经从东西两面越过满洲边境，各条战线都没有遇到重大的抵抗，而且已在某些地区前进10－12公里。这些主力正像我们所说的，正在越过前线。他说从西方有三个主要攻势，一个是南向直扑海拉尔，第二个是从外蒙古以东进攻索伦，第三个是一支骑兵队，通过戈壁直攻南满。在海参崴区有一支军队西向进攻格罗迪科沃。斯大林解释说：各个方面的进攻都是以哈尔滨和长春为目标。他说，他在哈巴罗夫斯克（伯力）地区的北面军队准备在防守这一线的敌军被迫缩减时进行攻击。他又说，他们暂时还没有进攻库页岛，但准备以后这样做。”

这时，他们谈到了日本的形势。哈里曼问道：“大元帅，请问，您认为轰炸广岛会起到什么作用?”

“日本人正在寻找借口成立一个准备投降的政府，原子弹可能就是这个借口。”斯大林说，“原子弹意味着战争和侵略者的终结。但是这个秘密必须好好守着。”接着，斯大林直言不讳地告诉哈里曼：“苏联科学家一直致力于原子弹的研究计划，但目前还不能解决它。我们在柏林的实验室里发现德国人正在进行原子分裂工作，但并没有发现他们取得任何成果。”

哈里曼说：“这个计划是英国人和美国人共同研究的，并且动用了庞大的队伍和装置来做实验。”

“那一定花了很多钱。”斯大林说。

“花了20亿美元。”哈里曼保守地说，“丘吉尔先生在鼓励实施这一计划方面起到了重要的作用。”

斯大林说：“丘吉尔是个伟大的革新者，执着而且无所畏惧。”

就在这天傍晚，斯大林得到了华西列夫斯基发自远东前线的第一份报告。当他得知红军的前进速度之快之猛后，并不十分惊奇，满意又诙谐地问道：“嗯，暴风雨的情况怎样?”

“您指的是哪一场暴雨，斯大林同志?”

“您是什么意思？有许多暴雨吗?”

“正是这样，一场在天上，一场在地上。卡拉夫琴柯进攻的速度是一昼夜超过150公里，他已经前出至大兴安岭了，这比我们预期的要快得多了。三个方面军的诸兵种合成集团军按计划展开进攻，已经前出至主要筑垒地域了。”

“这才是对实际准备的检验。您认为现在已经可以谈论胜利了吗?”

“暂时还不行，不过五天以后情况就完全明朗了。”

胜利，对于华西列夫斯基来说，已经习以为常了。从苏德战场上过来的他的部属们，也习以为常了。在远东苏联红军中，从将军到士兵，几乎没有人怀疑最后的胜利，也没有人想过胜利在即。可是未必有人会想到进攻会以这样的速度立即展开，势如破竹。

虽然原子弹给斯大林留下了深刻印象，但他始终没有低估苏联的军事介入对于迅速结束远东战争的作用。8 月 10 日，斯大林告诉中国国民政府行政院院长宋子文，日本已经宣布它将有条件投降。他说：“日本在准备投降，由于所有同盟国的共同努力……日本想有条件投降，但对于我们来说，它必须无条件投降。”后来，他在一个不同的场合告诉波兰共产党领导人哥穆尔卡说：“决定这场战争的不是原子弹，而是军队。”也就是说，光有原子弹并不能撼动日本人，使之很快投降认输。

斯大林的这种观点，得到了许多历史学家的赞同。事实上确实如此。第二次世界大战以来，斯大林对在欧洲和亚洲这东方和西方两个方向上保持着高度警惕。他十分担心德国和日本从西方和东方两个方向同时向苏联发动战争。因此，在苏德战争爆发时，他与日本签订了《苏日中立条约》。现在，打败了希特勒，他为了争取参加远东战争，斯大林依然小心翼翼地保持着与日本的外交关系。最重要的是他要让日本人相信，他们对苏联用不着担心，至少在短期内是这样。在 1945 年 4 月 5 日莫斯科宣布在《苏日中立条约》首个五年期限到期后将不再续约之后，这一点就显得尤为迫切了。日本的决策者们几乎没有人想到，苏维埃社会主义共和国联盟不久就要发动进攻，所以，他们继续与莫斯科商量，并建议由苏联人居中调解，通过谈判来结束太平洋战争。正如大卫·霍洛韦指出的那样：“没有任何迹象表明，日本的主动接近引起了苏联的兴趣。它没有表现出一点点要帮助日本进行谈判从而跟美国达成和平协议的样子；对于日本人许诺的苏联可以在亚洲获得更大的影响力，它也毫无兴趣，没有说不加入战争……斯大林一贯支持无条件投降这一目标，而且他对于无条件投降的解释是最为苛刻的。”

同时，我们也应该看到，美国人也非常害怕苏联人接受日本人的劝告，充当调停人的角色，接受日本的和平谈判。

因此，在1945年8月的这个时刻，使用原子弹迫使日本投降已经并非出于军事的需要，因为日本的失败实际上是由于法西斯德国的失败和苏联即将参战而决定的，而且美国人完全清楚苏联已经承诺介入远东战争。就连美国史学界也承认，时间进入1945年8月，“日本事实上已经被击败了”，海军失去了制海权，空军失去了制空权，陆军因为苏联的介入在战场上也是风声鹤唳苟延残喘，美国人只需要“安排签署投降书的仪式”了，因此投掷原子弹已经没有必要了。

可是美国人为什么要在广岛和长崎投掷原子弹呢？为什么要将近50万人（包括普通居民）经受原子火焰烧死或者遭受弹伤、灼伤或放射性的痛苦折磨呢？既然投掷原子弹不是出于军事的需要，那就应该从美国的政策中寻找答案。日本历史学家曾公正地指出：“美国使用原子弹并不是作为第二次世界大战的最后一个军事行动，而是作为反对俄国的‘冷战’的第一次大交战。”它不仅仅是对日本的突击，而主要是对苏联的讹诈。可见，原子弹从它诞生的第一天起，它就不是一个纯粹的军事武器，而是政治武器。

也正是从这个意义上来讲，苏联红军介入远东打击日本法西斯主义，它对日本人的震撼和军事意义，其实与原子弹带给日本人的震撼同样重要，甚至更重要。苏联红军在远东作战的意义，不仅仅是一次大规模的军事打击，更重要的是它还使日本人想要通过和谈来结束战争、从而避免无条件投降的耻辱的最后希望破灭了。

事实上，从正式向日本宣战到最后日本正式签署投降书，苏联红军在远东的战局仅仅持续了24天，在十天之内，充其量两周之内战斗就统统结束了。不可否认，苏联红军在远东的战斗在许多方面代表了苏联在第二次世界大战中作战艺术的高峰。在这场联合了装甲兵、步兵、炮兵和空军的军事行动中，红军的任务是越过5000公里宽的边界发起进攻，突破纵深300－800公里，并在150平方公里的领土上展开军事行动。其中马林诺夫斯基的外贝加尔方面军，还必须穿越干旱的沙漠、险峻的高山和难以逾越的河流。整个战役大大小小的战斗尽管到8月底才算彻底结束，但苏军所受的损失第一次相对比较轻：伤亡3.65万人，其中死亡1.2万人。日军的伤亡则要高得多，死亡人数多达8.3万人，有50.4万人成为俘虏。

8月10日，凌晨3时，日本天皇终于亲自下令停止战争。上午7时33分，美国无线电监听员收听到了东京无线电台发出的消息：

日本政府今天向瑞士和瑞典政府发出转致美、英、中、苏的照会如下：

日本天皇虔诚地希望早日停止战争，实现世界和平，以免天下生灵因战争的持续而遭受浩劫。日本政府服从天皇陛下的圣旨，已于数星期前请当时仍居中立地位的苏联政府出面斡旋，以便对诸敌国恢复和平。

不幸这些为促进和平的努力，已经失败。日本政府为遵从天皇陛下恢复全面和平，迅速结束由于战争而造成的不可言状的痛苦，兹作出下列决定：

“日本政府准备接受中美英三国政府首脑于1946年7月26日在波茨坦所发表后来又经苏联政府赞成的联合公告所列举的条款。而附以一项谅解：上述公告并不包含有损天皇陛下为最高统治者的权利的任何要求。

“日本政府竭诚希望这一谅解能获保证，并切望迅速对这种保证予以明确表示。”

尽管这并不是一个正式照会，但它已把日本的意图表示得足够清楚。

接到消息后，杜鲁门马上请李海海军上将邀请国务卿贝尔纳斯、陆军部长史汀生和海军部长福莱斯特尔，上午9时到白宫开会，商讨怎样答复日本的问题。

在白宫总统椭圆形办公室里，杜鲁门向他们四个人提出了如下几个问题："我们是不是把这个消息看作是东京接受《波茨坦公告》的表示呢？我国有许多人认为天皇是日本政治制度的不可分割的部分，我们曾保证要摧毁这种制度。我们能不能一面保留天皇同时却指望消除日本的好战精神呢？我们能不能把附有这样大的'保留条件'的答复当作我们不惜进行战斗以求实现的无条件投降呢？"

讨论中，陆军部长史汀生像过去一样表示，保持天皇对美国有利。在他看来，美国需要保持所有日本人民所拥护的、唯一的权威象征。李海海军上将也提出，即使单单为了利用天皇来实现投降这一个理由，也应该接受日本的建议。国务卿贝尔纳斯对于是否应接受次于毫不含糊的投降声明的任何东西，表示没有把握。他辩论说，在目前环境下，提出条件的应该是美国而不是日本。海军部长福莱斯特尔提议，可以在答复中表示愿意接受日本投降，但同时用能彻底实现《波茨坦公告》的意图和目的的方式来确定投降条件。

于是，杜鲁门请贝尔纳斯起草一个可以表达这种意图的答复。快到中午的时候，贝尔纳斯回到白宫，带来了刚从瑞士公使馆接到的日本政府的正式照会。这个照会除了加上一段告之已通过中立国家将同样的要求送致中国、英国和苏联的政府以外，其他部分都与早先无线电广播的一样。贝尔纳斯同时呈上了他起草的答复日本的草稿，请杜鲁门审核批准。

杜鲁门请贝尔纳斯留下来共进午餐，两人草拟了一份致英、苏、中三国政府的紧急照会，征求三国同意美国起草的给日本的答复。下午2时，杜鲁门召集内阁会议，随后即向伦敦、莫斯科和重庆发出了同样的电报。电报的部分内容如下：

日本政府已接受《波茨坦公告》条款，但声明："附有一项谅解，上项公告并不包含任何有损天皇陛下为至高统治者的皇权的要求。”我们的立场如下：

“从投降时刻起，日皇和日本政府统治国家的权力即须听从盟国最高统帅之命令，以便采取他认为适宜于执行投降条款的步骤。

“日皇和日本最高统帅部须签署为执行《波茨坦公告》条款所必需的投降条件，向日本所有的武装部队发布停止作战、交出武装的命令，并发布最高统帅执行投降条件时所需要的其他命令。

“一经投降，日本政府应立即把战俘和被拘留的公民移至指定的安全地点，俾能迅速登上盟国的运输船只。

“日本政府的最后形式将按照《波茨坦公告》，依日本人民自由表达的意志确定之。

“盟国武装部队将留驻日本，直至达到《波茨坦公告》所规定的目标为止。”

当天晚上 9 时 48 分，英国的答复到达华盛顿。艾德礼和贝文都表示同意，但对于要求天皇亲自签署投降条款是否明智，表示怀疑。因此，他们建议将复文作如下的修改：“天皇将授权并保证日本政府及日本帝国大本营签署为执行《波茨坦公告》条款所必需的投降条件，并须对日本一切陆、海、空军当局以及彼等统辖之一切武装部队（不论其在何处）发布命令停止作战行动、交出武器以及如你们的答复中所规定的事项。”美驻英大使魏南特还向杜鲁门报告说，丘吉尔曾打电话给他，说他完全同意美国政府的做法。

8 月 10 日晚 8 时，日本政府通过瑞典公使送交的关于接受《波茨坦公告》的电文，也送到了中国政府领导人蒋介石的手中。晚 10 时，蒋介石致电陆军总司令何应钦，指示各战区日本投降应注意事项，要求日军“就现态势停止一切军事行动，不得破坏物资交通，扰乱治安秩序，听候所在中华民国陆军总司令或战区长官之处置，并限 24 小时内答复”。

8月10日，八路军总司令朱德在延安总部接连发了七道命令，其中《为日寇投降对各解放区武装部队发布的命令》提出了如下要求：

一、各解放区任何抗日武装部队均得依据《波茨坦公告》规定，向其附近各城镇交通要道之敌人军队及其指挥机关送出通牒，限其于一定时间向我作战部队缴出全部武器。在缴械后，我军当依优待俘虏条例给以生命之保护。

二、各解放区任何抗日武装部队均得向其附近之一切伪军、伪政权送出通牒，限其于敌寇投降签字前，率队反正，听候编遣，过期即须全部缴出武器。

三、各解放区所有抗日武装部队，如遇敌伪武装部队拒绝投降缴械，即应予以坚决消灭。

四、我军对任何敌伪所占城镇交通要道，都有全权派兵接受，进入占领，实行军事管制，维持秩序，并委任专员负责管理该地区之一切行政事宜，如有任何破坏或反抗事件发生，均须以汉奸论罪。

8月11日早晨7时35分，蒋介石致电杜鲁门，说："我同意您的一切条件，并支持您就日本政府接受《波茨坦公告》一事所作的答复。我尤其同意须由日本天皇和日本最高统帅部签署投降条款并发布执行投降条款的命令。我也同意，日本政府的最后形式应依日本人民自由表达的意志建立之。后者是我多年来曾表示过的条件。"

但苏联的回复，没有像英国和中国那样顺利。尽管没有了波茨坦的大圆桌，大国之间的博弈随时随地都在发生，从来就没有停止。

美国驻苏联大使哈里曼对莫斯科反应的报告，是在这天早晨杜鲁门刚刚起床的时候送达的。哈里曼报告说："当您的……电报到达时，英国大使和我正和莫洛托夫在一起。莫洛托夫正在询问我们两国政府对日本政府的建议采取什么态度。他通知我们，苏联对日本建议所抱的态度是'怀疑的'，因为苏联人并不认为这是无条件投降，因此，苏联的部队仍继续向满洲挺进。当时方过午夜不久，他着重指出苏军出征才第三天，它将继续下去。他给了我一个深刻的印象，他极想把战争打下去。接着您的电报就到达了，我把电报翻译给他听。他的反应是不置可否，并建议明天给我答复。我告诉他，我们对这不能满意，我们希望今晚答复。于是他同意去和他的政府商量，并尽可能在今晚给我答复。如果我不能在适当的时间内得到他的回话，我会打电话给他，并将经过情况向您报告。”

很快，杜鲁门接到了哈里曼的第二封电报。原来，莫洛托夫又要求哈里曼和英国大使再次去见他，并交给他下述声明：

苏联政府同意美国政府就日本政府乞降照会所提出的盟国答复草稿。

苏联政府认为，上述答复应以对日作战的主要国家的名义发出。

苏联政府并认为，如果日本政府作出肯定的回答，盟国应就日皇和日本政府所应隶属的代表盟国最高统帅的一位或一位以上的人选达成协议。

莫斯科时间：1945 年 8 月 11 日上午 2 时。

苏维埃社会主义共和国联盟政府授权签字：维·莫洛托夫

看过莫洛托夫的声明后，哈里曼坚决反对声明中的最后一段，并说：“这正是你们政府接受我们建议的一个保留，它给予苏联政府在选择盟国最高统帅一事上以否决权。据我看来，我的政府决不会同意这一点。”

面对哈里曼提出的质问，莫洛托夫建议说：“最高统帅可以包括两个人，由美苏将领各一人担任，苏联的人选是华西列夫斯基元帅。”

“最高统帅不由美国人担任是不可思议的。”哈里曼十分坚定地说。

经过一场非常激烈的争论以后，莫洛托夫坚持要哈里曼把他的意见通知美国政府。哈里曼坚定地说：“无论怎么说，据我看，这是不能接受的。”

会见不欢而散。当哈里曼回到办公处时，他接到了莫洛托夫的秘书巴甫洛夫的电话，说：“莫洛托夫已请示斯大林。他让我告诉你，刚才是一场误会，只是想就这一问题进行磋商，并不一定要达成协议。”

哈里曼在电话里告诉巴甫洛夫说：“我相信，你们政府声明中‘或一位以上的人选’字样也不能接受，请你把我的这个意见一定转达给莫洛托夫先生。”

几分钟以后，巴甫洛夫的电话就打过来了，说：“斯大林同意删去这些字样。他同意用书面肯定这一点。因此，最后一段改为‘苏联政府并认为，如果日本政府作出肯定的答复，盟国应就日皇和日本政府所应隶属的代表盟国最高统帅的人选进行磋商。’”

哈里曼迅速将苏联修正过的答复向杜鲁门作了报告。

哈里曼当然是表达了美国政府的既定政策。其实，杜鲁门很早就批准了由美国国务院、陆军部和海军部协调委员制定的对战后日本的管制方针。他们的目标就是把日本置于代表盟国的美国指挥官的控制之下，并成立一个远东咨询委员会来协调盟国的意愿。

在欧洲战场，斯大林因为在打败希特勒的战斗中立下功劳，占有绝对的话语权。但在关乎美国切身利益的远东和太平洋战场，美国对日本的占领绝对不能重蹈德国的覆辙。杜鲁门说：“我不想分割的管制或划分占领区。我不想给俄国人以任何机会；再让他们像在德国和奥地利那样去行动。我希望用能够使这个国家恢复国际社会地位的方式来管理它。对参加波茨坦会议的我国一切官员，我曾强调这些思想。因此，哈里曼（当时也出席会议）在莫洛托夫企图改变对日基本政策时，能立刻加以反驳。”

现在，中、英、苏三国政府都赞同美国草拟的对日答复的方案了。在作出正式答复之前，杜鲁门接受了英国的建议，在答复的文本中改变了一句短语，使意义更明确。英国提的建议是将“天皇将授权并保证签署……”改为“天皇必须授权并保证……”

8 月 11 日，贝尔纳斯将正式的答复交给了瑞士代办赫尔·玛克斯·格腊斯利，经伯尔尼转东京。当然，战争并没有结束。美国海军上将尼米兹向太平洋舰队发出了命令：“决不允许因日本人就《波茨坦公告》公开发表的结束战争的建议，而放松对日本攻击的警惕，无论是日本人或盟军都没有停止战斗。即使突然宣布局部或全面投降，也必须采取警戒，以防敌人的背信行为。保持目前一切的侦察和巡逻。除非另有特别指令，攻势仍继续进行。”阿诺德将军对战略空军航空队发出命令，向日本人口集中地区散发传单，把和平谈判的情况通知这些地区的日本人民。

同时，在华盛顿，杜鲁门也发出一份电报，通知盟国将选择道格拉斯·麦克阿瑟为驻日最高统帅。在同一电报里，杜鲁门建议新任最高统帅应指令日本在东南亚的部队向该地区最高司令海军上将路易斯·蒙巴顿勋爵投降，那些与俄国对峙的部队应向苏联远东军司令官投降；一切其他在中国部队应向蒋介石委员长投降。

一切都准备就绪，剩下来的只是等待日本的答复。

8 月 12 日，星期天。斯大林、蒋介石和艾德礼致电杜鲁门，同意道格拉斯·麦克阿瑟出任盟国最高统帅。

8 月 13 日过去了，仍然没有得到日本人的回音。在这一天，杜鲁门就接受日本投降问题，批准了给麦克阿瑟的命令。内容如下：

美国总统关于盟国最高统帅接受日本投降的命令

（一）按照美国、中华民国、联合王国和苏维埃社会主义共和国联盟政府之间的协议，应任命盟国最高统帅，以执行日本投降，兹特任命你为盟国最高统帅。

（二）你须要求发布一项经天皇签字的授权其代表签署投降书的

公告。这个须经签字的公告，基本上应按照附寄给你的格式拟定。你须采取必要的步骤，命令并且接受经日本天皇、日本政府和日本帝国大本营正式授权的代表所签署的投降书。投降书的原文附下。你须代表有关四国政府和其他与日本作战的联合国家接受日本投降。

（三）我已请中国、英国和苏维埃社会主义共和国联盟的国家元首各派代表一人和你一起参加受降仪式。我已任命五星海军上将切斯特·尼米兹作为美国代表参加这一仪式。一俟我获知其他被指派参加这一仪式的人选，我将立刻通知你。你须进行适当的布置。

（四）在接受日本武装部队总投降以后，你须要求日本帝国大本营发出命令，通知各地日本司令官投降的手续和执行投降的其他细节。关于日本海外部队向盟国有关各司令官的投降，你须和日本帝国大本营采取一切必要的相应措施。

（五）从投降时起，日本天皇和日本政府统治国家的权力将隶属于你，你应采取你认为有助于执行投降条款的必要措施。

（六）你对一切有关盟国为执行日本投降条款而派出的陆、海、空部队享有最高统帅的权威。

（七）任命你为盟国最高统帅，于你接到本命令时生效。

杜鲁门把这个命令的副本立即转送给艾德礼、斯大林和蒋介石。接着，杜鲁门签署批准了“总命令第一号”，就日本受降问题作出了详细说明。

8 月 14 日上午 10 时 50 分，日本裕仁天皇举行了最后一次御前会议，表示接受《波茨坦公告》的决心没有改变。主战的陆海军统帅声泪俱下，要求再照会同盟国，如同盟国不允许保留日本国家体制，则只有继续战争，死里求生。日本天皇鉴于大势已去，等各大臣发言完毕，无可奈何地决定：“经充分检讨世界现况，与国内情势，朕以为再继续战争，实属无理”；“若再继续战争，结局将使全国变为焦土！”“只要种子残存，仍有复兴的光明。”会议在全体人员的哭泣声中结束。所谓的“大东亚战争”就这样由侵略者自己发动并自掘坟墓而埋葬。

尽管天皇已经接受《波茨坦公告》，但日本国内少数顽固的法西斯分子和军国主义分子，则阴谋发动政变，妄图以武力阻止政府投降。14 日午夜至 15 日凌晨，一些少壮派军人发动兵变，枪杀近卫师师长，下达假命令，包围皇宫，搜索天皇的诏书录音盘，想阻止录音播出；另一些好战分子则图谋镇压所谓主和派。但终因日本投降已成定局，没有得到军部高层官员的赞同，兵变很快被镇压下去。

8 月 15 日正午，日本天皇向全国广播日本无条件投降的诏书。长达 14 年的侵华战争终于以侵略者投降而正式结束。日本国民获悉战败消息，铃木总内阁宣布辞职。一股自杀的浪潮在日本军国主义分子中迅速蔓延，日军高级将领 14 人先后自杀，其中包括陆相阿南惟己大将。阿南大将是在这天凌晨 1 时 30 分畏罪自杀的，紧随其后的有最高战争指导委员会成员筱塚中将及最后一届内阁大臣小泉、星田、桥本将军和滨田将军。真正的武士不仅切腹自杀，也有开枪和服毒的。前首相东条英机——这个发动侵略战争的罪魁祸首立即为千夫所指，连他的儿子也逼他自杀，以谢国人。9 月 11 日，当美国宪兵包围他的住宅之后，他向自己的胸部开枪自杀。但自杀未遂，伤愈后，他受到远东国际军事法庭的审判，被判处绞刑，并在收押的东京鸭巢监狱执行死刑。

8 月 15 日，中国国民政府外交部正式接到日本致中、美、英、苏正式投降电文。蒋介石即以中国战区最高统帅身份，在陪都重庆发表广播讲话：“我们中国在黑暗和绝望的时期中，八年奋斗的信念，今天才得到实现”，这要感谢全国抗战以来忠勇牺牲的军民先烈，感谢我们为正义和平而共同作战的盟友，感谢国父孙中山先生为我们领导了革命正确的途径。蒋介石还强调了要“不忘旧晋”、“以德报怨”的原则，声明：“只以日本黩武的军阀为敌，不以日本的人民为敌。”同时，他致电日本驻华最高指挥官冈村宁次：中国战区所属日军应停止一切军事行动，并派代表到玉山接受中国陆军总司令何应钦之命令。17日，冈村宁次复电遵办。

8月15日，中国解放区抗日军总司令朱德将军，请美驻华大使赫尔利将军、英驻华大使薛穆爵士、苏驻华大使彼特罗夫，转达他送递给美、英、苏三国政府的一份说帖。原文如下：

在我们共同敌人——日本政府已接受《波茨坦公告》条款宣布投降之际，我代表中国解放区、中国沦陷区一切抗日武装力量及二万万六千万人民，谨向美利坚合众国政府、联合王国政府、苏维埃社会主义共和国联盟政府送出下列的说帖。

在抗日战争胜利结束的时候，我们请求你们注意目前中国战场这样的事实，即在敌伪侵占而为国民党政府所放弃的广大沦陷地区中，经过我们八年的苦战，夺回了近百万平方公里的土地，解放了一万万以上的人民，组织了一百万以上的正规部队和二百二十多万的民兵，在辽宁、热河、察哈尔、绥远、河北、山西、陕西、甘肃、宁夏、河南、山东、江苏、安徽、湖北、湖南、江西、浙江、福建、广东十九省建立了十九个大块的解放区，除少数地区外，大部包围了自一九三七年卢沟桥事变以来敌伪所侵占的中国城镇、交通要道及沿海口岸。此外，我们还在中国沦陷区（在这里有一万万六千万人口）组织了广大的地下军，打击敌人。在作战中，我们至今犹抗击和包围着侵华日军百分之六十九（东北四省不在内）和伪军的百分之九十五。中国国民党政府对于敌伪主要的是采取袖手旁观、坐待胜利的方针，其军队的大部不打敌伪，退至大后方，保存实力，准备内战。中国国民党政府对于中国解放区及其军队，不仅不予承认，不予接济，且更以九十四万国民党政府的军队包围和进攻中国解放区。我们中国解放区的全体军民，虽然受尽了日顽两方面长期夹击之苦，但丝毫未减弱我们坚持抗战、团结和民主的意志。中国解放区人民、中国共产党曾经多次向中国国民党政府提议召开各党派会议，成立民主的举国一致的联合政府，以便停止内部纠纷，动员和统一全中国人民的抗日力量，领导抗日战争的胜利，保证战后的和平，但均被中国国民党政府所拒绝。

现敌国投降瞬将签字，根据上述情况，我们有理由向贵国政府及贵国人民提出下列的声明和要求：

（一）中国国民党政府及其统帅部，在接受日伪投降与缔结受降后的一切协定和条约时，不能代表中国解放区、中国沦陷区广大人民及一切真正抗日的人民武装力量。如协定及条约中，有涉及中国解放区、中国沦陷区一切真正抗日的人民武装力量之处，而又未事先取得我们的同意时，我们将保留自己的发言权。

（二）中国解放区、中国沦陷区一切抗日的人民武装力量，在延安总部指挥之下，有权根据《波茨坦公告》条款及同盟国规定之受降办法，接受被我军所包围之日伪军队的投降，收缴其武器资材，并负责实施同盟国在受降后之一切规定。

（三）中国解放区、中国沦陷区的广大人民及一切抗日的人民武装力量，应有权派遣自己的代表参加同盟国接受敌国的投降和处理敌国投降后的工作。

（四）中国解放区及其一切抗日武装力量应有权选出自己的代表团，参加将来关于处理日本的和平会议及联合国会议。

（五）为减少中国的内战危险，请美利坚合众国政府站在中美两国人民的共同的利益上，立即停止对于中国国民党政府之租借法案的继续执行。如果国民党政府发动反对中国人民的全国规模的内战（此种内战危险，现已极其严重），请勿予国民党政府以援助。

在美国华盛顿，8 月 15 日傍晚 6 时，瑞士公使馆代办格拉斯利把日本无条件投降的正式复文交给贝尔纳斯，后者立刻把这个复文带到白宫交给了总统杜鲁门。下面就是日本政府宣布接受《波茨坦公告》，向美、英、苏、中四国投降的照会：

日本政府于1945年8月14日致美、英、苏、中四国政府的照会：

关于日本政府8月10日就接受《波茨坦公告》条款一事所发出的照会和美国国务卿贝尔纳斯于8月11日所发出的美、英、苏、中四国政府的答复，日本政府荣幸地通知四国政府：

（一）天皇陛下已就日本政府接受《波茨坦公告》条款事发出诏书。

（二）天皇陛下准备授权并保证他的政府和帝国大本营签署为执行《波茨坦公告》的规定所必需的条款。天皇陛下还准备命令所有陆海空军当局和所有在他们统辖之下的各地部队停止作战行动，缴出武器，并发出盟军最高统帅为执行上述条件所必须的其他命令。

这天晚上7时，白宫新闻记者聚集在杜鲁门的办公室里。杜鲁门夫人和大部分阁员都在场。杜鲁门站在办公桌的后面，宣读了声明："我在今天下午接到了日本政府对国务卿8月11日所发出照会的答复。我认为这个答复完全接受了规定日本无条件投降的《波茨坦公告》。答复中没有任何保留。为尽快举行投降书的正式签字仪式，我们也正进行各种部署。任命道格拉斯·麦克阿瑟将军为接受日本投降的盟国最高统帅。英、俄、中三国将派高级将领参加。同时，盟国已下令盟国武装部队停止进攻。战胜日本的胜利日要等到日本正式在投降书上签字时宣布……"随后，新闻记者欢欣鼓舞地跑出白宫，第一时间向世界发出了消息。

8月18日，杜鲁门批准了美国政府关于对日本实行军事占领的基本政策，强调占领下的日本的实际控制权由美国掌握。同时，他们决定，占领应当以集中管理的原则实行，而不应当把日本全国分成若干占领区。这一下子就排除了其他盟国控制日本的权利。而在正式受降的程序问题上，在杜鲁门最初发给麦克阿瑟的指令中，曾详细说明，除了他本人作为最高统帅在受降文件上签字之外，中、苏、英三国的代表也应当在受降文件上签字。但是，英国为了满足英联邦自己的成员国提出的关于参加签字的要求，杜鲁门不得不改变主意，同意除了美、英、中、苏四国代表之外，澳大利亚、加拿大、法国、新西兰和荷兰的代表们，也都被邀请参加了日本的受降仪式。

8 月 21 日，麦克阿瑟将正式受降仪式计划送交日本政府。由于日本本岛在 22 日突然遭受狂风暴雨的袭击，麦克阿瑟的计划不得不暂时推迟。

按照同盟国的约定，由中国军队接受日军投降的范围是除东北地区以外的中国和越南北纬 16 度线以北地区。洽降地点本来在玉山，却由于玉山机场遭受暴雨袭击跑道受损的原因，临时改在湖南芷江进行。何应钦率中国陆军参谋长肖逸肃等 30 余人乘两架美国运输机于 20 日抵达芷江。第二天上午 11 时 15 分，日本乞降使节、日本中国派遣军副总参谋长今井武夫一行八人受冈村宁次指派，乘机抵达芷江，递交了日本驻华兵力配备图籍表册，中方宣读了何应钦致冈村宁次第一号备忘录，规定日军停止一切行动，移交武器，并详细规定了日军投降地点等事宜。

8 月 30 日，美军在东京及附近地区登陆，实现对日本的占领。

9 月 2 日，日本正式投降。投降仪式按照美国总统杜鲁门的意见，在停泊于东京湾的美军战舰“密苏里号”上举行，它标志着持续了六年的第二次世界大战结束了。

这天上午，紧随麦克阿瑟来到“密苏里号”的，还有中国、英国、苏联、澳大利亚、加拿大、法国、荷兰、新西兰的军事指挥部的代表，以及为数众多的记者和客人。随后，一艘小艇载来了由日本外相重光葵和日本陆军总参谋长梅津美治郎带领的 11 人日本受降代表团。在同盟国代表严峻的目光注视下，日本人在战舰上足足站了五分钟。

上午 9 时，在庄严的静寂中，麦克阿瑟主持了日本向联合国签署投降书仪式，并发表了讲话。他强调：“我们，主要参战国的代表们，聚集在这里，为了签署一项庄严的协定，有了它和平才能恢复。招致理念和思想对立的那些问题已经在全世界的战场上解决了，因此不再是我们讨论和争辩的题目”；“以此严肃仪式为转折点，必须从流血和残杀的过程中，重新建立依赖和理解的世界，以期完成人类之尊严和所渴望的自由、宽恕以及正义，这是我发自内心的希望”；“我以同盟国联军统帅的身份，基于我们所代表各国的传统，对于投降条款，必将迅速予忠实实施，并采取一切必要措施”。

9时04分，麦克阿瑟演说完毕之后，他摆摆手，示意日本代表走到桌边在投降书上签字。日本投降书分黑色封面的日文本和金绿色封面的英文本两种，投降书长1.5尺、宽1尺，放置在铺有青色台布的长桌上。重光葵走得很慢，他尴尬地履行了自己难堪的职责——代表日本天皇签上了自己的姓名，然后低着头走到一边，木然地站在那里。接着，梅津美治郎代表日本帝国大本营在投降书上签字。

9时08分，待日本人走回自己的位置，麦克阿瑟走向桌上摊开的卷宗，他邀请两名美国将军——几天前才从日本战俘营获得解放的温赖特和珀西瓦尔陪伴着他，一笔一画地签上自己的姓名。紧接着按照美、中、英、苏、澳、加、法、荷、新顺序，各国代表副署。美国代表是尼米兹海军上将，中国代表是徐永昌上将，英国代表是弗雷泽海军上将，苏联代表是K. H. 杰列维扬科中将。

仪式结束后，天空突然放晴，400架B－29型战略轰炸机和1500架战斗机，大编队以排天倒海之势掠过“密苏里号”停泊的东京湾上空，蔚为壮观。随后，签字盟国代表团代表随着麦克阿瑟一起，到尼米兹海军上将的客厅里去喝庆祝胜利的香槟酒了，只剩下日本代表孤零零地站在那里。这时，工作人员将放着已签字的投降书的黑色卷宗交给了重光葵。日本人顺着软梯下了船，那艘送他们来的小艇还在那里等着他们。

同日，《日本无条件投降书》向世界公布：

我们谨奉日皇、日本政府与其帝国大本营的命令，并代表日皇、日本政府与其帝国大本营，接受美、中、英三国政府元首7月26日在波茨坦宣布的，及以后由苏联附署的公告各条款。以下称四大强国为同盟国。

我们兹宣布日本帝国大本营及在日本控制下驻扎各地的日本武装部队，向同盟国无条件投降。

我们兹命令驻扎各地的一切日本武装部队及日本人民，即刻停止战事，保存一切舰艇、飞机、资源、军事及非军事的财产，免受损失，并服从同盟国最高统帅，或在他指导下日本政府各机关所要求的一切需要。

我们兹命令日本帝国大本营，即刻下令日本的一切武装部队及不论驻在何地的日本控制下的武装部队的指挥官，他们自己及他们所率的武装部队，无条件投降。

我们兹命令一切民政的、军事的与海军的官员，服从与实行盟国最高统帅认为实践这一投降所适当的一切宣言、命令与指令，以及盟国最高统帅及在他授权下所颁布的一切宣言、命令与指令，并训令上述一切官员留在他们现有职位，除非由盟国最高统帅或在他授权下特别解除职务者外，继续执行非战斗的职责。

我们兹担承日皇、日本政府及其继承者忠实实行《波茨坦公告》的各项条文，并颁布盟国最高统帅所需要的任何命令及采取盟国最高统帅所需要的任何行动，或者实行盟国代表为实行《波茨坦公告》的任何其他指令。

我们兹命令日本帝国政府及日本帝国大本营，即刻解放在日本控制下的一切盟国军事俘虏与被拘禁的公民，并给予他们保卫、照料，维持并供给运抵指定地点的运输工具。

日皇与日本政府统治国家的权力，将服从盟国最高统帅，盟国最高统帅将采取他们认为实行这些投降条款所需要的一切步骤。

1945 年 9 月 2 日，日本宣布无条件投降。

这是人类历史上最值得纪念的一天。

日本无条件投降，标志着第二次世界大战全面结束。这场战火燃遍四大洲 2000 多万平方公里土地、80 多个国家和地区、约 20 亿人被卷入的世界大战，军民共伤亡 7000 余万人，财产损失 4 万亿美元。德国法西斯和日本军国主义的战争机器制造了人类历史上惨绝人寰的兵燹之灾。水深火热的苦难，国破家亡的凄凉，血雨腥风的残酷，让历史学家们将 20 世纪称作"极端的年代"，它"激起了人类最伟大的想象，同时也摧毁了所有美好的设想"。

日本真的是无条件投降吗？回望历史，我们可以发现，无论是在波茨坦会议期间，还是美国向日本投放原子弹和苏联出兵中国东北之时，就日本无条件投降的问题，美国、苏联和日本之间遇到的最大障碍是——日本天皇的问题。为此，日本人曾多次密电莫斯科斯大林或派特使斡旋，或通过中立国照会美国。保留不保留日本天皇，既是日本接受《波茨坦公告》的一个最基本和最根本的条件，也是美、苏之间暗中角逐远东和太平洋利益的一个筹码。历史已经说明，在保留天皇问题上，美国别有用心地向日本送上了大礼包——保留日本天皇制度，发动侵略战争的天皇不列为战犯。日本无条件投降就是在这样"有条件"的条件下妥协达成了。之所以选择这样的方式，自然是美国幕后操纵的结果，目的就是为其战后管控日本，并利用日本达到控制远东和太平洋的目的。

9 月 9 日上午，中国战区接受日本投降签字仪式在南京黄埔路国民党陆军总司令部（中央陆军军官学校旧址礼堂）举行。何应钦代表中国战区最高统帅主持仪式。应邀参加仪式的有美国、英国、法国、苏联、加拿大、荷兰、澳大利亚等国的军事代表和驻华武官，以及中外记者、警卫士兵等近千人。中国战区日本投降代表、日本中国派遣军总司令冈村宁次上将解下所带佩刀，并由参谋长小林浅三郎中将双手捧呈何应钦，以表示侵华日军向中国缴械投降。此时，时间正好是9时。随后，冈村宁次在投降书上签字，并把降书交给何应钦。受降仪式约20分钟。

日本代表退出后，何应钦向全国发表讲话，宣布："中国战区日军投降签字，已于本日上午9时，在南京顺利完成。这是中国历史上最有意义的一个日子，这是八年抗战艰苦奋斗的结束，东亚及全世界人类和平与繁荣，亦从此开一新纪元。"当日，何应钦派副参谋长冷欣中将携带日本降书飞往重庆，向蒋介石报告了日本受降经过。

在中国战区，国民政府将受降区划分为15个，受降地点分别为越南河内、广州、汕头、长沙、南昌、杭州、南京和上海、汉口、徐州、北平和济南、洛阳、郾城、太原、归绥、台北。受降主官分别为卢汉上将、张发奎上将、余汉谋上将、王耀武中将、薛岳上将、顾祝同上将、汤恩伯上将、孙蔚如上将、李品仙上将、孙连仲上将、李延年中将、胡宗南上将、阎锡山上将、刘峙上将、傅作义上将、陈仪上将。

当时，日军兵力在中国战区分布的情况是：华北方面军32.6244万人，华中第六方面军29.0367万人，京沪地区第六、第十三军33.0397万人，广东方面第二十三军13.7386万人，台湾方面第十六方面军16.9031万人，越南北纬16度线以北地区第三十八军2.9815万人，共计114.5854万人。其指挥机关与部队单位共计有：总司令部1个，方面军3个，军10个，师36个（内有战车师1个、飞行师2个）、独立旅41个（内有骑兵旅1个）、独立警备队及支队19个、海军特别根据地队与特别陆战队6个。

9月28日，卢汉将军在越南河内总督府接受了北越日军司令土桥勇逸的投降。到台湾主持接受日本投降的是台湾省行政长官兼警备司令陈仪。根据1943年11月26日中美英签署的《开罗宣言》规定，战后东北、台湾和澎湖列岛应归中国。日本投降后，国民政府把台湾和澎湖列岛列为第十五受降区。10月2日，台湾省行政长官兼警备司令部前进指挥所在台北成立，处理日军集中及受降事宜。17 日和 22 日，中国陆军第七十军和第十军分别在基隆和高雄港登陆。25 日，中国战区台湾省受降仪式在台北中山堂（原公会堂）举行。日本原台湾总督兼第十六方面军司令官安藤利吉大将向陈仪递呈投降书，日军 16.9 万人投降。然后，陈仪发表广播演说，宣布“从今天起，台湾及澎湖列岛已正式重入中国版图，所有一切土地人民政事皆已置于中华民国国民政府主权之下”。日本占领中国台湾省 50 年的历史自从结束。10 月 25 日，被定为台湾光复节。

第十四章

香港做证：中国，被胜利忽略的盟国

炮声停息了。战争已经过去。像在欧洲战场打败希特勒一样，同盟国在第二次世界大战的东方战场也取得了伟大的胜利，打败了日本法西斯。

战争刚刚胜利结束，政治的博弈就像潜水艇一样悄悄浮出水面。

我们知道，在 8 月 13 日，杜鲁门代表盟国要求日本天皇发布了关于日本投降的“总命令第一号”。其内容“主要是命令战区的日本军队放下武器，特别是该向谁投降。中国（大陆）、台湾和北纬 16 度以北的印度支那地区由蒋介石受降。满洲、北纬 38 度以北的朝鲜和库页岛，由俄国司令官受降。东南亚、北纬 16 度以南的印度支那和从缅甸至所罗门群岛，盟国的代表不是蒙巴顿勋爵，便是澳大利亚的司令官，精确的分界线应由他们两人划定。日本、菲律宾以及北纬 38 度以南的朝鲜，由麦克阿瑟将军受降；太平洋的其他地区则由尼米兹海军上将受降”。正如杜鲁门所说的那样，正是“由于发布了这个总命令，我们已从一般原则进入实际的执行阶段，而困难也随着产生了”。杜鲁门到底遇到了什么困难呢？

8 月 16 日，斯大林致电杜鲁门：“您附有‘总命令第一号’的信件已收到。我基本上不反对这个命令的内容。因为辽东半岛是满洲的一个组成部分。但是我建议对‘总命令第一号’作如下的修改：

（一）整个千岛群岛应包括在日本武装部队向苏军投降的地区之内，按照克里米亚三国的决议，千岛群岛应归苏联所有。（二）北连拉彼鲁兹海峡（该海峡位于桦太岛和北海道之间）的北海道北半部应包括在日本武装部队向苏联军队投降的地区之内。在北海道的北中部和南半部之间，从该岛东海岸的钏路镇到该岛西海岸的留萌镇划一道分界线，把该岛北半部的上述城市包括在内。最后一点对俄国的舆论特别重要。人们知道，在 1919—1921 年，日本占领了苏联的整个远东地区。如果俄国军队在日本本土的任何部分没有占领区，俄国舆论就会大哗。我迫切希望上述适中的意见不会遭到任何反对。”

就像波茨坦会议上他们在波兰和南斯拉夫问题上进行激烈争执的情况一样，斯大林和杜鲁门为这个问题，前后函电往返大约两个星期。8 月 18 日，杜鲁门复电斯大林，不仅强调日本本土的所有主要岛屿，包括北海道，都将由美国人来接受日本人投降，而且更为重要的是杜鲁门还要求斯大林同意美国“在千岛群岛的某个岛屿上，最好在中部，拥有为陆、海飞机建立空军基地的权利，以便用于军事和商业的目的”。

杜鲁门的这封信令斯大林实在不好回答，迟迟四天都没有回音。在此期间，他必须作出一个重大决定：是否撤销苏军进攻北海道的命令。8 月 22 日，斯大林复电杜鲁门，说：“我理解您的来电是暗示拒绝满足苏联提出的关于把北海道北半部包括在日本武装部队将向苏军投降的地区之内的要求。我必须说，我和我的同僚未曾料到您会作这样的答复。”然后，斯大林拒绝了杜鲁门在千岛群岛建立空军基地的请求。他不满地说：“无论在克里米亚或在柏林，三国的决议都没有规定这种措施。无论如何也不能从在那里作出的决议中得出这样的结论。这种要求通常是向一个战败国或是向这样一个盟国提出的，即这个盟国本身没有能力保卫其领土的某一部分，因而表示愿意给予它的盟国一个适当的基地。我认为不能把苏联列为这两类国家中的任何一类。我必须非常坦率地对您说，我和我的同僚都不了解是在什么情况下想到对苏联提出这种要求的。”

斯大林的回答明显带有强烈的敌对情绪，杜鲁门见好就收。8 月 26 日，他回复斯大林，以和解的方式说，他只是想在千岛群岛的某个岛屿获得降落权，从而使美军在占领日本的行动中提供方便。随后，他还命令哈里曼大使专门向斯大林作出解释。终于让斯大林感到满意了。8 月 30 日，斯大林直接给杜鲁门打来了电报，说：“我很高兴，在我们来往函电中发生的误解已经消除。虽然您的建议丝毫也未使我感到屈辱，但是它使我感到困惑，因为现在很清楚，我误解了您。”

后来，杜鲁门在回忆录中说：“斯大林力图把用在德国的同一类型的分裂统治搬到日本来，在德国，由于军事形势的条件和需要，迫使我们同意这种分裂统治。现在他又重弹老调，企图改变统一的最高统帅的部署。最有趣的是，斯大林是通过军事途径，而不是通过外交途径来进行这项努力的。”由此可见，无论是军事，还是外交，大国的政治博弈无时不在、无处不在。

应该说，从政治角度看，斯大林企图获得日本本土北海道的北半部的占领权，只是他在远东战争宏大进行曲中的一个插曲而已。然而，让杜鲁门没有想到的是，经他批准的“总命令第一号”关于受降地区的分配，因为朝鲜的“三八线”问题给日后的远东带来了大麻烦。也就是说，远东朝鲜战争的爆发，就是在这里埋下了战争的种子。

杜鲁门回忆说：“无论是斯大林给我的信或安东诺夫给麦克阿瑟的信，也不论是来自俄国人的任何通信，都只字不提关于占领朝鲜的分界线问题，也没有就这一方面提出疑问。双方既没有因‘三八线’问题进行过争论，也没有发生过讨价还价的事。而却注定以后几年，‘三八线’要演变成巨大的忧患。当‘第一号总命令’呈交我批准时，它规定北纬 38 度以南由我们的部队受降，以北则由俄国人受降。有人告诉我，国务卿贝尔纳斯曾建议美国的受降部队应尽可能地向北部推进。然而陆军当局却碰到路程和缺乏人力的双重难关。如果俄国人不赞成这种划分，那么连‘三八线’对我们也太远，而非任何美国军队所能到达的。如果我们完全以美军能够北进多远为指导原则，那么，一旦遇到反对，分界线便必然要大大地向朝鲜半岛更南的地方后撤。把界限定在‘三八线’上，我们的军队便保证有机会在朝鲜的故都汉城受降。当然，当时除了考虑便于划分受降的责任以外，并没有考虑到这些。以前一切有关朝鲜问题的讨论，表明俄国人同意我们的主张，朝鲜在取得独立以前，应通过一个托管阶段。”

但是，对于中国来说呢？战争的屈辱依然像阴云一样笼罩在中国的天空。

作为四大盟国的战胜国之一，中国人民为第二次世界大战的胜利付出了巨大的牺牲，战争中的伤亡人数在3500万人以上，直接损失达1000亿美元，间接经济损失达5000亿美元。但，胜利却忽略了中国。

对于朝鲜问题，杜鲁门还说：“中国也有可能对朝鲜的安排提出反对，因为朝鲜在1894年中日战争以前是中国的藩属，而在某些场合下，中国会有重新提出这个要求的倾向。但是后来却没有提出反对。”就像杜鲁门所说的，中国国民政府领导人蒋介石不仅没有想到在适当场合提出中国托管朝鲜的问题，而且连香港问题也没有获得任何权利。

我们还可以在杜鲁门的回忆录中找到中国当时的镜像：

蒋介石政府正开始感觉到投降问题愈来愈迫近。最严重的是共产党的武装部队驻扎在容易接近日本军队的地区。

共产党总司令朱德，发出一个经魏德迈将军转致华盛顿的很长的文件。在这个文件里，他力图证明不是重庆政府，而是共产党承担了在中国作战的重任，他们理应和麦克阿瑟一起参加日本投降的仪式。他还主张他们有合法权利在中国境内就地接受日本投降。

从这一点和其他事实可以很清楚地看出，正如魏德迈在同一天给麦克阿瑟和尼米兹的电报中所说的："在中国战区内接受大量日本军队的投降，并维护日本占领区目前的法律和秩序的问题，取决于迅速地把中央政府的军队调往各战略地区。"换句话说，蒋介石需要我们帮助他，把他的军队运到日本主要部队准备投降的地区。否则中国共产党人就会缴收日本军队的武器，还会占领日本人所控制的地区。

蒋介石的第二个问题是满洲问题。日本人扩大了这个地区，把热河省包括在内。蒋介石自然希望恢复满洲的旧界线，这意味着俄国人在满洲地区接受日本投降，中国军队在热河接受投降。不过，我们所能做的只是向蒋介石指出，当时俄国人事实上已在热河，而"总命令第一号"曾授权他们在"苏联战区接受投降"。

比较起来，由于英国直辖殖民地香港而引起的争论，在今天看来似乎是不足挂齿了。但是它当时却同样激怒了中国人。蒋介石要求把香港列入他作为中国战区司令官的投降地区，因为他是中国战区的最高统帅。英国愿意蒋介石派遣一位代表参加日本军队在香港投降的仪式，但是他们并不接受"总命令第一号"的"中国境内"的字义也包括对英国占领的香港的任何解释。

由此可见，美国人对中国事务的关心，实在是漠不关心。

其实，早在1945年4月12日罗斯福总统逝世之后，中国在同美国、英国和苏联关系上所遭到的困难日益增加。

4月18日下午，杜鲁门收到了国务卿贝尔纳斯送来的一份备忘录，内容是美国驻中国大使赫尔利的两份电报。

我现在呈上赫尔利大使的两份电报，一份发自德黑兰，一份发自莫斯科。他报告了他同丘吉尔和艾登，以及同斯大林和莫洛托夫的谈话。他遵照罗斯福总统给他的训令同英国和苏联政府首脑讨论我国的对华政策。

丘吉尔和艾登同意支持美国为统一中国境内的一切抗日部队和建

立自由独立的中国政府所作的努力。但是，丘吉尔把美国对中国的长远政策污辱为“伟大的美国幻想”，他不赞成美国为了稳定它自己在中国的军事地位而从缅甸和印度撤出物资。在提到香港时，他宣称英帝国不准备放弃任何东西，而且认为英国不受《大西洋宪章》条款的约束。

斯大林和莫洛托夫说，他们希望同中国的关系更亲近更和谐，他们不希望中国发生内战，而且，也不支持中国共产党。他们嘉许蒋介石，并且说，他们会支持美国关于统一中国武装部队和在中国建立一个自由统一的民主政府的政策。

4 月 26 日，杜鲁门在白宫又翻开了国务院关于中国的一份报告。报告扼要地叙述了截至当时为止，美国对华政策的基本方针。摘录如下：

我们对中国的主要目的是：有效地共同对日本作战；从长远观点来看，是建立一个强大的统一的中国作为远东所必需的主要稳定因素。

政治方面

为了击败日本这一当前目标以及为了和平与安全的长远目标，我们力求促进一个具有广泛代表性的中国政府的成立，这个政府将导致国内统一，包括协调国共之间的分歧，并且有效地履行它的国内和国际义务。

我们一方面不偏袒任何政治派系，一方面继续支持现在的以蒋介石为首的国民政府，认为它仍然是得到普遍承认的中央政权，仍然是统一和避免中国抗战工作陷于混乱的最大希望。然而，考虑到我们的长远目标并准备现政府的权威万一崩溃，我们还力求做到保持一定程度的灵活性，以便能同任何较有可能实现统一和促进东亚和平与安全的中国其他领导合作。同时，我们帮助中国作为一个国家在各大国之间取得公认的平等地位。

我们力求苏联、英国的合作，认为这是成功地实现这些政策的必要条件。为了这一目的，我们致力于促进中苏和中英之间的友好和互相信任的关系。对于特殊的领土问题和其他问题，我们欢迎并在适宜于这样做的时候协助取得友好的妥善安排，例如：给予苏联通过满洲进行的贸易以便利，可能时由中国指定一个自由港；香港归还中国，并由中国宣布香港为永久自由港；调整中国对边远领土如西藏和外蒙古的要求，以照顾苏联和英国的有关利益以及这些领土上人民要求地方自治的愿望。

为了进一步奠定和平与稳定的基础，我们赞成中国同朝鲜、缅甸、泰国、印度支那及其他邻近地区建立密切和友好的关系，而不由中国称霸这些地区。

经济方面

我们的短期政策是，致力于加强中国作战的经济基础，办法是：扩大通往中国的供应路线和服务工作；尽运输设备的最大限度按租借法案供应物资；中美两国联合采取措施加强中国的战时生产，增加中国消费品的供应，改进国内运输系统，制止严重的通货膨胀。

我们的长远政策着重于完整和均衡的中国经济的发展，以及中国与其他国家间充分的贸易交流。为了这些目的，我们力求在机会均等、尊重国家主权和自由贸易政策的基础上，中国、美国、英国、苏联和其他爱好和平国家间进行充分的经济合作。我们希望，在中国这方面，将制定合理的政策，鼓励合法的贸易和企业从而促进这种对中国的农业和经济发展是非常必要的合作。

估计到中国政府可能采取的政策并估计到那些影响美国同中国进行的以及美国在中国进行贸易的实际情况，我们自己这方面准备给予中国一切切实可行的经济、财政和技术的援助，以满足中国发展完整和均衡的经济的需要。我们准备采取一切切实可行的措施促进中美之间的互利的贸易，并立即与中国进行谈判，订立一项广泛的、现代的通商条约。

军事方面

到目前为止，我们对中国的既定军事政策仅限于这样的当前目标：通过对中国的直接军事援助，促进中美之间的军事合作，协助动员中国的全部人力和物力，以便有效地联合对日作战。我们一方面如上面所说的力求加强中国进行战争的政治和经济基础，一方面着手改组、训练和装备一部分中国国民党军队，使其成为一支强大的打击力量，能够在驱逐日本人的战斗中发挥重要作用。我们也致力于把共产党军队同国民政府军队溶合起来，实现极其必要的中国军事上的统一。

我们的长远政治目标既然是使中国成为一个强大的国家并能有助于和平与安全，从这一观点出发，我们在战后理所当然地要帮助中国发展现代的、有效的军事组织。然而，鉴于目前中国不稳定的政治局势和内战的可能性，以及与苏俄的复杂关系，我们不准备向现在的中国政府承担给予这种援助的义务，除非我们已经确信这个政府在实现统一和取得中国人民的积极的支持方面有了进展。

毫无疑问，美国国务院的这个备忘录，其实就是杜鲁门政府1945年的对华政策。

但是，到了战争胜利的时候，当中国战区的最高统帅蒋介石要求把香港列入他作为中国战区司令官的投降地区的时候，杜鲁门并没有像这份备忘录中所说的那样，将“香港归还中国，并由中国宣布香港为永久自由港”而给予积极支持，更谈不上干预了。

就在蒋介石向杜鲁门提出香港受降问题的同时，英国首相艾德礼就香港投降问题也致电杜鲁门说，英国曾通知美国参谋长联席会议和中国政府，有一支英国海军部队正在向香港进发，任务是从日本占领下接管香港，协助被日本抓去的殖民地俘虏和被拘禁的人们，并恢复英国的统治。艾德礼强调指出：“在这个地方的日本指挥官，可能会把香港包括在‘中国境内’，因此我要求您指示盟国最高统帅麦克阿瑟将军命令日本最高统帅官保证驻英国殖民地香港的日本地方司令官，应在英国海军部队的司令官到达香港后，向他们投降。”

面对中国和英国领导人的要求，杜鲁门这时立即转变了嘴脸。他为自己找到的理由是：“罗斯福总统并没有作出什么诺言，但是他却暗示过，他不愿妨碍中国人战后为争取收回香港而与英国人进行的谈判。这是和我们鼓励中国取消治外法权和外国租界的总的政策是一致的。但是我们认为这个问题须经过公开讨论，因此我们依然遵守我们承认既定权利的原则，指示麦克阿瑟将军部署香港向英国司令官投降的事宜。国务卿贝尔纳斯把这个情况通知了宋子文，并向他声明，这样做决不等于表示美国对香港未来地位的看法。”

对杜鲁门的部署，蒋介石理所当然地不愿意接受。在这个关键的时刻，他没有以中国政府的名义，却以个人的名义，给杜鲁门写了一封信。信中说：

亲爱的总统先生：

8月20日，我接到驻重庆英国大使阁下的如下备忘录：

“英王陛下大使馆获悉在华盛顿的美国国务卿已将英国海军部队准备接收香港的行动通知宋子文博士。大使馆奉命通知中华民国主席阁下，为了通过香港地区对在毗邻地带与敌作战或执行日军投降的中美两国武装部队进行支援，与中国最高统帅部就有关的作战事宜取得充分的军事协调，英国有关军事当局已接获相应的指令。”

在递交备忘录时，英国大使通知外交部次长吴国桢博士说您曾致电艾德礼首相，说明美国并不反对由一支英国海军部队去接收香港。英国大使还说您同意英国在香港“各地区”接受日本武装部队的投降。我们却没有从宋子文博士或您，总统先生，听到任何承认或拒绝英国的要求的话。如果您没有向英国发出这样的电报，我要强烈地提出忠告，不要对《波茨坦公告》和盟国最高统帅所发布的投降条款作任何片面的改变，现在改变投降命令会制造不良的先例，会在香港以外的一些地方带来更为严重的后果。英国应该遵照总命令，撤回要在香港登陆的部队，打消在这一地区接受日本投降的企图。

如果正如英国大使所宣称的，您已致电艾德礼首相，为了不使您为难，我提出如下的建议：日本在香港的部队应向我的代表投降，在投降仪式上，将邀请美国和英国的代表参加。在投降后，由我授权英国部队登陆并重行占领香港。英国不得利用任何借口，命令部队在中国大陆登陆，我作出上述让步是不得已的。我希望阁下能支持这种立场，并在我和英皇陛下政府作出明确的安排以前，能得到您的答复。

蒋介石的这封信真够给杜鲁门面子的了，不惜承诺在日本投降后“由我授权英国部队登陆并重行占领香港”这样的损害国家主权的言辞，希望能够打动并赢得美国人的支持。杜鲁门能否被中国领导人的妥协给予同情呢？

美国总统的答复自然也采用了个人函件的形式，首先把他就香港问题给艾德礼的电报全文逐句抄上，然后写道：

我原以为宋子文院长会把我在致首相的电报中所表示的意见通知您。

关于日本人在香港投降的问题，在我看来，主要是一个军事行动性质的问题。关于英国在该地区的主权并没有发生什么问题，据我了解，您并不想提出这个问题。由于考虑到这些，我才向艾德礼首相发出上述电报。日本军队在实际可行的地区，向当地行使主权的国家当局投降，似乎是合理的。在香港，英国和您在行动上取得军事合作，在我看来，是完全可行的，这种协调将使日本在香港向英国军事当局投降成为可能。

亲爱的委员长，我衷心地希望您能够用和我同样的观点来看这件事，并根据多年来我们两国政府与人民之间关系上所特别具有的合作和谅解的精神，澄清局势，同意我的劝告，与英国人取得军事协调。以便给予麦克阿瑟将军相应的命令，叫他部署香港日军向英国司令官投降的事宜。

我完全能体会您写信给我提出建议的动机，但是我相信，在把一切因素都加以考虑到之后，我所建议的程序可以提供合理的解决办法。

对于杜鲁门的回答，蒋介石仍然不愿意在主要问题上让步，继续希望由他的代表把香港当作中国的一部分加以接收。但是杜鲁门深知蒋介石“如果没有我们的支持，他自己的军队就无法到达香港，正像没有我们的支持，他的军队就不能到达华北和满洲一样”。正是抓住了蒋介石的软肋，杜鲁门才始终如一的对中国政府对蒋介石采取了强硬的外交战术。

8 月 23 日，蒋介石复电杜鲁门，说：“亲爱的总统先生，赫尔利大使已将您就香港受降问题的电报转交给我。在中英两国之间有关香港行动事宜的军事协调，遵照您的嘱咐和建议，我已通知英国作为这个地区的最高统帅，我同意授权英国司令官接受在香港的日本部队的投降。我还指派一个中国和一个美国官员去参加那里的受降仪式，并请英国事先与我的参谋长魏德迈将军和中国军事司令部在行动方面取得必要的军事协调。总统先生，对我来说，作出这些让步是很困难的，但是由于以各种可能的方式和您的合作是我的衷心愿望，因而我终于这样做了。”

杜鲁门对蒋介石的让步感到十分欣慰，并致电蒋介石说：“在关于香港日军向英国司令官投降问题，您采取了审慎的措施，您的措施已解决了一个僵局。请接受我对您这一行动的谢忱。”

但事情并没有就此结束。8 月 27 日晨，赫尔利大使给杜鲁门发来一份很长的电报，报告困难根本没有解决。这天下午，蒋介石也给杜鲁门发了电报：

亲爱的总统先生，由于我衷心地愿意与您合作，因而我在8月23日通知您，我已通知英国，作为这个战区的最高统帅，我同意授权英国司令官接受香港日军的投降……

今天英国政府通过它驻重庆的大使转来如下的口头通知：英皇陛下政府迫切地希望取得一个双方满意的安排。他们并不怀疑委员长会了解大不列颠决心于日本战败以后在香港恢复战前的统治。因此他们必须遗憾地指出，他们不能接受委员长关于英国部队军官应作为委员长的代表在英国的属地上接受投降的建议。他们欢迎中国代表，也同样欢迎美国的代表。受降将由英国军官来执行，他将根据“总命令第一号”的授权来实现这一目的。委员长所指派的中国和美国官员将以中国战区最高统帅代表的资格参加。预料届时还要签订投降书，他们得以证人资格签字。

英国大使还向我报告说，英国政府已指派海军少将C. H. J. 哈克特作为总司令，接受香港日军的投降。

我告诉英国大使，我不能同意英国政府在这一问题上所采取的立场。英国愿意恢复香港的原状始终没有受到影响，因为从一开始我就向他们保证中国政府无意派遣中国军队占领香港。按照“总命令第一号”，香港并不包括在英国人受降区内。香港明确地划在中国战区内。作为这个战区的最高统帅，我有履行和遵守与盟国签订的协议的义务。我作出让步，授权英国司令官在该地接受投降，纯粹是出于我的维持与盟国的友好关系的愿望。而在我作出这个让步时，曾得到您的赞同和认可。超出这种让步的限度，对我来说，既不符合与盟国签订的协议的精神，也与我作为这个战区最高统帅的职责不符合。

我还通知英国大使，既然英国政府已任命哈克特海军少将接受香港日军的投降，从今天起我便授权给他。

总统先生，正如美国人民和您在国际关系上，始终表示严格遵守公正原则和协议一样，我深信在这一事件上，您会支持我，而训令麦克阿瑟将军对哈克特海军少将发出必要的指示。

在写给杜鲁门的报告中，赫尔利详细叙述了他和蒋介石会谈的情况，把蒋介石的烦恼描写得极其生动。

在重庆，蒋介石告诉赫尔利："我从英国方面接到的每一通知，都带着武力威胁，这还不仅仅限于香港和九龙，而且还牵连到中国其他地区。我认为英国的态度是帝国主义式的，表现飞扬跋扈，与联合国家的资格不相称的……"

蒋介石实在是太天真了。

杜鲁门会支持蒋介石吗？

我们可以在这位美国总统的回忆录里找到答案。杜鲁门轻描淡写地说："对于我们两个盟国之间的摩擦，我虽然感到遗憾，但是我似乎又无法加以解决。英国海军部队已经出发前赴香港，哈克特海军少将终于在9月16日在香港接受日军投降。在投降仪式上，根本没有提到委员长，但是蒋介石的总司令部，却把香港列为由他受降的几个地区。在这一问题上，我没有采取进一步的措施。"实际上，蒋介石政府后来在中国战区划分的15个受降区中，并没有包括香港。

斗争是斗争的武器。一味的迁就和退让，往往留给自己的就是屈辱。与斯大林故意向杜鲁门索要北海道占领权的要求相比，蒋介石既没有主动地伸张在朝鲜的托管权利，又在香港受降问题上跌了跟头，留下了无尽的遗憾和无法言说的屈辱。

——"弱国无外交"。

——格言不仅仅是格言。

第二次世界大战是世界性的反法西斯战争，对中国来说主要是抗日战争。中国作为同盟国的四大国之一，战争的胜利并没有给中国带来民主、和平的曙光。甚至可以说，在与四大国之间的同盟关系中，中国与其他三个国家的关系都是不平等的，受到严重歧视的。更不要说中国为战争所付出的代价和牺牲，他们根本就没有当一回事儿。没有铭记，哪里来的遗忘呢？

就像丘吉尔和斯大林一直反对中国作为一个"大国"加入同盟国

一样，1945 年的中国在他们政治博弈的谈判桌上只不过是一张牌而已。

的确，在太平洋战争之初，日军成功地占领了香港、新加坡、马来西亚、缅甸以及东南亚其他地区之后，把中国从外部世界隔离开来。有两年时间，仅存的供应线就是飞跃喜马拉雅山的“驼峰航线”，或从苏联经新疆的西北陆路。那个时候，就全球军事形势而言，这种隔离使中国不那么重要了。似乎，太平洋上的任何一个小岛上的战斗，都要比中国小规模的战役更具决定意义。正因此，从太平洋战争一开始，在西方人的眼里就形成了这样一种看法：中国的命运在很大程度上操纵在英美联盟手里。一位英国官员评论说：“中国人将回去坐着，而让美国和我们去打日本”。他甚至接着说，“即便如此，中国还将声称在打败敌人的过程中它曾扮演主要角色，并在战后和平磋商中坚持其发言权”。

按照英国人的说法，中国在军事作用下降的情况下，却仍保持着主要强国的地位，这是一种反常的现象。但是英国人忘了，中国远征军在缅甸与日军殊死作战而赢得的胜利，尤其是在仁安羌战役中营救 500 多名美籍传教士、新闻记者和 7000 多名英军的历史。不可否认的是，积贫积弱的中国在毫无准备的情况下，长期独立对抗日本的侵略，并起到了牵制日本的战略作用。

1943 年 3 月，罗斯福在会见英国外交大臣安东尼·艾登时，坚持“在解决世界问题时，需要把中国和其他世界强国联合在一起”。丘吉尔立即反驳，“说中国是一个与英、美或苏联平等的世界强国是非常错误的”。但罗斯福坚信：中国迟早会发展成一个现代的工业化的军事强国，与 19 世纪中叶以后日本的成长相匹敌。日本已经开始成为国际社会中可信赖的一员，后来背离了。这种情况决不能在中国重演。与中国保持合作的最好保证就是开始让中国更充分地与其他强国联系起来，使它不至于自行其是。尽管罗斯福的这种想法给英国首相的印象是美国的浪漫主义，但英国当局还是和美国一道在 1943 年同中国国民政府签署了新约，正式废除了在中国的治外法权，随后又成功地召开了莫斯科外长会议，美、英、苏、中四国外长签署了一份保证战后继续合作的宣言，接着又召开了开罗会议。

开罗会议后，尤其是当罗斯福听取史迪威将军的政治顾问、美国驻重庆使馆的二等秘书戴维斯的汇报，以及进入延安访问中共、毛泽东的“迪克西使团”（美军观察组）成员谢伟思等人的情况报告之后，罗斯福对与蒋介石的合作开始犹豫了。而且，1944 年，日本对国民党政府控制区的“一号攻势”是一次卓越的成功。相反，中国共产党在华北却扩大了自己的地盘。中国共产党在中国同其他强国在战时或战后的合作中作为一个要素成为可能。因此，无论是选择国民党蒋介石作为支持的对象，还是施加压力使之与其他党派合作，这两种选择都包含着导致美国和其他国家卷入中国国内政治，甚至导致中国内战的风险。最终，在这年 7 月，罗斯福不得不采取了戏剧性的方案——他请求蒋介石任命史迪威将军作为中国军队的司令官，希望由美国人统一的指挥将为建立一个包括共产党和其他党派在内的联合政府铺平道路，而联合政府又将保证中国在战后作为一个名副其实的伙伴出现在国际舞台上。

因为史迪威计划受到中国共产党的支持，蒋介石断然拒绝了罗斯福的请求。由于蒋介石不想实行国内政治改革和分配自己的权力，罗斯福不得不退让，在年底召回史迪威，由魏德迈将军接替。这标志着一个时代的结束。美国芝加哥大学历史系教授江昭在《日本的入侵与中国的国际地位》一文中说：“史迪威插曲后，美国新闻界开始反复评论这样一个主题，中国不会团结战斗而宁愿打内战。这种发展的必然后果是第三个主题的出现：美国赋予中国的不仅在战时，而且在胜利后作为伙伴的重要性降低了。这一点恰与丘吉尔首相的看法相吻合，他认为美国被中国作为一个强国的幻觉迷惑了。”丘吉尔早在 1944 年 8 月就轻蔑地认为，“把中国作为世界四强之一是一场绝对的滑稽剧”。

到了1944年至1945年间，美国承认“四强合作”正蜕变成“三强联盟”。在雅尔塔会议上，斯大林既不相信中国共产党能够成功，也不支持中国成立联合政府，他感兴趣的只是他在中国东北获得的权益。唯一表明“三巨头”愿意视中国为主要合作伙伴的，是他们依然保证中国作为将建立的新联合国组织的安理会常任理事国，但是他们同时又增设法国为常任理事国。在会后，“三巨头”发表了一个关于解放欧洲的宣言，对亚洲对中国则只字不提。“三巨头”对一个没有统一的中国的未来发展，没有做出任何声明和建议。

但在对待战后日本的问题上，美国政府与对待德国投降时完全不同，他们一致认为，战败的日本应被剥夺它的战争机器，并彻底受到控制，使它不至于对和平再次产生威胁，但同时也应鼓励重建的日本作为开放的国际社会的一员，发展它同其他国家的和平商业交往。这就意味着日本再次被纳入国际主义秩序，并在将来某时作为国际社会中一个尽责的成员出现。如今，在21世纪的今天，日本右翼和军国主义的抬头，是否能在这里找到美国人在背后支持的影子呢？说到底，丘吉尔当年阴谋在欧洲实现“倒转联盟”拯救德国的计划，现在由杜鲁门及后来“冷战”时代的历届美国领导者，在亚洲实现了拯救日本的计划，从而使得日本成为美国实施远东和太平洋战略的帮凶和傀儡。

二战胜利了，中国到底获得了什么呢？

与苏联签订了《中苏友好同盟条约》，被迫承认外蒙古独立，可谓丧权辱国；与英国，就香港受降的权限也被剥夺，更谈不上恢复主权；与美国，因为自赫尔利到马歇尔一系列的调停失败，导致一场硝烟弥漫的内战不可避免的上演，而“麦卡锡主义”的盛行更让“丢失了中国”的问题在华盛顿刮起了反华反共的风暴，包括史迪威将军和戴维斯、谢伟思、埃德加·斯诺等外交官和新闻记者在内的一大批“中国通”受到政治迫害……

中国和美国、苏联、英国同盟协力，一起战胜了日本，因而也拯救了人类。这不是一句大而无当的空话，这是事实，这里包含了中国人民和中国军队数不胜数的巨大的牺牲奉献和具体行动。令人遗憾的是，在西方至今依然还有人非但不能正确评价中国人民在反法西斯战争中的历史功绩，甚至失去了对中国人民的感激之心。

在本章的结尾，我还要举出一个非常重要的例子，来说明中国人民在二战中作出的伟大牺牲。这种牺牲仅仅用“苦难”二字都难以形容和表达。

1981 年秋天，美国芝加哥出版的一份杂志上刊登了一篇题为《一段不为人知的历史》的文章。这篇文章第一次向世界公开报道说，日本 731 部队长官石井四郎在第二次世界大战后将研究细菌武器的资料交给了美国驻日占领军，以此换取将他隐藏起来，使其不被追究战犯责任。为了证明这一点，文章的作者约翰·保罗还引用了他在美国国家官方文献档案馆中发现的文件：

这篇正式电报的文稿片断是我不久前在官方文献档案馆中发现的。请看，这份电报是参谋长联席会议 1947 年 3 月 21 日由华盛顿发给美国驻日占领军最高统帅麦克阿瑟的。华盛顿在这份电报中询问，是否应该将“731 部队”的长官交给苏联。请读者们自己读读这份回电吧：

“……2. 根据预审情况，如果发现有不该让苏联知道的重要情报，要指示菊地和太田不能向苏方泄露；3. 指示日本方面的细菌战专家（石井、菊地、太田等）在苏联进行调查之前，不得向苏方透露美方曾经对他们进行过预审；如此一来，所有重要的情报都将由美国垄断了。

“……C. ‘731 部队’的细菌资料的价值对保障美国的国家安全至为重要，其价值远远超过将石井等追究为战犯所产生的价值。

“D. 从保障美国国家安全的角度来看，在审判战犯的过程中泄露这些情报并让其为外国所知晓，是极不明智的。

“E. 从日方获得的细菌战情报应限制在只为情报系统掌握，对从石井等人那取得的细菌战情报不宜被作为追究战争罪犯的证据来使用……”

约翰·保罗查到的美国驻日占领军司令部的这些文件确凿无疑地证实了：731 部队的长官们没有被追究战争罪责，同时，文件也清晰地表明了美国人是怎样来运作这件事的。

有学者指出：在 20 世纪，地球上的一切生命都面临着可能被毁灭的两个灾难。第一个是原子灾难，它将在大规模地使用原子弹之后紧随而至。美国以轰炸广岛和长崎开启了使用原子“启示录”的时代。第二个灾难就是细菌武器（生物战争）。

关于 731 部队，关于细菌战，我不可能是第一个揭露这个秘密的人。25 年前，我还是一名新兵，在一个寒风凛冽小雪飘飘的夜晚，坐在太行山下新兵连的操场上看了一部名叫《黑太阳 731》的电影，从此记住了日本 731 部队，仿佛做了一场噩梦。是的，有关 731 部队的秘密已经被很多人写过、说过，但还是被遗忘了，如此轻率地就被忘却了。我只是想提醒一下，我们曾经（至今仍然）离死亡如何之近，谁是罪魁祸首？罪魁祸首为什么逃避了战争罪责的惩罚？

1933 年，在距哈尔滨 20 公里远的地方，日本人在那里修建了一个基地，对外称作“关东军防疫给水总部”。从外面看起来，一切都很正常：供应给部队的用水应该经过检验、消毒、过滤等。但令人惊讶的是，日本人为这个普通的给水站不仅修建了电站、铁路支线、中心教学楼，还修建了能关押 80－100 人的监狱、许多巨型及微型的实验室、马匹训练场、授课大厅、体育馆，还有一个机场，甚至还有神社，这一系列的生活设施可供 3000 人居住。而这个巨大军事设施的四周挖有壕沟，并用接着高压电的带刺的铁丝网围了起来。

日本战败后，人们才知道这支部队名叫 731 部队，专门从事制造和收集生物细菌武器。日本在平房车站附近建造这座规模宏大的军事城，是从1941年开始的，1942年建成后立即配置了这支部队。日军细菌部队的发明者和创始人是石井四郎中将，毕业于京都帝大医学院。除了731部队之外，负有研究、实验和制造供细菌战使用的武器的特殊任务的部队，还有设在长春以南十公里孟家屯的第100部队。这支部队原来是“关东军马匹防疫部”，它与731部队以活人做试验不同，其主要任务是“负责进行阴谋破坏活动，即以病菌沾染牲畜、牧场、蓄水池和河川”。

关于731部队生产细菌的能力，日本人秋山浩的著作《731细菌部队》编辑竹村一先生在该书《编后记》中有过详细的记录，即：“在每个为期数日的生产周期内，最低限度能保证生产3万万亿个微生物，说是3万万亿细菌，我认为实际上已经达到不计其数的程度。”就连731部队本身似乎也无法计算这样庞大的数字，因此以公斤为单位来计算细菌的产量。该部队制造部长、医学博士川岛清军医少将曾作如下的供述：“按现有的生产设备及它的生产能力来说，该生产部每月能培制出300公斤的鼠疫菌。”另外，他们饲养的老鼠达到10万只。

关于用活人进行细菌实验的情况，更是令人发指。731部队把被实验的活人称为“木头”（“玛路塔”）。供做实验的活人，由驻哈尔滨的日本宪兵部队和日本特务机关掌握。被“杀害”的“木头”，据战后军事法庭审判记录所载，每年有五六百名，估计自1940年至1945年间，仅驻扎平房的731部队杀害的人数不下3000名。

在哈巴罗夫斯克的法庭上，被捕的日本关东军司令山田乙三将军供认说：“苏联对日宣战以及苏军以迅雷不及掩耳之势推进到满洲里腹部，使我们失去了使用细菌武器对付苏联和其他国家的机会。”一名731部队的成员供认说：“731部队中已储备了足够多的用于细菌战的细菌弹，如果这些细菌得以散播，其数量足以毁灭整个人类。”

但是，细菌战的主要策划者、生产大量致命性细菌弹和残忍进行活人试验的组织者石井四郎和他的助手们，在第二次世界大战结束后却成功地隐藏起来——犯有反人类罪行的他们本该坐在国际军事法庭战犯被告席上，接受法律的审判。然而，他们却用成千上万无辜的中国人民生命换取的试验数据，与美国军方和政府进行肮脏的交易，换取保护伞，从而逃脱了法律的制裁。美国驻日本占领军总司令部窝藏了这些企图策动细菌战的杀人犯，尽管他们很清楚，美国战俘也曾被日本人当作过“试验物品”。

同样，在苏联军事法庭对有关 731 部队的日本战犯所作的判决如下：

山田乙三大将　关东军司令官　25 年（判决刑期，下同）
梶塚隆二中将　关东军军医部部长　25 年
川岛清少将军医　第 731 部队制造部部长　25 年
西俊英中佐军医　第 731 部队训练部部长　18 年
柄泽十三夫少佐军医　第 731 部队制造科科长　20 年
尾上正男少佐军医　第 731 部队驻海林支队队长　12 年
佐藤俊二少将军医　关东军第五军军医部长　20 年
高桥隆笃中将兽医　关东军兽医部部长　25 年
平樱今作中尉兽医　第 100 部队研究员　10 年
三友一男中士　第 100 部队工作员　15 年
菊地则光上等兵　第 731 部队卫生兵　2 年
久留岛祐司（军衔不明）第 731 部队卫生兵　3 年

《731 细菌部队》编辑竹村一先生在列举这些名单之后，不禁发出了这样的慨叹：“这些在人道上犯下难以宽恕的细菌战犯们，竟无一人被判死刑。”这是为什么呢？人们对此有着两种猜测：一种是这 12 名被告深刻醒悟了自己的罪行，并在法庭上坦白了有关细菌战和用活人进行试验的秘密；另一种是苏军当局为了彻底查明细菌战的准备和实行情况，以保全12人的生命为条件，而使他们全部坦白出来。最后，竹村一这么写道：“从心里希望他们是出于第一种说法，是由于对自己的滔天罪行有所忏悔而说出来的，这恐怕不是我一个人的希望吧！”

一个日本作家尚且希望日本战犯为自己犯下的战争罪行进行忏悔，那些出于不可告人的秘密，搞肮脏交易、为战争罪犯掩盖罪行的政府和政治家们，为什么不忏悔呢？

并非尾声

“冷战”：不是战争没有发生，而是战争的样式发生了改变

炮声停息了，战争已经过去。

杜鲁门是一个“摘桃子的人”。他多么幸运。他在回忆录里说：“我在怀念罗斯福总统，他没有能活着看到这一天。当 1941 年 12 月战争强加在我们头上的时候，他曾向全国发出了誓言。要是他活着，他是会为誓言的实现而高兴的。我打电话给罗斯福夫人。我告诉她在这个胜利的时刻，我希望把这个消息带给我国人民的，不是我，而是罗斯福总统。”

1945 年 9 月 2 日，日本无条件投降签字仪式在“密苏里号”舰刚刚举行完毕，东京湾的广播员就把广播器接到了白宫。这个时刻，作为美国总统，杜鲁门终于等来了就职半年来最为风光的时刻。他要借这个机会向美国人民报告他的成绩，向美国也向世界发表讲话，宣传美国人所谓的自由、平等的价值观。他说：

> 我的美国同胞们，今天晚上，整个美国——实际上是整个文明世界——的思想和希望都集中在“密苏里号”战舰上。在停泊于东京港的这一战舰上——在美国的这一小块土地上，日本人刚才正式放下了他们的武器。他们签署了无条件投降书。

四年前，整个文明世界的思想和恐惧心情都集中在美国的另一块土地上——集中在珍珠港。在这个地方开始产生的对文明的巨大威胁，现在消失了。从珍珠港到东京是一段漫长的道路——也是一段血腥的道路。

我们将不会忘记珍珠港。

日本军国主义者将不会忘记美国的“密苏里号”战舰。

日本军阀所造成的祸害是无法补偿的，也是决不会令人忘记的。但是他们进行破坏和杀人的本领被剥夺了。他们的军队和他们残存的海军，现在已经不起作用了。

……

给予我们武装力量和使我们的战士在战斗中勇往无前的是自由精神。现在我们知道，这种自由精神，个人的自由，个人的尊严，是世界上最强大、最坚韧和能持久的力量。

因此，在这个“战胜日本日”（VJ—Day），我们对我们的生活方式具有新的信心和自豪感。我们有过对这一胜利感到欢乐的日子。我们有过祈祷和奉献我们自己的日子。让我们现在确定“战胜日本日”作为对那样一些原则的新的献礼，这些原则使我们成为世界上最强大的国家——在这场战争中我们是那么竭尽一切力量来加以捍卫的国家。

这些原则给予我们能够帮助人们改善自己的处境和命运的信心、希望和机会。自由不能使一切人都完美无缺，也不能使一切社会获得安全。但是它比历史上任何其他政治哲学都为更多的人提供更牢靠的进步、幸福和体面。这一天再一次表明，它还提供了人类所曾经有过的最巨大的力量和威势。

我们知道，生活在自由之下，我们能够应付降临到我们头上的关于和平的困难问题。自由的人民同自由的盟国一道，他们既然能够制造出一颗原子弹，就能够使用同样的技术、能力和决心，来克服前面的一切困难。

胜利带来欢乐，也总是带来负担和责任。

但是我们对未来和未来的危险是具有巨大信心和巨大希望的。美国能够为自己建立起一个获致就业和有所保障的未来。它同联合国一道，能够建立一个奠基于正义、公平交易和宽容基础上的和平世界。

我作为美国的总统，谨宣布1946年9月2日星期天为“战胜日本日”——日本正式投降的日子。这还不是正式宣告战争结束或敌对行动停止的日子。但是我们美国人将把它作为一个最后审判日来永远记住这个日子——正如我们将永远记住另外一个日子，那个丑恶的日子。

从这一天起，我们开始向前迈进。我们走向在国内获得保障的新世纪。同联合国其他国家一道，我们走向一个新的更加美好的和平、国际亲善和合作的世界。

……

穿越时空，说句老实话，无论哪一位美国总统，他们的演说总是那么动听入耳，总是那么“高大上”，仿佛只有他的手里握着人类文明之门的钥匙，或者说他们总是把自己打扮成世界的救世主。杜鲁门的这次讲话，也不例外。

此前的8月9日，当第二颗原子弹扔在日本长崎的时候，杜鲁门向美国人民作了关于波茨坦会议的报告。在谈到保加利亚和罗马尼亚的时候，美国总统全然背弃了他所了解和确认的一切事实，他说：“这些国家不能成为任何一个强国的势力范围。”美国坚持要求这两个国家的政府必须改组，把矛头直指苏联。英国首相克莱门特·艾德礼立刻帮腔，他告诉英国议会说，就巴尔干国家而论，“他有希望期待出现通过自由选举选出的民主政府……”

翻手为云，覆手为雨，在波茨坦达成的正式的和非正式的谅解，还没有过一个星期就都被推翻了。

杜鲁门："摘桃子的人"与罗斯福分道扬镳

8月17日，日本刚刚宣布投降三天，杜鲁门就声称他将要求国会批准一个关于所有美国健康的青年都要接受普遍军训的计划。他在几天以后解释说："如果我们要在别的国家中间保持领导地位，我们在军事上必须要继续保持强大。"杜鲁门的话听起来毫无疑问地给人们传递了这样一个信息——波茨坦会议好像并没有达成保证一代人和平的可靠协议。

但是，随着欧洲希特勒法西斯主义和亚洲日本军国主义的相继失败，到了1945年8月的这个时候，大多数美国人开始坚决反对国际主义的对外政策。过去热心参军的士兵们忙不迭地想尽快离开军队，过去志愿超期服役的人现在都要求早日退役回家。日本投降后还不到一个月，美国陆军中每天复员的人数已经从4200人增加到15200人。美国士兵正以每小时超过650人的速度恢复普通百姓的生活。美国国会了解大多数美国人的意愿，断然否决了杜鲁门提出的普遍军训要求，使他在对卷入国外事务抱怀疑态度的全国人民心目中成了一个国际主义者。于是，杜鲁门不得不在一次宣布为奖励战争时期忠诚服务政府的联邦公务人员放假两天的记者招待会上，同时宣布每月征兵名额从8万名立即缩减为5万名。后来，他又宣布到1946年1月，每天的复员人数将在2.5万人以上。事实上正是如此，战争结束以来，陆军复员了475万名男女军职人员，350万海军中已有125万人回家恢复平民生活，而总数为46万人的海军陆战队已复员18.3万人，在18万海岸警卫队中就有7.4万人复员。

当大批大批的美国士兵回家时，杜鲁门和他的僚属却使美国更加肯定地纠缠于国际问题之中。杜鲁门在回忆录中说："对战争的忧虑使人们产生一些天真的想法。以为战争一旦结束，和平与友好立即就会来临，而且不需要费多大力气。对世界各地的人们来说，有这种想法原是很自然的事。然而维护和平是一项艰巨的事业，需要经常保持警惕和努力，防止利益矛盾的双方不致破坏和平。在大战期间，同盟国间的许多分歧都被放在次要地位，但是现在，共同的敌人被击败了，有关和平的各种问题把这些分歧都推到桌面上来了。我们早已发觉，俄国人是多么难对付，然而在战后的头几个月中，这种情况就更进一步显露出来了。”

事情是不是真的像杜鲁门所说的那样呢？

这年9月11日，按照波茨坦会议达成的协议，外交部长理事会议第一次会议在伦敦召开——该理事会是“三巨头”为战后的和约谈判而成立的机构，其首项任务就是起草各个次要轴心国的和约，如保加利亚、芬兰、匈牙利、意大利和罗马尼亚。苏联人为外交部长理事会做好了准备，他们相信在雅尔塔和波茨坦表现出来的三大国合作精神会继续保持，相信与“伟大的同盟”中的伙伴的谈判，会使苏联在外交上有进一步的收获。但是，导致“伟大的同盟”最终破裂的那种紧张与纷争，其苗头早在波茨坦会议召开之前就已经出现了。当时，争议最大的问题就是保加利亚和罗马尼亚的亲苏政府是否予以外交承认。这年5月，斯大林曾专门向丘吉尔和杜鲁门进行游说，但是没有任何收获。在波茨坦会议上，他们就这个问题曾经讨价还价，最后英、美方面也只是通过咬文嚼字般地把它纳入次要轴心国加入联合国的一揽子问题予以考虑。然而，在波茨坦会议之后，苏联与英美之间产生了尖锐的分歧——8月8日，莫斯科承认了由彼特鲁·格罗查领导的罗马尼亚政府，但英美在回应中则明确表示要等到举行了自由选举之后再承认。

尽管如此，对于斯大林来说，在第二次世界大战结束之后，他预计“伟大的同盟”应该有伟大的未来，尤其是波茨坦会议的成功召开更是为这第一次外交部长理事会的首次会议带来的应该是福音。但斯大林不会想到的是，美国人和英国人并非像他想象的那么诚心诚意，或者说是诚信。对此，美国陆军部长史汀生会前在自己的日记中写道：“吉米·贝尔纳斯还没有出国。我和他很好地谈了一下……我发现贝尔纳斯很反对同俄国合作的任何尝试。他的脑子里对于即将召开的外长会议充满了重重疑虑。而且可以这么说，他指望他的口袋里带着原子弹，作为开好这次会议的强大武器……他还告诉我，他们在波茨坦碰到的关于斯大林的一系列可以说是背信弃义的行为；有鉴于此，他觉得我们不能信赖他们所作的任何诺言。”英国外交大臣欧内斯特·贝文带着他自己的一套挑起麻烦的技巧来参加会议。他告诉贾德干，他决心要同莫洛托夫“争个水落石出”。而苏联外交人民委员莫洛托夫也承认，外长们将不断斗争下去。

应该说，这次会议一开始的氛围还是非常友好的。最初引发争议的是，苏联在意大利与南斯拉夫有关迪里亚斯特（Trieste）地区的争端中支持了铁托政府。于是，美、英就拒绝了苏联提出的托管意大利前殖民地的黎波里塔利亚（利比亚西部）的要求。斯大林严令莫洛托夫要争取到托管权。莫洛托夫在9月15日召开的第一次全体会议上对此提出了热切的恳求，“迫切需要为自己的商船在地中海提供基地”，并承诺“并不打算在的黎波里塔利亚开始实行苏维埃体制”。更何况，在6月的旧金山会议上，美国人已经答应把意大利的殖民地分给他们一份，还需要谈判的只不过是些实际问题。但是，伦敦的外交部长理事会开始之后，美国人和英国人，都没有把的黎波里塔利亚或意大利的任何殖民地交给苏联的意思。在谈到保加利亚和罗马尼亚的时候，英国人和美国人甚至还要强硬。

对此，苏联人早有准备，他们决定采取两种策略。第一，提出一份“希腊政治局势”的备忘录。处于英国控制下的希腊正处于内战之中。第二，把与意大利签订和约问题与保加利亚、芬兰、匈牙利、罗马尼亚外交承认问题捆绑在一起。斯大林致电莫洛托夫说：“同盟国有可能撇开我们，单独与意大利签订和约。那怎么办呢？那我们就有先例可循了，就有机会轮到我们撇开同盟国跟自己的卫星国签订和约了。如果说这样一来就意味着现在这次外交部长理事会会议，在没有就重大议题形成决议的情况下就收场了，那对于这样的结果我们也不要害怕。”

9月22日，即会议开幕后的第11天，莫洛托夫向美国国务卿贝尔纳斯和英国外交大臣贝文转告了斯大林的决定——收回此前莫洛托夫同意中国和法国参与外交部长理事会所有讨论的决定，回到波茨坦会议确定的方案，主要进行三方会谈。苏联人觉得，在波茨坦成立的外交部长理事会主要是作为一个三方机构，中国和法国仅仅是在讨论跟其自身直接有关的议题时才可以加入。莫洛托夫本着合作的精神，同意让中国和法国参加所有的讨论，但中、法方面却在具体的谈判中始终站在美、英一边，这令斯大林极其恼火，认为莫洛托夫在谈判中过于退让，必须解决中、法两国参加外交部长理事会讨论的资格程序性问题。

莫洛托夫十分坦率地告诉美国人和英国人，这是斯大林作出的决定。为了打破僵局，贝尔纳斯和贝文就决定绕过莫洛托夫，直接向斯大林呼吁，并以杜鲁门和艾德礼的名义给莫斯科发了电报。但斯大林坚持认为，要按照波茨坦会议上有关外交部长理事会组织原则执行。他说：“我认为，如果我们允许外交部长理事会有片刻的权力取消柏林会议的决议，那就表示我们不赞成这些决议。”也就是说，如果美国人和英国人不愿意重返波茨坦会议确定的原则，外交部长理事会实际上就结束了。

是的，伦敦的外长们确实陷入了泥沼。“这种情形就好像波茨坦会议根本没有举行过，或者说，即使开过，也跟没有开过一个样。相反地，在它休会不久以后，一切令人腻烦的挑剔字眼的争论都变得极其重要了。妥协结果根本不成其为妥协，倒不如说是可作各种相反解释的精心构思的文字。”美国历史作家小查尔斯·米如是说，“在斯大林作出妥协的地方，杜鲁门装作俄国已经完全接受了美国的意见；在斯大林坚持不让的地方，杜鲁门装作俄国人已经很接近美国的立场。而斯大林的做法也是一样：在杜鲁门承认一个临时边界或是临时政府的地方，斯大林就装作美国已经完全同意苏联的意见。结果，妥协并不是达成协议的途径，而成了诱骗对方前进一步掉进圈套的手段。波茨坦会议上的许多争论重又表面化了，但是这一次有一个很大的不同：这一次，由于有了波茨坦协定，每一方只要通过稍为改变一下字义的细微差别就能证明另一方违反了一项协议，正在失去人们的信任，并且正在进行欺诈，阴谋破坏大家为之努力奋斗的一代人的和平。”

显然，美国人和英国人一起并联手中国人和法国人，在伦敦外交部长理事会上的讨论，让苏联人的自尊心感到了屈辱。因为，此时此刻，苏联人相信，作为一个大国，作为一个在第二次世界大战中的主要战胜国，其权利没有得到美国人和英国人应有的尊重，甚至从中作梗。这是一个国家尊严受到挑战的问题。关于这一点，可以在9月23日莫洛托夫和贝文的谈话记录中找到答案：

希特勒曾经把苏联看作一个劣等国家，看作只不过是一个地理上的概念。俄国人不这样看。他们认为自己跟其他任何人一样优秀。他们并不希望被视为劣等种族。他想要外交大臣记住，我们与苏联的关系基于平等原则。在他看来，情况似乎是这样的：发生了冲突。在战争期间，我们曾经有过争吵，但我们还是设法达成了和解，虽然苏联当时正在遭受巨大的损失。在那时，苏联是有人需要的。但是到了战争结束的时候，阁下的政府似乎改变了他们的态度。那时因为我们不再需要苏联了吗？如果是那样，很显然，这种政策非但不能使我们走到一起，还会使我们分道扬镳，结果造成很大的麻烦。

斯大林确实对美国的做法感到不满，尤其是苏联在远东对日作战作出的贡献更是没有得到美国的承认。“苏联政府作为主权国家是有自尊的，”斯大林在10月25日对美国大使哈里曼说，“麦克阿瑟作出的决定没有哪个会传达给它。事实上，苏联已经变成了美国在太平洋的卫星国。这种角色它是不可能接受的。它没有被当作一个盟友来对待。在远东或者其他任何地方，苏联都不会成为美国的卫星国。”

在伦敦，莫洛托夫打破了一切外交惯例，召开了一次记者招待会。他说：“你们和我都深深知道，并不是所有的人都喜欢现在的罗马尼亚或保加利亚的政府，可是我想今天没有任何一个政府是人人都喜欢的。”这些国家已计划在普选的基础上举行自由选举。可是有些国家例如希腊，还不能说是这样。

外交部长理事会谈判最终破裂了。10 月 2 日，在没有达成任何协议的情况下，会议结束了。对于会议的失败，莫洛托夫在公开场合说，会议虽然没有达成任何协议，但还是做了大量有益的工作。不错，在程序问题上是发生过争论，但是通过回到成立外交部长理事会的波茨坦会议，它可以得到解决。他回莫斯科后甚至致信贝文，感谢他在伦敦的热情接待。不过，在私下里，苏联人对此感到十分不安，认为在怀有敌意的英美报刊的煽动下，西方正在竭力破坏雅尔塔和波茨坦的决议。杜鲁门的民主党政府受到了严厉指责，因为它允许反动的共和党分子朝着反苏的方向影响其对外政策。英国的工党也被指责为维护英帝国利益方面比保守党还要保守。

后来，当英国财政大臣问外交大臣贝文会议进行得怎么样时，贝文回答说：“像罢工的领袖们所说的那样，感谢上帝，现在还没有达成协议的危险。”而美国国务卿贝尔纳斯则说“我们的态度使他们感到震惊”。这也难怪，因为正是贝尔纳斯自己曾经在波茨坦会议上建议一切事务可由美国和俄国两家来解决，“我们为把法国和中国留在外长会议里面所作的斗争受到了普遍赞扬，而我们为小国争取有权参与建立和平工作的斗争，博得了小国对我们的好评”。由此可见，苏联人对会议的不满是理所当然的。

11 月 14 日，斯大林在会见波兰共产党领导人瓦迪斯瓦夫·哥穆尔卡时，公开谈到了他对西方盟友的不满：

不要相信在英国人和美国人之间存在分歧。他们是紧紧地连在一起的。他们的情报人员在各个国家都在积极从事反对我们的活动……他们的特务在到处散布消息，说现在随时都会跟我们爆发战争。他们是在胡说。我完全可以肯定，决不会发生战争。他们没有能力对我们发动战争。他们的军队已经被和平鼓动解除了武装……决定过去这场战争的，不是原子弹，而是军队。他们的情报活动的目标就是这样的：首先，他们在试图恫吓我们，想要迫使我们在有关日本、巴尔干和赔偿这些有争议的问题上作出让步。其次，[他们想要] 把我们与我们的盟友——波兰、罗马尼亚、南斯拉夫和保加利亚——拆散开来……再过30年左右，他们是不是想再来一场战争，那时另外一回事。这会给他们带来很大的好处，尤其是美国。它在大洋的彼岸，对战争的后果毫不在乎。他们放过德国的做法就证明了这一点。放过侵略者的人就是想要另一场战争。

斯大林的这种战略判断应该是正确的。在第二次世界大战中，美国运用强权政治，不仅放过了德国，更为世界制造麻烦的是它同样更恶劣地控制并放过了日本。但在杜鲁门看来，他的政策并不是干涉主义者，或者说，他需要向反对干涉主义的美国人民不断地解释，并寻找一个能够使人们广为接受的理论根据。

10月27日，杜鲁门选择海军节这一天在纽约中央公园发表了一个关于外交政策的声明，再次要反对干涉主义的美国人民放心："我们不在世界任何地方为自己谋求一寸领土"，或者至少可以说，美国一般说来不想谋求一寸土地，"除了为自卫而建立必要的基地的权利之外，我们不要属于其他任何大国的东西"。

杜鲁门犹抱琵琶半遮面地暗示，美国的对外政策在全球都是不干涉别国事务的，是纯粹为了防御，而它的动机只是根据美国的传统理想："我们相信，被暴力剥夺了自主权和自治权利的各国人民，最后必将重新享有这些权利。我们认为，凡是准备好要自治的人民，就应该允许他们根据他们的自由意志选择自己的政府形式，而不受任何外力的干涉。这不仅在西半球，而且在欧洲、亚洲、非洲都应如此。”

关于俄国的势力范围，杜鲁门说：“我们要拒绝承认任何外来大国用武力强迫任何国家接受的任何政府……”关于他在波茨坦会议上被斯大林不屑一顾的把内陆航道国际化的建议，他说：“我们认为，一切国家都应享有航海自由，都应当有平等权利在边界上的河流与航道上航行，在流经一个国家以上的河流与航道上航行。”关于美国商人的自由贸易和结束英镑集团问题，他说：“我们认为，凡是为国际上所承认的一切国家都应具有进行贸易和获得世界各种原料的平等权利。”关于美国的势力范围，他说：“我们认为，西半球的主权国家，在不受西半球以外国家干涉的情况下，必须像好邻居一样地一起协作来解决它们的共同问题。”而为了不使人产生美国的利益仅限于西半球的印象，他说：“我们认为，一切大小国家之间的充分的经济合作，对于改善世界各地的生活条件，对于建立免于恐惧和匮乏之苦，都是必要的。”

最后，杜鲁门谈到了原子弹。他说：“我们拥有这种武器，像我们拥有别的新式武器一样，并不存在对任何国家的威胁。曾经目睹美国在最近两次世界大战中的表现的整个世界，对这一点是很了解的。我们把手中拥有这种新的毁灭性能力看作是一种神圣义务。由于我们热爱和平，世界上有识之士知道这个义务是不会被违背，而是会被忠实地执行的。”

“美国的外交政策是坚决根据公正和正义的基本原则的。在实行这些原则的时候，我们必须坚持我们认为正确的东西；我们决不容许同任何邪恶的东西进行妥协。”瞧！这就是美国政治家的世界观、价值观和称霸世界的做派。实际上，杜鲁门在演说中所陈述的这些原则，正是他企图根据这些原则来否定在波茨坦会议上与斯大林达成的谅解。

用小查尔斯·米的话稍稍总结一下：“美国总统们深知，美国人民由于他们长期的传统教育，不能同意把强权政治的考虑作为进行战争的理由。因此，当美国人民不会接受国务院人员认为是采取干涉主义所需的现实主义的解释的时候，当局就只有向人民作一些别的解释。”不论在 1945 年或其他任何时候，美国总统们确实是这么干的。翻阅历史，从 1917 年的第一次世界大战，到 20 世纪末的海湾战争，再到 21 世纪推翻伊拉克的萨达姆政权、利比亚的卡扎菲政权。美国总统们总是要——也总是能寻找到一个理由，哪怕是一个像“藏有大规模杀伤性武器”这样的弥天谎言，也在所不惜。

诚如 1945 年美国国务院青年智囊路易斯·霍尔以 1917 年第一次世界大战为例，断言：“如果把真实情况告诉了美国人民，如果把事实而不是把理想告诉他们，美国人民将不会投入战斗，这场战争就会打败，无政府主义就会取得胜利，并将在全世界占优势。可是，告诉给美国人民的正是同事实相反的情况，他们为之而战，并且赢得了战争。”霍尔相信：“欺骗并不是对外关系可悲的副产品，而是建立任何对外关系的一个必要的先决条件；只有这样，无知的人民才会让他们的领袖们放手推行‘现实的’干涉主义对外政策。人们有理由认为国务院的官员们喜欢做干涉主义者，因为这样会使他们有事可干；人们也可以认为总统们喜欢做干涉主义者，因为这为他们的活动提供了一座广阔的历史舞台，扩大了他们的权力，并且使他们以团结人民共同反对一个外来威胁为口实来窒息公民们不高的要求。人们甚至可以相信，谨慎地即使不是在全球实行的干涉主义，确实是处理世界事务的一种现实方法。”

尽管杜鲁门对世界采取强权的干涉主义，但他在回忆录里对伦敦外交部长理事会没有达成协议依然抱着一种积极的态度。他说：“报纸说这次会议失败了。但是我认为我们不应该总是指望所有这类会议都能收到立竿见影的效果。如果可能的话，这是我们努力获致最后谅解的另一阶段。在国内或国际政治上，我们往往花费许多时间，力图找出在和其他有关方面相处中，我们究竟站在什么地方。我始终感到在国际事件中，处处想占上风并没有什么好处。当我们的外交谈判没有获得其他国家的全面让步的结果时，我也不认为报纸叫嚣‘失败!’会有什么帮助。有许多问题并不能靠哪一方面的屈服而得到解决，而是要通过不牺牲原则的合理妥协来解决。”同时，他埋怨“我们一直找不出办法来获致俄国的合作”，就是因为俄国人不好对付。

实际上，杜鲁门的内阁并非铁板一块，这位因罗斯福总统突然病逝而非依靠正式选举而走上总统宝座的美国人，从上任一开始就与罗斯福时代的一些老资格部长们在政策上发生了抵牾。陆军部长史汀生就是其中的一位。9 月 11 日，这位 77 岁的老部长给杜鲁门写了一份备忘录，陈述了他对原子弹问题和美、俄关系的看法。史汀生向杜鲁门提议，就原子弹的未来使用问题，美国可直接向俄国提出订立某种协定的建议。他写道：“据我判断，美国在这一问题上对苏联所采取的直截了当的接近方式，更易于使苏联有诚恳的反应，如果我们把接近的方式当作一般国际政策的一部分，或是在我们的和平谈判中已出现了一连串明言的或暗示的威胁以后再采用这种方式，苏联的反应就不会这样诚恳。”

史汀生说：“关于与苏联接近的方式，我的意见是，在与英国讨论以后，直接提出建议，说明我们准备与俄国人订立一项协定，总的目的是管理和限制把原子弹当作战争工具来使用，并尽可能根据和平与人道主义的目的来指导和鼓励原子能的发展。这种接近方式特别可能产生这样的建议：在俄国人和英国人同意采取一致步骤的条件下，我们应该停止把原子弹当作军事武器来进一步加以改进，并停止生产。这个建议也可能规定：如果俄国人和英国人跟我们取得协议，在任何情况下不经三国政府一致同意，谁都不得把原子弹用于战争，美国应欣然答应把国内目前所拥有的原子弹封存起来，我们也可以考虑在关于原子弹管制的安排中，包括一项与联合王国和苏联签订的条款，规定互相交换在未来的发展中所取得的利益，从而在彼此满意的基础上，把原子能应用于商业和人道主义的事业。”

杜鲁门承认史汀生的备忘录“这不是一个讨论问题”，并确定

“制造这种武器的秘密必须保留在我们手里”。随后，他在9月21日召开了正式的内阁会议，议事日程只有一项议案，那就是关于原子能的问题。11月15日，杜鲁门邀请英国首相艾德礼和加拿大总理威·麦根齐·金发表了一个关于利用和使用原子能问题的声明，并签署了一份备忘录。可是，他并没有接受史汀生的建议邀请苏联人。

杜鲁门打心眼儿里就不信任斯大林，不信任俄国人。与此前他做罗斯福的副总统的时候不同，他在幸运地成为摘取二战胜利果实的人之后，与罗斯福的政策分道扬镳。

11月底，美国国务卿贝尔纳斯提议举行三方会谈，以寻求解决在伦敦外交部长理事会会议上出现的问题。斯大林欣然同意，并从事态的最新发展中得出了结论，那就是他采取的强硬谈判策略已经取得了成功，一是在外交部长理事会上法国和中国不再参与与他们无关的议题的讨论；二是在巴尔干问题上，保加利亚和南斯拉夫在11月份的延期选举中，苏联支持的共产党获得了成功。由此他认为，在与英国人和美国人打交道的时候，不能对恫吓有丝毫让步；在接下来与他们进行谈判时，还要采取坚定不移地坚持原则的做法。

12月16日至26日，苏、英、美三国外交部长会议在莫斯科斯皮里多诺娃宫举行。尽管斯大林一再强调在谈判中采取强硬策略的好处，但这次会议却从头至尾表现了斯大林具有建设性的、有进有退、非常灵活的外交战术。苏联人也确实把这次会议视为重返“三巨头”时光的一次机会，并准备在若干问题上作出妥协。比如，苏联人如愿以偿地给法国和中国参加外交部长理事会会议设置了限制，但他也同意召开更大范围的和平会议，以考虑起草次要的轴心国的和约问题；在保加利亚和罗马尼亚问题上，各方都同意吸收反对派的政治家进入政府，打破了谈判的僵局；日本的占领权仍然由美国控制，而苏联提出的以远东委员会以及同盟国对日管制委员会代替远东顾问委员会的要求也被满足。斯大林还十分热情地举办了会议晚宴，并且分别两次会见了英国外交大臣贝文和美国国务卿贝尔纳斯。

贝尔纳斯后来回忆说："那晚在宴会上，我与大元帅的谈话，跟在早些时候的两次会见中的谈话一样，非常坦诚友好，令人鼓舞。"在12月14日与斯大林的谈话中，贝尔纳斯趁机建议签订有关解除德国武装的条约，斯大林回答说，可以签订这样的条约，但对日本也要签订一个类似的协议。在同一天与贝文的会见中，斯大林急切地想要讨论苏联对的黎波里塔利亚托管问题。他抱怨说，如果外交部长理事会会议上就同意他的要求，"不列颠也不会失去什么，因为她在世界各地有的是基地，甚至比美国的还多。难道就不能也考虑一下苏联政府的利益吗?"在这次会谈中，斯大林还直言不讳地说："按照他对形势的理解，联合王国在自己的利益范围内拥有了印度及其在印度洋上的一切，美国拥有了中国和日本，苏联却一无所有。"

12月23日，斯大林致信杜鲁门，表示他对会议取得的进展十分满意，对未来与美国的关系充满信心。但是，斯大林的积极表示或者暗示，并没有得到杜鲁门的积极响应。相反，杜鲁门对他的国务卿却产生了不满。他在回忆录中公开说明了这一点。他说："一个国务卿决不能幻想他自己就是合众国的总统。一个总统不能容忍在他要作出一个决定的前五分钟，国务卿还不把重大的问题向他汇报。"对于1945年在莫斯科召开的三国外交部长会议所产生的情况，杜鲁门明确表示，贝尔纳斯"没有执行我确定的外交政策，而且实际上他负起了总统的责任"。

1月5日，杜鲁门毫不迟疑地、不公开地和采取书面的方式，邀请贝尔纳斯坐在了他白宫椭圆形办公室的书桌旁，一字一句地念了他写给贝尔纳斯的一封亲笔信：

我亲爱的吉姆：

我考虑了存在我们之间的某些障碍。你知道我是愿意把各个不同部门的职权交给各个内阁阁员并且支持他们取得成绩的，但是这样做和采取这种政策的时候，我并不愿意交出总统的全部职权和放弃总统作最后决定的特权。

因此，总统应该得到正在发展的事件的全部情况，就是一件绝对必要的事情。当在外国首都，或甚至在华盛顿以外的其他城市里进行谈判的时候，这也是非常必要的事。这种程序在国内事务上是必要的，在国际事务上也是重要的。在旧金山的时候，没有得到我的同意，便不能达成任何协议或求得妥协办法。在伦敦的时候，你经常同我保持联系，必要时每天都要进行联系。当你同参议院原子能委员会委员们会谈以后和出国以前的一个晚上，我只同你谈了大概半个钟头的话。

当你在莫斯科的时候，我没有从你那里直接得到过任何情况。我收到你的唯一的电报还是我要副国务卿艾奇逊把我同参议院原子能委员会的谈话情况告诉你以后，你给我的一个回电。

条约草案没有送给我看，公报也没有送给我看。在我要你来“威廉斯堡号”向我汇报以前，我对整个会议的情况茫然无知。公报在我看到以前也发表了。

虽然我对你、对你的能力有无限的信任，但是我们两人就程序问题应该取得完全的谅解。这就是我要写这个备忘录的原因。

今天早上，我第一次看到埃思里季①的来信。信中全是有关罗马尼亚和保加利亚的情况，并且证实了我们过去有关这两个警察国家的情报。除非这两个国家有根本的改变，我不同意承认这两个国家的政府。

我认为，我们应该以我们所可能有的强硬方式，抗议俄国在伊朗的计划。这个计划是毫无道理的。这是同俄国在拉脱维亚、爱沙尼亚和立陶宛的计划完全相同的。这也是同俄国在波兰所采取的高压和专断的手段完全符合的。

在波茨坦，我们碰到的是既成事实，环境几乎是在逼迫我们同意

① 美国出版商，1945 年曾受国务院之命赴巴尔干进行访问。

俄国占领波兰东部和波兰占领奥得河以东的德国领土。这实在是极粗暴的行为。

在那个时候，我们急于希望俄国参加对日战争。当然，后来我们发现在那儿我们并不需要俄国，而且从此俄国人在那儿一直使我们非常头痛。

当你前往莫斯科的时候，你所碰到的是在伊朗的另一个既成事实。这是我所看到的另一件暴行。

伊朗是我们战时的盟国。伊朗也是俄国战时的盟国。伊朗同意在它的领土上从波斯湾到里海自由运输成百万吨的武器、子弹和其他装备。如果没有美国供给的这些装备，俄国就会遭到可耻的失败。可是现在，俄国却在它的友邦和盟国伊朗的领土上鼓动叛乱并驻扎军队。

我对俄国想侵略土耳其和强占通往地中海的黑海海峡这点是从不怀疑的。除非俄国碰到铁拳和强硬的抗议，另一次大战就可能发生。他们所了解的就只有一种语言——“你究竟有多少师?”

我认为我们不应该再作任何妥协。我们一定要拒绝承认罗马尼亚和保加利亚，除非它们符合我们的要求；我们应该在伊朗问题上表明我们的坚定立场，我们应该继续坚持基尔运河、莱因—多瑙河水道和黑海海峡国际化，我们应该坚持完全控制日本和太平洋。我们应该救济中国并且在那里建立一个强有力的中央政府。我们对朝鲜也应该这样。

然后，我们应该坚持俄国归还我们的船只，迫使俄国解决租借物资的负债问题。

我已厌倦于笼络苏联人。

杜鲁门写的这封信实在太重要了，用他自己的话说：“我给贝尔纳斯的备忘录不仅明确了国务卿的地位，而且是我们政策改变的转折点。我告诉贝尔纳斯，‘我已经厌倦于笼络苏联人’，我的确是这样认为的。我曾经希望俄国人能以德报德，但是差不多就是我当了总统以后，我发现他们的行动从不考虑邻国的利益，而且公然违反他们在雅尔塔承担的义务。我在会谈中有机会遇到的第一位俄国领袖是莫洛托夫，甚至从那时起，我就必须用直截了当和简单明了的方式来进行会谈。我确信，俄国人了解坚决和果断的言语和行动，胜于了解外交上的客套。”

不久，贝尔纳斯即以患胃病为由，提出了辞职。

谁知，继贝尔纳斯辞职之后，另一位建议杜鲁门与苏联保持良好关系的主要内阁成员——在罗斯福第三任期任副总统、现任商务部部长亨利·华莱士，被总统要求其辞职。

1946 年 3 月 14 日，华莱士致信杜鲁门，向总统汇报了他对苏联的“新态度”。

亲爱的总统先生：

正如您所知道的，星期二我们谈话的时候，我曾经建议，如果我们除了在外交上作出新的努力以外，还在经济和贸易方面采取新的态度，那么我们就会有更好的条件来改善我们同苏联的关系。我希望，我知道你也同样希望，比德耳·史密斯将军能够打破目前美苏外交关系上的僵局，并且希望他能够找到说服苏联政府的方法，使苏联政府相信，在解决悬而未决的国际问题上同美国和联合国合作是有益的。

我深深地相信，如果我们能够同时以友好的态度同俄国人讨论他们有关经济方面的长远问题和在贸易方面两国合作的前途，那么比德耳·史密斯将军的任务将会更加容易完成，他的成功将会更加持久。我们知道，最近苏联许多令我们感到忧虑的行动，是由于他们悲惨的经济处境和他们的安全感受到威胁所促成的。过去几个月所发生的事件又使苏联人重新想起 1939 年以前他们所担心的“资本主义包围”，使他们错误地认为，包括美国在内的西方世界是一贯和一致地在敌视他们。

我认为，我们向他们证明，我们要同他们做生意，并且加强两国的经济关系，通过这个办法，我们能够改变苏联的想法，并且加强苏联人的信念，使他们相信我们是忠诚地致力于和平事业的。要完成这个任务就必须以谅解的态度同他们进行谈判，充分了解他们的困难，并且还要着重指出，他们对于有关阻碍国际和平合作的许多想法和结论是缺乏现实根据的。我所设想的是从长计议有关未来经济合作所必需的基础，而不是谈判一些临时性的建议，诸如贷款之类。对我们来说，参加这种谈判，应该能够讨论一般性的问题以及一些特殊的经济方面和商业方面的问题，应该能够把俄国对这些问题的态度同美国政府和企业界当前的政策和路线联系起来。

我知道我们在莫斯科有杰出的外交人员，他们正在努力工作。但是我们当前的任务是这样重大和复杂，因此它要求一批新人重新开始工作。我建议你指派一个代表团去莫斯科，进行我上面所建议的谈判。如果你同意这个建议，我准备随后提出有关代表团人选的建议。

您的诚恳的

商务部长亨利·华莱士

1946 年 3 月 14 日

杜鲁门根本没有理会华莱士的这封信。在他看来，华莱士的建议没有什么好处。7 月 23 日，华莱士再次致信杜鲁门，讨论美国与俄国的关系问题。他公开指出美国国防预算的数字、在太平洋进行的原子弹试验、远距离轰炸机的生产、正在建议中的与拉美国家的军备合作，以及在国外建立空军基地等等，这些行动“一定会使世界其他各地认为，我们只是在会议桌上空喊和平而已。这些事实倒会被看成为：（一）我们正在备战，争取在一个我们认为一场不可避免的战争中获得胜利，或者（二）我们正在努力建立一个军事优势，来恐吓其他各国人民。”他说，由于原子世纪的来临，依靠军事解决问题的时代已经过去了。

总之，按照杜鲁门的理解，“华莱士能有种种理由认为为什么苏联人可以或者应该不相信我们，而却看不到为什么我们的政策能够取得成效。因此，他的结论是我们应该改变我们的政策，以便‘消除使俄国人产生恐惧、疑虑和不信任心理的任何合乎情理的理由’。”

9 月 10 日，华莱士在会见杜鲁门时，提出他将要在 12 日发表一篇演说。这次演说是在纽约市麦迪逊广场花园举行的。他说，只要美国说清楚美国人“无意用美国士兵的生命去挽救大英帝国或是购买近东的石油”，同俄国进行合作是有可能的。他建议美国和俄国干脆承认彼此的势力范围。让美苏做成一笔交易：如果俄国不进入西欧和美洲，美国将不进入东欧。我们应该用美国人的眼光，而不是用亲英的或者激烈的反苏的报刊的眼光来观察世界。他将继续进行斗争，争取他所想象的获得和平的道路，公开对美国的外交政策提出批评。华莱士的演说，在世界引起轩然大波，美国驻外使馆大使纷纷致电白宫，要求回答一个问题——美国是否要改变方向了？

9 月 18 日，杜鲁门召见华莱士，将驻外代表发回的电报递给他看，严厉地说：“任何时候你都有向我发表你自己意见的自由，但是当你向美国民众批评美国外交政策的时候，那就是在攻击总统。”这次会谈，他们整整进行了两个半钟头。华莱士详尽地解释了自己的想法，他谈到了和平的美好以及他如何了解各国人民除了和平以外没有其他奢望。他说他肯定地相信俄国人要求和平，但是他们对美国政府的态度有所疑惧。杜鲁门说：“我对华莱士的用心真诚从不怀疑，但是在这次谈话以后，我担心，不管他知道不知道，他会被赤色分子和为赤色分子服务的人的阴险得多的企图所利用。”总统毫不犹豫地要求华莱士辞职。

——这就是杜鲁门，一个曾经让德国希特勒法西斯主义者都欢迎他就任美国总统的杜鲁门。从此，他和丘吉尔一样，开始以意识形态的逻辑思维，把世界划分为“善”与“恶”——资本主义和共产主义两大阵营。他终于完全抛弃了罗斯福的路线，陷入了顽固反苏反共的丘吉尔的“铁幕”泥沼。

关于总统杜鲁门与商务部长华莱士就美苏关系和外交政策的争论及其原因，人们可以在时任美国驻莫斯科代理大使乔治·凯南（George Kennan）撰写的文章和回忆录中找到注解。

1946年2月中旬，41岁的乔治·凯南收到了从华盛顿寄来的一封征询意见的信——财政部要了解为什么同苏联人那么难于相处。在华盛顿的人并不是个个都能领会杜鲁门正在逐渐改变的政策；财政部还在试图同俄国人合作。俄国人好像不大赞同世界银行和国际货币基金组织的计划。凯南后来写道："应该记住，在华盛顿，没有一个部门像财政部那样煞费苦心、那样天真地对同俄国进行战后合作抱着希望、或是一心一意地追求这种希望……"财政部毕竟不懂得政治，它感兴趣的只是战后的繁荣。"我越想这个问题，越觉得很明显，事情就是'这样'。在长长的18个月中间，我总是在扯人们的袖管，试图使他们了解我们在莫斯科的美国大使馆每天所面临的现象的性质，此外，简直没有做什么别的事……就华盛顿官方来说，那实际上就像对一块石头讲话一样。"

对这个简单的小问题，乔治·凯南回了一份长达8000字的电报。他说："克里姆林宫对世界事务的神经过敏观点，说到底是俄国人传统的和本能的不安全感。原先，这是和平的务农的人想要生活在与凶狠的游牧民族为邻的广阔原野上的一种不安全感……由于他们自己过去和现在的处境的需要，苏联的领导人不得不提出一个教条，把外面的世界描绘成为罪恶的、敌对的、带有威胁的……这个论点为俄国这个国家增强它的军事和政治力量提供了正当理由……"凯南的这封电报听起来好像是对一个实在是很危险的国家的评价，同时他还有一个对付俄国威胁的计划，听起来好像是可行和比较不担风险的：

（一）苏联这个大国不像希特勒德国，它既不墨守成规，也不搞冒险主义……它不冒不必要的风险……它对于武力的演变后果是高度敏感的。因此，它在任何地方碰到强有力的抵抗时，很容易就会后撤，而且往往就是这样做的。因此，如果对方有足够的武力，并且说清楚他准备随时使用它，他就很少需要使用武力。如果情况处理得好，就不需要来个保持威信的摊牌。

（二）同整个西方世界衡量起来，苏联仍旧是弱得多的一方……

（三）苏联的制度，作为一种内部权力的形式，它的成效还没有最后被证实……它的内部的稳固性和发展进程的永久性还不能认为已经肯定了。

总起来说，我们现在碰上的这样一个政治力量狂热地相信，同美国决无永久的妥协可言，如果要巩固苏维埃政权，那么，破坏我们社会的内部和谐，破坏我们的传统生活方式，破坏我们国家的国际威望是可取和必要的。

毫无疑问，凯南的上述分析正是干涉主义者对外政策所需要的那种理论根据，说白了，这恰恰是杜鲁门所需要的那种东西。后来，凯南在回忆录中对自己的上述言论却作出了截然相反的评价：“我今天重新批阅时感到又震动又好笑。它的大部分内容读起来完全像是惊慌失措的国会委员会或是‘美国革命女儿’为了唤起公民们注意共产党阴谋的危险而散发的读本。”确实如此，当时“这篇东西在华盛顿所产生的效果实在是轰动的。我相信，总统看过了……詹姆斯·福雷斯特尔重印了这篇东西，并且使它成为军队里千百个高级军官的必读文件……我在官场中的孤寂生活事实上已经结束……我已经成名了。我的意见现在受到重视了”。

当然，这份仅仅在内部引起重视的外交文件之所以声名大噪，还是因为凯南1947年7月在《外交事务》这份在美国有影响的杂志上发表了一篇署名“某某”的文章，题为《苏联行为的根源》。凯南把苏联描绘成为一个弥赛亚似的扩张主义国家；而对于这个国家，只能巧妙地利用对抗力量来加以遏制。不久，凯南被召回华盛顿，被任命为国务院派驻军事学院的外事代表，后来他又被任命为国务院新成立的政策设计办公室主任。凯南的分析被普遍认为是启动了美国1946－1947年间对外政策的“冷战”进程，或者就像《纽约时报》称呼他的那样，他成为“美国的全球计划制订者”。

当然，凯南匿名发表的文章并没有使用“冷战”这个词，但记者沃尔特·李普曼（Walter Lippmann）为此在报纸上所写的一系列回应文章，后来在结集出版时，用了《冷战》这个书名。也正是李普曼的这部著作使得“冷战”成了一个大众化的学术概念，成了苏联与西方的关系在战后日趋紧张的一个缩影。李普曼认为，苏联与西方的关系之所以日趋紧张，原因在于斯大林的军事力量的扩张，而不是他的意识形态冲动。事实是不是如此呢？

中国有句俗语：“一个巴掌拍不响。”热战也好，冷战也罢，莫不如此。

如果有谁会认为是杜鲁门，或者是斯大林，他们应该单独对挑起“冷战”负责，这都是对历史不负责任的判断。

到这个时候，杜鲁门面临的最大问题是，如何使主张不干涉主义的美国人民追随他的计划。

1946年3月5日，杜鲁门要看看美国人民是否准备响应总统提出的一个新的战斗号召。所以，他请了英国的反对党领袖温斯顿·丘吉尔到他的家乡密苏里州的富尔顿去发表一篇演说。

是的，就是丘吉尔！除了他，还能有谁呢？

丘吉尔：富尔顿演说，是警钟，还是讹诈？

下野的丘吉尔并没有停止以他的全部威望去影响西方的政策。因此有西方观察家认为：战后初期最有特点的现象是，西方这个时期的一切政治主张无不带有“英国制造”的标记。而这些主张的最初鼓吹者便是丘吉尔。尽管他在这个时候已只是一个反对党的领袖了。

从开罗到德黑兰，从雅尔塔到波茨坦，从罗斯福到杜鲁门，对丘吉尔来说最重要的事情，那就是他要把美国完全争取过来支持他的政策。大家知道，在整个战争期间，在对待苏联这个盟国应采取什么政策和战略的问题上，他一直与罗斯福争吵不休。现在罗斯福已经离开这个世界，战争已经取得胜利，华盛顿也还没有找到应当遵循的新的道路。有一件事是确定无疑的：杜鲁门执政的美国将与罗斯福执政的美国不同。无疑这为丘吉尔创造了历史的机遇。

其实，翻开美国第二次世界大战时期的历史，在1944年底的这个时候，美国历史上根深蒂固的“反英心理”再次强烈。尤其在如何看待战争的目的这个问题上，美国的“反英主义”变得十分敏感，一个特别普遍的口号是：美国人不能为了维护大英帝国而去打仗。美国人完全有理由怀疑英国正在阻挠西方继续同俄国人保持谅解和友谊，并试图挑动美国反对苏联。

事实上正是如此，“分而治之”，这是英国人的永久性格言，而美国人却看不到把世界一分为二有任何好处，甚至害怕把世界一分为二。罗斯福在逝世前不久，对他的儿子埃利奥特说，他担心在战后形成分割世界的“英—美集团”。在德黑兰和雅尔塔，在西方国家与苏联之间的重大问题上，他同丘吉尔经常处于几乎是争执之中。丘吉尔反对罗斯福对战后世界的看法，他决心彻底取消苏联，取消作为一个大国、一个共产党国家的苏联，并希望英美建立一个反苏共同阵线。为此，他把苏联描绘成“侵略性的”和“扩张主义的”国家，说它一心想扑向西方国家，以便把它的统治扩张到整个欧洲——尽管丘吉尔在公开场合承认并宣布苏联是爱好和平的，是不要战争的。

凡是同意丘吉尔观点的人，特别是在美国，最终都承认，苏联唯一关心的是它自身的安全。1945年5月30日，《纽约时报》军事评论员汉森·鲍德温指出，美国和苏联对安全的关心是一致的：“可能，许多美国人觉得奇怪的是，人口众多、幅员辽阔的俄国，竟然担心它的军事安全。但是，俄国跟美国一样，希望战争在远离它的领土的地方进行，因为从1800年以来，它的领土多次遭到蹂躏。所以，在东欧建立受俄国统治的缓冲国家这件事，可以用这是俄国人出于安全的考虑而做出的反应来予以解释。”

《纽约时报》的另一个政治评论员乔治·弗里德林·埃利奥特在5月15日写道：“假使人们考虑到最近的经验，那么，俄国人考虑安全问题的方式就十分容易理解了。苏维埃国家的领土遭到德国军队的入侵之后，苏维埃国家几乎毁灭；它之所以获救，完全是由于建立了一支比德国军队更加强大的军队，才把德国军队赶出了它的国土。”他把两种类型的力量——苏联所拥有的陆上力量同美、英的海空力量——的“战略联姻”看成是和平的唯一保障。

而苏联对于西方国家共产党的兴趣同样出自对于自身安全的关心。为什么呢？莫斯科从未想到这些国家的共产党（不仅仅在欧洲，包括亚洲的中国共产党）能够有朝一日会执政。苏联只不过希望有限地支持这些政党，并通过他们在各自国内的政治领域发挥反对党的作用，从而共同促进苏联的安全。为了打消西方国家对苏联的这种担心，1943年5月，斯大林突然亲自主导解散了第三国际，可以说正是他向西方示好的一个具体行动。但自建立“防疫线”时代以来，对于一场反苏的“帝国主义战争”的担心始终困扰着斯大林。

正因为有着共同的安全考虑，罗斯福对斯大林的态度是正确的，虽然存在着意识形态上的分歧，但是美国总统始终用促进世界的团结一致去对抗把世界一分为二。为了对抗丘吉尔梦寐以求的两个对立集团的主张，罗斯福建议成立联合国，并得到了斯大林的支持。世界一致的思想，在美国广为流传，甚至成了共和党候选人威尔基的一本书——《世界只有一个》的主题。当然，世界一致的思想，是建立在相互尊重彼此大国地位的基础之上的，大国的这种地位是他们共同的对德和对日胜利的结果。

1945年6月11日，艾森豪威尔将军在一次会议上声明：“我深信，俄国人是渴望和平的，他们希望享有同其他国家一样发展的可能性。”6月26日，内政部部长哈罗德·艾克斯在纽约的一次宴会上说：“在当今世界上，俄国所希望的一切，就是和平。它要一种允许它发展自己的雄厚资源，重新组建被摧毁的工业，重建城市的和平。”

10 月 21 日，国务卿贝尔纳斯在巴黎和会第一次失败之后，依然表示：“美国永远不会同一个欧洲的敌视俄国的国家集团合作。”他对苏联的安全政策给予了极大的同情，“我们同情地看待苏联建立同它的中欧和东欧邻国更加紧密和更加友好的联合所作的努力。我们完全承认从安全角度来看它在这些国家的特殊利益。对于苏联人民决心永远不会允许在这些国家内存在一项蓄意针对苏联安全的政策和苏联人民看问题的方式，我们表示赞赏”。

1946 年 2 月 28 日，贝尔纳斯对纽约的外国记者俱乐部讲话时，阐述了美国外交政策的原则和美国对联合国和对苏联的立场。他指出，意识形态的分歧不能作为各国人民相互争吵不休的理由（俄国人的观点始终如此）。他提醒说，美国“衷心地、满怀喜悦地”欢迎苏联“作为一个大国”加入联合国的大家庭里来。他说：“只有一系列悲剧性的不可饶恕的错误才会在美—苏之间挑起一场严重的冲突。”他还说：“为了避开发生麻烦，我们不应该允许某些局势恶化下去，以致变成走不出来的死胡同。”由此可见，美国国务卿对莫斯科和解和谅解的政策，它的基础是坚信没有什么东西能把美国和苏联分开。

但是，在人们谈论美国的政策时，不应该忘记有两个美国——一个是官方的美国，通过美国的行动，人们可以看得见、摸得着；另一个是任何控制都奈何不得的美国，这个美国常常指导和决定美国。这就是托拉斯美国——大企业、大银行，一句话，就是“金融财团”的美国，他们同军人们相互配合，狼狈为奸。正是这个美国，通过五角大楼和中央情报局的秘密机构，几乎始终操纵着最后决定权，因为没有一项政策、议案和决定不是最后总是涉及美国的“防务”和“安全”。

正是因为有这样的两个美国，给顽固反苏的丘吉尔提供了巨大的机会。在他看来，西方应当在“解放”东方“被奴役的人民”的名义下，在美国领导下进行这场战争，因为英国已经无力担当起领导的责任。1945 年 8 月 16 日，丘吉尔以反对党党魁的身份，在英国下院发表了第一次演说。在对“斯大林元帅和红军的忠贞、勇敢”表示敬意之后，他谴责了波兰西部的“临时”边界线。这条边界是 8 月 2 日在波茨坦会议上，在斯大林的提议下经杜鲁门和艾德礼同意刚刚划定的。显然，他开始重弹“铁幕”的老调。

丘吉尔的老调，正好符合已摘取战争胜利果实的杜鲁门总统的胃口。

在前面我们已经向读者作过说明——当伦敦的外交部长理事会第一次会议不欢而散之后，杜鲁门对莫斯科的三国外长会议也十分厌恶，甚至对国务卿贝尔纳斯当面提出了批评，紧接着又拒绝了陆军部长史汀生和商务部部长华莱士提出的与苏联保持友好关系的建议，以致这三位在战时为美国做出贡献的功臣，不得不辞职。

1946 年 3 月 5 日，杜鲁门邀请丘吉尔来到了美国。

就像美国总统把日本无条件投降仪式选择在以他的家乡密苏里命名的军舰上举行一样，这次杜鲁门也把丘吉尔请到了家乡密苏里州，并且亲自陪同前往，用总统的话说是为之“担保”。在密苏里的富尔顿，美国总统杜鲁门与英国前首相分享了威斯敏斯特大学的讲坛。丘吉尔不仅在这里发表了后来被认为是首次宣布“冷战”的演说，还获得了一个荣誉学位。

令人匪夷所思的是，实际上丘吉尔的演说是以《和平砥柱》为题的。而且他在演说中提到，要把 1942 年的《英苏同盟条约》延长 20 至 50 年，而英国的外交大臣贝文已经在去年（1941）的 12 月向斯大林提出了这个建议。他说：“我们的目的不是别的，而是与俄国相互帮助，相互合作。”同时，丘吉尔还表示“对英勇的苏联人民和我的战时同志斯大林元帅极为钦佩和尊敬。英国……对所有俄国人民有着深切的同情与善意，决心不顾众多的分歧与抵制，坚持不懈地建立持久的友谊。俄国人需要消除德国侵略的一切隐患，以维护自己西部边境地区的安全，对此我们表示理解。我们欢迎俄国在世界上的领袖国家中得到其应有的位置。我们欢迎她的旗帜飘扬在海洋上”。

但是，丘吉尔上述的表态只不过是应景的托词而已。杜鲁门邀请丘吉尔来到美国，丘吉尔不远万里来到美国，绝对不是为了向斯大林表达敬意的，也不可能是为苏联人颁发一张友谊和合作的证书的。无论是当时还是后世，对历史的描述，大多数人对丘吉尔的富尔顿演说，关注的中心都是下面这段话：

不久刚被盟国的胜利所照亮的大地已经笼罩了阴影。没有人知道苏俄和它的国际共产主义组织打算在最近的将来干些什么，或者说，他们的扩张趋势和迫使人们改变自己信仰的活动会在何处止步，如果还有所限度的话……从波罗的海的什切青（Stettin）到亚得里亚海的迪里雅斯特，一幅横贯欧洲大陆的铁幕已经落下。在它的后面，有所有中、东欧古老国家的首都。华沙、柏林、布拉格、维也纳、布达佩斯、贝尔格莱德、布加勒斯特和索菲亚，所有这些名城……都位于我必须称之为苏联的势力范围之内，都以这样那样的方式，不仅常常受到来自苏联的影响，而且还受到莫斯科的高度的、有些情况下还愈演愈烈的控制……共产党……已被抬高到与其数量远不相称的显赫的掌权地位，而且到处都在谋求获得集权主义的控制权……这些都是事实，不论从中能够得出什么结论，这肯定不是我们进行武装斗争所要建立的解放了的欧洲，也不是一个具有持久和平必要条件的欧洲。

丘吉尔警告说，西欧已经受到共产主义的威胁，并特别强调了对苏联对土耳其、伊朗和远东政策感到不安。他从中得出的教训是，西方的民主国家必须紧密团结起来，坚决维护自己的原则。丘吉尔告诉自己的听众，俄国人决不会尊重弱者。他还拿放纵希特勒发动战争的绥靖政策做比较。为了防止重蹈覆辙，对俄国必须要有“透彻的理解”。

丘吉尔在富尔顿的演说，向美国人提出了他的政治纲领。与其说这是丘吉尔选择了一个大好时机，不如说这是杜鲁门邀请丘吉尔为他即将推行的“杜鲁门主义”鸣锣开道。当时，美苏之间因为伊朗危机、特别是由于揭露了俄国人在加拿大窃取原子技术的间谍活动而出现了紧张局势，也震动了美国的公众舆论。

首先，丘吉尔向美国建议，为了下一次战争而结成军事联盟。他谈到“暴政”是如何的“危险”，他希望处于力量顶峰的美国，“承担起未来的职责”，这是“一项人道的使命”。

接着，丘吉尔就谈到了问题的要害。他说：“迄今为止，我们的意见是完全一致的。但是，关于实现我们战略构想的方法，我所考虑的问题是：为什么我要作这次旅行？我和你们谈些什么呢？”他随即马上宣布，“只有操英语的各国人民”结成“兄弟的联盟”才能拯救世界。他解释说，这就意味着在英帝国政府和美国政府之间建立起“特殊的关系”——要一直发展成为盎格鲁－撒克逊人世界的彻底合并。同时他还为此提出了一个美、英进行军事合作的广泛计划：

——发展两国军事首长之间的紧密联系；

——共同使用两国的海、空军基地；

——统一武器的类型和两国军队的训练；

——交流两国的军官和军事院校的学生，等等。

相反，丘吉尔强烈反对与斯大林分享原子能的秘密，也反对把这个秘密告诉联合国。他认为，这样做无异于是发疯。他提出要结成英美军事同盟，同时也指明了联盟应对付的“敌人”。他提醒美国人注意欧洲形势的“某些事实”，在“时间还来得及”的时候必须正视这些事实。

总之，在丘吉尔看来，从波罗的海的什切青到亚得里亚海的迪里雅斯特的半个欧洲已经为俄国人所统治，在“铁幕”背后区域内的国家实行的是“专制统治”，苏联的“扩张主义”的欲望是无止境的。

英美建立军事同盟是针对谁的呢？丘吉尔声称，“铁幕”已经把欧洲大陆一分为二。“没有人知道，苏俄及其共产主义国际组织打算在最近的将来干些什么以及它们扩张倾向的止境在哪里，如果还有止境的话……”正因此，丘吉尔建议赶快建立英美军事同盟，因为“……在远离俄国边界，遍布世界各地的许多国家里，共产党第五纵队已经建立。它绝对服从来自共产主义中心的指令，完全协调地工作着”。

对于丘吉尔的言论，曾任苏联作家协会第一书记的弗拉基米尔·卡尔波夫在《大元帅斯大林》一书中也公开承认："为了公正，我们必须指出：丘吉尔的观察力是很敏锐的，不久前公布的、苏共为许多国家的共产党拨付活动经费的文件证实了这一点。"

其实，丘吉尔的这些观点已经不是什么新鲜花样，在杜鲁门入主白宫以来和在准备波茨坦会议期间发给总统的电报中，在 1945 年 5 月 13 日致英国人民的庆祝胜利的文告中，以及他在参与竞选的演说中，一再重弹他的"战争并没有结束"的老调，以期望与美国联手把欧洲人从布尔什维克主义的控制下解放出来。只是遗憾的是，因为英国选民没有选择这位赢得胜利却把英国拖入困境的政治家，他不得不中途离开了波茨坦会议的会场，失去了与斯大林"算算账"的机会，改写了他个人历史的同时也改写了世界历史。

丘吉尔确实是一个影响世界的人物。他在波茨坦会议上未能成功地促使美国来拯救英国，然而他却在战后成功地在美国和苏联之间煽风点火，挑起了猜疑和对抗。这个热爱穿军装、热爱战争和斗争的英国人——他把历史看作是一场"善"与"恶"两种巨大力量的较量——以他雄辩的威力使那些具有其他实力的人相信，世界已经被一道"铁幕"——"铁栅栏"分成两个巨大的敌对阵营。即使当他梦见他和帝国都已经死亡，他的想象的力量仍然是形成冷战的决定性因素之一，而在某种程度上我们至今仍然同他遗留下来的幻想和梦魇生活在一起。

3 月 10 日，丘吉尔这位"战争的朝圣者"到达华盛顿。在这里，他向陆、海、空军的高级军官们发表讲话，鼓吹他的观点。其中，台下的军官中就坐着艾森豪威尔将军。这次集会是为了表彰战时的英一美最高统帅部，也是为了强调两国参谋部配合的必要性，以便他们能在未来重新协调行动。

3 月 15 日，在华道夫—阿斯多利亚饭店的一次豪华宴会上，当着纽约州州长的面，丘吉尔再次发表讲话。他的这次讲话，几乎是富尔顿演说的翻版。他说，他不想变动富尔顿演说的一词一字，并且强调指出：世界的生死和自由，取决于美英之间的关系。

尽管丘吉尔一再强调，富尔顿演说是他个人的意见，伦敦政府也没有赋予他任何官方使命，但富尔顿演说确实是那个年代的“一个头等政治事件”。因此，有人说富尔顿演说将载入史册，对它的反应也是众说纷纭，褒贬不一。在英国工党内部，总的舆论是不赞同，甚至批评这位保守党领袖把英国变成了美国的“第 49 个州”。但伦敦并没有公开谴责丘吉尔的富尔顿演说，首相艾德礼只是在某些工党议员的挑战下，才在下院发表讲话，且只是声明前首相的讲话是以其个人发表的，政府对他的讲话毫不知情。但丘吉尔的讲话事先是递交给英国驻华盛顿大使的。当工党议员德赖伯指出，反对党领袖并非是一个普通英国公民时，艾德礼只能保持沉默。

1946 年 3 月 6 日，英国 BBC 广播在其法语节目中指明了富尔顿演说的深刻含义——战前，丘吉尔谴责的是纳粹危险；现在，他谴责的是新的“俄国危险”。这彻底地说明了一切。同一天，《泰晤士报》的社论说：这一使命只有前英国首相才能在美国完成；由于他在战时所起的巨大作用，任何人也“不能像丘吉尔那样激起美国人的想象力”，因此富尔顿演说是给“美国的一个机会”。这家报纸还等待着华盛顿的反应。

或许是因为丘吉尔走得太远了，或许是因为丘吉尔的计划在罗斯福时代从未得到华盛顿的赞同，所以，即使得到了杜鲁门的邀请甚至“担保”，他在华盛顿受欢迎的程度还是没达到预期。丘吉尔企图结成一个英美联盟，但这不是一件简单的事情。在去富尔顿的火车上，他的新闻助理散发了他的演讲稿，稿上建议的标题是：“在俄国阴影越来越笼罩世界的时候，丘吉尔建议英美结成联盟。”人们看见杜鲁门总统为这位英国前首相的演说热烈鼓掌，但十天之后，国务卿吉米·贝尔纳斯找到一个机会发表了一篇关于美国无意同英国结盟的演说，尽管这个演说也不是杜鲁门喜欢的。

实际上，在杜鲁门的计划里面，丘吉尔的富尔顿演说并不是一个结盟的号召，而是一个要美国人民团结起来反对一个共同敌人的号召。正是从这个意义上说，杜鲁门和英国政府实际上都站在各自的算盘上采纳了丘吉尔在富尔顿阐述的纲领。

第二次世界大战将苏联折磨得筋疲力尽，它已经失去了进行新战争的经济实力，而美国虽然遭遇人民的反战却拥有了原子弹——这就是一股推动力量，它鼓舞着英美军事同盟尽快（在还不算晚的时候！）利用有利条件，“在东欧各国和苏联的土地上，以大无畏的声调宣扬自由人权的原则”。

《大元帅斯大林》的作者卡尔波夫分析说：“苏联领导人根据马克思列宁主义的理论，认为：共产主义在全球的传播不是靠武力，而是由历史决定了的，资本主义制度作为一种老朽的、陈旧的制度注定要灭亡。苏共正式的公开宣传就是这样说的，而在地下，斯大林控制的苏共则向其他国家的共产党，或者如丘吉尔的叫法——自己的‘第五纵队’，不断输送理论和经费来加速这个历史进程。总之，两种制度——资本主义制度和社会主义制度都提出了控制世界的任务。社会主义制度不使用武力——‘全世界无产者，联合起来！’以美国为首的资本主义阵营缺乏把大家团结起来的意识形态，决定趁着为时不晚，用武力消灭社会主义阵营。双方都想压倒对方，拼命叫嚷自己热爱和平，在‘争取和平的斗争中’花去了不少精力和资金。”

因此，有西方评论家指出，丘吉尔的富尔顿演说等于是一份非正式的对俄宣战书，“奠定了下一次战争的基础”，而战争的目的将是“压垮和摧毁共产主义的俄国”。这种观点，也正是莫斯科对莫尔顿演说的理解。

斯大林：战争的危险来自美国

斯大林认认真真地全文阅读了丘吉尔的富尔顿演说，并立即作出了反应。

1946年3月11日，苏联对丘吉尔的富尔顿演说作出了首次回应。莫斯科《真理报》发表了强有力的驳斥社论，充满敌意。第二天，《消息报》发表了著名历史学家叶甫盖尼·塔尔列（Evgenii Tarle）的署名文章，毫不客气地指出丘吉尔的"铁幕"这个概念，曾经在战争中被希特勒法西斯的宣传部长戈培尔用来描述红军解放东欧、使之脱离德国的占领。

大家知道，斯大林很少接受采访，而这一次，只过了一星期就有了回音，并亲自加入了这场争吵。3月13日，《真理报》的一名记者请斯大林（毫无疑问是按他本人的指示）"说明与丘吉尔演说相关的一些问题"。

3月14日，《真理报》发表了对他的长篇专访。就像所有这类文章一样，问和答都是经过这位苏联独裁者亲自精心组织的。我们可以在《斯大林文集》中看到这篇访谈。

问：是否可以认为，丘吉尔先生的演说会损害和平和安全的事业？

答：无疑是的。实际上，丘吉尔先生现在是站在战争挑拨者的立场上，而且丘吉尔先生在这里并不是孤立的，他不仅在英国有朋友，而且在美国也有朋友。

应当指出，丘吉尔先生和他的朋友在这方面非常像希特勒及其同伴。希特勒干他发动战争的勾当，是从散布种族论开始的，他宣布只有讲德语的人才是最优秀的民族；丘吉尔先生干他发动战争的勾当，也是从散布种族论开始的，他硬说只有讲英语的民族才是最优秀的民族，负有决定世界命运的使命。德国的种族论使希特勒及其同伴得出了这样的结论：德国人是唯一最优秀的民族，他们应当统治其他民族；英国的种族论也会使丘吉尔先生和他的朋友们得出这样的结论：讲英语的民族是唯一的最优秀的民族，应当统治世界上的其他民族。

实际上，丘吉尔先生和他在英国和美国的朋友，向不讲英语的民族提出了类似最后通牒的东西：自愿承认我们的统治吧，只有这样才能万事大吉，否则战争是不可避免的。

但是，各民族在五年残酷的战争中流血牺牲，是为了本国的自由和独立，而不是为了以丘吉尔之流的统治来代替希特勒之流的统治。因此，完全可以设想，那些不讲英语而占世界人口绝大多数的民族，是不会同意接受新的奴隶制度的。

丘吉尔先生的悲剧就在于，他这个死硬派托利党人不懂得这一普通而明显的真理。

毫无疑问，丘吉尔先生的方针是进行战争的方针，即号召同苏联开战。同样明显的是，丘吉尔先生的这种方针是同现有的英苏同盟条约不相容的……

问：在丘吉尔先生的演说中，有一部分是攻击那些和我国相邻的欧洲国家的民主制度，批评这些国家与苏联之间建立的睦邻关系的，您怎样评价丘吉尔先生演说的这一部分呢？

答：丘吉尔先生演说的这一部分，是诽谤成分、粗鲁和毫无分寸的成分混合起来的。

丘吉尔先生硬说，“华沙、柏林、布拉格、维也纳、布达佩斯、贝尔格莱德、布加勒斯特和索菲亚这些著名的城市和这些城市区域的居民，都是处于苏联势力范围以内，并且他们不仅以这种或那种形式被置于苏联的影响之下，而且在很大程度上还服从于日益增强的莫斯科的控制”。丘吉尔先生把这一切说成是苏联无限制的“扩张倾向”。

用不着特别费力，就可以说明丘吉尔先生在这里是蛮横无理地诽谤莫斯科和上述苏联邻邦。

第一，说维也纳和柏林完全受苏联的控制，这是十分荒谬的，在维也纳和柏林都设有四国代表组成的盟国管制委员会，苏联只占四分之一的票数。有时有些人不能不造谣诽谤，可是总应当有个限度。

第二，不要忘记以下的情况：德国人入侵苏联是经过芬兰、波兰、罗马尼亚、保加利亚和匈牙利的。德国人所以能够经过这些国家侵入苏联，是因为这些国家当时存在着敌视苏联的政府……苏联为了保证自己将来的安全，力求在这些国家内能有对于苏联抱善意态度的政府，试问，这有什么奇怪呢？假使没有发疯的话，那怎么会把苏联这些和平的愿望看作是扩张倾向呢？……

丘吉尔先生不满意波兰使自己的政策转变到与苏联友好和建立同盟关系方面去……波兰，现在的民主波兰再也不愿成为外国人手里的玩物。我觉得正是这一情况使得丘吉尔先生大发脾气，使得他粗鲁地、毫无分寸地攻击波兰。不让他再坐收渔利了，这可不是开玩笑……

当丘吉尔先生谈到共产党的影响在东欧日益增长时，他是在接近真理。可是还应指出，他说得不完全准确。共产党的影响不仅在东欧增长起来，而且几乎在欧洲一切以前被法西斯主义统治过的国家（意大利、德国、匈牙利、保加利亚、罗马尼亚、芬兰），或者被德国、意大利、匈牙利侵占的国家（法国、比利时、荷兰、挪威、丹麦、波兰、捷克斯洛伐克、南斯拉夫、希腊、苏联等），都增长起来了。

不能认为共产党人的影响的增长是偶然的，这完全是一种合乎规律的现象。共产党人的影响之所以增长，是因为在法西斯主义统治欧洲的艰难年代里，共产党人是反对法西斯制度、争取各国人民自由的可靠的、勇敢的、奋不顾身的战士……共产党人是完全值得人民信任的。共产党人在欧洲的影响，就是这样增长起来的。历史发展的规律就是这样。

当然丘吉尔先生不喜欢事情这样发展，他正在敲响警钟，诉诸武力。但是，在第一次世界大战之后，他也不喜欢在俄国出现苏维埃制度，他当时也曾经敲过警钟，组织过“14 国”讨伐俄国的进军，目的是想使历史车轮往后倒退。但是，结果是历史比丘吉尔的干涉更强大有力，丘吉尔先生的唐·吉诃德式的行为，使他当时遭到了彻底的失败。我不知道，丘吉尔先生和他的朋友们在第二次世界大战以后是否能够组织新的进军来讨伐“东欧”。但是，如果他们能够组织起来——这种可能性很小，因为千百万“普通人”都在保卫和平事业——那么，可以肯定地说，他们将像26年前一样被击败。

斯大林说，丘吉尔是在企图挑起新的战争，是在鼓吹由英语国家主宰世界。斯大林没有提到“铁幕”，但他毫不掩饰地维护苏联对东欧的那些友好政权的权利，因为这些国家先前曾为德国进攻苏联提供了跳板。2012年，卡尔波夫在《大元帅斯大林》一书中分析说：“世界进入了原子时代。人类眼看就要遭遇第三次世界大战。这些年来斯大林已经成了一个经验丰富的战略家、外交家、国务和党务活动家。他仔细分析了丘吉尔的纲领性声明，在答记者问中实际上对国际新形势和英美同盟做出了评价。这是斯大林对以后许多年的战略遗嘱。他当时还没有料到自己的逝世（而他之后仅仅活了七年），他大约是准备亲自来实现这个战略的。而我也相信，假如他活着，历史，特别是我们国家的命运就会完全不同。当然也就不会发生我们今天看到和经历的一切。”

显然，丘吉尔的富尔顿演说在莫斯科已经闹得沸沸扬扬。《星期日泰晤士报》驻莫斯科记者亚历山大·沃思在结束了芬兰之行回到了俄国，他“发现‘下一场战争’的传闻把人们搞得人心惶惶”。就像沃思所写的那样，“富尔顿事件”在苏联引起了名副其实的惊慌，它是苏联走向冷战的一个重要的心理转折点。

就在这个时候，1946年的春天和秋天先后爆发了伊朗危机和黑海海峡危机。

伊朗危机源自英国和苏联在第二次世界大战期间对该国的占领。他们是1941年8月进入伊朗的，目的是消除德国对伊朗的影响，保护石油供应，保障通往苏联的供应线的安全。其实，谁都明白：伊朗不仅仅意味着伊朗，它还意味着中东和地中海。斯大林威胁着西欧，也威胁着地中海。在波茨坦会议上，三大国都同意把他们的军队撤出伊朗，最后商定1946年3月2日为最后期限。可是俄国人在伊朗没有同意给他们石油开采权之前，却不愿意撤走，而且即使给他们石油开采权，斯大林也只愿意从伊朗的中部撤出，而把他的军队留在伊朗北部。就在这个时候，伊朗单方面将此事提交给联合国。莫斯科对此非常不满，命令葛罗米柯不参加联合国的讨论，理由是，这件事是苏联与伊朗之间的双边谈判。到4月初的时候，莫斯科和德黑兰事实上已经双方谈判解决了这个问题，而所有苏联军队在5月也全部撤出伊朗，苏联人得到了自己想要的石油特许权，只是后来伊朗人又违背了诺言，德黑兰的议会拒绝批准该项协议。俄国撤走了军队又丢了石油，而美国却仍然控制着伊朗40%的石油。

于是，杜鲁门趁机抓住了斯大林的把柄，终于开始实施他的全球战略了。在波茨坦，他就已确定了美国的必不可少的势力范围，并且宣布了美国对外政策的原则。在这些原则的基础上，他准备在苏联的势力范围内引起麻烦。第一，伦敦外长理事会的破裂有助于证明俄国人是咄咄逼人和靠不住的。其次，斯大林追求战利品、领土、固定的边界和石油，以及他坚决要把庞大的俄国军队驻扎在大战结束时它所到达的地点上，也帮了美国总统的忙。实际上，危机并没有那么严重，但当时的新闻媒体大肆炒作，后来研究冷战的西方历史学家在寻找苏联战后扩张主义的证据时，再次把它给夸大了。

1946年5月，斯大林给阿塞拜疆自治运动的共产党领导人写了一封信，透露了内情，说明他为什么觉得自己必须从伊朗撤出军队：

我们不能再让他们留在伊朗了，主要是因为苏联军队在伊朗的存在，削弱了我们在欧洲和亚洲的解放政策的基础。英国人和美国人对我们说，如果苏联军队可以留在伊朗，那英国军队为什么不能留在埃及、叙利亚、印度尼西亚和希腊呢，还有，美国军队为什么不能留在中国、冰岛和丹麦呢。所以，为了不让英国人和美国人抓住把柄，为了在各殖民地放手发动解放运动，从而使我们的解放政策更为合理和有效，我们决定从伊朗和中国撤军。我们没有别的选择，对此，你作为一个革命者，肯定会理解的。

斯大林把地缘政治的考虑与意识形态的追求结合在一起，这是他在这一时期特有的思维方式，尽管这两种成分在同一次讲话中如此简洁地联系在一起并不常见。

由此足见，斯大林在全力争取战略利益的同时，不会以断绝与英美的关系为代价。他一心想避免“伟大的同盟”发生分裂，不想通过周边地区的冲突引发这样的分裂。作为格鲁吉亚人，苏联的黑海基地在斯大林的心目中占有重要的位置；而且他一贯非常重视对石油之类的重要经济资源的控制。但是，对他来说，欧洲的总体局势要重要得多，而且他依然认为，无论是为了保护他在东欧的势力范围，还是为了避免在西欧形成敌对的反苏集团，在“伟大的同盟”范围内的谈判都是最好的途径。除了富尔顿演说之后在抨击丘吉尔时说了一些过分的话之外，斯大林的公开讲话一直都在释放这样一种信息：东西方之间的紧张关系是可以缓和的，在“伟大的同盟”范围内的问题是可以通过谈判来解决的，和平与安全是可以维持的。

1946 年 3 月，美联社记者埃迪·吉尔摩（Eddie Gilmore）向斯大林提到了“战争的危险”这个问题。斯大林告诉他：没有哪个国家，也没有哪个国家的军队，想要发动新的战争；那只不过是一些政治集团策划的煽动性宣传。

1946 年 9 月，亚历山大·沃思向斯大林提了同样的问题。苏联最高领导人告诉他：不相信存在新的战争危险。斯大林不仅否认美国和英国在对苏联发动资本主义的包围；而且还肯定地说，他相信与西方的和平共存还有进一步发展的空间。沃思问斯大林：“你是否认为美国对原子弹的垄断对和平构成了威胁？”斯大林说：“我认为原子弹没有某些政客想的那么厉害。原子弹可以用来吓唬胆小鬼，但它们不能决定战争的胜负，因为要实现这一目的，这样的炸弹是不够的。”

1946 年 10 月，联合通讯社休·贝利（Hugh Bailey）再次向斯大林提出上述问题。“你是否同意拜恩斯最近所说的，苏美之间的紧张关系正处在加剧的时候?”斯大林十分肯定地回答：“不。”贝利接着又问：“你是否认为有关和约的谈判会取得成功?”斯大林说：“我希望如此。”关于战争的危险问题，斯大林重复了他的看法，即“丘吉尔和他的朋友们”应该对目前这种人心惶惶的局面负责。他还说，对于他们想要挑起新的战争的行径必须进行揭露和遏制。

上述斯大林的所有回答，都是以书面形式对记者们书面提出的问题给予的答复。不过，1946 年 12 月，斯大林同意他的好朋友美国前总统罗斯福的儿子埃利奥特·罗斯福（Elliott Roosevelt）进行了现场采访。小罗斯福当然很想知道，在他父亲去世之后，美苏之间的友好合作是否减弱了。斯大林回答说，苏美两国人民之间的关系虽然在持续改善，但在两国政府之间却出现了一些误解。但斯大林认为关系不会进一步的恶化，也不可能发生军事冲突，因为这是没有根据的，“我认为新的战争威胁是不现实的”。

1947 年 4 月，斯大林又给了另一个人现场采访的机会，这次是美国共和党政治家哈罗德·斯塔森。斯大林心情很好，十分乐观地说：“尽管经济体制不同，但苏联与美国在战争期间曾经有过合作，而它们在和平时期也没有理由不能继续那样的合作。”为了支持他认为社会主义制度与资本主义制度可以和平共存的信念，他还援引了列宁的教导。当斯塔森指出，斯大林在战前曾提出的“资本主义包围圈”时，他回答说：“我过去从来没有否认过与其他国家合作的可能性，只是说过存在来自像德国这类国家的实际威胁。”斯大林还告诉斯塔森：“每一方都说自己的社会制度好，而哪一种更好，将会由历史来决定。同时，双方应该停止煽动性的宣传与谩骂。我和罗斯福就从来没有骂过对方是‘极权主义者’或者‘垄断资本家’。我不是搞宣传的，我是干事情的。”这篇采访后来发表在5月8日也就是欧战结束两周年的《真理报》上，它表达了斯大林希望回归“伟大的同盟”的那种精神的决心。

但是，事情并没有像斯大林想象的那样，或者说像斯大林所表达的那样顺利。也就在1946年的春季和夏季，美国向联合国提出了一项管制原子能的计划。因为像世界上任何一项发明一样，再过上三五年或是二十年，别的国家也会找到制造原子弹的方法。正如美国历史作家小查尔斯·米所分析的那样：美国政府感到伤脑筋的问题是——是帮助其他国家解决原子能的秘密，从而取得某种信任并为对这种新的力量实行某种程度的共同控制而努力呢，还是把原子弹的秘密封锁在美国实验室里面，而让别的国家自己去摸索，同时美国自己储存足够的大量原子武器，对别的国家保持威慑。最后，杜鲁门决定在表面上装作要选择第一条路，而事实上他走的却是第二条路。这年的6月14日，伯纳德·巴鲁克代表美国向联合国提出了限制原子能发展的“巴鲁克计划”。19日，苏联代表葛罗米柯宣布这是不能接受的。俄国人拒绝接受美国人的计划，此后就成了美国赞成核裁军而俄国人却要进行核武器竞赛的证明。为什么？巴鲁克解释说，因为俄国人企图“控制全世界”。

美国这么说苏联，苏联也说美国要控制全世界。早在1941年，美国就在《大西洋宪章》上同英国一起保证要“促使一切国家，不论大国或小国，战胜国或战败国，都应具有进行贸易和获得发展它们的经济所需要的世界各种原料的平等权利”。1946年10月10日，苏联外交人民委员莫洛托夫在巴黎就美国人提出的“机会均等”这一主意作了如下评述：

近来，所谓“机会均等”的原则成了人们喜欢谈论的一个题目。据说，这个原则会为所有国家一视同仁地建立均等的机会，那么，还有什么东西比这个原则更好呢？……让我们且来认真坦率地谈谈这个平等的原则……

在巴黎这个地方，你们每人都可以找到一本《1946年世界年鉴》。在这本书里，你们可以看到下面这些数字：美国的国民收入在1941年估计为960亿美元，1942年为1220亿美元，1943年为1490亿美元，而1944年为1600亿美元。这样，美国的国民收入经过四年战争增加了640亿美元。在这本书里还说，美国在1938年的国民收入总额是640亿美元。因此，美国仅仅在战争年代新增加的国民收入就等于它在1938年的全部国民收入总额。这些是人们不能不提到的事实……

你们既然知道了这些事实，请你们再把被战争削弱了的罗马尼亚，或是把被德国和意大利法西斯分子摧毁了的南斯拉夫，同在战争年代增长了巨大财富的美国放在一起比一下，你们就能清楚地看到在实行这个“机会均等”原则的时候实际上意味着什么。请想一想，在这样的情况下，在这样一个罗马尼亚，或是南斯拉夫，或是其他某一个被战争削弱了的国家里，你们让，比如说，美国资本享有这种所谓的“机会均等”，也就是让美国资本有了这个向罗马尼亚工业或是南斯拉夫工业畅通无阻地进行渗透的机会，那么，罗马尼亚的民族工业或是南斯拉夫的民族工业还会剩下什么呢？

人们当然不难理解，如果像这些“机会均等”的鼓吹者们所向往的那样，让美国资本在那些被战争破坏和削弱了的小国家去放手地干，那么美国资本必将统统买下当地的工业，侵吞比较吸引人的罗马尼亚、南斯拉夫等一切企业，并将成为这些小国的主人。如果出现这样的情况，也许有一天我们会看到，在你们自己的国家里打开收音机时，你将听不到多少你自己国家的语言，而是一张又一张的美国唱片……

在一定条件下，这样不受限制地实行“机会均等”的原则，实际上意味着小国受到真正的经济奴役，并被压制在实力雄厚的外国公司、银行和工业公司的统治和专横之下，这难道还不清楚吗？

莫洛托夫讲的这些彻底地解释了美国大发战争横财的原因。当然，就像美国一样，苏联也开始加紧对东欧的控制，拒绝同意他们在波茨坦协议上同意过的许多事情。比如有关赔偿的问题、波兰边界的问题、出入达达尼尔海峡的问题——现在，这些在波茨坦摊开来的问题，已经从保证“持久和平”协议的基础演变成他们之间争吵和冲突的根据。英国人依然在谈判中间担当着丘吉尔当年挑拨离间的角色，也不甘落后。查尔斯·波伦回忆说，在外长会议的一次会上，英国外交大臣贝文“站了起来，两手握成拳头，走到莫洛托夫跟前说，‘我对你这一套领教得够了，领教得够了’，看来在这一瞬间，英国的外交大臣和苏联的外长几乎要挥拳动武了。但保安人员跑了过来……”

1947 年 1 月初，杜鲁门接受了国务卿贝尔纳斯的辞呈。这两个人的关系搞不好倒不在于贝尔纳斯不够好斗，他肯定是好斗的，而在于贝尔纳斯只顾一味吹自己的喇叭，而不告诉杜鲁门他的计划是什么。贝尔纳斯辞职或多或少与此有关，他们在政治或者政策道路的选择上已经分道扬镳。杜鲁门一心想紧紧掌握对外政策。总统任命乔治·马歇尔将军接替贝尔纳斯。马歇尔在许多方面都是一个杰出的人物，其中很重要的一点是他支持杜鲁门向日本投原子弹。

在马歇尔被任命后只有几天，英国政府把它配给工业的用煤减少了一半。有些工厂完全关闭了。1 月 25 日，一系列的暴风雪第一次袭击英国。用电实行定量供应，接着粮食实行定量配售，又完全停止供应暖气，然后是暴风雪冻死冬小麦的消息。路易斯·霍尔说：“英国好像一个在战争中受了伤的战士，现在战争已经结束，他却流血死去。”

就在这个时候，英国人抛出了“希腊危机”。在美国国务卿贝尔纳斯辞职之前召开的联合国大会上，英国外交大臣贝文就告诉他希腊局势十分严重——1944 年 12 月开始，希腊的共产党人与君主主义者正在打内战，伦敦希望华盛顿极力干预，并暗示英国政府想把它的部队撤出这个国家。贝尔纳斯在其回忆录中说，他没有对此作出反应，而把英国外交大臣的话归之为他的“神经质”。其实，历史已经证明这是一场讹诈，英国人的目的就是迫使美国卷入其中。为了把美国从它在英、苏之间的“中立地位”中拉出来，英国采用了这个万无一失的计策——在希腊制造“真空地带”，其办法就是把英国军队撤出希腊的可能性描绘成一种具体的迫在眉睫的危险。在这种情况下，杜鲁门就再也坐不住了。

1947 年 2 月 27 日，一条消息犹如一枚炸弹在华盛顿爆炸了。消息来自伦敦，说英国政府决定“离开”希腊，停止对雅典政府任何支援，日期定在 3 月 31 日。英国宣布无法坚持支持希腊的政策，要求美国政府来接办顶替。由于这一消息具有最后通牒性质，因此更富于戏剧性。从 3 月的最后一天起，希腊将被它的悲伤的“保护人”英国所抛弃。英国一直是希腊经济的主要支持者和土耳其军队经费的主要负担者。这个时候，英国驻美国大使麦克维向美国国务院递交了第一个照会说，希腊在以后几个月内需要 2. 4 亿至 2. 8 亿美元，而英国无法提供这笔款项。第二个照会说，英国再也不能负担土耳其的军队经费了。尽管美国在波茨坦会议之后进行过许多棘手的、精明的和周密考虑的规划，可是这个来自伦敦的消息显然完全出乎华盛顿的意料，使美国人大为震惊。美国一直是想要缩小英国的影响，要打进英镑集团，并威逼英国在总的外交政策上采取顺从态度，但是美国并不想把它的一个盟国整垮。当丘吉尔过去哀告和恳求时，杜鲁门和他的任何一个顾问都不相信这位前首相的话。现在，他们十分吃惊地发现丘吉尔当初讲的竟都是“实话”。

这一天，国务卿马歇尔、副国务卿艾奇逊和杜鲁门同国会的领袖们在白宫开会。艾奇逊被指定为美国担负起英国的角色而大事吹擂。在艾奇逊看来，这个问题十分清楚和异常简单，关键是要保卫西方自身的文明。这位副国务卿发了 10 分钟的言，满口的雅典、罗马和西方文明的伟大传统和各种自由，使这些国会议员们听得目瞪口呆，一言不发。最后，参议员范登堡讲了话。他认为艾奇逊的发言很动听，他说，但是，如果总统真的要使美国人民接受他的计划，他需要“把全国人民大大吓唬一下”。马歇尔将军也肯定地说：“这是英国人在中东的一次让位，这就提出了一个问题：谁去接替他们。”他还说：“这分明是要我们兜揽另一个沉重的负担。”

谁去接替英国人呢?

只有美国人。只能是美国人。

3 月 7 日，杜鲁门在内阁会议上，就希腊问题组织讨论，并向部长们宣布：“没有一届总统需要作出比这更为严肃的决定。”因为这项决定事关美国进入中东事务的大舞台。后来，他在回忆录中对于“外交家和军事专家”就希腊问题得出的结论与他的完全一致感到特别高兴。他认为，这只是一项对希腊的立即的大规模的援助。他说：“要么这样做，要么失掉这个国家，让铁幕落在东地中海地区。希腊一旦丢掉，土耳其就成了在一个共产主义海洋中无法防守的前沿阵地。”当然，他也深知这是需要冒严重的风险的，“但是，对于我们的安全和世界上自由国家的安全来说，任何其他的道路，都将导致一场灾难”。

现在，杜鲁门真正地像丘吉尔一样说话了。

毫无疑问，到了这个时候，苏联与西方的关系正笼罩在巨大的阴影之中，杜鲁门总统在 1947 年 3 月对美国国会发表了一次著名的演说，更加证明“冷战”在这个时候已经在正式进行。但政治家们用行动坚决的事实，却让历史学家们以不同的文字给我们的世界受到了不同的教育。

冷战，就在这样的时代背景和历史现实中开始了。是的，不是战争没有发生，而是战争的样式发生了改变。

杜鲁门向国会联席会议的这次演说，名义上是为了说服国会批准对希腊和土耳其的财政援助，而且在演说中没有提到苏联人，但他的讲话是针对谁的，却是“司马昭之心，路人皆知”。

杜鲁门说：“美国收到希腊政府要求给予财政和经济援助的紧急

呼吁……如果希腊要作为一个自由国家存在下去的话，这种援助是绝对必要的……今天，希腊国家的生存受到由共产党领导的几千名武装人员的恐怖活动的威胁，这些人无视政府权力……希腊若要成为一个自给和自立的民主国家，必须得到援助。美国必须提供这种援助……希腊的邻国土耳其也值得我们注意。很清楚，对于世界上热爱自由的人民来说，土耳其作为一个独立的和经济健全的国家存在下去的重要性，并不亚于希腊。”到此为止，总统的演说听上去虽叫人吃惊，但并不吓人。接着，他就宣布后来被称之为“杜鲁门主义”的东西，他说：

近来，各种极权主义政权……被强加在许多国家的人民头上……美国政府多次对高压和恫吓进行了抗议……在世界历史的目前这一关头，几乎所有民族都必须在两种不同的生活方式之间作出选择。这种选择往往并不是自由的。一种生活方式是以大多数人的意志为基础，它的特点是自由的制度、代议制政府、自由的选举、对个人自由的保障、言论和宗教自由以及免于政治压迫的自由。第二种生活方式是以把少数人的意志强加于大多数人为基础的。它靠的是恐怖与压迫、遭到管制的报刊与广播、受到操纵的选举和对个人自由的压制。我相信，美国必须采取的政策是，支持热爱自由的各个民族，他们正在反抗企图使他们屈服的、武装起来的少数派或者是外来的压力。我相信，我们必须帮助热爱自由的各个民族，让他们用自己的方式来安排他们自己的命运。

最后，杜鲁门说：“我相信美国的政策必须是支持自由人民。如果我们的领导表现出举棋不定，那我们就会危害世界的和平——同时我们肯定会危害我们本国的幸福。”后来，杜鲁门在回忆录中说：“这篇讲话是美国对共产主义专制政权的扩张浪潮的回答，而我的回答是直截了当的。这种回答必须是明确的，毫不犹豫的，光明磊落的。”

美国人表面上在谈论希腊问题，制定的却是一项美国的新政策。这项政策就是“杜鲁门主义”。从此，美国就这样担负起了所谓的“自由世界”的领导责任。杜鲁门说：“除了美国，没有哪一个国家能同俄国抗衡。”所以，“美国毫不犹豫地站到并领导自由世界阵营的时刻已经到来了”。

对苏联人而言，杜鲁门的演说比丘吉尔的“铁幕”演说更具挑衅性。杜鲁门与丘吉尔不同，他在掌权，而且还建议援助希腊和土耳其。这两个政权一个在与起义的共产党交战，一个正因为黑海海峡问题与苏联发生冲突。但是，苏联人的反应却是出乎意料的温和。3 月 14 日，《真理报》刊登了塔斯社对杜鲁门演说的报道。这篇报道的注意力集中在援助希腊和土耳其的提案上，而没有抓住美国外交政策的总体特征。第二天，该报的社论对杜鲁门进行了猛烈抨击，指责他打着保卫自由的旗号推行美国的扩张主义。一个星期之后，《新时代》发表社论说，杜鲁门的演说宣布了一种基于武力与强权的对外政策。但是，斯大林本人还没有作出回击。

英国皇家历史学会会士杰弗里·罗伯茨分析说：“也许斯大林认为，与在任的美国总统进行针锋相对的争辩是不明智的，而且杜鲁门的演讲不管怎么说，并没有直接提到苏联。更重要的是，斯大林的注意力转向了别的地方。在杜鲁门发表演说的前两天，外交部长理事会会议在莫斯科召开了。在解决了各个次要轴心国的问题之后，理事会转而开始处理德国及奥地利的和约问题。这次的外交部长理事会会议持续了六个星期，却几乎没有取得什么看得出来的成果。不过，在公开场合，苏联人却高度评价了理事会的工作，并反驳了种种认为它没有取得任何进展的说法。苏联人的另外一个示好的迹象是，他们利用这次会议讨论了英国人的提议，即把 1942 年的《英苏同盟条约》的有效期从 20 年延长到 50 年。在 1947 年 1 月伯纳德·蒙哥马利陆军元帅访问莫斯科的时候，斯大林与他进一步讨论了这个由贝文在 1945 年 12 月提出的想法。作为此次外交部长理事会会议的附带议题，苏联人向英国代表团提出了一个新的英苏条约草案。”

4月15日，斯大林会见了接替贝尔纳斯担任美国国务卿的马歇尔将军，并对此次外交部长理事会会议进行了非常友好的讨论。马歇尔将军曾经是美国陆军参谋长，斯大林打了个他可以理解的比方，说此次外交部长理事会会议就像是“初次交战和火力侦察。在与会各方已经精疲力竭的时候，才有可能达成妥协。这次会议可能不会取得任何重大成果，但是不要失望。下次就会有成果了。在所有的主要问题上——民主化、政治组织、经济统一以及赔偿——都有可能达成妥协。只要有耐心，不失望”。杰弗里·罗伯茨在《斯大林的战争》一书中指出：“这表明，斯大林当时的心态是乐观的。与次要轴心国的和约已经在2月份完成了，与德国和奥地利的和约现在也进展顺利。斯大林想要的那种和平时期的‘伟大的同盟’，事实证明，要比他在战争结束时希望的更成问题，更难以捉摸；但是，两年过去了，它虽说有点破旧，但还完好无损。不过，斯大林很快就不会再像这样去积极缓和与西方的关系了，他将采用一种几乎是杜鲁门主义的镜像的冷战言辞与政策。”

其实，当英国人为了把美国拖进来而大谈希腊的时候，华盛顿为了证明这一干预不无道理而目不转睛地盯着中东。共和党领袖、参议员范登堡，在“两党联合”政策的幌子下，全力支持总统杜鲁门。他作为“石油托拉斯的代理人”，于1947年4月8日，在参议院发言时要求投票通过援助希腊和土耳其的法案，他说：“美国并非要为大英帝国作担保。”3月26日英国《每日邮报》社论《美国和中东石油》更加一针见血地指出：“美国新中东政策的变化引起的政治轰动，掩盖了最近的经济事件（暗指对希腊的援助），但正是由于这些经济事件，美国才得以进一步加强了对中东丰富的石油矿藏的控制。”

“石油外交”从经济援助的幕后终于走向西方媒体的头版，成为美国新政策的“面膜”。沃尔特·李普曼在《纽约先驱论坛报》上对这种形势作了精彩的概括：“实际上，人们可以毫无差错地认为，（援助希腊和土耳其）法案的通过，是对这样一种基本思想的赞同：这就是在中东和东地中海地区，美国需要保护它的切身利益，发挥一个大国的作用。”他还称赞说：“这一法案的目的不是要在希腊和土耳其建立民主，而久远战争的受害者，也只是捎带而为。它的目的，是把美国变成主宰中东的一个强国。在整整一个世纪里，英国和俄国曾经称强于中东。现在该轮到美国了。”3 月 15 日，李普曼在《纽约先驱论坛报》上这样概括了“杜鲁门主义”的含义：这一主义甚至超越了“一项具体的政策”的范畴，而向着“一项广泛的全球政策”演变。它实际上“没有界限”，也无法加以控制。李普曼谴责了这一政策的危险性——“不论是谁，不管是在何处，都可以从这一政策中找到自己的忧虑或者希望。”

尽管美国人为了平息世界对美国“新政策”的忧虑，将“杜鲁门主义”描绘成无害的、没有任何反苏性质。但谁都看清楚了美国背后的阴谋。副国务卿艾奇逊 3 月 21 日在众议院外交事务委员会上宣布：“凡是拥有共产党政府的国家，不管它们位于世界的什么地方，都构成对美国安全的威胁。”

这实在是危言耸听。而这也恰恰是“杜鲁门主义”的全球性和凶恶的反共性。

原本是为了填补英国人离开希腊时可能造成的“真空”杜鲁门，因为受到幕后操纵者——美国石油托拉斯的包围，却突然不由自主地变成了美国“新政策”的创始人。他在回忆录中毫不隐讳地承认，1947 年 3 月 11 日在国会发表的演说中，由于“向全世界”宣布了“面对俄国新的极权主义政权的挑战，美国想要采取的立场”，从而提出了“以杜鲁门主义这个名字闻名于世”的理论。他自豪地宣布：“我真诚地相信，这是美国对外政策的决定性的转折点，这是表示从今以后，任何对和平的直接的或间接的侵犯，不论它发生在何处，都将危及美国的安全。”

但是，在美国的新的政治气氛中，杜鲁门、他的政府和国会，完全失去了对美国政策的控制，现在一切机构都在一个新的机构面前黯然失色。这个机构就是借助于“杜鲁门主义”建立起来的国家安全委员会。美国的最重要问题——安全和防务，都将由国家安全委员会——这个“国家的真正的主人”最后拍板。一言以蔽之，美国现在实行的是丘吉尔万分珍视的“防疫线”政策和遏制的“铁幕”政策。这一政策体现为“历史的美国时代”——也就是美国统治下的和平。但美国人要达到这个目的，只有在苏联消失的情况下才可以设想，因为苏联是唯一能够阻止美国统治世界的大国。

小查尔斯·米《在波茨坦的会晤》一书中这样写道：“不断引起历史学家们兴趣的问题是杜鲁门和斯大林当时究竟能不能避免冷战。如果杜鲁门不是那样好斗，如果美国没有促使俄国的历史性的‘偏执狂’更加恶化，如果干脆承认了俄国的势力范围，斯大林是不是就不会那么咄咄逼人，而整个冷战就能避免了呢？我们最多只能说，这也许有可能。然而，这个问题只有在假定杜鲁门希望避免冲突并且努力寻找保证世界安宁的策略的前提下才有意义。事实上，杜鲁门所做的一切很少能够被解释成是谋求世界安宁的计划的一部分。”

面对“杜鲁门主义”，无论是斯大林，还是他领导下的共产主义制度当然并不准备“自愿投降”，于是开始了一场“战争”。《大元帅斯大林》的作者卡尔波夫在2012年这样认为：“那正是第三次世界大战。关于这场战争，人们今天有不同的说法：一些人说已经打完了，另一些人说还在打，还有人说眼看着就要爆发。我倾向于认为，当英美同盟宣布开战时，第三次世界大战就已经开始了。战争中出现了新战略，它成了这场战争的主要内容。今天我们在我国看到的、经历的就是这场战争的一个阶段。”

卡尔波夫在他的著作中，披露了有关美国进攻苏联的骇人听闻的核战争计划：

早在1945年9月，即在总统（杜鲁门）签署广泛传播的波茨坦会议关于和苏联友好并共同采取措施使德国非军国主义化以及巩固和平的各种文件之后一个月，总统本人就领导了用新的原子弹屠杀的准备工作。

美国已经拟定了一份备忘录（1945年9月4日第329号），其中规定："在苏联及其控制的土地上选择大约20个适合施行原子弹战略轰炸的最重要目标。"

国家安全委员会1948年3月7日的备忘录也十分明确而肯定地说，这指的正是第三次世界大战："粉碎由苏联领导的世界共产主义的势力对于美国的安全至关重要……采取防御政策不可能达到这个目的。因此，美国应当承担起组织全球反攻的领导责任……"

美国为了实现这个全球纲领，先后（随着原子弹数量的增加）制订了好几个消灭苏联的计划："烧灼—1947"、"游击队员—1948"、"Cronkshaft"、"半月"、"履带—1948"、"海洛因"、"Ofteks—1949"等。还有1950年制订的、如今已广为人知的"扣球"计划。

考虑到1941年的惨痛经验，斯大林非常注意情报部门的材料，关注美国军方领导人的观点和计划。下面将要谈到的一切，斯大林都是及时得知的。

他拥有（我和读者今天也有了这种可能性）非常重要的文件——美国对苏联的作战计划——"扣球"计划。就像当年希特勒的"巴巴罗萨"计划规定了战争分几个阶段一样，"扣球"计划也分四个阶段。

第一阶段：用300颗原子弹突然袭击苏联的大城市：莫斯科、高尔基、古比雪夫、斯维尔德洛夫斯克、新西伯利亚、鄂木斯克、萨拉托夫、喀山、列宁格勒、巴库、塔什干、车里雅宾斯克、下塔吉尔、马格尼托戈尔斯克、彼尔姆、第比利斯、新库兹涅茨克、格罗兹尼、伊尔库茨克、雅罗斯拉夫尔等——共计70座大城市。除此之外，战略轰炸机还要对100座城市投下29000吨炸弹。这次突击应当摧毁苏联85%的工业。

第二阶段：以250个师的兵力，得到继续进行轰炸的7400架飞机和运送登陆兵的750多艘战舰的支援后，入侵苏联及其盟国的领土。

第三阶段：用美国和北大西洋公约各国的武装力量夺取苏联及其盟国的领土。第三阶段强调："本战局的重点是从肉体上消灭敌人。"

第四阶段：占领苏联领土，将苏联一分为四，在苏联及其欧洲盟国的要害城市部署美军部队。

斯大林逝世时，苏联和美国正以前所未有的规模展开军备竞赛。在双方战略家看来，原子武器以及将原子武器运送到潜在敌人的领土上的运载工具的数量和质量，不仅将决定战争的结局，而且将决定两种对立的政治制度之一的存亡。

斯大林辞世时，我国及其武装力量和美国是旗鼓相当的，他创造的原子潜力的储备和质量使我国既能进行先发制人的打击，也足以进行回击。

然而苏联进行的原子弹（后来是氢弹）试验，特别是制成了洲际导弹表明，美国人不可能实施自己的计划而不受到惩罚。美国人明白了这一点，并因此而改变了战略。可以作证的是美国国家安全委员会1948年8月18日通过的20/1号指令《美国对俄作战的目标》。下面是这份文件的摘录。

为了目前开展的政治战，政府不得不现在，在和平时期，就拟定对付俄国的更为确定的战斗目标。

我们对俄国的主要目标实际上可以归结为两点：

(a) 将莫斯科的实力和影响削弱至最低限度；

(b) 从理论上和实践上根本改变俄罗斯现任政府执行的外交政策。

我们为使莫斯科接受我们的纲领而做的努力等于是宣称：我们的目的是推翻苏维埃政权。按照这个观点，可以说，不进行战争是不可能达到这些目标的，因此我们也等于承认：我们对苏联的最终目标是，开战并用武力推翻苏维埃政权。

首先要做的就是要达到并保持苏联在政治上、军事上和精神上弱于处在其控制范围以外的外部势力。

我们的出发点首先是：完全占领苏联全部领土并在其上建立我们的军事管制制度对我们并不是有利的，也不是切实可行的。这既是由于其领土辽阔，也是因为其人口众多……换句话说，不应当指望在俄国领土上完全实现我们的意志，犹如我们曾经试图在德国和日本做过的那样。我们必须明白，最终的解决应当是政治的解决。

那么，对于因为战争而在俄国部分或全部领土上可能出现的任何非共产主义政权，我们应当寻求什么目标呢？应当着力强调指出，任何一个非共产主义制度不论其思想基础如何，不论它在多大程度上愿意口头上赞扬民主和自由主义，我们必须根据上述要求来实现我们的目标。换句话说，我们应当创造一种自动的保证，使非共产主义的、名义上和我们友好的制度：

(a) 不拥有强大的军事力量；

(b) 经济上强烈地依赖外部世界；

(c) 对于主要的少数民族不拥有重大的权力；

(d) 不建立类似铁幕那样的东西。

如果这样的制度表示与共产主义为敌，而对我们友好，我们就必须注意不用侮辱或轻蔑的办法把这些条件强加给它。不过我们有责任千方百计地使它接受这些条件以保卫我们的利益……我们必须采取坚决的措施，避免在苏维埃制度垮台以后，为决定由谁来管理俄罗斯而承担责任。对于我们而言，最好的出路是允许全体流亡在外的人尽快回到俄罗斯，并尽我们的力量使他们在从政方面获得大体相等的权利……

卡尔波夫进一步分析说：怎样实现这些庞大的计划呢？实现计划需要怎样的策略呢？关于这一点，“冷战”的理论家和实践者之一阿伦·杜勒斯有过非常形象、通俗，甚至简直就是厚颜无耻的坦率说明。应当客观地说，他极其生动的预言在随后的十年中完全实现了：

战争一结束，一切都好歹能够解决，能够安顿下来。我们就抛出我们所有的一切——我们的全部黄金和物质力量来愚弄人，欺骗人……人的头脑，人的意识是善于适应变化的。我们在那儿播下了混乱，神不知鬼不觉地就把他们的价值观换成了虚假的价值观，而且迫使他们相信这些虚假的价值观。这是怎么回事呢？我们将在俄罗斯找到自己的同伙、自己的盟友。一出规模庞大的悲剧——最不肯屈服的民族的死亡、它的觉醒的彻底而不可逆转的熄灭——就会一幕一幕地演出……

比如说，我们逐步从文学艺术中抽去它们的社会本质，使艺术家们不再愿意描绘……研究在人民大众的深层次中发生的那些进程。文学、戏剧、电影都将描写和歌颂人的最卑劣的情感……我们将全力支持和抬高那些向人们灌输对性、暴力、残忍行为、叛变的崇拜——总之，崇拜各种道德沦丧的所谓艺术家……我们将在国家管理中制造混乱和纷扰。我们将令人难以觉察而又积极地不断促进官吏的蛮横专制、贪污受贿和丧失原则。官僚主义和拖拉作风将被说成是美德……诚实和正派将遭到嘲笑，不被任何人看重，而变成旧时代的残余。粗野和放肆、谎言和欺骗、酗酒和吸毒、彼此之间都怀着动物的恐惧、肆无忌惮、叛变……各民族之间的民族主义和敌视，首先是对俄罗斯民族的敌视和仇恨——这一切都会像罂粟花一样绽放……只有为数不多的人，极少数的人能够识破，甚至懂得正在发生的事情。不过我们会把这些人置于孤立无援的状态，把他们变成笑料，设法诽谤他们，宣布他们是社会渣滓。我们要挖出精神的根源，丑化并消灭精神道德的基础。我们要从儿童时代、少年时代就着手抓住人，主要的赌注要下在青年身上，要使他们堕落、腐化、道德败坏。我们要把他们变成恬不知耻的人、卑劣的人、世界主义者。

杜勒斯的上述讲话，正是1953年1月他作为美国国务卿提出的“和平演变”战略的最初蓝本。他声称应该使社会主义国家“被奴役的人民”得到“解放”，成为“自由的人民”，而“解放可以用战争以外的方法达到”，“它必须而且可能是和平的方法”。他对社会主义国家内部出现的“要求自由化的力量”感到满意，并把希望寄托在社会主义国家第三代、第四代的身上，说社会主义国家领导人“如果他继续要有孩子的话，而他们又有孩子的孩子，他的后代将获得自由”，并攻击“中国共产主义是一致命的危险”，要“用和平的方法使全中国得到自由”。

在中国，毛泽东对杜勒斯的“和平演变”战略给予了高度重视。1958年11月30日，他在对各协作区主任的谈话中说：杜勒斯这个人比较有章程，是美国掌舵的。这个人是个想问题的人，要看他的讲话，一个字一个字地看，要翻英文字典。杜勒斯是真正掌舵的，省委要指定专人看《参考资料》。毛泽东要求别人做的，自己首先做到。他每天都坚持阅读《参考资料》，密切注视国际形势和国内社会矛盾与斗争的发展，审时度势，见微知著，以利做到心中有数，未雨绸缪，一旦有事，才能头脑清醒，从容应对，“任凭风浪起，稳坐钓鱼船”。

1959年11月12日，毛泽东在杭州与华东各省市委第一书记谈话时，第一次明确提出要防止和平演变问题。他说：“杜勒斯的路线，在他在世的时候就有了。比如他在今年1月28日在众议院外交委员会做证时说：‘基本上我们希望果然苏联世界内部起变化。’这个所谓苏联世界，并不讲苏联一个国家，是社会主义阵营，是我们内部起变化。‘从而使苏联世界不再成为对世界的自由的威胁，只管他们自己的事情，而不去设想实行共产主义化的目标和野心。’他在众议院外交委员会另一次发言中讲：‘决不结束冷战。’看来，冷战全部结束，对他们是不利的。还是这次演说，他说：‘用正义和法律代替武力。’仗不打，要搞法律同正义。他又说：‘在这方面极为重要的，是要认识到，在这种情况下放弃使用武力并不意味着维持现状，而是意味着和平的转变。’和平转变谁呢？就是转变我们这些国家，搞颠覆活动，内部转到合乎他的那个思想……就是说，他那个秩序要维持，不要动，要动我们，用和平转变，腐蚀我们。”

直到今天，当微信、微博、博客等各种新媒体、自媒体上大量诋毁中国的言论风一样传播的时候，伟人的话语更让人感受到一种来自天命的力量，警钟长鸣！

毛泽东在这个时候敏锐地提出防止和平演变问题，对于社会主义国家来说是具有重大战略意义和深远历史眼光的，是对国际共产主义运动的一个重大贡献。保证国不变色、党不变质，防止和平演变，至今仍然是中国共产党和中国政府必须长期坚持的一项战略方针。而在当年，为了防止和平演变，毛泽东除了发动一系列的政治运动和具体措施之外，还提出要大力培养革命事业的接班人的问题，并从两个方面采取措施：一是大胆提拔新生力量到各级领导岗位；二是进行教育制度的改革。如果再联系到 20 世纪 80 年代末、90 年代初东欧剧变、苏联解体等国际国内的历史现实来看，毛泽东的思想真可谓高瞻远瞩、远见卓识。

毫无疑问，当下的中国同样正面临着这个严峻的问题！我相信，这是一场战争！我们在拥有道路自信、理论自信和制度自信的时候，我们更需要文化自信！我们更需要信念和信仰，牢牢树立我们自己的价值观、文化观和世界观，与时俱进地创造我们自己的思想体系、理论体系和价值体系。我们需要对中华民族厚德载物、自强不息精神的崇拜，需要对在中国大地上成长起来的真实践行中国精神的历史伟人和先辈怀抱足够的敬畏和敬仰，我们才能扎根中国土壤成为祖国的栋梁。

而从另一个角度来说，东欧剧变和苏联解体的事实使得杜勒斯的政策在苏联变成了现实。所以，卡尔波夫对“杜勒斯计划”进一步分析说：“不难理解，实现这样一个奸猾的纲领需要依仗‘第五纵队’和有反苏维埃情绪的本土居民。而指令加以巧妙伪装的主要突击力量就是犹太复国主义者：必须使俄国‘对于主要的少数民族不拥有权力’。那么我国‘主要的少数民族’是什么人呢？大约就是那些现在希望在护照中不指明民族属性的人，那些希望不被指明为瓦解俄罗斯的‘主要力量’的人，那些力求不怀疑确定这股‘主要力量’作用正确的人。我再提醒大家注意指令中两行简短而十分重要的文字：‘……允许全体流亡在外的人尽快回到俄罗斯，并尽我们的力量使他们在从政方面获得大体相等的权利……’什么人从苏联大量移居以色列和其他国家，然后又大量（按前面引用过的文字）返回俄罗斯呢？我想，不必指明了吧。我只请大家注意一个细节——许多返回的人已经具有了双重国籍——有备无患，为了保护自己——这就是说，他们知道他们的事情并不怎么光彩，所以或许需要逃避法庭的审判和人民的愤怒……这一次领导‘冷战’的是专业人士：政府、中央情报局、联邦调查局的政治活动家，各种形式传媒的老板。”

面对解散的苏联，卡尔波夫痛心疾首地说：“斯大林去世后的事态发展表明：我国的新领导人（着便服的战略家）不懂得潜在敌人的图谋。勃列日涅夫及其亲信继续军备竞赛，破坏了国家的经济，使人民的物质状况恶化，招致了人民的不满，从而在同日趋繁荣的资本主义进行的积极斗争中，丧失了抵抗力。‘活尸’契尔年科对国家的命运没有留下任何痕迹。尤里·安德罗波夫虽然认识到了许多问题并打算组织政治防御，然而在国内当家做主的已经是‘权势的代理人’了。这些人感到安德罗波夫是一个危险的对手，给他安排了不治之症。赫鲁晓夫，尤其是戈尔巴乔夫，打着争取和平的口号，使武装力量完全萎缩了，为美国广泛的政治侵略和思想占领苏联打开了种种渠道。由斯大林及其战友们，还有苏联人民创建起来的一个伟大的强国苏联，在历史范围内存在了不算长的 70 年，就可悲地结束了。”

——波茨坦会议带给我们的那个世界，在美国和苏联这两个大国的政治博弈中以“冷战”的方式，再次改变了世界……

赢得了胜利，却失去了和平。

这是波茨坦会议带给我们的世界。

这不能不说是人类史的一种悲哀。

当然，世界还是那个世界。不可否认的是，波茨坦会议与开罗会议、德黑兰会议、雅尔塔会议，为打败希特勒法西斯主义和日本军国主义、赢得第二次世界大战的胜利作出了不可磨灭的贡献，大国在这些重大会议上所确立的战后秩序和原则给人类的和平带来了福音！尤其重要的是在战争进行时的大国博弈过程中，我们的世界多了一个“联合国”。

众所周知，“联合国”这一名称是由美国总统富兰克林·罗斯福提出来的。1942 年 1 月 1 日，26 个反对轴心国的同盟国家代表在华盛顿会面，签署了《联合国家宣言》，以表示对《大西洋宪章》的赞成。这份文件第一次正式采用了罗斯福总统提出的“联合国”说法。随后，在莫斯科的外交部长会议和德黑兰会议上，苏联、英国、美国和中国政府号召尽早建立一个维护世界和平与安全的国际机构。1944 年 9 月 21 日至 1944 年 10 月 7 日，在华盛顿特区一座名为敦巴顿橡树园举行的会议上，联合国蓝图第一次被描绘出来。1944 年 9 月 21 日至 10 月 7 日，美国、英国、苏联和中国就建立一个世界组织的目标、结构和功能达成了一致。在 1945 年的雅尔塔会议上，罗斯福、丘吉尔和斯大林宣告了他们建立“一个国际机构维持世界和平与安全”的决心。4 月 25 日，来自 50 个国家的代表齐聚旧金山，参加联合国家国际组织大会。6 月 25 日，有 111 个条款的《联合国宪章》在旧金山歌剧院获得全票通过。次日，代表们在退伍军人战争纪念堂的赫伯斯特剧院签署了宪章。10 月 24 日，经安理会五个常任理事国和大多数签署国的批准，《联合国宪章》正式生效，联合国正式成立。《联合国宪章》的《序言》这么写道：

我联合国人民同兹决心：欲免后世再遭今代人类两度身历惨不堪

言之战祸，重申基本人权，人格尊严与价值，以及男女与大小各国平等权利之信念，创造适当环境，俾克维持正义，尊重由条约与国际法其他渊源而起之义务，久而弗懈，促成大自由中之社会进步及较善之民生，并为达此目的力行容恕，彼此以善邻之道，和睦相处，集中力量，以维持国际和平及安全，接受原则，确立方法，以保证非为公共利益，不得使用武力，运用国际机构，以促成全球人民经济及社会之进展，用是发愤立志，务当同心协力，以竟厥功爰由我各本国政府，经齐集金山市之代表各将所奉全权证书，互相校阅，均属妥善，议定本《联合国宪章》，并设立国际组织，定名联合国。

除了签署《联合国宪章》之外，联合国还有了自己的“国歌”。在罗斯福总统的提议下，把苏联作曲家肖斯塔科维奇 1932 年为电影《对策》（*The Counterplan*）创作的主题歌《相逢之歌》（*Song of the Counterplan*）作为未来《联合国歌》的曲调。这首歌曲描绘了苏联工人迎着曙光唱着歌去工地劳动的愉快心情。该影片上映后，在世界好评如潮。而《相逢之歌》很快就在世界到处传唱，成为反法西斯阵营中人们激励士气的一种精神武器，歌词是由苏联作家高尔尼洛夫创作的。按照罗斯福的意见，美国诗人 H. J. 罗梅按照《联合国宪章》重新填词，创作了《联合国歌》。1945 年 5 月，毕业于上海音乐专门学校的李士钊把这首歌用中文译配出来，7 月 6 日在重庆《世界日报》发表。8 月 15 日，日本帝国主义宣布无条件投降时，重庆电台赶录了这首歌的唱片，向全国播放。70 多年来，全世界人民用不同的语言同声高唱着这首向往和平、自由、民主、美好的《联合国歌》。

在本书的结尾，让我们再一次重温这首庆祝胜利、爱好和平的颂歌吧——

太阳与星辰罗列天空，大地涌起雄壮歌声。
人类同唱崇高希望，赞美新世界的诞生。

奋起解除国家束缚，在黑暗势力压迫下，
人民怒吼声发如雷鸣，如光阴流水般无情。
太阳必然地迎着清晨，江河自然流入海洋。
人类新世纪已经来临，我子孙多自由光荣。
联合国家团结向前，义旗招展，为胜利自由新世界，携手并肩。

2015年2月11日至5月13日一稿

6月18日至23日二稿

于北京平安里弃疾斋

后　记

胜利日启示录

2015 年，是中国人民抗日战争暨世界反法西斯战争胜利 70 周年。

2015 年 9 月 3 日，中国人民第一次在天安门广场举行盛大阅兵式，庆祝这个伟大的胜利日。

“开展纪念日活动，如同点燃一支火炬。”著名作家维克多·雨果如是说。

——不！胜利日，不仅仅是一支火炬，而是人类文明的火种，永不熄灭，照亮过去和未来，焚毁黑暗与绝望，点燃光明和希望。

因为，我们坚信：“弱肉强食、丛林法则不是人类共存之道。穷兵黩武、强权独霸不是人类和平之策。赢者通吃、零和博弈不是人类发展之路。和平而不是战争，合作而不是对抗，共赢而不是零和，才是人类社会和平、进步、发展的永恒主题。”中共中央总书记、国家主席、中央军委主席习近平的这番话，不仅表达了中国人民也表达了世界人民热爱和平、向往和平、捍卫和平的心声。

盛大的阅兵，将人们的思绪带回烽火连天的岁月。惊天地泣鬼神的反法西斯主义反军国主义战争，把全世界正义的力量团结起来，在最黑暗的日子里捍卫和平的希望。

那一页历史不容忘却！

那一页历史永不忘却！

1976 年 5 月，有作家和记者在美国青年中做过这样一个民意测验，调查结果显示："美国现在有 1700 万 18—21 岁的青年，占选民总数的 11%。然而他们之中有 92% 不了解第一次世界大战，1929 年的经济危机在 82% 的人当中不能引起任何反响，而 62% 的青年说不出 1941 年在珍珠港发生了什么事，56% 对朝鲜战争一无所知，40% 根本不知道肯尼迪被暗杀身亡。十个里面有三个甚至已经忘记了 1969 年 7 月是一个名叫尼尔·阿姆斯特朗的美国人第一个登上了月球。"同样，在遭受了第二次世界大战残酷蹂躏的欧洲大陆，这种现象也如出一辙。这场空前的血泪交迸的人间悲剧的受害者达 4000 万人，"欧洲有 1200 万不同种族、不同民族、不同哲学和不同信仰的人在法西斯集中营内被枪杀、吊死，被毒气窒息或被烧死。从恐怖中侥幸逃生的人，他们的心灵与肉体中还带着'黑色秩序'（纳粹德国的党卫队成员穿着黑衫）暴行的后果，没有忘记法西斯主义。相反，他们之后的年轻人低估或否定有关那一时代的说法，虽然那一时代并不十分久远。这一点，在法国，墙上那些横涂竖抹的黑标语就是证明。青年示威者写道："CRS = SS"（即共和国保安队 = 纳粹德国党卫队），他们与这支警察队伍发生冲突，把他们比作那些狂暴的杀人犯，虽然他们对后者的滔天罪行一无所知。实际上，这种比喻的轻率反映了希特勒主义已经不能再占据人们的思想，它不再使人愤怒了。即使是最可怕的罪行，随着时间的过去，也在不断地被人遗忘，人们似乎依此作为他们进化的代价"。

上述文字，不是笔者的杜撰，它来源于法国《快报》医学专栏编辑皮埃尔·阿考斯和瑞士医学会内科专家、《医学和卫生》主编皮埃尔·朗契尼克合著的著作《病夫治国》。无论是美国青年还是欧洲青年，生活中的他们当然不会像历史学家那样，把铭记历史作为一种责任或者使命。

无独有偶。就在 2015 年 5 月，俄罗斯纪念卫国战争胜利 70 周年之际，法国一家叫 IFOP 的民意测验机构，就"二战中你认为哪个国家对战胜纳粹德国起到了决定性作用”的问题进行了一次调查。结果显示：1945 年时，57% 的法国人认为是苏联、20% 的人认为是美国，12% 的人认为是英国。然而，70 年后的 2015 年，同样的问题，却遭遇了截然不同的答案，有 54% 的法国人认为是美国，只有 23% 的人认为是苏联，还有 18% 的人认为是英国。本来，这个问题不应该成为问题，所有的历史学家都知道，二战期间，德军 60% –79% 的主力部队在东线与苏联红军作战，也就是说，苏德战争是欧洲战场的核心。就连美国历史学家威廉·夏伊勒在其代表作《第三帝国的兴亡》中指出：“斯大林格勒战役与阿拉曼战役、英美在北非登陆合在一起，标志着第二次世界大战到了伟大的转折点。”但如今，在法国人眼里，历史却悄悄地改写了——美国才是战胜纳粹德国最重要的国家，诺曼底登陆才是二战的历史转折点，许多年轻人甚至不知道斯大林格勒战役，遑论亚洲战场所发生的一切。

70 年，历史竟然彻底改变了模样！历史就这样在我们的眼皮底下被篡改。为什么会出现这样的情况呢？除了媒体舆论长期持续性地有选择性的片面报道之外，冷战思维依然是最为主要的因素之一。西方人之所以采取这种态度，就是为了在处理二战战胜国地位上否认苏联的历史贡献，削弱现在俄罗斯的国际地位和影响力。而中国在抗日战争中的贡献和地位，同样一直遭遇着这样的尴尬。今天的欧洲人，大多数对遭遇原子弹轰炸的日本给予同情，而对遭遇日本军国主义蹂躏的亚洲人民犯下的滔天罪行却并不了解。原因就出在历史信息舆论的不完整、不对称，以及意识形态的偏见。其结果就是在今天中日历史之争（如参拜靖国神社问题）、领土之争（钓鱼岛问题）中，就连法国汉学家多梅纳克居然会在电视辩论中竟然说出了“日本人是那么的和平、温顺，中国却依然不依不饶……”这样绝对颠倒黑白的话语来，令人大跌眼镜。由此可见，历史已经被遮蔽和篡改到什么程度！

“忘记历史就意味着背叛。”列宁的这句话，是革命家和政治家的一种政治表达，注入了血浓于水的革命理想、国家情怀和民族情感，对没有经历同时代的年轻人来说当然少了共鸣，甚至难以理解或者接受。是的，从生理学角度来说，遗忘是人类的一种本性。但是，从政治学角度来说，世界将为遗忘历史付出惨痛代价。在中国呢？我们，尤其是我们的年轻人，是否还记得从1931年九一八事变到1945年9月3日胜利日，这长达14年的抗击日本侵略者的历史呢？是否还会记得我们的国歌《义勇军进行曲》背后有多少民族先烈抛头颅洒热血呢？

启示录之一

家有恶邻：日本仍在海那边

记忆可以尘封，而历史不会；时空离我们再遥远，历史也不会走远。有一个传说在时光里走了两千年：一个叫徐福的人，为秦始皇求得灵丹妙药，带三千童男童女远漂东洋，此后才有了大和民族。传说毕竟是传说，但日本的铁器和水稻的确是从中国引进的，就连今天他们的和服和文字仍然与中国的文明密切相关。当时光走到19世纪70年代，执政的明治天皇宣称要“开拓万里波涛，布国威于四方”，开始派兵入侵台湾，进行扩张试探。此后，1879年出兵吞并琉球群岛的是日本人；1894年发动甲午战争，中国北洋水师全军覆没，使中国海权丧失殆尽的是日本人；1900年结伙“八国联军”火烧圆明园的是日本人；1931年发动九一八事变的是日本人；1937年发动卢沟桥事变的还是日本人……直到70年前的1945年，中国人民终于不再在日本人的铁蹄下，用血和泪去叩问大地的沉默，在水深火热中抗争的炎黄子孙终于从自己伤痕累累的躯体上撕碎了那面“膏药旗”。日本军国主义在第二次世界大战中发动的侵略战争，给包括中国人民在内的亚洲人民带来了深重灾难，犯下的滔天罪行罄竹难书，这些铁的事实是决不允许篡改的！

70年，弹指一挥间。日本，仍在海那边！

今天，中日关系已翻开了新的一页。恩仇未全泯，相逢早一笑。

昨天就是昨天，今天就是今天。中日关系再好，但汪精卫是中国的大汉奸是永远不能改变的，东条英机是战争罪人是永远不能改变的。曾经，海那边的文部省修改教科书，否定入侵中国；曾经，海那边的通产大臣歪曲侵略历史；曾经，海那边的村山首相在中国参观抗日战争纪念馆时口口声声说自己是战败国，“侵略”二字只字不提；曾经，海那边的执政三党就不足300字的“不战决议”，进行了长达几个月的争论才达成妥协；1998年又拍摄了美化日本头号甲级战犯东条英机的影片《尊严》……如今，海那边有了它的“自卫队”，有了它的“八八舰队”，有了更多更尖端更先进的“杀人武器”……日本最高领导人曾多次表示要以史为鉴，深刻反省，走和平发展道路，强调中日世代友好。但日本朝野至今不肯认真反省过去犯下的罪恶，参拜靖国神社、修改历史教科书、否认南京大屠杀、诋毁慰安妇等恶行和闹剧不断上演，就在2015年全世界都在纪念反法西斯战争胜利70周年的日子里，日本首相安倍晋三却逆流而动，大力推行修改安保法，在军国主义的土壤里催生战争的种子，开启行使武力的不归路。日本人这种自相矛盾、自欺欺人的做法，只有一种解释，就是至今日本仍有一些人妄图“征服全世界”。所以，只要外部环境有机可乘，日本军国主义就会从阴沟里跳将出来，披挂上阵。所以，一心想成为政治大国的日本，对历史已作定论的侵略战争的态度长期遮遮掩掩，“犹抱琵琶半遮面”，亚洲各国怎能对它相信、对它放心？

2013年12月18日，德国《法兰克福汇报》就撰文指出日本的“历史健忘症”（historical amnesia）令人担忧。2015年4月，日本首相安倍晋三对美国展开为期8天的访问，其间就有不少西方媒体和学者送给这位日本右翼分子一个新名词——“安倍健忘症”（Abenesia），即由他的姓氏Abe（安倍）与健忘症（记忆缺失）amnesia的后半部分组成。新加坡《今日报》网站4月24日刊登英国《金融时报》亚洲版编辑戴维·皮林撰写的文章《“不会沉没”的美日关系将受考验》，对Abenesia作出解释，认为是“对日本战争史实的淡化处理”。

《金融时报》在4月27日的社论指出："安倍已经暗示，他想摒弃日本官方以前道歉时所提的colonial（殖民统治）、aggression（侵略）和remorse（懊悔）。这种安倍健忘症的任何表现都将是一个巨大错误。"4月29日，安倍在美国国会参众两院联席会议上发表演讲，称日本对二战表示痛切反省，但未就侵略历史和"慰安妇"问题作出道歉。美国有线电视新闻网5月1日在题为《战时"安倍健忘症"不利于日本的国际声望》的文章中写道："安倍有关日本战时历史问题的表态令人失望，因为他含糊其词，不愿明确承认日本对其战时在亚洲行为负有责任……这种'安倍健忘症'对日本的国际形象是有害的，而且激怒了中国和韩国。"对此，美利坚大学历史学教授彼得·库兹尼克分析说，安倍是一个"臭名昭著的篡改历史者"。他对待历史的态度是一种家族传统，可追溯到外祖父、二战甲级战犯岸信介。自当选国会议员至今，安倍一直在粉饰日本的历史责任和战争罪行。5月19日，路透社发布消息称，有450多名学者联名致信安倍晋三，敦促其大胆正视日本战时历史，"给当代人及后人留下一份诚实的记录"。

反法西斯战争、反军国主义战争是正义反对邪恶，是卫国抵御侵略，不仅是军事的胜利，而且是政治的胜利、思想的胜利。战后，纽伦堡审判、东京审判、伯力审判等正义的裁决，把法西斯主义和军国主义彻底地钉在了历史的耻辱柱上。对于德、意、日发动的侵略战争的性质的认定，对于战争罪行的认定，同样是维持战后和平与国际政治秩序的重要基础。

"可以宽恕，但不可以忘却。"约翰拉贝的名言告诫我们，承担战争的精神责任、保持对历史的敬畏，是走向和平的唯一道路。德国前总统魏茨泽克说："5月8日（德国无条件投降纪念日——笔者注）首先是一个记住人们苦难的日子。但也是我们反思历史的日子。我们越坦诚地面对这一天，我们就越能自由地面对责任……谁不反观历史，谁就会对现实盲目。谁不愿反思暴行，谁将来就可能重蹈覆辙。"从德国前总理勃兰特先生在华沙的深深一跪，到现任总理默克尔女士亲自向莫斯科无名烈士墓敬献花圈，并表示："德国发动了纳粹战争，作为德国总理，我要向千百万的死难者鞠躬致歉，我们肩负历史责任是铭记这段历史，并从中吸取教训。"从持续赔偿大屠杀受害者到为受害者群体建立纪念地，从立法严禁宣传纳粹到教育下一代与纳粹意识形态作斗争，再到2015年给予健在的苏联红军战俘1000万欧元的赔偿……几十年来，德国在检讨罪责与自我剖析的道路上从未停止脚步。

德国对纳粹罪行"永久担责"，德国人对战争罪行的深刻反省和认知，反衬出日本右翼倒行逆施危害世界和平、妄图颠覆战后国际秩序的危险倾向，从来就没有止步。

家有恶邻，忘战必危。毛泽东主席早以睿智地告诫人民："日本帝国主义利用其和中国接近的关系，时刻都在迫害中国各民族的生存，迫害着中国革命。"伟人在时空里纵横捭阖，老人家的话告诉我们许多朴实的真理，至今仍让人警醒。

知耻近乎勇，忘耻就受辱。正如捷克作家米兰·昆德拉所说：人类反对强权的斗争，就是记忆反对遗忘的斗争。

忘记历史就意味着背叛。那么，看不清今天，记不住今天呢？今天就是明天的历史！中华民族是一个宽容的民族，中国是一个大度的国家，中国人民是善良的人民，有句挂在中国老百姓嘴边上的话叫做：过去的就让它过去。但——日本，仍在海那边！

启示录之二

中国抗战：不应忽略的"二战另一半"

在第二次世界大战中，没有哪一个国家比中国作战时间更早，也没有哪一个国家比中国作战时间更长，同时，也没有哪一个国家比中国付出的牺牲在长时间没有得到国际社会的承认。

最早的抗争，最终的胜利。中国人民对第二次世界大战的付出和牺牲只有苏联可以比肩。西方的历史学家至今依然在争论这个问题——二战究竟是什么时候开始的？在欧洲，这场战争是1939年9月1日打响的。但此时的亚洲，这场战争在中国，如果从1937年7月7日卢沟桥事变算起至少已经持续了两年，而最早可以追溯到8年前的1931年九一八事变，半殖民地半封建的中国第一个挺身而出，打响了世界反法西斯主义、反军国主义的第一枪。日本军国主义者在直接实行政治、军事和经济侵略的同时，还间接地靠拉拢、扶植和收买中国的封建势力、反动派和卖国者充当傀儡实施侵略行径。在相当长的时间里，中国独立支撑着世界反法西斯东方主战场的危局。

我们必须强调：1931年的九一八事变是法西斯主义和军国主义全球扩张开始的显著标志，表明法西斯主义和军国主义已经成为世界和平的最大威胁。当1937年卢沟桥事变爆发之后，中国开始了整个中华民族的、全国性的、全面的抗战，开辟了世界反法西斯战争的第一个大规模的主战场。而到了1937年年底的时候，除了东北之外，日本侵略的旗帜已经出现在人口稠密的华北和华东地区的很多大中城市。但当时西方大国对此缺乏清醒认识，对法西斯的侵略扩张采取了纵容退让的绥靖政策，一些国家则屈服于法西斯的铁蹄之下。包括对屠杀30万人的南京大屠杀，西方国家也并未作出任何反应。到1939年欧战爆发，中国已只身抗战八年，到太平洋战争爆发时中国已抗击日本法西斯达十年之久。就连美国总统罗斯福也不得不承认“中国人民在这次战争中是首先站起来同侵略者战斗的”。第二次世界大战是全世界反法西斯力量与法西斯势力在全球的殊死较量，每个局部地区的作战都在不同程度上相互支援与配合。但那个时候，他们采取的是先欧洲、后亚洲的战略。正是从这个角度上说，如果没有中国巨大的牺牲和持久抗战，二战的历史必将改写。正如毛泽东主席指出的，中华民族的奋起抵抗，使中国“已紧密地与世界连成一体”，“我们的敌人是世界性的敌人，中国的抗战是世界性的抗战”。

中国抗战，破灭日本“速战速决”的幻想，令其陷入持久战的泥潭。1937 年 7 月 7 日，日本发动卢沟桥事变，曾企图通过一场短期速决战争征服整个中国。日本陆相杉山元甚至称，中国问题只用一个月就能解决。在日本军国主义残暴的铁蹄践踏之下，中国不但没有崩溃，反而越战越勇。中国军民开辟了国民党国统区战场与共产党解放区战场相呼应、正面战场正规作战与敌后战场游击作战相配合的规模宏大的抗日战场，牵制并消耗了日本大量的军力和国力。1938 年 10 月武汉会战结束时，日本陆军共有 34 个师团，其中的 32 个在中国作战。太平洋战争初期，日本陆军 51 个师团中的 35 个深陷中国战场。战争结束时，在华日本陆军约 105 万人，太平洋战场只有 83 万余人。抗日战争中，中国军队毙、伤、俘日军 155 万余人。日本战败后，向中国投降的日军共 128 万余人，超过太平洋和亚洲其他战场日军的总和。日本用于中国的战费约 120 亿美元，相当于“大东亚战争”全部战费的 35%。

中国抗战，牵制日本北进，避免苏联陷入“两线作战”的困境。20 世纪 30 年代，避免与德、日法西斯“两线作战”是苏联国家安全的首要问题。1938 年和 1939 年，日军在张鼓峰和诺门坎两次发起“北进尝试”，均遭惨败。时任日本关东军副参谋长的石原莞尔说：“此次张鼓峰事件，苏联所持以威胁日本者，则以日本对华用兵故；日本忍辱屈服于苏联者，亦以日本对华用兵故。”1941 年 6 月，苏德战争爆发，为日本提供了北进的新时机。但日军参谋总长杉山元认为，“日本的大部分兵力现在正用于中国”，对苏开战“实际上办不到”。7 月 2 日，日本御前会议决定优先处理“中国事变”和南进，叫停了北进政策。1941 年春到 1944 年秋，苏联从远东地区西调 54 万多部队和大量机械化武器装备，参加对德作战。

中国抗战，迟滞日本南进，支持了美英盟军的作战。1939 年英、法对德宣战后无暇东顾，为日本提供了南进的好时机。但由于陆军主力被牵制在中国，日本阿部内阁采取了“不介入”欧战的政策，全力解决“中国事变”。1940 年德国在欧洲的压倒性胜利和英、法等国的溃败，又为日本创造了“千载一遇”的良机，但还是因中国战场牵制、兵力捉襟见肘而作罢。1941 年 12 月，日本抱着孤注一掷的赌博心态发动太平洋战争，给美、英军事上沉重一击。值此严峻时刻，1942 年 1 月中国军队取得第三次长沙会战大捷，毙、伤、俘日军 5 万余人。美国海军部长诺克斯发表《告中国人民书》，指出这是所有同盟国的共同胜利。此后，中国战场始终“迫使日本人在中国保持一支大约 100 万人的军队，这对最后胜利作出了重大贡献”。1942 年 2 月，中国远征军 3 个军 10 万人入缅作战，付出了 6 万人的伤亡，掩护英军撤往印度，并沉重打击了日军，使其无力西进。1943 年 10 月至 1945 年 3 月，中国驻印军和中国远征军先后以 8 个军 22 个师的兵力，与美军一道实施了缅北和滇西反攻，成功打通了中印公路，有力配合了印缅战区和太平洋战场盟军的反攻。

与此同时，中国还为盟国“先欧后亚”战略作出重大贡献和牺牲。在 1941 年 12 月至 1942 年 1 月召开的“阿卡迪亚”会议上，美、英两国确定了“先欧后亚”的战略方针。为此，罗斯福表示，“我们必须使中国能够继续抗战，以牵制日本的军队”。中国抗战的胜败不但决定着中华民族的生死存亡，还关系着世界反法西斯斗争的前途和命运。它不但要求中国在多年孤军奋战后仍要继续承担对日作战的重任，还要随时为欧洲战场做出让步和牺牲。为实施“先欧”战略，盟国一再推迟发起与中国利益攸关的缅甸战役，还多次将中国急需的飞机等支援物资调配到其他战场。正因如此，中国对世界反法西斯战争胜利作出的贡献才更加难能可贵。

综上所述，中国军民的顽强抵御，推迟了德、意、日轴心国的军事联合，使日本在欧战爆发时未能在军事上配合德国；中国艰苦卓绝的努力，阻碍了日军的北进图谋，消除了苏联卫国战争的后顾之忧；中国排除万难的相持和远征，打乱了日军的南下布局，避免了法西斯势力的合流。中国军民为抗击日本法西斯付出了巨大民族牺牲。据不完全统计，中国军民伤亡 3500 余万人，直接经济损失 1000 多亿美元，间接经济损失5000多亿美元。毫无疑问，中国旷日持久的抗战，不仅支持了英美继续贯彻其“先欧后亚”战略，而且是东亚和太平洋战场能够转入反攻的重要原因。美国总统罗斯福指出，不断加强的“中国的壮丽的防御战”是阻止希特勒征服世界的重要因素之一。斯大林感慨“中国人民及其解放军的斗争，大大地便利了击溃日本侵略力量的事业”，“在消灭日本帝国主义者的事业中起了巨大的作用”。英国首相丘吉尔则承认“中国一崩溃，至少会使日军15个师、也许会有20个师腾出手来……”德国军事评论家威尔纳指出：“中国迫使日本陷入持久消耗战。中国地域广阔，军队众多，作战坚韧，富于人民战争精神，士兵熟悉环境，使中日战争的景象与日本对西方列强进行的陆战迥然不同。”英国历史学家拉纳·米特指出：“同盟国能在欧洲和亚洲两个战场同时作战，节节胜利，相当大部分奠基于中国与日本缠斗不休。”日本历史学家伊豆公夫也承认：“日本帝国主义的失败和投降，是有很多原因的，其中绵延14年的中国人民的民族解放斗争，起了决定性的作用。”

2015年5月9日，俄罗斯总统普京在胜利日红场阅兵时发表讲话，指出：“在二战时期和苏联一样，中国失去数千万人民，在他们那里是亚洲反军国主义的主战场。”在这场战争中，“东西方一起抗击了有史以来最黑暗的邪恶力量”。英国牛津大学中国研究中心主任拉纳·米特在《中国，被遗忘的盟友》一书中郑重写下这句话，既是对战争的客观总结，又是对战后重寻未来和平之路的思考。但是，中国真的是一个被遗忘的盟友吗？

不是！尽管罗斯福、斯大林和丘吉尔都对中国抗战给予了很高评价，那只是他们懂得中国的战略地位和中国抗战的战略价值。而在那个历史时刻，中国只是他们这些大国巨头们玩扑克游戏时可以利用的一张牌而已。对中国抗战的贡献，他们不是遗忘，而是根本就没有把中国放在心上。在那个年代，丘吉尔和斯大林始终反对把中国作为一个大国与他们一起参与处理世界事务。

西方为什么要遗忘中国？为什么要忽略中国？为什么不公正，并且很少提及“二战的另一半”——中国抗战呢？

俄罗斯《独立报》网站2015年5月17日刊登了一篇署名尤里·塔夫罗夫斯基题为《二战被遗忘的一半》的文章，认为：“中国牵制住了数以十万计的日军，他们本可以入侵苏联的远东地区，占领印度、澳大利亚，甚至伊朗和阿拉伯世界。中国在二战中损失之惨重，仅次于苏联。为何我们与许多其他国家一样，不公正地鲜少提及‘二战的另一半’呢？由于国共两党之间爆发了激烈的内战，中国并没有迎来与二战胜利所贡献相称的外交成就。国共冲突被国际社会认定为全球冷战的前线之一。尽管共产党控制了整个大陆并在1949年宣布建立中华人民共和国，美国及其盟友一度拒绝承认新中国在联合国的席位。中国在50年代与苏联关系紧密，并先后参与抗美援朝、印度支那民族解放战争和越南战争，这些自然不会让西方产生缅怀中国二战功勋的意愿。苏联在国际舞台上支持中国，力求帮中国重回联合国及其他有影响力的组织。但莫斯科到60年代中期才提出本国对二战胜利的贡献，同时对中国的贡献只字未提。当时两国关系迅速恶化。”俄罗斯人的观点，值得参考。

70年来，关于二战的研究，海内外的著作汗牛充栋。在我们中国，同样也是从战争进行时就已经开始。但是，我们不得不承认，无论是第一次世界大战，还是第二次世界大战，在这两场战争中，地大物博的中国虽然都以“胜利者”的身份和“大国”的地位出现在世界舞台上，但我们失去了太多，而又究竟收获了什么？我们应该坚持什么、反对什么，才能不让悲剧重演？第一次世界大战，巴黎和会给我们带来了什么？1919年5月4日，天安门广场上“还我青岛”的爱国呼喊犹在耳畔回响。五四运动让中国人真正从思想上觉醒，从此把个人的命运与国家、人民、民族的命运紧紧地联系在一起。第二次世界大战呢？我们必须面对这个逼真的事实——二战中的中国是一个综合国力有限、制造业落后的仍然处于半封建半殖民地状态的弱国。中国虽然以惨重的牺牲为世界反法西斯战争的胜利作出了巨大贡献，但是当时的中国积贫积弱，因为国力、军力以及人力的原因，所握有的世界话语权几乎没有，塑造国际格局、推动军事变革的能力也微乎其微，极其有限的影响力或许仅仅局限于政治地缘和军事地理上的意义。这一切不仅在战争期间影响了中国的国际地位，在战争的利益分配上更是迫使中国受到像第一次世界大战结束时一样的屈辱，更在战后长期限制了中国在二战历史研究和文化认同的空间。

“把历史变为我们自己的，我们遂从历史进入永恒。”无论是历史研究，还是文艺创作，其最高境界就是吸取人类历史的智慧，化间接经验为直接经验，以大历史的深度和大战略的高度切入历史的细节，盘点得失，还原历史，照亮现实，美好未来。相比之下，美、苏、英、德、日等国，无论当年属于哪个阵营，都在战争中发挥了重大影响（不论影响是正还是负），战后更享有得天独厚的资料优势。这就导致世界二战史研究的前沿，始终被这几个当年的强国所主导。而在文学、美术、电影、戏剧等艺术创作上，更是如此。无论是苏联、美国，还是德国和日本，他们的作家、艺术家在文学（包括诗歌、散文和小说，尤其是小说创作）、电影、戏剧等的创作上，可谓登峰造极，留下了许许多多经典作品（不用举例也耳熟能详）。再想想，当下遭到观众唾骂的自欺欺人的“抗日神剧”，我们就明白我们的文化被糟蹋成什么样子！这不仅是文化的悲哀，也是历史的悲哀，说重一点，还是政治的悲哀！这种肤浅，是麻木，也是愚昧。

显然，这样的结果和现实，与中国在二战中的牺牲和贡献是不对称的。那么，我们的问题出在哪里呢？我们的历史学者、专家、教授和作家、艺术家应该怎样面对中华民族在二战中的这一段历史呢？笔者认为，我们的问题就是出在方法论上，出在我们的历史观和文化观上，出在我们的人生观、价值观和世界观上。也就是说，如何站在中国本位的立场上，从国家战略的高度，在审视我们自己的历史的同时，俯瞰各大强国的攻防进退、兴衰得失，不仅是一个思想、理论、文化、教育各领域的学术研究和文艺创作的问题，更是一个攸关国运的重大政治课题。

启示录之三

大国博弈：最高对抗层级是国家战略

第二次世界大战的战火，燃遍四大洲2000多万平方公里土地，80多个国家和地区，约20亿人被卷入战争，军民共伤亡7000余万人，财产损失4万多亿美元。法西斯主义和军国主义的战争机器制造了惨绝人寰的兵燹之灾。

亲历二战的俄罗斯作家卡尔波夫在《大元帅斯大林》一书中这么写道："我们这一代人知道，战争是怎样开始的，它怎样在冷酷无情的磨盘里把千百万人碾成齑粉。我们亲身体验了'战争是政治使用另一种（武装）手段的继续'这句话的含义。我们平静地回顾并且懂得了我们究竟干了些什么。一位哲人曾经说过：'历史就是转化成为过去的政治。'又是政治！可是这两种政治我们都品味过了，而现在开始的又是什么样的政治呢？战争结束了，可是开始的又是什么呢？这一切，教科书、书籍、影片、博物馆的藏画都告诉我们。过去的战争是怎样结束的？人们是怎样迎来和平的？掠夺、分赃、为死去的亲友复仇、胜利者家家纵情宴饮、强奸妇女、趁火打劫以及军队逐渐腐化。在一切时代里，战胜者都掠夺、破坏、纵火焚烧被侵占的城市。远古时代战败的居民要么死于非命，要么沦为奴隶。"

"所有人其实就是一个整体，别人的不幸就是你的不幸，不要以为丧钟为谁而鸣，它就是为你而鸣。"重读海明威描写二战著作中的这段话，足以引起深深的思考。

从威斯特伐利亚体系的诞生，到维也纳体系的运转，再到凡尔赛—华盛顿体系的瓦解，回首300多年来国际旧秩序的变迁，背后都是列强争霸的结果，直到二战带来人类和平与正义的崭新胜利。这一胜利，不仅以伟大的民族独立带动了亚非拉国家的异军突起，更在构建公平公正国际秩序的联合国宗旨下，推动世界通过对话协商、以和平方式解决国家间的分歧和争端，人类终于有了走上持久和平道路的可能。这就是为什么，1945 年的胜利如此值得纪念。许多历史学家不约而同地将这个时间节点，视作现代国家秩序的发端、现代世界的诞生。而世界反法西斯战争留下的最大遗产，就是弘扬“力行容恕，彼此以善邻之道，和睦相处”的精神，构建以《联合国宪章》的宗旨原则为基础的国际秩序，这是人类文明的又一次巨大进步，为国际关系和国际体系建设翻开了新的历史篇章。

在联合国教科文组织总部大楼前的石碑上，用多种文字镌刻着这样一句话：“战争起源于人之思想，故务必于人之思想中筑起保卫和平之屏障。”

正义必将战胜邪恶，真理必将战胜强权，霸权主义和强权政治是和平最大的敌人，这是反法西斯战争带给人们最深刻的启示。反法西斯战争的胜利，不仅是军事的胜利，更是思想的胜利。战后，纽伦堡审判和东京审判等正义的裁决，把法西斯主义和军国主义彻底钉在了耻辱柱上。对于德、意、日战争性质的认定，对于战争罪行的认定，对于历史的正视和牢记，一样是维持战后和平的重要基础。“重申基本人权、人格尊严与价值，以及男女与大小各国平等权利之信念”，“欲免后世再遭今代人类两度身历惨不堪言之战祸”……饱蘸反法西斯战争热血书写的《联合国宪章》，这样描绘战后的人类愿景。

如今，70 年过去了，死神并未走远，战争之门依然没有关闭。

前事不忘，后事之师。第二次世界大战是人类历史上规模最大的一场战争，也是对当下的国际格局及军事发展影响最大的一场战争。可以毫不夸张地说，如果不能理解二战，就无法深刻理解冷战以来的当今国际政治格局大势和世界军事变革转型脉络。

“不谋全局者不足以谋一域，不谋万世者不足以谋一时。”无论是本人写作这部《另一半二战史：1945 · 大国博弈》，还是读者朋友阅读她，我相信，大家有一个共同的感受，那就是更加清楚地明白“战争是政治的继续，政治是不流血的战争”这句话的深刻。可见，二战的最高对抗层级在国家战略，具体的战役、战术、战斗，以及装备、技术和人物等，都只是这场国家战略这个巨型机器上的组成部件。也就是说，战争不是目的，只是手段，无论军事技术如何变化，这个根本点都不会发生变化。尤其值得注意的是，自第一次世界大战以来，现代战争因为科学技术的发展导致出现手段高于目的的客观现实，更加迫使战争的胜利者开始反思固有战争理论的局限性，更加重视并形成了大战略（即国家战略、总体战略、高级战略）、分类战略（包括军事战略、经济战略、外交战略、文化战略）和战术的三级划分。由此，大战略不再像传统战略那样执着于打赢某一场战争，而是追求战争背后的终极目标——政治目的。

什么是国家战略呢？美国国防部的定义如下：“国家战略是平时和战时在使用武装力量的同时，发展和运用国家的政治、经济和心理力量，以实现国家目标的艺术和科学。”艺术和科学，这两个词语，真是令人大开眼界。美国人的国家战略理论不是天上掉下来的。我们知道，战略本身是一个纯军事术语，其对应的概念是战术。二者的区别在于，战术（tactic）是赢得战斗的方法，战略则是赢得战争的方法。但普鲁士—德意志军队率先在战略和战术之间增加了作战层级，从而形成了战略、作战、战术三级体系。这一创新使得普鲁士军队以及德意志军队在战争中因为有清晰的作战意识而形成了强大的战斗力，迅速走在全球军事变革的前列。美国吸收了世界军事变革的优秀经验，并在实践中前瞻未来，形成了自己的大战略（Grand Strategy）、军事战略（Military Strategy）、作战（Operation）、战术（Tactic）的四级划分体系。这个体系至今仍然是战争和战略研究的最佳理论框架，也是美国霸权的有力支柱。

战争必须服从并服务于政治，军事战略必须服从并服务于国家战略。但不应忘记的一个基本点在于，无论是大战略还是军事战略，都是用于处理竞争及对抗性关系的方法。笔者十分赞同王鼎杰先生在《二战史鉴：列强的国家战略》一文中的观点：

> 大战略虽然强调不拘泥于战争，也经常追求“不战而屈人之兵”的效果，但是，大战略仍主张本着现实主义的立场，从最坏处准备，争取最佳效果。这个最坏处，即战争。因为战争是国家间冲突的终极手段，且战争是两股活的力量之间的较量，我方当然可以选择不战而胜的道路，却不能保障敌人不选择战争手段。所以，孙子才说：“不可胜在己，可胜在敌”，“故用兵之法，无恃其不来，恃吾有以待也；无恃其不攻，恃吾有所不可攻也”。因而，一切“不战而屈人之兵”的前提，都应当是“我能战且敢战”和“敌不敢战亦不能战”。如不能立足军事力量进行深入研究，就难以得出正确结论。所谓“欲求和平，先准备战争”的深层合理性，即在于此。

“智者师法历史，而愚人只相信自己的经历。”俾斯麦的话犹如警钟，依然在敲响。

没有永远的朋友，也没有永远的敌人，只有永远的利益。二战的历史就是这样的一场政治游戏。在欧洲，当德国法西斯投降之后，英国人玩起了“倒转联盟”的把戏，掉转矛头指向了苏联；在亚洲，当日本军国主义投降后，美国人同样如此。如何立足二战中各大强国的国家战略对抗，纵向追溯大国战略博弈的传统和特点，纵向辩证分析列强的战略互动及其得失，从而真正懂得从大国到强国，这一步我们究竟要走多远？

我们必须继续努力！

70 年前的 1945 年的 9 月 3 日，是 20 世纪的世纪之日，超常之日。它是毁灭和解放、灾难和福祉、痛苦和喜悦、悲伤和希望、不幸和幸运、死亡和新生，它是邪恶的终结和自由的开始。70 年过去了，我们不能忘记当时的理想。“我们联合各国人民决心使后代免除战争的浩劫”，《联合国宪章》中的第一句话，凝聚着人类对生存与毁灭的思索。曾经并肩战斗的国家，只要团结合作，总能找到永葆和平的方式。这么多年来，在法国小城阿罗芒什，经历诺曼底登陆的人们戎装相聚，重现“最长的一日”；在美国，独立日阅兵方阵中，走上反法西斯战场的士兵享受着人们最崇高的致敬；在伦敦，二战时服役的轰炸机飞过阵亡将士纪念碑，投下数以百万计的鲜花；在莫斯科，激昂的战歌伴着受阅士兵的铿锵步伐在红场上空回荡，无名烈士墓前圣火不灭……为纪念反法西斯战争胜利举行阅兵和其他盛大活动，已经成为欧美很多国家的传统，在特殊的时间节点重温历史，展示的是捍卫正义的力量，表达的是各国人民祈望和平的心愿。

2015 年 5 月 10 日，《人民日报》发表任仲平文章《让我们挽紧和平的臂膀——纪念世界反法西斯战争胜利 70 周年》，指出：与其他战胜国一样，2015 年 9 月 3 日，中国也将沿用这一国际惯例，首次举行抗战胜利日阅兵，纪念那段刻骨铭心的历史，庆祝属于正义的胜利。那些“捐躯赴国难，视死忽如归”的英雄，那个“神州尚有英雄在，堪笑法西意气浮”的民族，那个“一寸山河一寸血、十万青年十万军”的东方主战场，不仅应在中国乃至世界历史中光辉永存，也需在中国人民和世界人民的记忆中忠魂永在。中国人民解放军威武之师、文明之师、胜利之师的铿锵步伐雄壮地走过天安门广场，新中国历史上第一次为纪念抗战胜利举行阅兵，要表达的是共同庆祝世界反法西斯战争胜利的国家立场，共同维护国际公理和国际正义的坚定意志，共同捍卫二战胜利成果的坚强决心。

写到这里，笔者忽然想起，本书中曾经写到的，二战进行时苏联领导人斯大林和美国总统杜鲁门关于中国问题所说的两句话——

第一句是 1945 年 6 月，斯大林对蒋经国说的：“倘使你的国家有力量，自己可以打倒日本，我自然不会提出要求。今天，你没有这个力量，还要讲这些话，就等于废话。”

第二句是1945年8月，杜鲁门就蒋介石提出香港受降问题的要求时所持的态度：“如果没有我们的支持，他自己的军队就无法到达香港，正像没有我们的支持，他的军队就不能到达华北和满洲一样。”

知耻而后勇。面对这两句话，我相信，每一个中国人都能读懂它背后的屈辱和辛酸，从而懂得我们现在的责任和使命。

道路由来曲折，征途自古艰难。从大国到强国，从负责任的大国到负责任的强国——中华民族伟大复兴的中国梦，就在这里。在这个历史赋予中国机遇的时刻，在这个梦想照亮中国人前进道路的时代，我们既不妄自尊大，也不妄自菲薄，我们坚定道路自信、制度自信、理论自信、文化自信、价值自信，我们意气风发走在大路上，我们斗志昂扬向前进！在奋斗中国梦的道路上，让我们齐声高唱诞生于抗日烽火中的《国歌》吧——

起来，不愿做奴隶的人们！
把我们的血肉，筑成我们新的长城！
中华民族到了最危险的时候，
每个人被迫着发出最后的吼声！
起来！起来！！起来！！！
我们万众一心，冒着敌人的炮火前进！
冒着敌人的炮火前进！
前进！前进！！进！！！

丁晓平

2015年6月于北京平安里弃疾斋

（本文参考引用了任仲平《让我们挽紧和平的臂膀》、何雷《抗战胜利奠定中国大国地位》、王鼎杰《二战史鉴：列强的国家战略》中的史料和观点，特此致谢）

感言与致敬

我写的是另一半二战史！

我写的是战场、战斗、战役甚至战争之外的另一半二战史！

写作这样一部国际题材的报告文学作品，同时又涉及那么多的历史人物及其繁杂的政治与战争的关系，对一个非战争史、政治史、外交史或者世界史的研究者来说，的确是一种挑战。

中国作家还没人这么写，我就成为第一个吃螃蟹的人。

我喜欢这种挑战。这是一种自我的挑战，是挑战自我。

在这部作品中，我依然坚持“真实、严谨、好看”的创作理念，坚持走自己的“文学、历史、学术”的跨界跨文体写作道路。十年来，在这条道路上，我先后完成了《中共中央第一支笔（胡乔木传）》《五四运动画传：历史的现场与真相》《王明中毒事件调查》《光荣梦想：毛泽东人生七日谈》《硬骨头：陈独秀五次被捕纪事》《世范人师：蔡元培传》等重大历史题材作品的创作。幸运的是，我的努力得到了读者的欣赏和赞同。我将不断追求卓越，继续超越自我。

2015 年 3 月 30 日，在《文艺报》主办的“如何讲好中国故事”座谈会上，我应邀作了一个发言。我发言的主题为《讲好中国故事，避免误读历史》，是对近年来中国文学界、史学界（包括民间）的历史写作和历史阅读（包括所谓的非虚构写作）的一点意见。现将全文录此，请读者明鉴。

中华民族是一个盛产故事的民族，中国是一个爱听故事的国家。如何讲好中国故事？首先，我认为必须要搞懂什么是中国故事。我认为，中国故事，就是以中国和中国人民为核心、真实再现中国的历史与现实，客观正视中国社会的主要矛盾和问题，准确反映中国人民的生活与心声，完整体现中国人的物质文明与精神气质，全方位、大视野、多角度地呈现中国的发展与进步的文学作品。我们知道，报告文学题材（非虚构写实文学）是没有时间界限的（现实题材，其实也是过去式，也是历史，只是距离的远和近而已）。因此，现实题材和历史题材应该是报告文学两条平行前进的铁轨，把报告文学送达更远的地方。如何讲好中国故事？笔者认为，无论是历史题材和现实题材，就报告文学作家来说，必须避免误读历史，要把握好下面三个关系。

一、讲好中国故事，要把握好个体与整体的关系，呼唤宏大叙事

在大力讲好中国故事、盛行阅读中国故事的当下，在全球正在“化”为一体、在微观历史、口述史和非虚构写作泛滥的今天，在日常生活史、个人口述史、小历史在各种各样的传播媒介上出尽风头的今天，在史学家和公知们沉溺于对五花八门五颜六色的微观史并自足于津津乐道的今天，我们的报告文学写作同样出现了这个问题——如何把握个体与整体的关系。笔者认为，要把握好个体与整体的关系，我们就千万不能轻易相信一个人的口述史（包括日记、回忆录、自传等），要树立大是大非的大历史视角，要有宏观的整体的纵横的发展的联系的全局的一盘棋思想。当下一个不可忽略的现象已经浮出水面——个体的历史越来越清晰，整体的历史却越来越混沌。细节片段的微观历史遮蔽了总体全局的宏观历史，混乱、平庸的微观叙事瓦解了宏大叙事，琐碎、局促的微观书写离析了历史的唯物主义和辩证法——显然，这是当代知识变迁过程中一种错位的“非典型状态”。一个人的口述史，只是一个人的，他的想法、看法、说法，是否就是

历史呢？是否还原了历史的真相呢？“一叶蔽目，不见太山”。历史的“碎片化”和“碎片化”的历史，实质上已经说明个体、个性化甚至个人主义的微观史终究不能承担究天人之际、通古今之变的历史责任和使命，更无法克服其自身致命的弱点——没有足够的能力来理解和诠释世界已经发生和正在发生的重大转变。对重大问题的失语和无力，是微观史所面临的最大挑战。要见树木，更要见森林。讲好中国故事，离不开宏大叙事，必须实事求是地回到历史现场和现实语境当中，从个体的记忆和公共舆论中坚持可信的现代解读，完整书写整体的现实（历史）和现实（历史）的整体。我们必须突破现实（历史）的局限，不当事后诸葛亮，不做马后炮，在宽容、坦率、真实、正义中正视现实（历史）的深度价值和潜在秘密，循着实事求是和辩证唯物主义的路径，在常识中把握中国现实（历史）发展的主题和主线、主流和本质——这才是真正的大历史的视角，从而避免陷入历史的虚无和知识上的尴尬境地。

二、讲好中国故事，要把握好历史与现实的关系，学会用辩证法

历史是昨天的现实，现实是明天的历史。历史不是人类的包袱，而是智慧的引擎；历史不是藏着掖着的尾巴，而是耳聪目明的大脑。历史更是一种文化，是一种价值观。讲好中国故事，就必须把握好历史与现实的关系。我们既不能戴着显微镜放大中国故事的偶然，也不能戴着老花镜模糊中国故事的必然，更不能戴着有色眼镜对中国故事说东道西，王顾左右而言他。如果说“历史是平的”，这个“平”就应该是公平正义。没有公平正义的历史，绝对不是人类史。“不识庐山真面目，只缘身在此山中”。眼见不一定为实，耳闻不一定为虚。现象不是现实，现实也不等于历史。历史人物推动或改变了历史，同时又被历史推动和改变。任何现实和历史的人物，他亲见亲闻亲历的也只是其亲历历史事件的一个瞬间，在主观和客观之间，在历史现场的他甚至也不清楚自己的角色而被蒙在鼓中，而“新闻背后的新闻”

或许才是真实的历史。就像“小我”是“大我”的一部分，现实也只是历史的一部分，有时候看似可有可无，却千钧一发四两拨千斤；有时候看似不可或缺，其实背后的真实却已是暗度陈仓。中国故事就是中国历史。讲好中国故事，同样需要具备良心、良知来造就良史，需要在常识的基础上建立共识造就知识。何谓知识？笔者认为：知即调查研究，识为辩证分析。因此，我们必须学会用辩证法。辩证法的基本精神就是理论联系实际，一切从实际出发，实事求是。辩证法要的是在事物之间活学活用各种道理，灵活地看问题，机动地做事情，也就是用正确的方法去做正确的事情，它其实是一种人文的方法，它要求以我们的价值观去改变历史（改变并不是改写）。简单地说，辩证法给我们提供了一些思考问题的角度，主要有两个角度：一个是从整体的角度去思考，就是说，一个事物的各部分必须在整体联系中才能真正被理解；另一个角度是以历史的眼光去看问题，一方面历史在操纵着我们（任何一个历史人物也包括在内），另一方面我们又在创造历史，我们在历史中处于承先启后的位置，所以我们的所作所为既有来路又有去处，才能踩在历史的点子上，不然就会被历史抛弃。因此，讲好中国故事，就是要讲好中国历史和现实前进和发展中的大是大非，就是要讲述中国历史和现实中最有价值的那部分故事。何谓最有价值的故事？一句话，就是推动民族、国家和人民的进步，有利于民族、国家和人民的根本利益的故事。

三、讲好中国故事，要把握好中国与世界的关系，“把屁股坐在中国身上”

思想与理性是人类天性中最重要的素质，对此我们必须有着坚定的信仰。就像没有思想的历史学家不是称职的历史学家一样，没有思想的作家也绝对不是好作家。尤其在当下，中华民族实现伟大复兴的中国梦正面临着前所未有的机遇与挑战，面对“中国威胁论”舆论战和唱衰中国的文化侵略，如何讲好中国故事，更加要求我们报告文学作家要把握好中国与世界的关系。早在1942年，毛泽东主席在延安就“如何研究中共党史”的问题提出了“古今中外法”，就是弄清楚所研究的问题发生的一定的时间和一定的空间，把问题当作一定历史条件下的历史过程去研究。他强调，“研究中共党史，应该以中国为中心，把屁股坐在中国身上”。讲好中国故事，同样也应该像毛主席所说的那样，应该以中国为中心，“把屁股坐在中国身上”。讲好中国故事，我们必须让中国走向世界，同时也让世界走进中国。因此，我们必须突破自身的局限，以世界眼光宽容异己，以历史担当不做乡愿、不当汉奸、不干买办，以家国情怀不搞含沙射影、指桑骂槐那一套尖酸的把戏，更不能浅薄、无知地搞什么拿来主义，拿过去类比今天，拿外国类比中国，否则就会滑入经验主义、教条主义和主观主义的茅坑中去，陷入痴人说梦盲人摸象的唯心主义的泥沼。而那些靠炒作中国故事的负面新闻来标新立异、像狗仔队一样挖掘中国故事花边新闻来哗众取宠的人们，那些不惜人格国格媚俗媚外媚低级趣味，搞什么解构、颠覆、重塑这些所谓新名词新花样的，那些宣称“以黑暗寻找光明”暴露阴暗丑陋的，终究将成为历史虚无主义的奴才和知识的乡愿之徒而被中国人民所抛弃、被历史所耻笑。因此讲好中国故事，我们在创作导向上要把握好三“场”——立场、现场和气场，从而使作品完成能量、动量和质量的转换；在创作方法上要把握三“视”——仰视、平视和俯视，从而使得作品拥有敬畏、尊重和批判精神；在创作理念上要把握好三“观”——宏观、中观和微观，从而使得作品怀抱全局、情节和细节；在创作态度上要把握三个关键词——宽容、局限和叙述，从而使得作品具备大格局、大视野和大情怀。尤其是重大历史题材的作品更要有足够的历史耐心，对历史事件和历史人物的记叙以及在史料去伪求真的过程中，必须要抛开个人情感色彩的狭隘的判断，既求真更求实，也就是既要一分为二，又要恰如其分。

正是怀抱这种情怀和理念，我以非专业的角色走上了这样一条“文学、历史、学术”跨界跨文体的写作道路，既有文学的野心，也有史学的野心。

在这部《另一半二战史：1945 · 大国博弈》与读者见面的时候，我知道，我之所以能够完成这项艰巨的任务，就必须感谢前人给我们留下的宝贵文献、回忆录、传记和其他历史著作。说白了，这部书中的每一个文字，不是我编造或者想象出来的，而是出自他们的笔下，只是我在吸收他们的成果之后，选择了一个不同的角度并对历史作了不同的表达——这是一个中国人的角度、一个中国人的表达。我相信，这也是中国角度、中国表达。在历史这一块大布面前，我就像一个小心翼翼的缝纫师——历史的缝纫师，用我的尺子、剪刀和针线，密密缝制一件朴素大方的中国衣裳，然后恭恭敬敬地写上“中国制造”。

为表达对他们的感谢，我恭敬地将这些著作按中文版出版时间的顺序名列如下——

致敬名单

[中] 世界知识社编辑，《反法西斯战争文献》，世界知识社（北京），1955 年 4 月第 1 版。

[美] 美国国务院公共事务处出版科编辑，《美国与中国的关系》（上、下），中国现代史资料编辑委员会（北京），1957 年 9 月第 1 版。

[日] 秋山浩著，《731 细菌部队》，北京编译社译，群众出版社（北京），1961 年 12 月第 1 版。

[美] 哈里 · 杜鲁门著，《杜鲁门回忆录》（第一卷 · 决定性的一年），李石译，世界知识出版社（北京），1964 年 5 月第 1 版。

[德] 罗伯特 · 容克著，《比一千个太阳还亮》，何纬译，中国工业出版社（北京），1966 年 1 月第 1 版。

[中] 梁敬錞著，《开罗会议》，台湾商务印书馆（台北），1973 年 3 月第 1 版。

［英］温·斯·丘吉尔著，《第二次世界大战回忆录》，斯祝等译，商务印书馆（北京），1975 年 9 月第 1 版。

［苏］萨纳柯耶夫、崔布列夫斯基编，［德］亚·菲舍尔注释，《德黑兰、雅尔塔、波茨坦会议文件集》，北京外国语学院俄语专业、德语专业 1971 届工农兵学员译，生活·读书·新知三联书店（北京），1978 年 3 月第 1 版。

［美］小查尔斯·米著，《在波茨坦的会晤》，上海《国际问题资料》编辑组译，生活·读书·新知三联书店（北京），1978 年 5 月第 1 版。

［美］W. 艾夫里尔·哈里曼、伊利·艾贝尔合著，《特使：与丘吉尔、斯大林周旋记》，南京大学历史系英美对外关系研究室译，生活·读书·新知三联书店（北京），1978 年 6 月第 1 版。

［美］莱斯利·格罗夫斯著，《现在可以说了》，钟毅等译，原子能出版社（北京），1978 年 10 月第 2 版。

［苏］瓦·米·别列日科夫著，《外交风云录》，李金田、许俊基等译，世界知识出版社（北京），1981 年 6 月第 1 版。

［法］皮埃尔·阿考斯，［瑞士］皮埃尔·朗契尼克著，《病夫治国》，何逸之译，新华出版社（北京），1981 年 7 月第 1 版。

［比］E. N. 德泽勒皮著，《丘吉尔的秘密》，徐耕才译，河北人民出版社（石家庄），1984 年 5 月第 1 版。

［美］巴巴拉·塔奇曼著，《史迪威与美国在华经验》（上、下），陆增平译，商务印书馆（北京），1985 年 1 月第 1 版。

［美］迈克尔·沙勒著，《20 世纪的美国和中国》，王扬子、刘湖译，光明日报出版社（北京），1985 年 6 月第 1 版。

［中］宋平著，《蒋介石生平》，吉林人民出版社（长春），1987 年 8 月第 1 版。

［美］易劳逸著，《蒋介石与蒋经国（1937－1949）》（原名《毁灭的种子》），王建朗、王贤知译，中国青年出版社（北京），1989 年 4 月第 1 版。

［苏］弗·鲍·沃龙佐夫著，《蒋介石传》，王长国、张近智等译，新华出版社（北京），1992 年 1 月第 1 版。

［中］毛泽东著，《毛泽东在七大的报告和讲话集》，中共中央文献研究室编，中央文献出版社（北京），1995 年 4 月第 1 版。

［美］布赖恩·克洛泽著，《蒋介石传》，封长虹译，内蒙古人民出版社（呼和浩特），1995 年 7 月第 1 版。

［美］约翰·佩顿·戴维斯著，《抓住龙尾：戴维斯在华回忆录》，商务印书馆（北京），1996 年 12 月第 1 版。

［中］徐天新、许平、王红生主编，《世界通史》（现代卷），人民出版社（北京），1997 年 4 月第 1 版。

［美］费正清、费惟凯编，《剑桥中华民国史》（下），刘敬坤等译，中国社会科学出版社（北京），1998 年 7 月第 1 版。

［中］王秀鑫、李荣著，《中国 20 世纪全史·全民抗战》，中国青年出版社（北京），2001 年 5 月第 1 版。

［英］乔纳森·芬比著，《蒋介石传》，陈一鸣译，中国青年出版社（北京），2011 年 1 月第 1 版。

［英］杰弗里·罗伯茨著，《斯大林的战争》，李晓江译，社会科学文献出版社（北京），2013 年 7 月第 1 版。

［俄］弗拉基米尔·卡尔波夫著，《大元帅斯大林》，何宏江译，社会科学文献出版社（北京），2013 年 11 月第 1 版。

［英］艾瑞克·霍布斯鲍姆著，《极端的年代》，郑明萱译，中信出版社（北京），2014 年 3 月第 1 版。

当然，最后需要感谢的还是读者。我希望我的读者欣赏我对这一段历史采取这样的方式进行叙述，以及我的努力——即便您与我的观点并不相同。

丁晓平

2015 年 6 月 27 日

图书在版编目（CIP）数据
另一半二战史：1945・大国博弈 / 丁晓平著. —
北京：华文出版社，2015. 7
ISBN 978-7-5075-4364-3

Ⅰ. ①另… Ⅱ. ①丁… Ⅲ. ①第二次世界大战（1939~1945）-研究 Ⅳ. ①K152

中国版本图书馆 CIP 数据核字（2015）第 145658 号

责任编辑：宋军占
排　　版：北京英育达图文设计中心

出 版 发 行:华文出版社
社　　　址:北京市西城区广外大街 305 号 8 区 2 号楼
邮 政 编 码:100055
网　　　址:http://www.hwcbs.com.cn
投 稿 信 箱:sjzsjz6596@sina.com
编辑部电话:010-58336192
发 行 电 话:010-58336267
邮 购 电 话:010-58336253
经　　　销:新华书店
印　　　刷:北京明恒达印务有限公司
开　　　本:787×1092　1/16
印　　　张:24.25
字　　　数:293 千
版　　　次:2015 年 7 月第 1 版
印　　　次:2017 年 8 月第 2 次印刷
定　　　价:56.00 元